KB189233

불교를 꿰뚫다

불교를 ──────── 꿰뚫다

초기불교에서 선까지, 불교의 진수

등현 지음

불광출판사

추
천
사

4

수십 년에 걸친
회통 불교 연구의 첫 결실

등현 스님은 학문적 열정이 남다른 분이다. 스님은 무더위와 높은 습도 등 열악한 환경 속에서도 스리랑카와 인도 등지에서 15년여를 수학하여 박사 학위를 받았다. 스님은 박사 학위를 받은 후에도 10여 년을 인도 바라나시에서 유명한 산스크리트 학자를 스승으로 모시고 대승과 소승 경론을 모두 원전으로 공부하고 연구했다. 스님이 그렇게 오랫동안 불교 경전을 공부하고 연구하게 된 동기는 순전히 개인적 원력 때문이다. 즉, 스님은 '초기불교, 중관, 유식, 화엄, 선종에 이르기까지 불교사에 등장하는 여러 학파가 주장하는 논리들을 어떻게 회통해 볼 수 있을까? 이 종파들이 주장하는 교리들을 어떻게 하나로 꿰뚫을 수 있을까? 사용하는 단어가 다르고 사상 체계가 다르더라도 결국 하나의 관문에 이르는 길을 다양하게 서술한 것이지, 결코 다른 내용이 아니지 않을까? 만법은 하나로 돌아간다고 하지 않던가?'하는 등의 의문을 갖고 있었다. 스님은 불교의 변천사 속에 면면히 흐르는 여러 사상을 낱낱이 분해하고 재통합하여 하나로 꿰뚫는 작업을 진행했고, 그 결과물을 3년 2개월 동안이나 〈불교신문〉에 연재했다. 이 책은 그

기나긴 작업의 소중한 결실이다. 이 책이 탄생하기까지 20여 년을 스리랑카와 인도 등지에서 흔들림 없이 공부하고 연구해 온 스님의 학문적 열정은 실로 대단하다.

스님의 이러한 회통 작업은 일찍이 불교사에서 볼 수 없던 일이다. 중국에서는 '교상판석(敎相判釋)'이라고 해서 불교 사상의 변천사를 시대적으로 나열해 보았을 뿐, 그 내용의 흐름을 회통하지는 않았다. 그들도 사상의 회통을 깊이 고민했을 것이다. 하지만 빠알리어와 산스크리트어 원전을 보지 않고 그 단어의 정확한 의미를 알 수 없는 상황에서, 언어가 다르고 내용이 다른 두 사상을 회통한다는 것은 매우 어려운 일이었을 것이다. 우리나라 원효 스님이 각 종파의 사상을 통합하여 회통 불교를 시도했지만, 그 역시 초기불교는 연구하지 않고 무시했다. 빠알리어와 산스크리트어를 모르고 한문 경전만으로 내용을 추론해서 회통하는 흐름을 집어내기가 쉽지 않았을 것이다. 옛 학자들이 초기불교의 사마타, 위빳사나와 삼십칠조도품, 중관의 공, 유식의 사가행, 능가의 수행론, 화엄의 십지품, 달마선에서부터 조사선에 이르기까지 그 수행 체계와 깨달음의 단계 및 구경각의 내용이 같은지 다른지, 같다면 어떤 부분이 같은지, 다르다면 어떻게 다른지 설명할 수 있겠는가? 수십 년 동안 수많은 경론을 원전으로 연구하지 않고서 결론을 도출할 수 있겠는가? 그건 아무나 할 수 있는 일이 아니다. 오랫동안 공부하고 연구한다 하더라도 신심과 열정이 없으면 불가능한 일이다. 끈기와 인내, 신심과 열정 그 모두가 어우러져야 가능한 일이다. 그렇기에 등현 스님의 이러한 연구 작업과 그 결실은 더욱 놀랍고 소중하다 하겠다.

불교 공부가 어려운 것은 불교사에 등장하는 다양한 사상과 교리들이 언어가 다르고 내용이 다르다 보니 혼돈이 오기 때문이다. 이제까지 이런 혼돈을 해결해 줄 연구도 논문도 책도 없었다. 아마도 이 책이 그런 혼란을 잠재우고 불교의 전반적인 이해도를 높이게 하는 데 많은 도움을 주리라 생각한다. 2500년 동안 변천해 온 불교의 사상적 흐름을 하나로 꿰뚫어 볼 좋은 기회가 될 것이다. 수십 년을 스리랑카와 인도를 돌아다니며 스승을 찾아 배우고, 한국에 돌아와 그동안의 연구물을 책으로 내기까지 스님의 열정에 경의를 표한다. 독자들도 이 책을 읽는 순간 스님의 그 열정에 크나큰 감동을 느끼리라 생각된다. 이 책을 넘어서 또 다른 새로운 결과물들이 스님의 손에서 나왔으면 한다. 그래서 위축되어 가는 한국불교에 생기를 불어넣고 더 풍요롭게 해 주었으면 하는 바람이다.

조계종 총무원장 진우

인
사
말

험난한 여정 속에 얻은 생명수,
많은 이가 누리기를

정신이 맑은 사람은 결정이 빠르고, 마음이 맑은 사람은 그 결정을 실행하는 데 망설임이 없다. 의식이 맑은 사람은 실행의 결과가 어떨지에 대해 추호의 의심도 하지 않는다. 자신이 선택한 길이 제아무리 험난하고 피곤하다 하더라도 중도에 결코 물러서는 일이 없다. 물러서거나 게을러지기는커녕 호기심으로 인해 그 새롭고 힘든 길이 오히려 즐겁기까지 하다. 그 길 끝에 뭐가 있는지 반드시 알아내고야 말겠다는 열의와 호기심, 확고한 믿음이 없다면 누가 그 험난한 길을 가려고 하겠는가. 그저 등 따습고 편안한 환경에 만족하며 그냥저냥 살아갈 것이다.

그런데 등현 스님은 그 편안한 길을 마다하고 구태여 남들이 가지 않는 어렵고 힘든 길을 걸어갔다. 마치 부처님이 함께 지도자가 되어 승가를 이끌어 가자는 스승 알라라 깔라마와 웃다까 라마뿟따의 제안을 거절하고 6년 고행의 길에 들어선 것처럼, 법현과 현장 법사가 진정한 가르침을 구하기 위해 목숨을 걸고 사막을 걸어간 것처럼, 스님은 언어도 통하지 않고 음식도 맞지 않고 기후도 견디기 어려운 스리랑카와 인도로 넘어가서 이십여 년을 공부하고 돌아왔다.

그리고 고운사 승가대학원장이라는 소임을 맡아 그 어렵고 힘들게 공부해서 얻은 결과물을 사부대중들에게 아낌없이 전해 주고 있다. 스님은 이십여 년에 걸쳐 직접 체득한 부처님의 진짜 가르침을, 어지럽고 혼란스럽고 복잡해 보이는 부처님의 가르침을 새롭게 분석하고 정리해서 하나로 꿰뚫어 모두가 알기 쉽게 가르치고 있다.

또한 바쁜 와중에 틈틈이 그간 공부했던 것들을 신문 등에 기고해 많은 이에게 이익이 되게 하고 있다. 이번에 나오는 책은 그간 신문에 기고했던 연재물들을 모아서 엮은 것이다. 스스로 체득한 부처님의 가르침을 하나라도 더 알리고자 하는 스님의 간절함이 대중들에게 가닿기를 바란다.

부처님의 가르침을 아무리 열심히 가르치고 전한다 해도 저작물로 남기지 않는다면 후대에는 그 가르침이 흔적조차 남지 않을 것이다. 또한 부처님의 가르침에 따라 아무리 치열하게 수행을 하고 법을 전한다 해도 기록으로 남지 않는다면 누구도 알 턱이 없다.

수행도 가르침도 시대를 역행할 수는 없다. 지금은 바야흐로 미디어 시대다. 미디어는 올바르게 활용한다면 분명 가르침의 좋은 방편이다. 수천수만 번의 말보다 제대로 된 한 권의 책이 세상의 흐름을 바꿀 수도 있다. 등현 스님의 이번 책이 더디고 어렵더라도 올바른 길로 가는 데 필요한 안내자요 등불이 되기를 소망한다. 더불어 이 책이 코로나 등으로 고단한 시기를 살아가는 사람들에게 한 줄기 생명수가 되기를 기원하면서 그동안 스님의 노고를 치하한다.

16교구 교구장 고운사 주지 등운

차
례

제1부
초기·부파 불교의 수행론

제2부
대승의 수행론

제3부
선종의 수행론

일러두기

1. '무위법(無爲法)'처럼, 우리말과 음이 같은 한자는 괄호 안에 표기했다.
2. '조건 지워진 법[有爲法]'처럼, 우리말과 음이 다른 한자는 대괄호 안에 표기했다.
3. 『금강경』처럼, 경전이나 논서의 제목에는 겹낫표를 표기했다.
4. 초기불교와 관련하여 원어 표현이 필요할 경우 빠알리어를 사용했고,
   그 외에는 산스크리트어를 사용했다.
5. 추상 명사의 경우 한글 맞춤법에서 복수를 허용하지 않지만,
   불교적 의미를 확실히 하기 위해 때에 따라 복수 표기를 했다.

※

머리말

(1) 초기불교에서 선까지

불교란 빠알리어로 'Buddha Sāsana' 또는 'Buddha Dhamma'이
다. 부처님의 가르침, 바로 그것이 불교다. 그렇다면 부처님께서
는 무엇을 가르치셨는가? 부처님께서 가르치고자 하셨던 불교의
본질은 과연 무엇인가?

먼저 역사적으로 한번 고찰해 보자. 부처님께서는 전법을 펼
치신 지 3개월도 채 되지 않아 꼰단냐 등 다섯 비구를 비롯해 60
명의 제자를 제도하셨다. 제자들이 법을 증득하자 부처님께서는
그들을 향해 다음과 같이 말씀하셨다.

"가라! 비구여, 둘도 말고 혼자서 가라. 많은 생명의 이익을
위해, 많은 생명의 행복을 위해."

제자들이 부처님의 설법을 듣고 법을 증득한 시간은 불과 3
개월 사이였다. 그동안 그들이 듣고 깨달은 법, 많은 생명의 이익
과 행복을 위해 전하라는 법, 그것이 바로 부처님의 가르침이다.

기록에 의하면 그 60명의 제자는 두 가지 초기 경전을 순서

대로 듣고 깨달음을 얻었다. 그중 첫 번째는 『초전법륜경』이다. 이 경을 통해 부처님께서는 쾌락은 무상하고, 고행은 무익하므로 정견(正見) 등의 팔정도(八正道)를 기본으로 수행하라며 고락중도(苦樂中道)를 강조하셨다. 두 번째는 『무아상경』으로, 부처님께서는 고통 받는 자는 주체가 없다는 것을 오온무아(五蘊無我)를 통해 설파하셨다. 다섯 비구 등 제자들은 이 두 가지 초기 경전의 가르침을 듣고 수행하여 모두 아라한과를 얻었다.

결론적으로, 정견(正見) 등 팔정도의 수행으로 아(我)와 법(法)에 집착하지 않게 되면 해탈을 성취한다는 것이 부처님 가르침의 핵심이라고 할 수 있다.

특히 부처님께서 전법선언을 하신 후에 설한 『불타오름 경』에서는 삼계화택(三界火宅)의 비유를 통해 마음과 인식 대상 그 어디에도 집착할 것이 없다는 법무아의 가르침을 강조하셨다.

이러한 초기 경전들의 가르침은 대승 불교의 핵심인 『금강경』에서도 그대로 드러난다. 모든 중생을 구제하되 한 중생도 구제한 바가 없다는 인무아(人無我)와, 수다원과 아라한은 여섯 가지 감각 기관의 대상인 그 어떤 법에도 집착함이 없다는 법무아(法無我)의 수행이 바로 그것이다.

『구사론』과 『유식론』에서 인무아는 견도(見道), 법무아는 수도(修道), 해탈은 무학도(無學道)라는 이름으로 재차 강조된다. 이들은 다시 중관학파에서 아공(我空)·법공(法空)으로 발전한다. 이렇듯 시대에 따라 각기 다른 이름으로 불리지만 실상은 모두 같은 의미라고 할 수 있다.

(2) 간화선과 위빳사나 수행

선종을 대표하는 신수 대사와 혜능 대사의 오도송에서 볼 수 있
듯, 오온무아(五蘊無我)는 단박에 깨달아야 할 대상, 즉 돈오(頓悟)
로서, 법무아(法無我)는 점수(漸修) 또는 돈수(頓修)해야 할 대상으
로서 표현되곤 한다. 이것은 욕망이 소멸되는 데서 발생하는 희락
(喜樂)과 마음은 그 어디에도 집착할 바가 없다는 '응무소주 이생
기심(應無所主 而生其心)'이라는 공통적 가르침을 담고 있다.

　화엄의 『십지경』에서는 보살 제6지에서 인무아[1]와 법무아를
통달하고, 보살 제10지에서 부처님의 유훈인 전법을 완성하는 것
으로 나온다. 혹자는 아라한이 되었으면 모든 해야 할 일을 마친
것인데 전법이라는 실천이 왜 아라한의 필수 조건이냐고 반문할
수도 있다. 그러나 참된 아라한이라면 자(慈)·비(悲)·희(喜)·사(捨)
를 실천할 수 있어야 하며, 그때야 비로소 대승의 아라한이라고
할 수 있다. 『금강경』과 『십지경』에서도 모두 이 부분을 강조하고
있다.

　이처럼 초기불교와 중관·유식·화엄·선종 등이 결국은 모두
같은 가르침을 담고 있다. 모든 바다의 맛이 결국 짠맛으로 모아

1_　초기불교에서의 오온무아(五蘊無我)를 대승에서는 '인무아(人無我)'라 한다.

지듯이, 모든 부처님의 가르침은 해탈과 자비라는 한 맛[一味]으로 귀결된다. 불교를 공부하는 이들이라면 이 사실을 깊이 유념해야 한다.

물론 우리는 여러 불교 학파가 시대마다 각기 다른 개념이라는 그릇과 과학이나 철학이라는 도구를 사용하여 조금씩 다르게 표현한 점을 간과해서는 안 된다. 하지만 그 다르다는 부분 역시 인도의 철학사적 변천과 발달이란 측면에서 고찰해야 한다.

'다른 개념'의 일례로 대승과 소승에서 가장 많이 쓰이고 있는 용어가 바로 '자성(自性)'이다. 설일체유부에서는 모든 법에 자성이 있다고 했다. 그러나 용수 보살을 위시한 중관학파에서는 모든 법에 자성이 없다는 것을 천명하면서 설일체유부를 법에 집착하는 소승이라고 비판했다.

그렇다면 설일체유부와 북방 부파 불교를 대표하고, 소위 북방 소승 불교의 교학을 완성했다고 평가받는 『구사론』의 '법자성설'과 그 반대 입장인 중관학파의 '법무자성설'은 전혀 다른 개념인가? 지금까지 많은 불교학자가 이 둘을 전혀 다른 개념으로 믿어 왔지만, 필자가 연구한 바로는 그렇지 않다. 일단 이 문제를 풀기 위해선 상좌부와 설일체유부의 법에 대한 분류 방법을 정확히 이해할 필요가 있다.

설일체유부의 유위법에 대한 설명에 의하면 물질이 가지고 있는 성질이 서로 다르고, 선(善)·악(惡)·무기(無記)의 심소(心所) 역시 그 성질이 각각 다르다. 예를 들면, 불의 성질과 물의 성질이

다른데, 불은 태우는 성질이 있고 물은 젖게 하는 성질이 있다. 마찬가지로 '화내는 마음'과 '자비스러운 마음'의 성질 역시 다르다. 북방 부파 불교와 남방 아비담마에서 모든 법에 자성이 있다는 것은 이와 같이 물과 불, 화와 자비처럼 각각의 법마다 각기 다른 성질이 있다는 것을 의미한다.

그렇다면 대승 반야부에서 말하는 법무아(法無我)와 법공(法空)은 이러한 상식에 해당하는 것을 부정하는 것인가? 그렇지 않다. 중관학파에서 다루는 법은 무집착의 법[無爲法]을 다루기 때문이고, 그 무위법은 열반의 다른 이름이며, 아비담마에서는 무위(無爲)의 진제(眞諦) 또는 해탈이라 칭하는 것이다. 법무아란 인식론적인 측면에서 보면 대상에 대한 무집착을 말하고, 존재론적인 측면에서는 대상과 인식 주체가 적멸에 든 상태이므로 [인식된] 대상에 대한 탐(貪)·진(瞋)·치(癡)의 소멸을 말한다.

그러므로 『구사론』에서 말하는 법의 자성(sabhava)은 현상계[有爲法]의 자성을 뜻하고, 중관사상에서 말하는 무자성은 절대계[無爲法], 열반계의 관점에서 법의 무자성을 의미한다. 둘이 서로 다른 차원과 관점을 말하는 것이기 때문에 결코 상충되지 않는다.

이처럼 자성이란 단어 하나만 보더라도 학파에 따라 다른 차원과 관점에서 사용하고 있고, 그로 인해 필연적으로 오해와 분쟁을 불러일으키게 되는 것이다. 필자는 이 같은 오해를 원전을 통해 확인함으로써 유구한 불교 역사 속에서 발전을 거듭해 온 부처님 법이 사실은 바다처럼 하나의 맛을 지니고 있다는 것을 알리고 자 이 책을 출간하게 되었다.

한국불교는 그동안 선종이 주축을 이루어 왔다. 아직까지도 대부분 선원에서 선종의 가르침을 중심으로 수행하고 있다. 하지만 근래에는 위빳사나 수행 등 다양한 수행법이 보급되어 있는 것도 사실이다. 이 같은 현실에서 자신의 수행법만이 옳다고 주장하고 다른 수행법은 그르다고 배척하면 오해와 분란이 생길 수밖에 없다.

수행법을 두고 논쟁과 혼란이 많은 현 시점에서 필자는 각각의 수행법이 어떠한 교학과 연결되어 있으며, 각 수행법과의 관계가 어떠한지 정리해 보고자 한다. 이러한 작업이 수행법과 관련해 불필요한 오해와 논쟁을 해소하는 데 기여할 수 있기를 바란다.

제1부

초기·부파 불교의 수행론

제1장

초기불교의 수행론

1

부처님의 고뇌와 고락중도

기원전 5세기, 부처님이 살아 계실 당시 인도에는 크게 두 가지의
주류 사상가들이 있었다. 하나는 업과 윤회를 믿는 종교적인 수행
자인 고행주의자들이었고, 다른 하나는 업과 윤회를 믿지 않고 오
직 오감(五感)의 대상에 충실하려는 물질주의자, 즉 쾌락주의자들
이었다.

먼저 윤회와 업을 믿는 수행자들은 우리의 삶을 괴로움의 덩
어리로 보았다. 그들은 괴로움의 덩어리인 윤회의 세상에 다시 태
어나는 것은 몸과 세상에 집착하는 업 때문이며, 수행이란 몸과
세상에 집착해서 생긴 이 업을 소멸하는 것이고, 이러한 수행은
고행을 통해서만 가능하다고 믿었다.

부처님 또한 삶을 괴로움으로 보는 관점에서는 고행주의자
들과 크게 다르지 않았다. 그러나 부처님은 6년간의 고행 끝에 고
행으로는 완전한 마음의 평안과 해탈을 얻을 수 없다는 진리를 깨
달았다. 고행의 수행법은 생각을 억눌러 멈추게만 할 뿐, 억눌린
생각은 몸과 마음의 움직임에 따라 계속해서 다시 일어난다고 보
았던 것이다.

부처님은 육체적 행위보다 심리적 의도, 정신적 욕망 등이 진정한 의미에서 업을 구성하는 요소라고 보았다. 또한 이 고행주의자들 중에서 대표적인 자이나교도들이 욕망과 업을 소멸시키는 최선의 방법은 몸에 고통을 주는 것이라고 생각한 데 반해, 부처님은 이해되지 않고 자발적이지 않은 고행은 오히려 잠재되어 있다가 더 큰 욕망을 불러일으킨다고 보았기 때문에 정신적인 집착을 다스리는 것이 올바른 수행이라고 생각했다.

이후 업의 정신적인 측면을 강조한 불교는 자이나교와는 다른 사상으로 발전하게 된다. 몸에 고통을 주는 것만이 수행이 아니라, 몸과 마음이 즐거운 상태에서도 업을 소멸시킬 수 있고, 수행할 수 있으며, 진정한 깨달음을 얻을 수 있다고 믿게 된 것이다. 그것은 선정(禪定)이었다. 이러한 선정의 상태에서 고통의 원인을 제거하고 열반을 성취하는 것, 그것이 바로 부처님께서 깨달은 고락중도(苦樂中道)이다.

여기서 유의해야 할 점은 부처님께서 깨달은 고락중도의 선정과 외도들이 주장하는 선정은 매우 다르다는 것이다. 불교의 선정은 정견(正見)이란 지혜 위에 계의 실천을 통해 이루는 것이지만, 외도의 선정은 단순히 마음을 한곳에 응집하여 이루는 것이기 때문이다.

평온한 선정 상태에서 편견과 선입견을 버리고 사물을 있는 그대로 보면 삶이 고통이라는 것은 부정할 수 없는 사실이다. 이것을 괴로움의 성스러운 진리라고 한다. 병은 괴로운 것이다. 누구도 병을 괴로움이 아니라고 말하지 못한다. 몸이 아픈 것도 괴로움이고 마음이 아픈 것도 괴로움이다. 늙음도 괴로움이고 죽음도 괴로움이다. 몸이 부분적으로 아픈 것은 병이라 하고, 이 병이 점점 깊어지면 늙음이라 하고, 전체적으로 아픈 것은 죽음이라 한다. 이러한 병의 근원적 원인은 바로 태어남이다. 이와 같이 생로병사 모두가 괴로움이고, 이러한 괴로움들은 태어난 자들에게는 필연적이다.

몸의 괴로움보다 더 큰 괴로움을 주는 것은 정신적인 괴로움이다. 사랑하는 대상과 원하지 않는데도 이별하는 것, 좋아하지 않는 상황이나 대상과 함께해야 하는 것, 이것들은 모두 정신적인 괴로움이다.

이보다 더 괴로운 것은 원하고 바라는 상황이나 물질·대상은 오지 않고, 원하지도 바라지도 않는 상황이나 물질·대상이 나에게 오는 것이다.

더 구체적으로 말하자면 몸·느낌·판단·욕구·의식 등이 모두 괴로움을 구성하는 요소이다. 이를 오온성고(五蘊盛苦)라 한다. 몸이 있어 그 몸 때문에 괴롭고, 느낌이 있어 그 느낌 때문에 괴롭고, 판단하기 때문에 그 판단함으로 인해 괴롭고, 욕구가 있어 그 욕구 때문에 괴롭고, 의식이 있어 그 의식 때문에 괴로운 것이다.

괴로움과 관련한 이 모든 객관적 사실들은 마음을 고요히 한 성자들만이 알 수 있는 것이므로 괴로움의 성스러운 진리, 즉 고성제(苦聖諦)라고 한다.

서양의 일부 학자는 불교를 염세주의라고 말한다. 그것은 그들이 불교를 제대로 알지 못하기 때문이다. 우리는 병을 진단하고 처방전을 주는 의사를 염세주의자라고 하지 않는다. 그리고 의사들이 인간은 모두 어느 만큼의 병을 가지고 있다고 말해도 우리는 그들을 염세주의자라고 하지 않는다. 그 이유는 그들은 병을 치료하는 방법을 알고 있고 실제로 치료해 주기 때문이다. 마찬가지로 불교는 괴로움에 대해 말하지만, 괴로움의 원인과 괴로움으로부터 벗어나는 방법까지 말해 주기 때문에 염세주의라고 말할 수 없다.

2

괴로움의 성스러운 진리

고성제(苦聖諦)는 초기불교를 공부하든 대승 불교를 공부하든 간에 아주 중요한 개념이다.

초기불교는 열반이 목표인데, 고통을 느끼지 못하는 사람에게 열반을 추구하려는 의지가 생길 리 없다. 그리고 대승 불교의 근본은 보살행이고, 보살행이란 중생에 대한 연민심을 바탕으로 하며, 연민심은 중생의 갖가지 고통을 이해하는 데서 출발한다. 그러므로 고성제는 불교를 알기 위한 첫 시발점이고 이 부분을 잘 이해해야만 바르고 건강한 불교관이 형성될 수 있다.

일반적으로 고통은 그 양태에 따라 다음 세 가지로 구분해 볼 수 있다.

① 죄를 짓고 받는 과보로서의 고통이다. 이 중 불구나 사고 등으로 인한 고통은 죄를 선으로 뒤집어야만 사라진다. 그 것도 대부분 이 생이 아니고 다음 생에서나 가능하다.
② 양심을 지키며 진실하게 살기 위해 겪을 수밖에 없는 고통 이다. 이러한 고통도 그 대가가 금생의 말년이나 다음 생

에서나 나타난다.

③ 무상한 대상에 집착하지만 그 대상이 변함으로써 받게 되는 존재에 대한 근원적인 고통이다. 이 고통은 무상한 존재들에 대한 집착을 모두 소멸시켜야만 벗어날 수 있다.

이렇듯 우리는 갖가지 고통 속에 겹겹이 에워싸여 살아가고 있다.

의사가 아닌 한 우리는 병명과 병의 원인을 쉽게 알 수 없다. 의사일지라도 많은 환자를 만나 숙련된 후에야 병명과 병의 원인을 알 수 있다. 마찬가지로 고통과 고통의 원인은 부처님의 가르침에 의지해서 충분히 마음 수련을 해야만 비로소 알 수 있다. 부처님의 가르침에 의지해 마음 수행을 해서 여러 욕망과 번뇌와 의도에 물들지 않는 마음, 청정하고 순수한 마음이 되어야 비로소 그와 같은 인과적 사실을 알 수 있게 되는 것이다.

그러기 위해선 먼저 몸이 번거로운 일에 연루되지 않아야 하고, 불필요한 말과 거친 말을 삼감으로써 몸의 에너지를 소모하지 않고, 마음을 단순화해야 한다. 그리고 자신이 가진 것, 혹은 얻은 것에 만족할 줄 알아야 한다. 만족함을 알지 못하면 마음이 감각 대상에 유령처럼 떠돌아다니기 때문에 자기 마음의 우물을 바라볼 수 없다. 마음이 감각 대상에서 떠나 자기 마음의 우물로 눈을 돌리면, 우리는 끊임없이 발생하는 불편함과 서러움, 그것들로부터 벗어나고자 하는 욕망, 그러한 욕망에 에너지를 많이 써서

제1부 초기·부파 불교의 수행론

오는 피곤함과 좌절감, 삼계의 대상에 기대하는 마음 등이 똬리를 틀고 있는 것을 볼 수 있게 된다. 그러한 부정적 마음들은 마음의 우물에 뿌옇게 흙탕물을 만드는데, 그 흙탕물이 가라앉으면 그 안에 칠흑 같은 무지가 있음을 보게 된다.

이렇듯 무지가 마음을 뒤덮고 있기 때문에 현상을 있는 그대로 볼 수 없는 것이다. 초보 수행자는 이러한 오염된 마음의 근원을 쉽게 볼 수도 다스릴 수도 없기 때문에 마음을 호흡 등 어느 한 곳에 집중해서 안정시켜야만 한다. 그런 다음 차츰 마음의 움직임을 멈추어 나가야 한다. 왜냐하면 다섯 가지 장애라는 마음의 소용돌이를 멈추게 해야만 나와 사물의 실체를 바라볼 수 있기 때문이다. 이렇게 되면 마음을 지키는 파수꾼이 악행과 욕망을 하나하나 이 잡듯이 잡아내서 참회하고, 그로 인해 마음은 행복감을 느끼게 된다(초선). 이어 악행과 욕망을 다스리기 위해 사용했던 분별심을 떠난 후에 오는 행복감(제2선), 몸의 고통과 즐거움에서 벗어남으로써 생겨나는 정신적인 기쁨을 버린 후에 오는 신체적 행복감(제3선) 등을 차례차례 경험하고, 마지막으로 몸과 마음의 행복감마저 객관화된 상태로 대상과 마음이 분리된 청정한 마음을 성취한다(제4선).

마음이 이 정도의 평정을 얻게 되면 몸과 시간과 공간을 거슬러 올라갈 수 있게 되고(의성신), 가고 싶은 곳을 마음대로 갈 수 있게 되고(신족통), 듣고 싶으면 거리에 상관없이 무엇이든 들을 수 있게 되고(천이통), 마음을 기울이는 것만으로 중생들의 의도를 알 수 있게 된다(타심통).

이처럼 그 어디에도 물들지 않고 자재(自在)한 마음으로 자기와 타인의 삶을 관찰해 보면, 인생은 고통과 그 고통에 잠시 휴식을 주려고 하거나, 또 다른 쾌락으로 고통을 잊게 하려는 몸부림일 뿐이라는 것을 알게 된다. 그리고 이러한 고통에는 원인이 되는 행위가 있고 그 행위의 결과가 고통이라는 것도 알게 된다(숙명통·천안통). 이렇게 의성신(意成身)이 발생한 후 다섯 가지 신통을 얻어야 알게 되는 것이 바로 존재의 고통이다. 그래서 고성제라고 하는 것이다.

수행을 하지 않는 사람일지라도 직접 죄의 과보를 경험하거나, 사유로써 악행으로 인한 고통을 알 수도 있다. 그러나 무상한 대상에 집착해서 생겨나는 존재의 근원적인 고통은 천안통과 숙명통을 얻은 후에 과거와 현재, 현재와 미래의 인과 관계를 관해 보는 등 직접적인 경험을 통해서만 알 수 있다. 그러한 성스러운 경지에서 이해할 수 있는 고통이기 때문에 '고통의 성스러운 진리'라고 하는 것이다.[2]

2_ 『사문과경』을 중심으로 서술했다.

3

괴로움의 원인

생로병사의 괴로움, 인간관계의 괴로움, 마음의 괴로움, 이 세 가지 괴로움은 인간이기 때문에 겪어야 하는 필연적이고 운명적인 것인가, 아니면 어떤 원인이 있기 때문에 생겨나는 것인가?

이에 대한 부처님의 가르침은 "모든 괴로움에는 원인이 있다"라는 것이다. 이는 '모든 사건에는 원인이 있다'는 물리학의 법칙을 떠올리게 한다.

예를 들어, 열대 지방에 오래 살면 치아가 약해지는 경우가 많다. 수학(修學)과 수행 차 열대 지방에 오래 머물렀던 필자에게도 그런 경험이 있다. 비록 치아는 약해졌지만, 필자는 그로 인해 한 가지 소중하지만 당연한 삶의 진리를 발견했다. 결론부터 말하면, 이가 상하는 데는 반드시 원인이 있다는 것이다. 양치질만 잘한다고 해서 이가 상하지 않는 것이 아니었다. 양치질을 잘한다고 해도 열이 머리로 솟구치는 상기 때문에, 또는 영양의 부조화 때문에 이가 상하기도 한다. 필자는 치아가 상하고 치료되는 과정에서 치아의 괴로움에는 원인이 있다는 것을 분명히 이해하게 되었고, 더 나아가서 '모든 괴로움에는 원인이 있다'라는 사실까지 깨닫게 되었다.

괴로움의 원인은 물리적 원인과 심리적 원인으로 분류할 수 있고, 심리적 원인은 다시 물리적 원인을 일으킨다. 심리적 원인의 기본 토대는 사랑과 미움이다. 사랑해선 안 될 대상을 사랑하고 미워해선 안 될 대상을 미워하는 것, 이것이 괴로움의 심리적 원인으로 작용한다. 미워해선 안 될 대상을 미워하는 이유는 내면에 잠재되어 있는 한(恨), 혹은 스트레스 때문이고, 사랑해선 안 될 대상을 사랑하는 이유는 근원적 외로움으로 인한 욕망, 즉 갈애(渴愛) 때문이다. 잠재되어 있는 사랑과 미움, 좋아하고 싫어하는 마음이 집착해선 안 될 대상에 집착하게 하는 것이다.

집착은 안으로 향하는 자신에 대한 집착, 밖으로 향하는 세상에 대한 집착, 이렇게 두 가지가 있다. 먼저 자신에 대한 집착은 몸과 마음에 대한 집착이다. 두 번째 세상에 대한 집착은 여섯 가지 감각 기관의 대상에 대한 집착인 욕애(欲愛), 몸이 있는 천상[色界]이나 정신만 있는 신들의 세계[無色界] 등 좋은 곳에 태어나려고 하는 욕망인 유애(有愛), 그리고 자신의 행위에 대한 대가와 과보를 기꺼이 받아들이지 않고 회피하려고 하는 욕망인 무유애(無有愛)³ 등을 말한다. 이러한 집착과 욕망이 인간의 모든 의도적·신체적 행위를 일으키고, 이 행위들의 결과로 괴로움이 생겨나는 것

3_ 빠알리어 'vibhava taṇhā'를 비유애(非有愛)라고도 한다. 비유애는 무색계에 대한 애착이라고 주석하기도 한다.

이다.

이처럼 집착과 욕망은 필연적으로 괴로움을 불러일으킨다.

4

집착하면 왜 괴로운가

집착에는 일종의 법칙이 있다. 집착하면 집착한 만큼 괴로움이 따른다는 것이다.

마음의 대상들은 모두 여러 가지 인(因)과 연(緣)으로 이루어졌으며, 이것들은 찰나의 멈춤도 없이 항상 변해 간다. 제행무상(諸行無常)이다. 대상의 속성이 변하는 것이라면, 이에 반해 집착의 속성은 그 대상이 항상 같은 상태를 유지하길 원한다. 이 두 가지는 본질적으로 서로 상충되기 때문에, 집착이 있는 한 인간은 괴로움에서 벗어날 수가 없다. 제행개고(諸行皆苦)이다.[4]

집착은 모든 행위의 직접적인 원인이다. 인간은 집착 때문에 행위를 하고 집착 때문에 노력을 한다. 몸을 편하게 하고 지키려는 욕망, 아름다운 것을 소유하려는 욕망, 자신만의 견해와 신념을 지키려는 욕망, 타인에게 존중받으려는 욕망 등이 모두 집착때문에 생기는 행위와 노력이다. 이러한 욕망들은 처음부터 그 무

4_ 한역은 '일체개고(一切皆苦)'로 번역되어 있지만, 빠알리어 'sabbe saṅkhārā dukkha'는 '일체 조건 지워진 형성된 것[有爲法]은 고통'이라는 의미이다.

상한 속성들과 상충된다.

그렇다고 괴로움이 꼭 나쁜 것만은 아니다. 오히려 괴로움을 느끼지 못하는 것이 더 위험할 수도 있다. 괴로움 없이 편안하기만 하면 그 상태에 집착하게 되기 때문이다. 오히려 괴로움은 나의 행위를 반성하게 하고, 그 원인을 찾아 해결하게 해 주는 동인이 되기도 한다. 다시 말해 괴로움은 역설적으로 나의 삶을 정화시킬 수도 있는 것이다.

병듦·늙음·죽음의 괴로움은 태어남이, 마음의 괴로움은 좋아하고 싫어함이, 관계의 괴로움은 남을 배려하고 존중하지 않는 것이 원인이다. 그리고 이 모든 괴로움의 원인은 요약하면 나와 나의 것에 대한 갈애와 집착이다.

5

제법무아

나에 대한 집착인 아집(我執)이 사라지면 나의 것, 즉 아소(我所)에 대한 집착인 법집(法執)도 사라져 모든 고통의 원인이 사라져 버린다. '나'가 없는데 '나의 것'이 있을 리 없다.

그렇다면 나에 대한 집착을 어떻게 효율적으로 없앨 것인가? 이것이 바로 고통을 사라지게 하는 핵심이며, 불교의 모든 종파가 온 힘을 기울이고 있는 것이다.

인간에게 가장 중요한 질문은 "나는 존재하는가?", "나는 무엇인가?"이다. 불교는 무아(無我)를 말한다. 그렇다면 나는 정말로 존재하지 않는가? 그렇지 않다. 그렇다면 나는 정말로 존재하는가? 그렇지도 않다. 그 이유는 '나'라는 것은 '나'의 생각 속에서만 존재하기 때문이다. 실제로 존재하는 것은 감각 기관에서 받아들인 정보들, 그 정보들을 느끼는 느낌들, 그 느낌들에 대한 생각함, 그리고 그 모든 것에 대한 욕망들이다. 식(識)·수(受)·상(想)·행(行)의 정신적인 작용들은 연기적 인과 관계가 있어서 서로 간에 영향을 미친다.

이러한 인식론적인 인과 관계의 상태가 너무도 빠르게 흘러

가기 때문에 이것들을 '나'라고 착각하고 '나는 존재한다'라고 믿는 것이다. 비유하자면 선풍기의 다섯 날개가 너무도 빠르게 돌아가기 때문에 원으로 보이는 것과 같은 이치다.

그러므로 '나'라는 믿음은 가상의 실재이다. 오직 인간의 개념 속에서만 존재하기 때문이다. 경험적으로 실재하는 것들은 다섯 가지 감각 기관인 색(色)을 통해 받아들인 정보들인 식(識), 느낌들인 수(受), 이것들을 생각하는 상(想), 그리고 그것들을 잡아당기거나 밀어내는 욕망들인 행(行), 그것들에 의지해서 발생하고 변화하는 물질들인 색(色), 이들이 서로 영향을 미치면서 끊임없이 상속하고 생성해 나가는 유(有)의 과정들이다. 이것이 바로 나의 정체이고 실재이고 실상이다.

이런 관점에서 무아라고 하는 것은 색·수·상·행·식의 상속 외에 또 다른 내가 존재하지 않는다는 것이고, 나라고 하는 믿음은 선풍기가 작동할 때 다섯 날개가 마치 원처럼 잘못 보이는 것과 같은 것이다. '제법무아 오온자성개공(諸法無我 五蘊自性皆空)'이다.

다시 말해 경험하는 오온(五蘊)이 바로 나이고, 오온 외에 나라는 것은 없다는 것이다. 그렇다면 오온은 실제로 존재하는가? 아니면 존재하지는 않는데 경험을 하는 것인가? 다른 말로 하면 경험적 실재가 꼭 존재론적 실재라고 할 수 있는가이다.

우리는 살아가면서 잘못된 믿음이라도 실재와 똑같은 결과를 주는 경우를 자주 경험한다. 예를 들어 한밤중에 길을 걷다가 노끈을 뱀으로 착각해서 몹시 놀라는 경우가 있다. 잘못된 믿음은 원인은 사실이 아니지만 결과가 사실이 되는 것이다. 오락에 너무 열중해서 건강과 공부를 해치는 소년에게 오락은 행복 그 자체이다. 그러나 행복하다는 그 느낌은 사실이 아닐 수 있다. 올바른 지식을 갖게 되면 바뀔 수 있는 착각의 감정인 것이다. 중증 당뇨병 환자가 단 음식을 먹으며 행복감을 느끼는 것도 마찬가지이다. 그들에게 있어서 이러한 믿음과 느낌들은 경험적 실재이다.

그러나 이러한 감정들은 잘못된 정보로 인해 생겨난 믿음이므로 실재라고 할 수 없고, 오직 경험적 측면에서만 실재이다. 이와 같이 오온의 경험도 주관적이고 경험적인 사실이다. 객관적인 진실이 아니고 그렇게 믿기 때문에 생겨난 하나의 심리적 현상일 뿐이다. 이것들을 실재이고 진실이라고 착각해서 일반화하면 고통에 빠질 수밖에 없다.

그렇다면 무엇이 진실이고 절대적 실재인가? 절대적 실재라는 것은 우선 보편타당성을 획득해야 한다. 어느 시간 어느 장소에서도 공감할 수 있어야 하고, 자명(自明)함이 있어야 한다. 주관성을 배제해야 하고 개인적인 감정, 업과 습관을 배제해야 한다. 이 모든 것을 배제하고 나면 남는 것이 전혀 없다. 오직 무위의 열반뿐이다. 열반만이 진실이고, 그 외의 것은 진실이 아니다.

그렇다면 열반은 무엇인가? 오온에 대한 바른 이해와 오온에서 감정적으로 자유로워지는 것, 다시 말해 오온에 대한 집착이 완전히 사라진 것, 그것이 바로 열반이다.

이와 같이 진실 혹은 실재는 경험적 실재와 절대적 실재 두 가지로 분류할 수 있다. 초기불교는 경험적 실재[5]를 중시하고, 대승 특히 중관학파와 선종은 절대적 실재[6]를 중시한다.

5_   saṅkhata paramattha

6_   asaṅkhata paramattha

6
멸성제

(1) 죽음과 해탈의 차이

산스크리트어로 해탈(解脫)은 'mokṣa', 빠알리어로 열반(涅槃)은 'nibbāna'이다. 불교에서는 열반을, 힌두교에서는 해탈이라는 용어를 주로 사용한다.

해탈은 해탈하는 자, 즉 진아(眞我)와 그 진아에 결박된 몸을 전제로 하고, 몸을 해탈의 장애로 생각하기 때문에 일반적으로 몸을 벗어난 사후에 얻게 된다. 그에 반해 열반은 탐(貪)·진(瞋)·치(癡) 삼독(三毒)의 숲에서 벗어난 상태를 말하며, 생전에도 얻을 수 있다. 사실 엄밀하게 말한다면 열반은 불교적 개념이고 해탈은 힌두교적 개념이다. 그러나 해탈은 후기 불교 역사에서 열반과 같은 의미로 사용되었다.

해탈에는 선정해탈과 지혜해탈이 있다. 선정해탈은 당면한 상황으로부터 벗어나는 것이다. 비유하자면, 차가 있어서 괴롭다면 차를 버리고, 가족이 있어서 괴롭다면 가족을 떠나고, 친구들 때문에 괴롭다면 친구들을 만나지 않는 것이다.

　　　　　　　　　　　　　　　　　제1부 초기·부파 불교의 수행론

지혜해탈은 차가 있어도, 가족이 있어도, 친구가 있어도 마음만 잘 다스리면 고통의 요소들을 나와 대상을 위한 행복의 수단이나 계기로 이용할 수 있다는 것이다. 그것은 내 마음 속에 숨겨져 있는 욕망, 혹은 마음 씀씀이 등과 관련되어 있다. 즉, 외부의 현상은 있는 그대로 놓아두고, 자기 안의 생각을 다스려서 고통으로부터 벗어나는 것을 지혜해탈이라고 한다.

그렇다면 죽음과 열반에는 유사성이 있는가. 죽음처럼 사람을 충격에 빠트리는 일은 없다. 죽음은 냉엄한 현실이다. 회피하고 잊어버리고 생각하지 않아도 반드시 따라온다. 사랑하는 사람의 죽음은 이 세상이 파괴되고 하늘이 무너지는 일과 같다. 하지만 그 누구도 죽음을 피할 수 없고, 살아 있는 모든 것은 끊임없이 죽음을 향해 내달린다. 죽음의 고통 중 가장 최악의 고통은 나 자신의 죽음이다. 그것은 나 자신이 통째로, 즉 나의 몸과 마음, 내가 소유하고 있는 모든 것, 경험할 수 있는 모든 대상으로부터 추방당하는 것이다. 지인들의 죽음은 나의 죽음에 비하면 준비에 불과하다.

죽음은 몸의 고향, 열반은 마음의 고향이다. 궁극에 몸이 이르러야 할 곳은 죽음이고, 마음이 이르러야 할 곳은 열반이다. 죽음은 소유로부터의 강제적 박탈, 열반은 자발적 박탈과 포기이다. 단돈 천 원이라도 보시하는 것과 준비되지 않은 채 강제로 뺏기는 것은 완전히 다른 것처럼, 열반과 죽음은 확연히 다르다. 좋아하고 싫어하는 감정, 옳고 그름에 대한 집착, 그리고 여러 부조화된,

잘못된 욕망으로부터의 죽음, 이것이 바로 열반이다.

병듦과 늙음, 죽음의 고통은 모두 태어남이 근본 원인이다. 인간관계의 고통은 자신만을 소중히 여기고 타인을 배려하지 않는 데서 오고, 마음의 고통은 사랑과 미움에 대한 기억에서 온다. 태어나는 것 역시 사랑과 미움이 원인이 되어 행위를 일으키고, 그 행위의 결과가 나의 현실, 삶 또는 태어남이 되는 것이다.

해탈은 바로 이 삶의 괴로움, 인간관계의 괴로움, 마음의 괴로움으로부터 완전히 벗어난 상태를 말한다. 그리고 이것들의 원인인 갈애, 즉 욕애(欲愛)와 유애(有愛), 비유애(非有愛)가 완전히 사라진 상태이다.

다시 말해 '나'와 '내가 인식하는 세계'에 대한 집착에서 벗어나는 것, 그것이 바로 '해탈'이다. 좀 더 현실적으로 표현한다면 건강한 몸, 조화로운 인간관계, 번뇌에 물들지 않는 마음으로 행복한 삶을 영위하는 것, 그것이 바로 해탈이다.

(2) 수·상·행의 해탈

인간관계에서 오는 괴로움은 대부분 타인에 대한 배려가 부족한 데서 연유한다. 타인에 대한 배려가 부족한 이유는 상대가 무엇을 필요로 하고 무엇을 싫어하는지 잘 알지 못하는 무감각 때문이다. 타인의 감정에 무감각한 이유는 이기심이 가장 큰 원인이고, 이 이기심은 나와 타인과의 인과 관계가 어떻게 연기적으로 얽혀 있는지 알지 못하는 무지에서 온다.

그러므로 이 모든 고통에서 벗어나려면 나와 남이 둘이 아니라 하나라는 자타불이(自他不二)를 이해해야만 한다. 실제로 나와 남이 하나라는 것은 아니다. 그렇지만 인과를 주고받는 과정에서 남에게 베푸는 행위가 그대로 나에게 되돌아오고, 남에게 나쁘게 한 행위도 나에게 어떤 식으로든 결과를 준다. 이런 연기적 인과의 이치 속에서 나와 남이 하나라는 것이다.

이와 같이 나와 남이 둘이 아님을 알게 되었을 때, 그리고 그들이 고통에서 벗어나기 위해 허우적거리는 것을 볼 때, 자기 안에서 일어나는 색(色)·수(受)·상(想)·행(行)·식(識)과 타인에게서 일어나는 색·수·상·행·식에 연민을 느끼는 동체대비(同體大悲)의 마음이 생겨나는데, 바로 이것이 인간관계로부터의 해탈이다.

마음의 고통으로부터의 해탈은 욕망(의지)으로부터의 해탈, 생각(지성)으로부터의 해탈, 느낌(감성)으로부터의 해탈 등 세 가지 심리적 상태로부터의 해탈을 말한다.

먼저 욕망으로부터의 해탈은 무엇인가. 예를 들어 당뇨병이 심한 사람이 아이스크림을 아주 좋아한다고 하자. 그러면 아이스크림을 먹고 싶다는 욕망과 아이스크림을 먹어서는 안 된다는 의지적 욕망, 이 두 가지 욕망이 서로 싸울 것이다. 이렇게 서로 상충되는 두 가지 욕망이 존재하는 한 감정적 고통으로부터의 해탈은 실현될 수 없다. 그러면 고통으로부터 해탈하기 위해 서로 반대되는 이 두 가지 욕망을 어떻게 정리해야 할까? 아이스크림을 먹으려고 하는 욕망이 당뇨에 해롭다는 것을 깨닫고 아이스크림을 먹지 않는 쪽으로 의지를 확고히 붙들면, 아이스크림에 대한 의지적 욕망에서 해탈했다고 볼 수 있다. 그러므로 해탈이란 우리가 욕망할 수 있는 각각의 모든 대상으로부터 욕망이 완전히 사라진 상태 혹은 건설적인 쪽으로 조화된 상태를 말한다.

욕망이란 여럿이 한순간에 생겨나지 않는다. 개개인의 인연과 성향에 따라 시간의 흐름 속에서 개별적으로 생겨난다. 이렇게 시간차를 두고 과거·현재·미래에 일어나지만, 욕망은 또 공간적으로는 한순간에 온 세계에 존재한다. 이 한순간에 삼계(三界)에 존재하는 욕망을 다스리는 것, 이것이 바로 욕망의 해탈이다.

느낌으로부터의 해탈은 무엇인가. 느낌에는 좋은 느낌과 싫은 느낌, 편안한 느낌과 불편한 느낌의 두 가지 양태가 있다. 좋고 편안한 느낌을 좋아하고, 싫고 불편한 느낌을 멀리하려는 것이 느낌에 대한 욕망이다.

이렇게 불편한 느낌을 멀리하고 편안한 느낌을 취하려고 하는 욕망에서 벗어나는 것, 그것이 느낌으로부터의 해탈이다. 왜냐하면 좋아하고 싫어하는 느낌을 충실히 따른다면 고통이 더욱더 심화되기 때문이다.

생각으로부터의 해탈은 무엇인가. 그것은 견해의 해탈이다. 견해는 판단이다. 사람들은 살아가면서 받아들이는 각종 정보와 지식을 유익하고 해로운 것, 옳고 그른 것으로 판단하여 분류하고 자신을 유지하기 위해 이것을 굳게 붙들고 집착한다. 생각의 해탈, 즉 견해의 해탈이라는 것은 자신의 견해가 절대적으로 옳고, 타인의 견해는 그르다고 판단하는 이러한 집착에서 자유로워지는 것이다. 남이 틀리듯이 나도 틀릴 수 있고, 틀린 것은 '나'가 아니고 왜곡된 정보의 집합이며, 나아가서는 틀릴 나가 존재하지 않는다는 것을 아는 것이다. 이것이 생각으로부터의 해탈이다.

이러한 지성, 감성, 의지적 욕망이 완전히 조화된 상태가 열반이다. 그리고 이러한 해탈의 구체적 여정이 바로 팔정도(八正道)와 십바라밀(十波羅蜜)이다.

7

팔정도

(1) 바른 견해

고통을 완전히 여의고, 행복을 성취하는 데는 두 가지 길이 있다. 하나는 번뇌를 모두 소멸시켜서 태어남의 고통에서 완전히 벗어나는 길이고, 또 하나는 자신의 번뇌뿐만 아니라 여러 가지 삼매와 신통 지식을 닦아서 중생들의 번뇌와 고통까지 소멸시키는 머나먼 수행의 여정을 가는 것이다.

　앞에서 살펴본 바와 같이 이 세상의 모든 괴로움은 나와 나의 것에 대한 집착에서 온다. 그러므로 나와 나의 것에 대한 집착을 버린 무아(無我)의 성취행인 팔정도(八正道)는 아라한행, 무아의 실천행인 십바라밀(十波羅蜜)은 보살행이라고 말할 수 있다. 불교의 가장 큰 특징은 세상의 여러 괴로움을 수행으로 다스릴 수 있고, 수행으로 완전한 행복을 성취할 수 있다고 말하는 것이다.

　삶은 행위이다. 행위에는 신체적·언어적·정신적 행위가 있다. 모든 행위에는 동기 또는 욕구가 있다. 좋으면 취하려 하고 싫으면 멀리하려 한다. 언어적으로는 좋으면 칭찬하고 싫으면 비판하게 된다. 심리적으로는 좋으면 당기고 싫으면 밀어낸다. 이처럼 인간의 모든 행위는 불편함에서 벗어나 편한 상태를 만들려는 욕구 때문에 생겨난다. 즉, 고통에서 벗어나 행복을 추구하려는 욕구가 행위를 일으키는 것이다. 그러나 사람마다 행복에 대한 이해와 가치관이 다르고, 다른 만큼 다양한 욕구와 인생이 펼쳐진다. 만약 행복에 대한 견해가 바르지 않으면 행복을 원하나 불행을 초래하는 꼴이 된다. 행복에 대한 바른 견해가 절실히 요구되는 까닭이다.

요즘 같은 물질만능주의 사회에서는 오욕락(五欲樂)을 만족시키는 것이 삶의 목적이고 행복이라고 생각하기 쉽다. 그래서 아름다운 대상을 소유하고, 아름다운 소리를 듣고, 향기로운 냄새에 취하고, 맛있는 음식을 먹고, 부드러운 감촉의 옷을 입고, 이 다섯 가지 욕망의 결정체인 성욕을 만족시키는 삶, 이러한 삶을 위해 밤낮으로 일하고 애쓰고 노력한다. 그리고 그러한 삶을 최상의 삶으로 여긴다. 만약 이들이 도덕적이고 남을 해치지 않으면서 오욕락을 추구한다면 나쁘다고만 할 수는 없을 것이다. 그러나 이 다섯 가지 욕망을 만족시키는 것이 오히려 나의 삶을 피폐하게 만들고 외롭고 병들게 하는 것이라면 과연 이 오욕락을 행복이라고 말할 수 있을까? 만약 오욕락이 나의 정신적인 행복과 내가 사랑하는 사람들의 행복에 반하는 것이라면 오욕락은 반드시 다스려야 할 불행의 씨앗이 아닐까?

그렇다면 이 오욕락을 다스리려면 어떻게 해야 할까? 가장 먼저 오욕락이 나의 행복에 도움이 되는지 해가 되는지 판단해야만 한다. 이를 택법각지(擇法覺支)라 한다. 나에게 도움이 되는지 안 되는지를 알려면, 나는 어떠한 오욕락을 추구하고 있는지를 알아차려야만 하는데, 이것이 염각지(念覺支)다. 오욕락만을 추구하는 사람들은 잘못된 인식과 잘못된 인생관을 가진 경우가 많다. 즉, 오욕락을 추구하는 것이야말로 인생의 유일한 행복이라고 착각하는 것이다. 바로 사견(邪見)이다.

사견은 사성제에 대한 무지, 인과에 대한 불신, 네 가지 잘못된 견해[7] 등이다. 이 사견을 바로잡아 주는 것이 정견(正見)이다. 행복의 길로 가려면 이 사견을 바로잡고 정견을 갖추어야 한다. 즉, 온전한 행복인 열반을 성취하기 위해서는 바른 견해를 갖추는 일이 다른 어떤 노력보다 선행되어야 한다. 바른 견해가 없는 이는 아무리 고행을 하고 노력을 한다고 할지라도 결국에는 해탈과 정반대의 길로 가게 된다.

(2) 바른 생각과 바른 서원

행복 또는 불행을 원하는 것은 모두 개인의 선택이다. 인간에게는 자유 의지가 있기 때문이다. 안타까운 것은 사람들이 행복을 원하

7_ 무상하고 괴로우며 부정하고 무아인 모든 형성된 법을 '영원하고 즐거우며 아름답고 참나'라고 믿는 것을 말한다.

제1부 초기·부파 불교의 수행론

면서도 불행의 길을 간다는 것이다.

그 이유는 행복에 대한 무지와 그 기준이 각기 다르기 때문이다. 어떤 사람들은 양심에 거리끼는 일, 예를 들어 남을 이용하고, 남의 것을 빼앗고, 심지어는 거짓말이나 잔인한 일을 해서라도 자신의 오욕락(五欲樂)을 즐기는 것을 행복이라고 생각한다. 또 어떤 사람들은 오욕락을 즐기되 양심을 지키고 남을 해치지 않으면서 누려야만 행복이라고 생각한다. 이들은 남의 것을 빼앗지 않고, 남을 속이지도 않고, 정당하게 스스로 노력하여 오욕락을 즐기는 사람들이다. 또 어떤 사람들은 오욕락은 무상한 것이고, 삶의 의미를 가져다주지 않기 때문에 몸과 마음을 고요하게 다스리고 선정을 닦는 것을 행복으로 여긴다. 또 어떤 사람들은 존재의 세계에서 벗어나 다시 태어나지 않는 것을 행복이라고 생각하고, 어떤 이들은 중생을 도와주는 삶만이 진정한 행복이라고 생각한다.

삶의 양태가 개개인마다 다양하게 드러나는 것은 행복에 대한 정의가 각각 다르기 때문이다. 그리고 그것은 행위의 결과에 대한, 인과에 대한 이해의 차이에서 생겨난다. 그러므로 삶의 행복에 대한 바른 견해와 인과에 대한 이해는 삶의 질을 결정하는데 매우 중요한 역할을 한다.

그렇다면 무엇이 인간을 불행으로 이끄는 견해인가. 그것은 네 가지 잘못된 견해이다. 이 네 가지 잘못된 견해가 잘못된 인생관을 갖게 하고, 잘못된 인생관이 잘못된 목표를 세우게 하고, 잘못된 목표가 바르지 않은 사유를 하게 만든다. 그 네 가지 잘못된 견해는 인생이 영원하고[常], 즐거운 것이고[樂], 자아가 실재하고[我], 아름다운 대상[淨]이 실재한다는 믿음이다. 그러므로 바른 수행은 이 네 가지 견해에 대한 성찰로부터 시작해야 한다.

첫째로 과연 즐거운 느낌은 실제로 존재하는가이다. 수행자가 느낌을 지속적으로 관찰하면 삶은 다만 괴로움일 뿐이라는 것을 알게 된다. 또한 이 괴로움이 잠깐 정지된 상태를 사람들은 즐거움으로 오해하고 착각한다는 것도 알게 된다. 이와 같은 사실을 경험하면 오욕락을 위해 인생을 사는 것이 얼마나 헛된 일인지를 깨닫게 되고, 오욕락을 위해 남을 해치거나 업을 짓는 삶을 지양하며, 보다 의미 있는 삶을 추구하게 된다.

둘째는 아름다움에 대한 정의이다. 아름다움 역시 자세히 관찰하다 보면 어떤 대상에 자신의 업을 투사한 주관적인 것이요, 기억에 의해 만들어진 것이지 실제로 존재하는 것이 아님을 알게 된다. 이것을 알게 되면 더 이상 실재하지 않는 대상을 향해 치달려 가지 않게 된다.

셋째는 자아와 관련된 견해이다. 견해라고 하는 것은 본래 주관적이다. 한 인간은 같은 시간에 모든 공간에 존재할 수 없기 때문에 사물을 한쪽에서 바라볼 수밖에 없다. 그러므로 견해는 한쪽으로 치우친 시각, 즉 편견이고, 이에 반해 전체적으로 조화롭게 보는 시각은 정견이다. 그래서 나의 견해를 절대적인 것, 또는 나의 것으로 보는 것은 치우친 견해이고, 나의 견해는 사물을 바라보는 시각의 일부분일 뿐이라고 보는 것은 바른 견해이다. 이것이 자아의 견해와 관련된 정견이다. 또한 존재하는 모든 것은 무상(無常)·고(苦)·부정(不淨)·무아(無我)라고 보는 것이 바른 견해이다.

이러한 바른 견해는 바른 목표와 바른 생각을 일으키게 한다. 느낌에 대한 바른 관찰로 인해 욕망을 소멸시키는 삶, 남들을 해치지 않고 오히려 그들의 고통을 덜어 주는 삶을 인생의 목표로 세우고 사유하는 것, 이것이 바로 바른 서원, 바른 목표, 바른 생각이다.

(3) 바른 언어, 바른 업, 바른 직업

정견(正見)에는 출세간(出世間)의 정견과 세간(世間)의 정견이 있다.

인과를 잘 이해하고 믿는 것은 세간의 정견에 해당한다. 현재 경험하고 있는 고통과 즐거움을 신이나 남의 탓으로 돌리는 것은 사견이고, 내가 경험하는 즐거움과 괴로움을 모두 몸과 마음으로 지은 업의 과보라고 보는 것은 정견이다. 정견이 확립된 사람만이 더 나은 삶을 향한 실천행을 할 수 있고, 건전한 인생관을 확립할 수 있다. 그러므로 인과에 대한 이해와 바른 믿음은 팔정도를 통해 온전한 행복을 구현하는 데 절대적으로 필요하다.

인과에 대한 바른 믿음이 바른 서원, 정사(正思)를 갖게 하고, 바른 서원은 바른 생각, 즉 욕망을 소멸하는 생각, 남들을 해치지 않는 생각, 연민심의 생각을 일으키게 한다. 바른 생각이 정립된 사람은 언어적·신체적 행위와 생업의 행위 속에서 남을 해치는 삶을 살지 않게 된다. 이것이 정어(正語)·정업(正業)·정명(正命)이다. 바른 서원을 실천하는 사람은 다른 생명을 괴롭히거나, 남이 주지 않은 것을 취하거나, 사랑하는 사람이 있는 남의 배우자를 유혹하는 등의 세 가지 신체적 악행을 저지르지 않는다. 또한 거짓말, 이간질, 거친 말, 쓸데없는 말이라는 네 가지 언어적 악행에서도 멀어지게 된다. 더 나아가서 바른 생계를 영위하며 다른 생명에 피해가 되는 생계 수단을 피하게 된다. 다른 생명에 피해를 주는 생계 수단에는 무기 거래, 생명체의 거래, 도살업, 독약 거래, 마약 거래 등 다섯 가지가 있다. 일례로 자이나교도들은 계율을 준수하고 생업에 관련된 악업을 피하기 위해 일찍부터 보석 거래에 눈을 뜨게 되었고, 현재도 인도의 보석 사업에는 자이나교도들의 비중이 크다.

바른 서원 또는 바른 목표는 이와 같이 행위 속에서 표현되고 실천된다. 그것은 계의 실천이고 넓게 보면 선업을 쌓는 일이다. 업은 우리를 이 세상에 존재하게 하고 고통과 즐거움의 열매를 맛보게 하는 원인이다. 업에는 드러난 업인 표업(表業)과 드러나지 않은 정신적 업인 무표업(無表業)이 있다. 드러난 업에는 다시 언어적 업, 신체적 업, 직업(생계)의 업 세 가지가 있다. 불행의 원인은 일곱 가지 드러난 악업 때문인데, 그것은 거짓말, 이간질, 거친 말, 꾸며낸 말이라는 네 가지 언어적 악업과 살생, 도둑질, 삿된 음행이라는 세 가지 신체적 악업을 말한다. 이것들은 인간의 삶을 불행하게 만드는 요소이기 때문에 행복해지기 위해서는 반드시 이것들로부터 멀어져야만 한다.

행위가 업이 되려면 세 가지 심리적 요소가 뒤따라야 한다. 예를 들어 악행을 악업이라고 정의를 내리려면 먼저 미리 계획된 의도[行]가 선행되어야만 한다. 미리 계획되고, 그 행위가 악인지를 아는 앎[想]이 있고, 분노나 악의[受]와 함께 행위하는 것이 바로 악업이다. 남에게 악한 말을 할 때, 충동적으로 남의 안 좋은 것을 말하는 것과 미리 계획하고 의도적으로 이간질하는 것, 이 두 가지는 결과가 완전히 다르게 나타난다. 두 가지 중 후자를 업이라고 한다.

업이라는 것은 감정[受]·지성[想]·의지[行]가 행위와 동시에 작용한다. 그러므로 '의도된 악업'과 '의도하지 않은 악행'의 차이점은 악업은 다음 생의 과보를 일으키게 하고, 일반적 행위는 대부분 그 생에서 과보가 소멸된다는 점이다.

일반적으로 의식의 진화는 세 가지 측면에서 바라볼 수 있다. 첫째는 악한 마음이라는 측면, 둘째는 선한 마음이라는 측면, 셋째는 청정한 마음이라는 측면이다.

악한 마음을 다스리려는 사람은 선악을 잘 분별해야 하고, 악의 과보가 얼마나 무서운지 상상력을 동원해서라도 그 과보의 두려움을 깊이 인식해야 한다.

선한 마음을 계발하고 선을 행하려는 사람은 그 선의 과보가 얼마나 유익하며 즐거운지 그 과보에 대해 깊이 사유해야 한다.

그것으로 인해 선을 행하는 동안에 생겨날 수 있는 여러 가지 어려움을 극복할 수 있다.

마지막으로 청정한 마음을 계발하려면 출세간의 정견을 확립해야 한다.

(4) 칠불통계게와 수행의 단계

해탈이 수행의 완성이라면, 윤회의 원인은 업이다. 수행은 신(身)·구(口)·의(意) 삼업(三業)을 다스리는 것이다.

불자라면 최소한 정견과 정사를 통해 어떠한 삶이 불행한 삶이고 어떠한 삶이 행복한 삶인가를 알아야 한다. 그리고 불행한 삶으로 이끄는, 마음의 그릇된 프로그램을 교정해서[諸惡莫作] 행복한 삶으로 바꾸어야 한다[衆善奉行]. 나아가서 그 행복을 마음의 평화로 승화해야 한다[自淨其義]. 이것이 불교에서 바라본 심리적 정화의 단계이다. 이러한 심리적 정화의 단계에 대해 좀 더 구체적으로 살펴보자.

먼저 제악막작(諸惡莫作)이다. 칠악, 즉 일곱 가지 악행을 저지르지 않는 것이 불행한 삶을 방지하는 길이다. 일곱 가지 악행이란 살생, 도둑질, 삿된 음행, 거짓말, 이간질, 거친 말, 꾸며낸 말이다. 이 일곱 가지 악행의 과보는 지옥과 아귀, 축생의 삶이다. 굴러다니는 돌도 내가 차면 내가 찬 강도만큼 나를 되돌려 친다. 마찬가지로 내가 경험하는 모든 불행은 내가 행한 행위의 결과라는 것이 바로 인과의 법칙이다.

　이러한 인과의 가르침을 이해한 사람은 자신의 불행이 자신이 지은 악업의 결과라는 것을 알기에 그 불행을 기꺼이 받아들이며, 남을 탓하지 않고 스스로에게서 그 불행의 원인을 찾아 그것을 바로잡으려고 노력한다. 남의 눈에서 눈물이 나게 하면 나와 내가 사랑하는 사람의 눈에선 피눈물이 나는 법이다. 이러한 인과에 대한 믿음과 이해가 있기에 여러 악행이나 남의 고통에 대한 무관심과 무감각에서 벗어나려는 마음이 생겨나는 것이다. 왜냐하면 남의 괴로움에 대한 무관심과 무감각 때문에 칠악을 짓게 되는 것이고, 남의 괴로움에 대한 무감각은 자신에 대한 과도한 집착 때문에 오는 것이며, 자신에 대한 과도한 집착은 인과와 조건에 대한 무지에서 오는 것이기 때문이다.

　둘째는 중선봉행(衆善奉行)이다. 칠악의 반대인 칠선을 지어서 천상에 태어나는 것을 바라거나 지금 이 순간에 천상의 삶을 즐기는 것이다. 행복은 본래 존재하지 않는다. 다만 남을 기쁘게 하거나 행복하게 한 순간과, 그 복들의 과보를 받는 순간들의 기쁨이 모여서 행복이라는 느낌을 경험하게 하는 것이다. 그러므로 남을 기쁘게 한 사람만이 오직 인간과 천상의 기쁨을 누릴 자격이 있다.

　다시 말하면 천상은 실재하는 것이 아니고, 복을 지은 에너지가 천상이라는 형태로 보이는 것이다. 그러나 그 복이 다하면 더 이상 천상은 보이지도 느껴지지도 않는다. 마치 아궁이에서 불타

고 있는 장작이 다하면 불이 꺼지는 것과 같다. 마찬가지로 지옥
도 본래 실재하는 것이 아니다. 다만 악을 지은 에너지들이 뭉쳐
서 지옥을 느끼게 하는 것일 뿐이다. 그렇다고 경험되어지는 천상
과 지옥이 없다는 것이 아니다. 업의 형성과 집착이 있는 한 그 모
든 세계는 경험적으로 존재한다. 경험적으로는 존재하지만 본래
적 실재가 아니라서 인연을 제거하면 존재하지 않게 되는 것이다.
이것이 법의 무자성이다.

셋째는 자정기의(自淨其義)이다. 탐욕과 성냄, 자아에 대한 무
지로부터 그 마음을 청정하게 하는 것이다. 천상이 아무리 좋아도
복이 다하면 떠나야 하니 영원하지 않고, 남은 악업으로 인해 인
간이나 지옥에 떨어지게 되면 더욱더 큰 괴로움을 겪기 때문에 천
상에 대한 집착을 떠나 해탈을 추구하는 마음을 일으켜야 한다.
천상의 세계들은 욕망의 세계이며, 욕망을 충족시킨 결과는 무상
하고 허망한 것이기 때문이다.

그러므로 천상에서 누리는 쾌락에 대한 집착을 놓아 버려야
만 하고, 지옥이나 축생에 태어날 악업을 지으면서 누리는 쾌락은
더욱 말할 여지없이 놓아야만 한다. 그리고 과거의 바르지 않은
삶에 대한 기억을 참회한 후, 용서하고 놓아 버린 다음 집착하지
않는 것이 불행한 삶을 살도록 강요하는, 마음에 형성된 '악업'의
프로그램을 교정하는 것이다.

(5) 바른 정진

인간의 마음은 지(知)·정(情)·의(意)라는 세 가지 정신적 요소를 가지고 있다. 수행은 이 지·정·의 3요소를 다스리는 것이라고 할 수 있다. 정견(正見)·정사(正思) 등을 통해 지적인 업을 다스리고, 정어(正語)·정업(正業)·정명(正命) 등을 통해 의지적인 업을, 선정행(禪定行)을 통해 감성적인 업을 각각 다스리게 된다.

감성적 번뇌는 잠재의식에 자리 잡고 있는 좋아하고 싫어하는 감정이다. 이들 감성의 결과가 마음에 산더미처럼 쌓여 있으니 대상에 대한 탐착[貪]과 분노[瞋]가 생겨난다. 싫어하는 감정에 충실하면 기가 빠져 무기력해지고[昏沈], 좋아하는 감정은 사람을 들뜨게 만들고[掉擧], 혼란에 빠지게 한다[疑]. 이 다섯 가지 감정의 번뇌[五障碍]를 다스리는 것을 선정행(禪定行)이라 하고, 이것이 정정진(正精進)의 시작이다. 인간의 의식 혹은 기억 속에 있는 탐욕과 분노를 정화하는 것이 바로 정정진이다.

정정진에는 네 가지가 있다. 첫째, 마음이 여섯 가지 감각 기관을 통해 받아들인 정보가 좋아하고 싫어함에 물들지 않도록 감각 기관을 제어하고 다스리는 일이다. 이를 율의근(律儀勤)이라 한다. 좋아하고 싫어함은 모두 괴로움의 원인이 되기 때문에 행복을 추구하는 사람은 그 감정을 먼저 다스려야 한다. 싫어하는 마음이 괴로움이라는 것은 명백하다. 일단 싫은 생각은 싫은 감정을 일으키게 하고, 싫은 감정은 표현해도 괴롭고 억눌러도 괴롭기 때문이다. 표출된 싫은 감정은 자신과 상대에게 상처를 입힌다. 억눌러진 감정은 은밀한 방법으로, 또는 부도덕하게 표출된다. 그러나 좋아하는 마음이 싫어하는 마음보다 더 큰 고통이 될 수 있다는 것을 사람들은 간과한다. 한번 좋아하는 마음이 일어나면 브레이크가 고장 난 기차를 타는 것과 같다. 좋은 것은 갖고 싶고, 갖지 못하면 괴롭다. 만일 갖게 되더라도 놓치고 싶지 않고, 시간이 흐를수록 그 대상에 더 집착하게 되고, 집착할수록 그 대상이 변하거나 사라질 때 엄청난 고통을 겪게 된다. 더욱더 무서운 것은 좋아하는 느낌을 위해 평생 종노릇하며 충족시켜 준다 해도 느낌 자체는 만족을 모르고, 계속해서 더 큰 욕망을 불러일으킨다는 점이다.

싫어하는 감정은 싫어하는 환경을 끌어당긴다. 일반적으로 배려심이 많은 사람은 이기심이 많은 사람을 싫어하고, 검소한 사람은 낭비하는 사람을 싫어한다. 자유분방한 사람은 강요받는 것을 싫어하고, 아름다운 것을 좋아하는 사람은 못생긴 것을 싫어한다. 문제는 이 싫어하는 감정들이 그 대상을 끌어당긴다는 점이다. 감정은 자석과 같은 성질을 가졌으나 눈이 없다. 좋건 싫건 감정이 한번 생겨나면 그 대상을 자석처럼 끌어당긴다. 이것이 싫어하는 감정을 가진 사람에게 싫어하는 상황이 늘 발생하는 이유이다. 이것이 마음의 법칙이고, 이것이 좋아하고 싫어하는 마음을 다스려야 하는 이유이다. 시비를 고집하는 한 좋지 않은 상황으로부터 자유롭기는 어렵다. 사람의 모든 생각은 좋아하거나 싫어하는 느낌[受]과 연관되어 있다. 육근(六根)을 통해 받아들인 정보는 자연히 좋아하거나 싫어하는 것 중의 하나이고, 나에게 이로운 것은 좋아하고 해로운 것은 싫어하게 된다[想]. 좋다고 생각하면 가까이 하고 싶은 욕망이, 싫다고 생각하면 멀리하고 싶은 욕망 혹은 의도가 일어난다[行]. 그 욕망과 의도들이 업이고 나의 현실을 끌어당기는 것이다. 그러므로 마음 안에 잠재된 심리적 업을 정화하기 전에 감각 기관부터 단속하여, 감각 기관에 내재된 업 정보들을 제어할 수 있어야 한다.

둘째, 이미 생겨난 감정의 번뇌들을 없애는 것이다. 이를 단근(斷勤)이라 한다. 업을 다스려서 해탈을 성취하는 것은 천 년 묵은 우물을 청소하는 것에 비유할 수 있다. 천 년 묵은 우물을 청소하려면 일단 더러운 오염물이 밖에서 들어오지 못하도록 지붕을 세워서 차단한 후[律儀勤] 우물 안으로 들어가서 더러운 것을 닦아내야 한다. 이처럼 마음의 우물 안으로 들어가서 다섯 가지 마음의 번뇌를 닦아 내고 다스리는 것을 단근이라 한다.

셋째, 이들 불선법은 정념을 위시한 일곱 가지 깨달음의 구성 요소, 즉 칠각지(七覺支)라는 선법을 증장시킴으로써 다스릴 수 있다. 이를 수근(修勤)이라 한다. 칠각지란 염각지(念覺支)·택법각지(擇法覺支)·정진각지(精進覺支)·희각지(喜覺支)·경안각지(輕安覺支)·삼매각지(三昧覺支)·평등각지(平等覺支)를 말한다.

넷째, 그러한 연후에 다시 마음이 오염에 물드는 것을 방지하기 위해 부정관(不淨觀) 수행을 해야 한다. 이를 수호근(守護勤)이라 한다.

(6) 정념

일상에서 일어나는 상황을 개념적 판단에 얽매이지 않고 있는 그
대로 바라보는 것을 '사띠(sati)'라고 한다. 사띠는 '바라봄'·'깨어
있음'·'알아차림'·'마음챙김'·'바른 억념'·'각성' 등으로 다양하게
번역된다. 필자는 이후 '사띠'로 통일하고자 한다. 왜냐하면 이 사
띠라는 단어에는 복합적인 의미가 있기 때문이다.

　사띠에는 '바라봄'의 기능과 함께 '단순 앎'과 '복합 앎'의 기
능도 있다. 『대념처경』은 이 사띠를 "호흡의 들고남을 주시하는
것"으로 설명하고 있다. 호흡이 들어가고 나올 때 그 호흡이 긴지
짧은지 아는 '단순 개념에 대한 앎이 있는 알아차림'을 빠자나띠
(pajānāti)라 하고, 온몸의 구부러짐과 유기적이고 '복합적인 개념
을 아는 알아차림'을 정념정지(正念正知)[8]라 한다. 삶에서 일어나
는 대부분의 행위는 복합적인 앎과 함께하며, 좌선할 때의 앎은
단순 앎에 가깝다. 이 앎의 기능은 좋아함과 싫어함, 이로움과 해
로움, 욕구함 등의 번뇌적 측면이 제거된 상태의 앎이다. 곧 심(心)
이 심소(心所)를, 또는 식(識)이 수(受)·상(想)·행(行)을 '알아차림'
하는 것이다.

　이러한 사띠의 대상은 무엇인가? 그것은 다름 아닌 '나'이
다. 인생에서 가장 중요한 질문은 "나는 누구인가?", "나는 무엇인

8_ 　sati sampajañña

제1부 초기·부파 불교의 수행론

가?"이다. 내가 누구인지, 내가 무엇인지 알려면 나의 몸과 마음을 있는 그대로 알고 보아야 한다. 그러기 위해 사띠를 하는 것이다.

그렇다면 나의 무엇을 알아차려야 하는가? 나는 몸과 마음으로 이루어져 있다는 것을 알아차려야 한다. 그리고 그 대상을 알아차려야 한다. 왜냐하면 작용 속에서만 '나의 존재'가 파악되기 때문이다. 몸[身]의 대상은 느낌[受]이고, 마음[心]의 대상은 개념과 생각[想], 욕구 작용[行] 등의 법(法)이다. 다시 말해 나를 안다는 것은 신(身)·수(受)·심(心)·법(法)을 안다는 것이고, 신·수·심·법을 안다는 것은 오온(五蘊)으로 구성된 나를 알고 본다는 것이다. 그러므로 사띠의 대상은 신·수·심·법 또는 오온(나)이다.

무릇 수행이란 중생들의 마음의 병인 업(業)을 다스리는 것이다. 오해로 인해 잘못된 견해가 생기고, 그 잘못된 견해가 잘못된 인생관을 형성하고, 잘못된 인생관 때문에 행해진 잘못된 행위들의 결정체가 바로 업이다. 그러므로 잘못 형성된 견해와 인생관을 바르게 다스리고 악의 행위를 다스려서, 선의 행위를 증장시키고 마음을 청정하게 하는 것, 이것이 수행이다. 이와 같은 일련의 과정에는 거울이 대상을 비추듯 있는 그대로 주시하는 여실지견(如實知見)이 필요하다. 앎이 거울 같아야 하는 이유는 주관적 해석과 시비가 앎에 붙어 있으면 객관성을 상실해서 '있는 그대로' 볼 수 없기 때문이다. 또한 신(身)·구(口)·의(意) 세 가지 행위를 놓치지 않고 관찰해서 잠재의식 속에 있는 의도가 분명히 드러나도록 하는 작업이 필요하다. 왜냐하면 의도가 업을 일으키는 주체이기 때문이다. 의도를 분명히 알아차려야만 의도의 구성 요소인 생각과 견해를 바로잡을 수 있다. 생각과 견해는 중생들의 마음의 병인 업의 시작점으로, 이것들을 다스리지 않고는 업을 정화하거나 치유할 수 없다.

업은 어떻게 나타나는가? 업은 육문(六門)을 통해 드러난다. 여섯 가지 감각 기관이 작용하면 수(受)·상(想)·행(行)이 같이 작용하게 된다. 이는 대상을 보고 듣는 가운데 좋아하고 싫어하는 느낌[受], 옳고 그르다고 하는 판단[想], 당기고 밀치는 의지 작용[行]들이 함께 생겨나기 때문이다. 모든 사람의 수·상·행은 각각 주관적이고, 개인의 업에 의해 각자의 견해들이 다르게 형성된다. 똑같은 사물을 바라보아도 사람마다 수·상·행이 각기 다르기 때문이다. 그러므로 업을 다스리는 데는 두 가지 단계가 필요하다.

첫째, 육근(六根)에서 받은 정보를 수·상·행과 분리해서 업에 물들지 않은 청정한 의식으로 알고 보는 단계다. 이들을 분리하는 작업이 바로 '아무런 분별 없이 바라봄', '단지 바라보기만 할 뿐'인 것이다. 둘째, 끌어당김[行]의 구성 요소인 좋아하고 싫어하는 느낌[受]과 옳고 그르다고 하는 개념적 판단[想·相]의 본질을 해체하고 관찰하는 단계다.

이 두 가지 단계를 통해 우리는 스스로의 업을 다스릴 수 있다.

그렇다면 사띠를 하는 이유는 무엇 때문인가? 첫째는 잠재의식에 있는 감성의 번뇌들을 깨끗이 정화하기 위해서이고, 둘째는

제1부 초기·부파 불교의 수행론

나의 실체를 분명히 앎으로써 나에 대한 집착에서 벗어나기 위해서이다. '나'는 몸과 그 대상인 느낌, 마음과 그 대상인 법으로 이루어져 있으며, 그것들은 항상 인연 따라 변화한다. 그 변화하는 것에 대해 고정된 집착을 가지면 고통이 생겨나고, 그것들에 자성(自性)이 없음을 알면 나와 법의 실체를 보게 되는 것이다. 이와 같이 보면 더 이상 집착할 내가 없음을 알게 되어 유신견(有身見)을 버리고 수다원이 되거나 보살 초지를 성취한다.

　　감성의 번뇌들을 깨끗이 정화하기 위해서는 습관적 행위를 의식화해야 한다. 악업을 짓는 것은 몸과 입이지만, 사실 그것은 도구일 뿐 근원은 마음의 의도이다. 그러므로 정신적인 요소인 마음의 의도가 어떻게 신체적인 업의 행위를 일으키는지 알아야 한다. 다시 말해 모든 행위의 의도를 보아야 한다. 그렇게 해야 마음의 숨은 번뇌가 수면 위로 낱낱이 드러난다. 번뇌의 근원은 사견에서 시작되기 때문에 수행의 출발점은 신(身)·수(受)·심(心)·법(法)을 부정(不淨)·고(苦)·무상(無常)·무아(無我)로 보는 정견이다. 부정·고·무상·무아를 꿰뚫어 알면 인생의 바른 목표가 생긴다. 인생의 바른 목표는 번뇌 속에 살고 있는 중생의 삶을 번뇌를 끊어내는 삶으로 바꾸게 하는 중요한 요소이다. 그리고 그와 같은 생각을 하는 것을 정사(正思)라 하고, 그와 같은 생각을 실천하는 것이 정어(正語)·정업(正業)·정정진(正精進)이다. 이러한 실천 행위를 통해 잠재의식의 먼 과거로부터 쌓아 올린 한(恨)과 집착, 탐착과 성냄이라고 하는 찌꺼기를 닦아 나가는 것을 선정행이라고 한다. 이 모든 것의 시작은 바로 정견(正見)이다. "몸은 부정하고, 느낌은 괴롭고, 마음은 무상하고, 법은 무아다"라는 불조(佛祖)의 가르침을 거듭해서 듣고 이해하는 문혜(聞慧), 그 가르침을 거듭거듭 사유함으로써 마음속의 여러 욕망과 견해, 감정 등을 조화·일치시키는 사혜(思慧), 이 두 가지가 정견에 포함된다. 이것들을 직접적으로 경험하는 사념처 수행의 수혜(修慧)가 바로 바른 사띠, 즉 정념(正念)이다.

사띠는 일반적으로 '호흡의 알아차림'으로부터 시작한다. 호흡에 집중해야 하는 이유는 호흡이 마음을 현재에 머물게 하는 가장 확실한 수단이기 때문이다. 마음은 늘 과거나 미래에서 노닐지만 호흡은 오직 현재에만 머문다.

그렇다면 왜 마음을 현재에 머물게 해야 하는가? 과거나 미래는 실재하는 것이 아니고 개념으로 이루어진 가상의 실재이기 때문에, 현재에 마음이 머물지 않으면 나의 진실한 모습을 보지 못한다. 마음이 현재에 머무를 때 나의 실체를 경험하여 깨닫고, '나'라는 집착에서 벗어날 수 있는 것이다. 마음을 현재에 머물게 해야 하는 또 다른 이유는 모든 번뇌는 마음을 타고 흘러들어 오기 때문이다. 호흡과 몸에 대한 느낌은 오직 현재이기 때문에 호흡의 알아차림을 통해 마음이 과거나 미래로 흘러들어 가는 것을 막아 낸다. 이렇게 해서 이미 일어난 근심이나 걱정, 앞으로 일어날 근심이나 걱정 등을 다스릴 수 있게 되는 것이다.

호흡을 알아차리는 명상을 하면 마음속의 기억들이 스멀스

멀 올라오게 된다. 그것들은 감각적 욕망, 성난 기억과 짝지어 일어나는 생각들이다. 이러한 생각들은 몸과 마음을 지치게 하여 무기력이나 혼침·들뜸·후회 등에 빠지게 한다. 이러한 상태가 지속적으로 반복되면 수행에 대한 회의와 의심이 일어나기도 한다. 이를 오장(五障)이라 한다. 이럴 때는 이들이 있으면 있는 줄 알고, 없으면 없는 줄 알아야 한다. 또한 이들이 없다가 발생하면 '일어남'을 알아야 하고, 있다가 사라지면 '사라짐'을 있는 그대로 보아야 한다. 이것이 사띠의 주요 기능이다. 몸과 마음이 기쁜 상태에서 이것들을 바라보면 감각적 욕망은 가라앉고, 나를 괴롭히거나 나에게 잘못했던 상대방을 이해할 수 있는 여유가 생겨나며, 상대방의 처지와 인연을 이해하게 되면 번뇌는 자연스레 소멸해 버린다. 이것을 정념정지(正念正知)라고 한다.

8

법념처

(1) 오온 사띠

오장(五障)이 제거되어 마음이 맑아지면 마음의 움직임이 또렷이 보이게 된다. 마음은 지적 판단, 좋고 싫은 감성, 의지적 욕망 등과 함께하지만 그것들을 '아는 작용'도 한다.

그러므로 지적인 사유가 있으면 '있음', 없으면 '없음', 있다가 사라지면 '사라짐', 없다가 일어나면 '일어남'이라고 알아차려야 한다. 또한 마음은 신체적인 행위와 함께 일어난다. 이때도 마찬가지로 신체적 행위, 좋고 싫은 감성, 의지적 욕망이 있으면 '있음', 없으면 '없음', 있다가 사라지면 '사라짐', 없다가 일어나면 '일어남'이라고 알아차려야 한다. 마치 동굴 입구에 서 있는 사냥꾼이 맹수가 동굴 안에 있는지 없는지, 안으로 들어갔는지 밖으로 나왔는지 빠짐없이 알아차려야 사냥할 수 있는 것처럼 오온(五蘊)의 작용도 그와 같이 알아차려야 한다.

이렇게 알아차리면 현재 나의 상황과 나의 모습은 욕망과 욕구의 결과라는 것을 명확하게 알 수 있게 된다. 여러 욕망과 욕구가 이 넓고 다양한 윤회 세계의 주원인이라는 것을 알게 되는 것이다.

욕망과 욕구를 자세히 들여다보면 두 가지 요소가 결합하여 이것들을 일으킨다는 것을 알 수 있다. 하나는 그 대상을 좋아하고 싫어하는 감성 작용이다. 일반적으로 좋아하는 대상은 갖고 싶어 하고, 싫어하는 대상은 멀리하고 싶어진다. 그런데 예외가 있다. 그 좋아하는 것이 나에게 해롭다는 판단이 들거나 옳지 않은 것이라는 도덕적 판단이 들 때다. 그럴 때는 그 욕망을 컨트롤하게 된다.

예를 들어 필자는 식후에 아이스크림이 디저트로 나오는 남방에서 오랫동안 생활했기 때문에 몸이 피곤할 때마다 팥이 든 아이스크림을 찾곤 했다. 하지만 아이스크림 때문에 체중이 늘어난다는 사실을 알게 된 이후로는 단호하게 아이스크림을 끊어 버렸다. 아이스크림을 좋아하는 감성[受]이 있지만, 아이스크림이 살을 찌우고 건강에 해롭다는 판단이 그것을 먹고 싶은 욕망[行]을 소멸시키는 쪽으로 감성 작용한 것이다.

그러므로 인생을 바꾸려면 욕망을 바꿔야 하고, 욕망을 바꾸려면 수(受)와 상(想)을 다스려야 하고, 수와 상을 다스리려면 육근(六根)과 육경(六境)에서 생겨난 '수·상·행 사띠 수행'을 해야 한다. 고통을 소멸하는 방향으로 욕망을 바꾸려는 욕구[行]와 그것들의 발생과 소멸을 있는 그대로 보는 식(識)의 사띠가 수행의 시작점인 것이다.

(2) 십이처 사띠

수(受)·상(想)·행(行)을 바꾸려면 여섯 가지 감각 기관[六根]을 통해 여섯 가지 감각 대상[六境]을 인식할 때 어떻게 수·상·행의 작용이 번뇌와 연결되어 발생하는지를 알아차려야 한다.

먼저 눈을 눈이라고 알아차리고 형상을 형상이라고 알아차려야 한다. 촉을 연(緣)하여 식이 발생하면 식(識), 느낌이 발생하면 느낌이라 알고, 느낌을 연하여 이해의 판단 작용이 발생하면 상(想)이라 알고, 느낌과 상들에 대한 갈애(욕망)가 발생하면 결박되었음을 안다. 어떠한 결박인가?

① 눈의 감각 영역에 원하는 대상이 나타났을 때 즐기고 싶은 감각적 욕망의 결박이 일어난다.

② 만일 원하지 않는 대상을 만났을 때 적의의 결박이 일어난다.

③ 이 두 가지를 알아차리고 나면 만족하여 자만의 결박이 일어난다.

④ 인식된 물질이 무상함을 알아차리지 못하고 움켜쥘 때 사견의 결박이 일어난다.

⑤ '이 몸이 참으로 나인가, 아니면 나의 것인가?'라고 의심할 때 의심의 결박이 일어난다.

⑥ 미세하고 미묘한 즐거움의 선정에 자주 머물게 되면 유탐

(有貪)의 결박이 일어난다.

⑦ 자아에 대한 집착이 있어도 고행의 계(戒)와 종교적 의식만으로도 해탈할 수 있다는 견해가 발생하면 계금취(戒禁取)의 결박이 일어난다.

⑧ 남이 내가 얻지 못한 미묘한 즐거움을 얻는 것을 보고 시샘하면 질투의 결박이 일어난다.

⑨ 자신이 얻은 것을 남에게 나누어 주기 아까워할 때 인색의 결박이 일어난다.

⑩ 이 모든 것과 함께 생긴 무지를 통해 무명의 결박이 일어난다.

이러한 열 가지 결박이 일어날 때마다 알아차림을 놓지 않아야 한다.

눈과 마찬가지로 귀·코·혀·몸·마음도 좋아하거나 싫어하는 대상에 대한 욕망 등이 생겨날 때 그 욕망 등을 알아차려야 한다. 그 욕망들이 내 인생의 선장이자, 내 삶의 설계도이기 때문이다.

(3) 칠각지

사띠의 알아차림은 마치 어부가 그물을 치는 것과 같다. 어부가 그물을 쳐서 모든 물고기를 잡아들이는 것처럼 크고 작은 행위와 그 의도들을 모두 알아차리는 것이다. 그러나 어부에게 잡은 물고기가 전부 다 필요한 것이 아니듯, 알아차리고 난 다음에는 선별 작업이 필요하다. 그것이 불행의 원인인 불선법(不善法)인지 아니면 행복의 원인인 선법(善法)인지 구분해서, 선법은 증장시키고 불선법은 소멸시키는 작업을 해야만 한다. 이것을 택법(擇法), 즉 바른 판단과 선택이라 한다.

여기에서 선과 불선의 욕구[行]는 신체적 행위를 일으키는 심리적 의도이다. 마음에 탐(貪)이나 진(瞋)이 있으면 있다고 알고, 없으면 없다고 알고, 탐이나 진의 마음이 생겨나면 그것을 '탐이다', '진이다'라고 알아차리고, 탐이나 진이 사라지면 사라짐이라고 알아차리는 것이다. 이와 같이 다섯 가지 심리적인 장애, 즉 오장(五障)[9]이 사라질 때까지 노력하는 것을 정진각지(精進覺支)라고 한다. 사띠는 이렇게 택법과 정진이라고 하는 각지로 계속 발전·심화시켜야 한다. 마치 어부가 그물을 쳐서 물고기를 잡은 후 바다로 보낼 것과 가져갈 것을 고르듯, 사띠는 택법으로, 택법은 정진으로 발전시켜야 하는 것이다.

이 사띠에 세 가지 각지, 즉 알아차림의 염각지·택법각지·정진각지가 충족되면 마음이 기쁘고 몸이 지극히 편안해지는 희각지(喜覺支)·경안각지(輕安覺支) 상태가 된다. 알아차림으로 마음과 몸이 기쁘고 편안해져서 평정해진 상태를 정(定)이라고 하고, 이

9_ 감각적 욕망, 성남, 해태와 혼침, 들뜸과 회한, 회의적 의심을 말한다.

정의 상태에서 묵은 감정의 찌꺼기들이 삼매각지(三昧覺支) 상태
가 되며, 이때 법을 바라볼 수 있는 마음의 평정, 즉 평등각지(平等
覺支) 상태에 이른다.[10]

10_ 이것을 오온으로 설명하자면 칠각지에서 바라봄의 역할은 식(識)이고, 택
법의 역할은 상(想), 노력은 행(行)이다. 또한 이후에 마음의 기쁨과 몸의 행
복감은 수(受)와 색(色)의 영역이다.

9

선정

인간은 매일 크고 작은 상처를 주고받으며 산다. 이것은 자아에 집착하기 때문이며, 자아에 집착하는 것은 마치 가시덤불을 끌어 안고 있는 것과 같아서 필연적으로 상처를 주고받게 된다. 이 상처들을 치료하지 않고 놔두면 나중에는 곪고 곪아서 감각적 욕망에 중독되어 현실에서 도피하거나 분노의 늪에 빠질 수 있다. 따라서 상처는 생길 때마다 바로바로 치료해 주어야만 한다.

그러면 어떻게 상처를 치료할 것인가? 바로 삼매(三昧)를 통해 치료해야 한다. 비유하자면 삼매는 세수를 하거나 몸을 닦는 것과 같고, 지혜는 암을 도려내기 위해 수술을 하는 것과 같다. 따라서 먼저 매일 삼매를 닦아서 더러운 때가 쌓이지 않도록 몸과 마음을 순화하고 정화해야 한다. 삼매를 닦지 않으면 감정적으로 부조화된 상태에서 불행을 끌어당길 수 있기 때문이다.

여기서 한 가지 짚고 넘어가야 할 것이 있다. '자나(jhāna), 즉 선(禪)은 깨달음을 성취하는 데 있어 필수적 요소인가, 아니면 선택적 요소인가?' 하는 문제다. 결론부터 말하자면 필수적 요소이다. 설사 위빳사나 수행자라 할지라도 순간 삼매를 경험해야만 한다. 혜해탈(慧解脫) 수행자도 삼매를 경험해야 하는데, 탐(貪)·진(瞋)·치(癡) 삼독(三毒)을 여읜 상태를 공(空)·무상(無相)·무원(無願)의 대인삼매(大人三昧)라 하기 때문이다.

그렇다면 왜 삼매에서만 감정이 정화되는가? 그것은 삼매에 들기 위해서는 세 가지 마음가짐을 갖추어야만 하기 때문이다.

첫째, 내 마음속에 있는 여러 가지 성냄, 탐착들을 바라보아야 한다.

둘째, 몸과 마음이 기쁜 상태에서 바라보아야 한다. 몸과 마음이 괴로운 상태에서 화나는 기억을 보게 되면 오히려 더 화가 나기 때문이다.

셋째, 몸과 마음이 기쁜 상태에서 바라보면 나와 나에게 상처를 준 타인을 이해하고 용서할 수 있는 마음의 여유가 생겨 번뇌가 사라져 버린다.

이러한 과정에서 가장 중요한 것은 몸과 마음이 모두 기쁜 상태인데, 그것을 바로 선정(禪定)이라 한다.

이렇듯 선정에 든 사람만이 스스로의 감정을 정화할 수 있기에 선은 깨달음을 성취하는 데 필수적인 요소인 것이다.

사(思)·유(惟)·수(修)로 번역되는 선(禪)은 빠알리어로 'jhāyati', 즉 '명상을 방해하는 심리적 요소를 태워버리다'라는 뜻이다. 이 선에는 네 가지 단계가 있다.

마음이 한 곳에 집중된 상태를 선정이라 한다면, 불선한 행위와 심리적 상태를 분별하고 관찰해서 소멸시킨 후 몸과 마음이 편안해진 상태가 제1선이고, 선악을 분별하는 기능을 놓아 버린 후 몸과 마음이 편안해진 상태가 제2선이고, 마음속에 먼 과거로부터 쌓여 온 고통·한·응어리가 풀려 몸이 날아갈 듯 가벼워진 것이 제3선이고, 몸과 마음이 고통과 즐거움, 슬픔과 기쁨 등 모든 감정에서 초월한 상태가 제4선이다. 제4선은 평정한 마음의 상태이고, 법¹¹을 있는 그대로 바라볼 수 있는 최선의 상태이다. 선정을 경험한 후 초선에서 제4선까지 거듭거듭 자주 드나들면서 잠재의식에 남아 있는 감정의 묵은 때를 닦아 내면 육신통(六神通), 특히 천안통(天眼通)과 숙명통(宿命通)이 계발된다. 제4선을 경험은 했으나 선정을 자주 닦지 않고 지혜 쪽으로 계발하면 묵은 업장들이 완전히 씻기지 않아서 신통력은 더 이상 계발되지 않는다. 선을 정으로 계발시키고 닦아서 5신통을 얻은 후 법의 눈을 얻든지,¹² 지혜를 더 강하게 닦아서 5신통 없이 제4선에서 바로 법의 눈을 얻든지¹³는 정(定)의 유무에 의해 결정된다.

욕계·색계·무색계의 삼계를 오온으로 설명해 본다면, 십악

11_ 사성제를 말한다.

12_ 양면해탈을 말한다.

13_ 지혜해탈을 말한다.

가운데 신(身)·구(口)·의(意) 칠악을 제거하면 욕계의 색(色)¹⁴을 다스린 것이 되고, 초선에서 제4선까지 성취하면 수(受)¹⁵를 다스린 것이 된다. 제4선에서는 사랑과 미움, 괴로움과 즐거움 등 수(受)의 번뇌를 적극적으로 다스려서 평온의 상태가 된다. 그리고 정(定)의 경지인 공무변처·식무변처·무소유처는 생각이 바탕이므로, 이 상태에서는 상(想)¹⁶을 다스리게 된다. 공간을 마음대로 오가기 때문에 공무변처(신족통·천이통)이고, 생각이 움직이는 대로 타인의 마음을 알 수 있으므로 식무변처(타심통)이고, 공간과 의식, 자신과 타인의 생각을 다 초월하고 놓아 버리므로 무소유처라 한다. 이 상태에서는 마음에 어떤 붙잡음[取]도 없고 걸릴 것[結]도 없기 때문에 과거와 미래를 마음대로 오가며 인과를 있는 그대로 볼 수 있다(숙명통·천안통). 이와 같이 생각과 의식을 제어함으로써 어느 정도의 적멸을 경험할 수 있다. 그러나 잠재의식 속에 깊이 남아 있는 마음속 무기(無記), 즉 무덤덤한 느낌의 인상(印象)들은 생각도 아니고, 생각이 아닌 것도 아니므로¹⁷ 보기도 어렵고 다스리기도 어렵다. 그렇기 때문에 잠재의식에 잠자고 있던, 인간이 경험한 모든 느낌과 개념, 즉 괴로움·즐거움·무덤덤함이라는 세

14_ 신체적 행위를 말한다.

15_ 감성적인 것을 말한다.

16_ 이지적인 것을 말한다.

17_ 비상비비상처(非想非非想處)를 말하며, 이것은 행(行)의 영역이다.

가지가 씻기면 생각과 느낌이 완전히 멈추게 되고, 생각과 느낌이 멈추면 모든 수·상·행·식이 사라지게 되는 적멸의 상태인 상수멸정(想受滅定)에 들어가게 된다. 이와 같은 상수멸정의 상태에서 색계·무색계의 그 무엇에도 미련이 남아 있지 않으면 그를 해탈한 자[18]라 한다. 숙업에 의한 여러 인연이 아직 남아 있으면 그를 천상에 가서 해탈할 자[19]라고 하는데, 그 이유는 색계 천상의 정거천에서 남은 숙업을 정화한 후에 해탈하기 때문이다.

선정에는 또한 집중선정과 팔정도를 통한 중도선정이 있다. 팔정도를 통한 중도선정은 마음 안에 기억된 감성적 요소인 여러 가지 탐욕과 스트레스, 한과 상처들이 씻겨 나간 상태에서 생겨난 선정이다. 계를 지켰다고 선정이 저절로 생기는 것은 아니다. 행위의 분별을 통해 악행을 저지르지 않고, 일념에 집중하며, 잠재적 감성의 번뇌를 정화하는 등 이 세 가지 정신적인 상태가 뒤따라야 한다.

여기서 한 가지 짚고 넘어가야 할 점이 있다. 마음의 성냄·탐착 등을 먼저 다스리지 않고 대상에 단순히 집중하는 것을 집중삼매라고 하는데, 이것은 힌두교나 도가의 선정 수행이 불교에 도입된 것으로 볼 수 있다. 부처님은 마음의 정화에서 오는 선정을, 도가나 요가는 기(氣)의 정화에서 오는 선정을 중요시한다.

18_ 아라한을 말한다.

19_ 아나함을 말한다.

10

위빳사나 지혜

(1) 깨달음과 마장을 구별하는 지혜

호흡을 마음 챙겨 알아차리면 배에 바람이 들어가고 나가는 것을 느끼게 된다. 바람이 가득 찼을 때는 배가 단단해지고, 바람이 빠졌을 때는 배가 부드러워진다. 마치 자전거 타이어가 공기가 가득 차면 단단해지고 공기가 빠지면 부드러워지는 것과 같은 이치다. 이는 물질의 지대(地大)를 관하는 것이다[色]. 다시 호흡을 주시하면 배에 바람이 은은하게 들어가고 은은하게 나가는 것을 느끼게 된다. 이는 움직임을 통해 물질의 풍대(風大)를 느끼는 것이다[受]. 들이쉰 호흡에 의해 배가 불러오면 '[배가] 불러옴', 배가 꺼지면 '[배가] 꺼짐'이라고 이름을 붙이며 알아차리면[想] 잡념을 다스릴 수 있게 되고, 주시의 앎[識]이 뒤따르면 배가 따뜻해지는 화대(火大)를 느끼게 된다. 정진이 끊어짐 없이 이어지면 온몸이 희열에 젖어 있는 촉촉함의 수대(水大)를 느끼게 된다. 이러한 상태에서 호흡의 들고남에 대한 관찰이 깊어지면 의식이 편안하게 가라앉아 미세한 것까지도 알아차리게 되고, 미세함 속에서 '행위의 원인'인 의도[行]를 볼 수 있게 된다.

이와 같이 오온이 호흡에 온 마음으로 집중되어 있으면 호흡을 들이키는 의도와 들이킴, 내쉬려는 의도와 내쉼이 한꺼번에 일어나고 한꺼번에 사라지는 것을 보게 된다. 이를 정신적 의도와 육체적 움직임을 또렷이 구별하는 앎[名色區別知][20]이라 한다. 이는 몸의 움직임과 그 의도에 대한 관찰을 통해 얻어지는 지혜이며, 위빳사나 수행을 통해 얻게 되는 지혜의 첫 단계이다.

수행자가 거기에 만족하지 않고 호흡의 움직임과 그 의도에 마음을 더욱더 기울여 관찰하면 이 둘 사이에 연기적 인과 관계가 있음을 알게 된다. '숨을 들이쉬려는 의도'에 의해 '숨을 들이쉼'의 행위가 있고, '숨을 내쉬려는 의도'에 의해 '내쉼'의 행위가 있다. 이를 정신과 육체 작용의 연기를 아는 지혜[緣把握知][21]라 하고, 이때 호흡과 의도가 거듭거듭 끊임없이 일어나고 사라지는 것을 보게 된다. 그리고 이 호흡의 과정 속에서 지(地)·수(水)·화(火)·풍(風)이라는 사대(四大)의 끊임없는 생멸을 봄으로써 무상함을 느끼고, 거기에는 '나'도 없고 '나의 것'도 없음을 보아 알게 된다. 또한 알아차림이 확장되면 호흡을 일으키는 의도[行]와 그것을 지켜보는 앎[識]과 호흡에 대한 이름 붙임, 즉 개념[想], 호흡의 과정에서 경험되어지는 느낌[受] 그 어디에도 나라거나 나의 것이라고

20_ nāmarūpa pariccheda ñāṇa

21_ paccayapariggaha ñāṇa

제1부 초기·부파 불교의 수행론

할 만한 것이 없음을 알게 된다. 이를 의도와 육체적 현상들의 무상·고·무아에 숙달한 지혜[熟達知]²²라 한다.

　산을 넘으려면 고개를 넘어야 하고, 고개를 넘다 보면 도적떼도 만날 수 있다. 이 도적들은 잠재의식 안에 잠자고 있던 번뇌이고, 업의 드러남이다. 오온의 무상·고·무아를 관찰할 수 있게 되면 도에 가까워졌다는 자신감이 생기고, 무아를 완전히 터득하지 않은 이에게 이런 직접적인 경험은 자아에 대한 집착을 더욱 강하게 하는 원인이 되기도 한다. 수행자에게 이와 같은 일이 생겼을 때 초보자는 그 현상을 자랑하고 집착하게 된다. 이들은 이 수행의 정점이 무아에 도달하는 것이라는 사실을 잊어버리는 것이다. 그것은 수행을 처음 시작할 때의 불순한 동기에서 연유하기도 한다. 이러한 직접적인 경험들을 위빳사나에서 파생된 번뇌[觀隨染]²³라 하고, 이 관수염은 다음과 같은 열 가지 현상에 대한 집착으로 드러난다.

　① 마음이 집중된 상태에서 알아차림이 지속되면 빛[光明]이
　　보인다.
　② 어느 순간 경전이나 교리에 대한 이해력[智]이 증장된다.
　③, ④, ⑤ 몸의 희열[喜], 편안함[輕安] 또는 즐거움[樂]을 경험

22_　sammasana ñāṇa

23_　vipassanā upakkilesā

한다.

⑥, ⑦ 깊은 신심[勝解]이 일어나 정진[努力]이 저절로 되기도
한다.

⑧, ⑨ 흔들림 없는 마음챙김[現起]으로 평정한 상태[捨]를 경
험하기도 한다.

⑩ 이러한 모든 현상의 하나 혹은 여럿에 대한 집착과 욕망[欲
求]이 일어나면 그것이 마장이 된다.

그러나 이와 같은 경험들에 집착하지 않고 수행 과정의 현
상일 뿐이라고 알면 도(道)와 마(魔)를 구별하는 지혜[道非道智見清
淨]²⁴를 갖추게 된다.

(2) 법의 눈

수행이란 남에게 보여 주거나 자랑하기 위한 것이 아니다. 구호를
외치거나 명예를 얻기 위한 것도 아니다. 다만 잠재되어 있는 번
뇌를 정화하여 마음의 평안과 행복을 얻고, '오온에 나 없음'을 증
득하여 해탈을 얻기 위해서이다.

수행 도중에 발생하는 모든 현상에 대해 집착하거나 자랑하
지 않고 알아차림을 확립하면, 몸의 움직임과 의도, 마음과 법의

24_ maggāmagga ñāṇa dassana visuddhi

생멸에 대한 앎이 명료해진다. 이때 내쉬는 호흡이 길어지고 미세해지면서 생겨난 모든 것은 소멸하고야 만다는 소멸에 대한 앎[25]이 깊어지고, 소멸에 대한 관찰이 더욱 명료해지면 생성된 모든 것은 점점 더 빠르게 소멸하여 결국에는 모두 사라진다는 두려움이 마음에 일어나는 것을 보게 된다.[26]

살면서 경험하고 의지했던 모든 대상이 소멸의 위험에 처해 있다는 것을 보게 되면 현상계의 모든 법으로부터 벗어나고자 하는 염리(厭離)의 마음이 생겨나고,[27] 이 무상한 것들로 이루어진 윤회에서 벗어나고자 하는 욕구가 일어난다.[28] 이때 모든 존재에 대한 집착이 순간적으로 사라지며 여기서 오는 마음의 평정함을 경험하게 된다.[29] 마음속 욕망이 사라졌을 때 호흡은 더욱 미세해져서 숨을 들이쉬는 것도 들이쉬지 않는 것도 아닌 상태가 된다.

25_ bhaṅga ñāṇa

26_ bhayatu-paṭṭhāna ñāṇa

27_ nibbhed-ānupassanā ñāṇa

28_ muccitukamyatā ñāṇa

29_ saṅkhāra upekkhā ñāṇa

(3) 사성제에 대한 법의 눈

고(苦)·락(樂)·희(喜)·우(憂)에 치우치지 않는 평정함을 성취하여 호흡이 정지되면 마음이 더 이상 흔들리지 않아 있는 그대로의 법을 보게 된다. 호흡이 움직이면 마치 흙탕물이 들어 있는 물통이 흔들리는 것과 같아서 밑바닥이 보이지 않지만, 호흡이 정지되면 흙탕물이 흔들리지 않아서 맑은 물 아래 밑바닥이 보이는 것처럼 윤회의 존재를 있는 그대로 보게 되는 것이다.

이때 윤회하는 존재의 무엇을 보는가? 태어남·늙음·병듦·죽음의 괴로움, 슬픔·비애·고통·근심·고뇌 등의 괴로움을 있는 그대로 본다. 중생들이 사랑 혹은 미움 때문에 괴로워하는 것을 본다. 태어나고 늙고 병들고 죽어 가고 번민하는 중생들이 다시는 늙지 않고 병들지 않고 죽지 않고 번민하지 않기를 소망하지만 원하는 대로 되지 않아서 괴로워하는 것을 본다. 색·수·상·행·식, 즉 오취온(五取蘊)이 괴로움이라는 것을 있는 그대로 보고, 이것이 괴로움의 성스러운 진리라는 것을 꿰뚫어 안다.

윤회하게 하고, 다시 태어나게 하고, 기쁨과 욕망을 추구하게 하는 이 모든 고통의 근본 원인은 갈애이다. 갈애는 '여기저기에서 항상 쾌락을 찾고',[30] '삶에 대한 맹목적 의지를 일으키고',[31] '자

30_ 욕애(欲愛)를 말한다.

31_ 유애(有愛)를 말한다.

신이 지은 악업의 과보에서 도망치려고 한다'.[32] 이와 같은 고통의 근본 원인인 갈애를 다스리려면 갈애가 생겨나는 곳과 머무는 곳을 알아야 한다. 도적 떼의 소굴을 알아야 도적을 잡을 수 있듯이 괴로움이 일어난 그 자리를 알아야 괴로움을 소멸시킬 수 있기 때문이다.

갈애는 기쁘거나 즐거운 마음이 있는 곳에서 일어나고 머문다. 육근,[33] 육촉, 여섯 가지 의식, 육근의 접촉에 의한 여섯 가지 느낌, 육근의 접촉에 의한 개념, 육근의 접촉에 의해 발생한 의도, 여섯 가지 경계[34]에 대한 갈망, 육경에 대한 생각, 육경에 대한 고찰 등에 기쁘거나 즐거운 마음이 있으면 여기에서 갈애가 일어나고 머문다. 이와 같이 '괴로움의 일어남이라는 성스러운 진리'를 있는 그대로 본다.[35]

이 모든 고통의 원인인 '갈애'에 대한 집착을 버린 평정 속에서 괴로움과 괴로움의 원인을 보아 욕망이 해체되면 마음이 해탈한 상태를 경험하게 되는데 이것을 성인의 앎[36]이라 한다. 이때 발생한 존재는 '괴로움', 몸의 감각[受]과 마음의 생각[法]에 대한 집

32_　비유애(非有愛)를 말한다.

33_　눈·귀·코·혀·몸·마음이다.

34_　형상·소리·냄새·맛·감촉·현상이다.

35_　자세한 내용은 『대념처경』의 법념처 참조.

36_　gotrabhū ñāṇa

착은 '괴로움의 일어남', 오온의 무아를 보는 것은 '괴로움의 소멸', 지성·감정·의지를 정화시키는 팔정도는 '괴로움의 소멸로 이끄는 길'이라고 또렷하게 경험하고 알게 된다. 이를 위빳사나 지혜라 하고 '앎과 봄의 청정[智見淸淨]'[37]이라 한다.

37_ ñāṇadassana visuddhi

11

십이연기

태어남[生]은 괴로움이다. 태어남이 있기 때문에 늙고 병들고 죽어야 하는 괴로움이 생겨난다. 한국인이라면 한국에 태어났기 때문에 일본과의 갈등, 남북 분단의 괴로움, 중국발 미세 먼지의 괴로움, 강대국 사이에서의 괴로움 등을 겪어야 한다. 그렇다면 한국에 태어난 것은 나의 선택인가, 신의 뜻인가, 아니면 우연인가? 연기의 법칙에 의하면 그것은 우연도 아니고 신의 뜻도 아니다. 그것은 오직 한국에 태어나고 싶은 나의 욕구와 업의 선택에 기인한다.

한국에 태어나고 싶은 욕구는 한국이 있는 지구라는 세계가 있기 때문이고, 여러 행성 중 이 지구에, 그중에서도 특별히 한국에 태어나게 된 것은 네 가지 종류의 집착[取]이 이곳을 가장 선호했기 때문이다. 무엇이 네 가지 집착인가?

① 감각 기관인 몸을 편하게 하고, 좋고 아름다운 것을 소유하려는 집착[欲取]이다.
② 스스로 모아 놓은 견해와 지식을 지키려고 하는 집착[見取]

97

이다.

③ 잘못된 자아에 대한 집착으로 자아가 존중받기 원하는 집착[我取]이다.

④ 계율 또는 의식만으로도 해탈할 수 있다는 잘못된 집착[戒禁取]이다.

이 네 가지 취착 중 오욕락을 취하고 싶은 욕구는 좋았던 느낌을 다시 경험하고 싶은 갈망[渴愛]에 의해 형성된다.

그러면 이 갈망들은 어디에서 오는가? 그것들은 살면서 기억속에 축적되어 온 좋거나 싫은 느낌[受]들로부터 온다. 이 느낌들은 육근이 감각 기관의 대상, 즉 육경과 접촉함[觸]에 의해 생겨나고, 감각 접촉은 여섯 가지 감각 기관[六入]이 있기 때문에 생겨난다. 그리고 이러한 여섯 가지 감각 기관이 형성되는 이유는 지(地)·수(水)·화(火)·풍(風)의 사대(四大)로 이루어진 부모의 정혈[色]이라는 연(緣)과 한 생명이 일생 동안 경험하여 기억한 정보[名][38]라는 인(因), 이 두 가지가 결합하기 때문이다. 또한 이 두 가지, 즉 명(名)과 색(色)이 생겨나는 이유는 죽는 순간에 일어나는 최후의 식(識)이 부모의 화합을 보고 좋아하는 마음을 내기 때문이다. 그리고 이 최후의 식은 신체적인 활동, 언어적인 행위, 의도적 생각들을 통해 발생한 마음에 모인 정보들이다.

38_ 식·수·상·행을 말한다.

다시 말해 행위들을 통해 경험지라는 앎이 생기고, 그 축적된 정보들이 부모의 정혈과 만났을 때 그 유전자 정보들에 걸맞는 감각 기관들을 생겨나게 하는 것이다. 그렇게 생겨난 감각 기관들이 욕망이라는 업에 의지해서 생겨난 세상을 경험하면 좋아하고 싫어하는 느낌들이 생겨나고, 그 느낌들에 의지해서 그 느낌들을 열망하는 취착심이 생겨난다. 그리고 식들의 모임은 지식과 견해들에 대한 집착으로, 행위들의 모임은 자아에 대한 집착으로 발달한다. 이 취착심의 모임 중에 강한 것들(우성)과 약한 것들(열성)이 있는데, 강한 것들이 금생에 내가 태어날 곳[有]을 결정하는 것이다. 그리고 이때부터 끝없는 고통과 숨 가쁜 업의 과보로 가득 찬 괴로움의 삶, 생(生)이 시작되는 것이다. 이것은 마치 교도소에 대한 낭만적 호기심이 있는 한 수행자가 일부러 빵을 하나 훔쳐서 감옥살이를 했다가 헤어날 수 없는 고통에 빠지게 되는 것과 같다. 이 최초의 잘못된 호기심이 바로 삼계(三界) 윤회의 원인이다.

그렇다면 그 호기심의 이유는 무엇인가? 오해[無明], 즉 어리석음 때문이다. 이 세상에 즐길 만한 것, 행복한 것이 있다는 오해, 이 세상에 추구해 볼 만한 아름다운 대상이 있다는 오해, 영원한 것이 있다는 오해, 나라는 것이 있다는 오해, 이 네 가지 오해가 호기심을 불러일으키고 행위를 만든다. 실제로 이것들을 추구하는 것은 괴로움이고 괴로움의 원인인데, 이러한 사실을 모르는 무지에서 행위가 발생하는 것이다. 그것은 마치 문둥병에 걸린 환자가 환부를 칼로 긁어야 시원함을 느끼게 되는 것과 비슷한 이치이다.

사마타(samatha) 수행을 통해 마음의 동요가 가라앉으면 탐(貪)·진(瞋)이 고요한 상태를 이루고, 위빳사나(vipassanā)를 통해 알아차림이 궁극에 이르면 모든 법이 잡아당기고 밀쳐 내는 에너지에 의해 생멸함을 보게 된다. 생멸하니 무상(無常)하고, 이 무상한 것들에 집착하면 괴로움이고, 무상한 것들은 오직 조건과 인연에 의해서만 존재함을 알게 된다.

이러한 것을 무상이라고 알고 무상을 보고 나면 더 이상 마음에 표상이 없다. 표상을 만드는 번뇌가 더 이상 존재하지 않기 때문이다. 이를 무상해탈(無相解脫)이라 한다. 괴로움을 알고, 괴로움을 보고 나면 마음에 더 이상 원하는 것이 없다. 원함을 만드는 번뇌가 더 이상 존재하지 않기 때문이다. 이를 무원해탈(無願解脫)이라 한다. 무아(無我)라고 알고 무아라고 보고 난 후의 마음은 공(空)하다. 공과 반대되는 번뇌들이 더 이상 존재하지 않기 때문이다. 이를 공해탈(空解脫)이라 한다.

이와 같이 무상하고 고이고 무아인 법의 특성을 여실지견(如實知見)하는 지혜를 얻게 되면, 법에 대한 오해와 환상이 사라져서 아무것도 집착할 것이 없음을 알게 된다. 이 세상에 아름다운 것도, 즐거운 것도, 영원한 것도, 나의 것이라는 것도 없음을 알게 되어 열병에서 벗어난 것처럼 모든 행위[行]들에 대한 열망이 사라지게 된다. 행위에 대한 열망이 사라지게 되면, 살면서 전혀 경험하지 못했던 지고의 평안과 행복에 잠긴다. '행위 없음'만으로도 끝없는 행복감에 잠기는 것이다. 이를 열반의 체험이라 한다.

잡아당김, 밀쳐 냄과 함께하는 말·몸·마음의 행위가 각각 초선·제4선·멸진정에서 멈춰졌기 때문에 그것들의 결과인 식(識)에 집착하지 않게 되고, 식에 집착하지 않으므로 더 이상 부모의 정혈과 식이 만나서 식의 활성화를 꾀하지 않게 되고[정신·물질(名色)의 해체], 명색이 해체되었기 때문에 여섯 감각 장소[六入]가 다시 생성되지 않고, 여섯 감각 장소가 생성되지 않기 때문에 다시 감각 접촉[觸]을 일으키지 않고, 감각 접촉을 바라지 않기 때문에 느낌[受]이 발생하지 않고, 느낌이 발생하지 않기 때문에 갈애[愛]가 없고, 갈애가 없기 때문에 취착[取]이 소멸되고, 취착이 소멸되었기 때문에 존재[有]에 대한 갈망이 소멸되고, 존재에 대한 갈망이 소멸되었기 때문에 더 이상 태어남[生]을 바라지 않고, 더 이상 태어남을 바라지 않기 때문에 다가올 늙음[老]·죽음[死]·근심[憂]·탄식[悲]·고통[苦]·절망[惱] 등이 없게 되는 것이다. 이와 같이 과거·현재·미래의 모든 괴로움의 무더기[苦蘊]가 소멸된다. 이것을 해탈이라 하며, 이것이 번뇌의 소멸이다. 이처럼 연기의 역관(逆觀)으로 윤회를 벗어나 아라한과를 성취하게 된다. 이와 관련해 『법구경』에 다음과 같은 게송이 있다.

집을 짓는 자여, 마침내 너를 보았노라. 너는 이제 다시는 집을 짓지 못하리라. 모든 서까래(번뇌)는 부서졌고 대들보(무명)는 산산조각 났도다. 나의 마음은 열반에 이르렀고 모든 갈애는 사라졌도다.

이와 같이 삼매와 지혜를 통해 탐(貪)·진(瞋)·치(癡)를 멈추게 되면 이와 함께하지 않는 삶을 살게 되는데, 이를 아라한의 삶이라 한다. 오온(五蘊)을 늘 알아차리고, 오온 안팎 어디에도 자아가 없다는 것을 확신하여 오온에 대한 집착을 대부분 버린 이는 수다원(須陀洹)이라 한다. 오온에 대한 집착을 놓으면서 욕계의 대상에 대한 거친 집착과 성냄을 놓아 버린 이는 사다함(斯多含)이라 한다. 욕계의 대상에 대한 집착과 성냄을 완전히 놓아 버린 자, 잠재의식에 욕계에 대한 그 어떠한 미련이나 한이 모두 사라진 이는 아나함(阿那含)이라 한다. 아나함은 다시는 욕계에 돌아오지 않고 색계 천상(정거천)에서 해탈한다. 색계와 무색계에 대한 집착마저도 완전히 사라져서 다시 돌아가고 싶은 곳도 없고, 집착함이 전혀 없는 이는 아라한(阿羅漢)이라 한다. 무집착의 상태에서 업의 환영으로 인해 괴로움에 빠져 있는 중생들에 대해 연민심을 일으키는 이는 보살(菩薩)이라 한다.

12

분별설부와 설일체유부의 이상향

일반적으로 생의 목표는 삶의 의미를 결정짓는다. 불교에서는 이러한 생의 목표를 크게 아라한, 보살, 선종에서의 깨달음 등으로 나눌 수 있다. 이 중 아라한이 생의 목표인 사람에게는 일상의 지식이 큰 의미가 없다. 아라한이 되는 데 별 도움이 되지 않기 때문이다. 하지만 보살이 되고자 하는 사람에게는 일상의 지식이 큰 의미가 있다. 그 지식들은 모두 중생을 도와주고 교화하는 데 필요하기 때문이다. 이처럼 인생의 목표에 따라서 삶의 의미와 내용이 달라진다.

　분별설부와 설일체유부의 최고 이상향은 아라한이다. 아라한은 윤회의 족쇄를 모두 끊어 버린 이들이다. 어떠한 족쇄인가? 분별설부에서는 10가지 족쇄를, 설일체유부에서는 98개의 족쇄를 말한다. 물론 이 두 부류에는 공통점도 있고 차이점도 있다. 다만 설일체유부는 법수를 좀 더 상세하게 설명하고 있다. 10가지 족쇄 중 앞의 세 가지, 곧 유신견(有身見)·계금취견(戒禁取見)·의심(疑心) 등의 족쇄를 끊으면 '해탈의 흐름에 든 자', 즉 수다원이라고 한다.

그중 의심은 불(佛)·법(法)·승(僧) 삼보(三寶)와 인과(因果)에 대한 의심이다. 부처님은 법을 깨달으신 분이고, 법은 곧 무아(無我)와 연기법(緣起法)이다. 연기법은 이 세상의 행복과 불행의 원인에 대한 것이다. 업은 원인이고 행복과 불행은 결과이다. 현재는 과거의 업에 의해, 미래는 현재 짓는 행위에 의해 결정된다. 그렇기에 인과에 의해 발생한 모든 현상은 스스로의 특성[自性]이 없고 단지 인연에 의해 형성되는 것이다. 이를 무아(無我)라 한다. 이와 같은 고귀한 법인 부처님의 가르침을 계속 유지·발전시키는 이들이 바로 승가(僧伽)이다. 이처럼 무아와 연기로 이뤄진 세계와 중생을 바로 알고 집착을 끊어 낸 부처님과 법, 그 뒤를 따르는 승가, 이 삼보를 믿고 신뢰하는 것은 불교 신행의 첫걸음이다.

이 시작점에서 잘못된 흐름으로 인도하는 것이 바로 계와 금기에 대한 오해[戒禁取見]다. 본래 금계(禁戒)는 자이나교의 수행이다. 재가자는 작은 금계, 출가자는 큰 금계의 서원을 세우고 수행을 한다. 금계의 내용은 각각 다섯 가지인데, "평생 여자에게서 물건을 받지 않는다", "일생 동안 5리 밖을 나가지 않는다"라는 등의 서원이다. 자이나교도들은 이 같은 고행의 서원을 지킴으로써 해탈할 수 있다고 믿었다. 이를 불교적으로 재해석한다면 신(身)·구(口)·의(意) 삼업(三業)을 정화하지 않아도 다른 방법[39]만으로 해탈할 수 있다는 그릇된 믿음에 해당된다. 하지만 진정한 불자라면

39_ 예를 들면 계·진언·염불·사마타·위빳사나·화두 등이다.

어떤 수행을 하더라도 신·구·의 삼업을 팔정도를 통해 정화해야만 한다. 이것만이 진정한 깨달음의 길이라고 할 수 있다.

이 세 개의 족쇄 중에서 가장 중요한 것은 유신견(有身見)이다. 이것은 오온(五蘊)을 '참나'라고 믿는 견해이다. 몸은 명신(名身)과 색신(色身)으로 이루어지는데, 오온은 이 둘을 합한 것이다. 또는 몸 안에 영혼이 존재한다고 믿는 견해이다. 이 두 가지 해석 모두 '오온이 참나'라고 믿는 견해에 해당한다. 그러나 오온은 생멸하는 것이기 때문에 그 어디에도 나라고 할 만한 것이 없고, 이 것을 아는 것이 바로 오온무아(五蘊無我)를 증득하는 것이다. 이를 견도(見道) 또는 수다원이라 한다.

나머지 일곱 가지의 족쇄는 감각적 욕망, 악의, 색계에 대한 집착, 무색계에 대한 집착, 아만, 들뜸, 무명이다. 이 일곱 가지 족쇄는 아라한도에 이르러 끊어지고, 이 수행을 수도(修道)라 한다.

이와 같이 세 가지 족쇄는 견혹(見惑) 또는 보아서 버려지는 법들이고, 나머지 일곱 가지 족쇄는 수혹(修惑) 또는 닦아야 버려지는 법들이다. 그러므로 견혹은 견도에 의해, 수혹은 수도에 의해 소멸되고, 더 이상 닦을 것이 없는 아라한은 무학(無學)이라 한다.

그리고 사성제(四聖諦)를 이해한 것을 진리의 앎[40]이라 하고, 사성제의 수행을 실천의 앎[41]이라 한다. 나아가 사성제가 성취된

40_ sacca-ñāṇa

41_ kicca-ñāṇa

것, 즉 열반이 실현된 것은 실천되어진 앎[42]이라 하는데, 견도·수도·무학도는 이들의 다른 이름이다. 다시 말하면 부처님이 『초전법륜경』에서 설하신 사성제의 이해를 견도, 사성제의 수행을 수도, 사성제의 완성을 무학이라고 한다.

42_ kata-ñāṇa

제1부 초기·부파 불교의 수행론

13

삼십칠조도품

한국불교의 깨달음에 해당하는 가장 근접한 단어를 초기불교에서 찾아보면 견도(見道)나 무학위(無學位)보다는 'bodhi pakkhiyā(覺 + 요소, 分)'에 가깝다. 'bodhi pakkhiyā'의 뜻은 '깨달음의 요소'이고, 삼십칠조도품(三十七助道品)이 바로 깨달음을 도와주는 37가지 요소이다. 즉, 사념처(四念處)·사정근(四正勤)·사여의족(四如意足)·오근(五根)·오력(五力)·칠각지(七覺支)·팔정도(八正道)의 7가지 종류이다. 이것을 삼십칠보리분법(三十七菩提分法)이라고도 하는데, 이러한 수행 방법을 통해 깨달음을 성취할 수 있기 때문이다.

삼십칠조도품은 모두 팔정도 안에 포함될 수 있다. 사정근은 정정진(正精進)의 다른 이름이고, 사념처는 정념(正念)을 수행하는 구체적인 방법론이다. 칠각지는 사념처를 수행하여 깨달음을 얻는 일곱 가지 단계이고, 사여의족은 정정(正定)을 성취하는 방법론이다. 이와 같이 본다면 오근과 오력을 제외하고는 모두 팔정도에 포함될 수 있다.

오근과 오력은 팔정도 수행을 바르게 잘 하는지, 모자라거나 지나침은 없는지 관찰하는 수단이다. 이를 테면 오근은 믿음·노력·정념·삼매·지혜의 다섯 가지이다. 여기서 믿음이 지나치면 지혜가 부족해서 맹신에 떨어지기 쉽고, 지혜가 지나치면 믿음이 부족하기 쉽다. 또한 노력이 지나치면 들뜸이 오기 쉽고, 삼매가 지나치면 게으르기 쉽다. 따라서 정념의 기능 중 하나는 이들을 알아차려 균형을 유지하는 것이다. 오력은 오근의 반대되는 것을 다스리는 능력이다. 믿음으로 불신을 다스리고, 노력으로 게으름을 다스리고, 정념으로 부주의함을 다스리고, 삼매로 들뜸을 다스리고, 지혜로 어리석음을 다스린다. 그래서 다섯 가지 힘이라 한 것이다. 또한 오근은 중생의 근기로, 신심형과 지혜형, 노력형과 무심형, 그리고 좀처럼 삶에 감정 이입이 안 되는 알아차림형 등 다섯 가지가 있다. 이 다섯 가지 근기를 다 아는 것은 오직 부처님만이 가진 능력이다.

오근 중 첫째는 삼보(三寶)에 대한 신심과 신뢰이다. 불교 수행의 시작은 불(佛)·법(法)·승(僧) 삼보에 대한 신뢰에서 출발하기 때문이다. 부처님과 가르침, 그 가르침을 수행하는 교단, 이러한 삼보에 대한 신뢰가 없다면 불자로서의 생활이 순탄치 않을 것이다. 삼보에 대한 의심은 수다원을 성취하는 데 있어서도 결정적인 장애가 된다. 그러므로 삼보에 대한 신심은 수행의 근간으로 다른 무엇보다 중요하다.

이러한 관점에서 부처님은 어떤 분인지 살펴보고자 한다. 우선 부처님에게는 성문 제자들이 갖추지 못한 다음의 여섯 가지 지

제1부 초기·부파 불교의 수행론

혜가 있다.

① 중생들의 다섯 가지 근기[43]를 아는 신통지
② 중생들의 잠재적 번뇌를 아는 신통지
③ 물과 불을 동시에 일으킬 수 있는 신통지[44]
④ 삼계의 온 중생에게 일으키는 대연민심의 신통지
⑤ 일체를 아는 신통지
⑥ 걸림없는 신통지[45]

또한 부처님은 성문 제자들에게서는 찾아볼 수 없는 다음의 열 가지 덕을 갖추고 있다.

① 아라한(arahat)이시다. 번뇌들을 멀리 여의어 버렸기 때문에(ārakā), 탐욕 등으로 불리는 모든 적(ari)들을 지혜의 칼로 모두 없애 버렸기 때문에, 윤회의 바퀴(ara)를 부수었기 때문에 아라한이시다. 필수품과 존중을 수용할 만하기 때문에 아라한[應供]이시고, 악업에 대해 비밀이 없기 때문에 아라한이시다.

43_ 신(信)·정진(精進)·염(念)·정(定)·혜(慧) 등의 오근(五根)을 말한다.

44_ 쌍신변지(雙神變智)를 말한다.

45_ 무장애지(無障礙智)를 말한다.

② 고통과 고통의 발생처, 소멸과 소멸의 방법을 완전히 깨달으신 분[正等覺者]이시다.

③ 세 가지 지혜[三明]와 열다섯 가지 실천을 갖춘 분[明行足]이시다.

④ [열반에] 잘 도달하신 분[善逝]이시다.

⑤ 중생계, 세계, 유위의 세계라는 세 가지 세간을 아는 분[世間解]이시다.

⑥ [계·정·혜·해탈·해탈지견의 덕이] 위없는 스승[無上士]이시다.

⑦ [인간·천인·축생들을 해탈의 길로] 잘 길들이는 분[調御丈夫]이시다.

⑧ 범천을 비롯한 모든 위대한 천신들과 인간의 스승[天人師]이시다.

⑨ 알아야 할 모든 것을 깨달으신 분[佛]이시다.

⑩ 세상에서 가장 존귀한 분[世尊]이시다.

14

바르게 깨달으신 분

깨달음의 성취는 몇 가지 형식으로 표현된다. 그중 가장 자주 표현되는 것은 다음과 같다.

> 완전히 알아야 할 것을 완전히 알았고, 닦아야 할 것을 닦았으며, 버려야 할 것을 버렸기 때문에 바라문이여, 나는 깨달은 자다.

> 다시 태어남은 파괴되었고, 범행의 삶을 살았고, 해야 할 일을 마쳤고, 이후의 삶은 더 이상 없다.

제자가 깨달음을 성취했다고 선언할 때 부처님께서는 그 제자의 선언을 맹목적으로 받아들이지 않으신다. 그 제자의 선언이 진짜인지 증명하기 위해 그에게 여러 가지 점검을 하신 후에야 받아들이신다. 이와 같이 합리적이고 체계적으로 점검할 수 있는 능력은 부처님께서 "알아야 할 것은 모두 알고, 닦아야 할 것은 모두 닦았으며, 버려야 할 것은 다 버렸기 때문"에 가능한 것이다.

그렇다면 진짜 깨달음인지 아닌지 증명하기 위해 부처님께서 점검하시는 것은 무엇인가?

첫째, 네 가지 일상적 경험에 관한 것이다. 진짜 아라한은 보거나, 듣거나, 느끼거나, 알거나 하는 것에 집착하지 않아 대상에 대한 편견 때문에 분별력을 잃지 않으며, 항상 열린 마음으로 머문다. 따라서 그의 마음은 네 가지 일상적 경험에서 아주 자유롭다. 그러므로 "눈, 귀, 코, 혀, 몸과 마음은 괴로움[苦諦]이고, 그것을 원인으로 하여 발생한 과거의 기억에 대한 갈애는 고의 원인[集諦]이며, 이 둘이 사라진 것이 해탈[滅諦]이고, 해탈을 향하는 도닦음이 도[道諦]이다"라고 바르게 아는지를 점검하신다.

둘째, 오취온(五取蘊)에 관한 것이다. 아라한은 오온이 서로 의존해서 생겨나는 것을 이해하고, 오온에 대한 집착에서 멀리 떠나 있으며, 오온에 대한 집착으로 인해 일어나는 모든 잠재적 성향이 사라지고 없다. 부처님께서는 이를 확인하신다.

셋째, 색(色)·성(聲)·향(香)·미(味)·촉(觸)·법(法)의 여섯 요소에 관한 것이다. 진짜 아라한은 이들 요소에 대해 나 또는 나의 것이라는 생각이 없고, 그에 대한 집착을 통해 발생하는 여러 견해가 완전히 사라지고 없다. 그러므로 부처님께서는 "형상 등 여섯 가지 [밖의] 감각 장소는 괴로움이고, 그것을 원인으로 하여 발생하는 과거의 기억에 대한 갈애는 고의 원인이며, 이 둘이 사라진 것이 해탈이고, 해탈을 향하는 도닦음이 도이다"에 대한 바른 앎을 확인하신다.

넷째, 감각의 육근인 내입처(內入處)와 육경인 외입처(外入處)에 관한 것이다. 진짜 아라한의 마음은 이 감각 영역에서 생기는 의식과 이 의식이라는 매체를 통해 알려진 여러 가지 욕망에서 자유롭다. 따라서 부처님께서는 "눈의 의식[眼識] 등 여섯 가지 의식, 눈의 감각 접촉[觸] 등 여섯 가지 감각 접촉, 눈의 감각 접촉 등에서 생긴 여섯 가지 느낌[受], 형상의 인식[想] 등 여섯 가지 인식, 형상에 대한 의도[意思] 등 여섯 가지 의도, 형상에 대한 갈애[愛] 등 여섯 가지 갈애, 형상에 대해 일으킨 생각[尋] 등 여섯 가지 일으킨 생각, 형상에 대한 지속적인 고찰[伺] 등 여섯 가지 일으킨 생각에서 자유롭다"에 대한 바른 앎을 확인하신다.

다섯째, 해탈(解脫)과 해탈지견(解脫知見)에 관련된 것이다. 아라한은 해탈과 해탈지견을 통해 나와 나의 것이라는 모든 잠재적 오해와 무명을 완전히 끊어낸 상태다. 진짜 아라한은 어떻게 해탈을 얻었는지 표현할 수 있어야 한다. 즉, "모든 생겨난 것에는 원인이 있고, 그 원인에 대한 소멸과 소멸로 이끄는 길이 있고, 그 길을 통해 그의 마음은 감각적 쾌락, 형성, 무지로 인한 목마름으로부터 자유로워진다. 그리하여 물질의 무더기 등 다섯 가지 무더기, 열두 가지 안팎의 감각 영역, 열여덟 가지 요소, 욕계의 존재 등 아홉 가지 존재, 초선 등 네 가지 선정, 사무량심(四無量心), 사무색(四無色)의 증득, 십이연기의 순관(順觀)과 역관(逆觀), 늙음·죽음은 괴로움의 진리이고, 태어남은 원인의 진리, 이 둘이 존재하지 않는 것이 열반의 진리이고, 소멸을 잘 아는 도닦음이 도의 진리이다."

이렇게 바른 앎에 대해 점검하신다. 부처님께서는 이와 같이 모든 법을 바르고 원만하게 스스로 깨달으셨다. 그러므로 "바르게 깨달으신 분"이라 하는 것이다.

15

법의 덕을 억념하다

출가자의 삶은 일반인의 삶과는 다르다. 출가자의 독신 생활은 세간 사람들의 삶의 방식을 역행하는 것이고, 감각 기관을 다스리는 것 역시 일반인의 관점에서 보면 삶의 자유를 억누르는 것이다. 이와 같이 일반적인 시선으로는 모든 계율이 인간의 본성과 개성을 억누르는 측면이 있다. 그러나 승려가 승려일 수 있고, 재가자의 존중을 받는 이유는 바로 이 계율을 지키는 데 있다.

따라서 이러한 계율을 만드신 부처님과 인과의 가르침에 대한 특별한 신뢰와 믿음이 없다면 도덕적인 출가자의 삶은 애초부터 난관에 부딪히게 된다. 젊고 건강한 나이에 강력한 유혹을 제어하고, 고행에 가까운 수행을 하는 것은 바로 부처님과 인과에 대한 믿음 때문이다.

이러한 관점에서 부처님의 여섯 가지 특별한 능력과 열 가지 특성, 법, 승가에 대한 이해와 신뢰, 믿음은 아무리 강조해도 지나치지 않다. 그리고 이것이 바탕이 되지 않는 수행은 나중에 커다란 화를 부를 수 있다.

부처님의 가르침에는 다음과 같은 여섯 가지 특징이 있다.

① 잘 설해져 있다.

② 지금 이곳에서 스스로 볼 수 있다.

③ 시간을 지체하지 않는다.

④ 와서 보라고 할 수 있다.

⑤ 향상으로 이끌어 준다.

⑥ 현명한 사람에 의해서 직접적으로 체험될 수 있다.

이러한 여섯 가지 특징을 지닌 부처님의 가르침을 '계속해서 억념하며' 닦는 비구는 '이와 같이 해탈로 인도하는 법을 설하고 이러한 공덕을 갖춘 스승을 과거에도 본 적이 없고 현재에도 세존 이외에 그 어떤 분도 본 적이 없다'라고 생각하면서 법에 대한 존경심과 믿음을 성숙시킨다. 믿음이 깊어지면 기쁨과 희열이 커지고, 두려움과 공포가 극복되고, 금계의 고통을 감내할 수 있게 된다. 법의 공덕을 이처럼 계속해서 생각하는 이의 마음은 위없는 법의 증득을 향해 나아간다. 또한 뛰어난 법의 성품을 계속해서 생각하기 때문에 양심에 어긋나는 행위와 악행에 대한 두려움이 강해져서 계를 범할 상황에 직면하더라도 스스로 계를 수호할 수 있는 힘이 생겨난다. 설령 지혜가 깊어지지 못한다 하더라도 적어도 선처에 태어나게 된다.

이제 부처님 가르침의 특징 여섯 가지를 하나하나씩 자세히 살펴보자.

첫째, 부처님의 가르침은 계로서 처음이 좋고, 사마타 위빳사나의 수행으로 중간이 좋고, 열반으로 끝이 좋다. 또한 부처님이 잘 깨달으셨기 때문에 처음이 좋고, 좋은 법이기 때문에 중간이 좋고, 승가가 잘 실천하기 때문에 끝이 좋다. 그러므로 "잘 설해져 있다"[46]라고 하는 것이다.

둘째, 성스러운 부처님의 가르침은 수행에 의해 스스로 보고 경험할 수 있는 것이다. 탐욕을 예로 들면, 탐욕에 물든 사람은 정신적으로 편안하지 않고 항상 고통과 슬픔으로 괴로워한다. 이들은 스스로와 타인을 괴롭히는 일에만 골몰하기 때문이다. 그러나 탐욕을 버리면 자기도 괴롭히지 않고 타인도 괴롭히지 않기 때문에 정신적인 고통과 슬픔에서 자유롭다. 이와 같이 "법은 스스로 직접 보아 경험할 수 있는 것"[47]이다.

셋째, 세간법은 결과가 바로 나타나지 않지만, 이 해탈법은 결과가 바로 나타난다. 그래서 "시간을 지체하지 않는다"[48]라고 하는 것이다.

넷째, 이 출세간법은 구름 없는 하늘의 둥근 보름달처럼 청정하다. 그래서 "와서 보라는 것"[49]이다.

다섯째, 향상으로 인도하기 때문에 열반은 마음의 대상으로

46_ svakkhato

47_ sanditthiko

48_ akaliko

49_ ehipassiko

삼을 만한 것이다. 성스러운 도 역시 성스러운 사람들을 열반으로 이끌기 때문에 "향상으로 인도한다"[50]라고 하는 것이다.

여섯째, 지혜로운 자만이 "나는 도를 닦았고, 과를 얻었고, 열반을 실현했다"라고 체험할 수 있고, 말할 수 있다. 수저가 국의 맛을 모르는 것처럼 가까운 사람이 도를 얻었다고 해서 어리석은 자의 번뇌들이 사라지는 것은 아니다. 부처님의 가르침은 오직 스스로 경험해야만 알 수 있다. 그래서 "현명한 사람에 의해서 직접적으로 체험될 수 있다"[51]라고 하는 것이다.

이와 같이 법의 덕을 계속해서 생각할 때 그의 마음은 탐욕에 얽매이지 않고, 성냄에 얽매이지 않고, 어리석음에 얽매이지 않는다. 그때 그의 마음은 법을 의지하여 바르게 되고 기쁨과 행복을 경험하게 된다.

50_ upanāyiko

51_ paccattam veditabbo vinnuhi.

16

지혜와 실천을 구족한 성문 승가

부처님의 가르침을 존속시키는 이들은 성문(聲聞) 승가(僧伽)이다. 성문 승가가 없었다면 부처님의 경전과 수행이라는 두 가지 유산은 지금까지 전해 내려오지 못했을 것이다. 적어도 불자들이라면 이러한 성문 승가에 귀의하고 항상 감사하는 마음을 가져야 한다.

성문 승가라고 불리기 위해서는 다음과 같은 조건과 특징을 갖추어야 한다.

첫째, 부처님의 가르침을 직접 듣고 알아야 한다. 성문을 뜻하는 'sāvaka'는 "부처님의 가르침을 친히 들은 분"이라는 의미이다. 그래서 사리불과 목련존자는 '최고의 성문 제자들'[52]이라 칭해졌고, 가섭을 비롯한 8대 제자는 '위대한 성문 제자들'[53]로 불렸다. 이러한 성문들이 네 명 이상 모인 것을 '성문승' 또는 '성문 승가'[54]라고 한다. '승가', 즉 'sangha'라는 빠알리어 단어 자체는 단순한

52_ agra-sāvakas

53_ mahā-sāvakas

54_ sāvaka sangha

모임, 무리라는 뜻이기 때문에 이는 재가자의 모임일 수도 있고 다른 종교의 모임일 수도 있다. 따라서 "성문 승가에 귀의한다"라는 것은 "부처님의 가르침을 친히 들은 또는 전승한 제자들의 모임에 귀의한다"라는 의미이다. 불멸 후 500여 년 동안 부처님의 가르침은 제자들의 암송에 의해 전해져 왔으므로, 성문 승가는 자연스레 출가 승가와 동일하게 여겨졌다. 그러나 개개의 출가자는 비구·비구니이고, 이들을 개인적으로 칭할 때는 '대덕(大德)' 또는 '존자(尊者)'라는 뜻의 'bhante'라고 부른다.

둘째, 성문 승가는 부처님께 들은 가르침을 잘 실천하며,[55] 올곧게 수행을 하고,[56] 여법하게 수행을 하는 이들이다.[57] 따라서 성문승은 부처님의 가르침을 직접 듣고 알 뿐만 아니라 바르게 실천하는 이들이다. 구체적으로 수다원향·사다함향·아나함향·아라한향의 네 부류가 해당되며, 과위(果位)를 얻진 못했으나 각각의 과위를 향해 수행하는 이들을 말한다.

셋째, 이러한 성문승들은 다음의 열다섯 가지 실천 법을 진실하게 행해야 한다.

① 계로써 말과 행위를 절제함

55_ supatipanno bhagavato sāvaka sangho

56_ ujupatipanno bhagavato sāvaka sangho

57_ samicipatipanno bhagavato sāvaka sangho

제1부 초기·부파 불교의 수행론

② 감각 기관들의 문을 잘 단속함

③ 적당량의 음식을 취함

④ 항상 깨어 있으려고 힘씀

⑤ 삼보와 인과에 대한 확고한 믿음을 지님

⑥ 계를 어기는 것을 부끄러워함

⑦ 세상 사람들의 비난을 두려워함

⑧ 부처님의 법을 많이 배움

⑨ 노력

⑩ 알아차림

⑪ 지혜

⑫~⑮ 네 가지 색계선

넷째, 이러한 실천은 결과로 드러나야 하며, 그 결과는 다음 네 가지다.

① 오온이 무아임을 깨달음(수다원과)

② 무아를 깨닫고 욕계의 거친 욕망과 미워함을 다스림(사다함과)

③ 무아를 깨닫고 욕계의 미세한 집착까지 소멸함(아나함과)

④ 색계의 선정과 몸이 없는 정신의 존재(무색계)에 대한 애착 마저 모두 소멸함(아라한과) 등이다.

실천의 마지막 결과인 아라한은 스스로의 업으로 인해 세계를 나와 남으로 분별했던 집착 망상이 모두 소멸된 이를 말한다.

아라한의 앎은 삼명(三明)을 필수적인 것으로 보고 있으나 육신통(六神通)에 의성신(意成身)과 위빳사나 지혜, 두 가지를 더해서 여덟 가지로 말하기도 한다. 가장 일반적인 아라한의 정의 중 하나는 "세 가지 지혜를 나는 얻었고, 불법 안에서 해야 할 일을 모두 이루었다"이다. 세 가지 지혜[三明]는 자신의 전생을 앎, 다른 생명의 전생을 앎, 번뇌의 완전한 소멸에 관한 앎인 누진통(漏盡通)이다. 그리고 여기에 숙명통(宿命通), 천안통(天眼通), 천이통(天耳通), 신족통(神足通), 타심통(他心通), 의성신, 위빳사나 지혜를 더해 모두 여덟 가지로 설명하기도 한다.

세존의 성문 승가는 앞서 설명한 성문 승가의 조건과 특징을 모두 갖추고 있다. 따라서 세존의 성문 승가는 마땅히 공양받을 만하며, 마땅히 대접받을 만하며, 마땅히 보시받을 만하며, 합장하고 공경할 만한 분들이며, 위없는 세상의 복밭인 것이다.

17

오근과 팔정도

마음은 모든 행위에 앞서고, 모든 것이 마음에서 만들어지니,
마음은 가장 소중하다. 만일 나쁜 마음으로 말하거나 행동하
면 그로 인해 괴로움이 따르고, 선한 마음으로 말하거나 행동
하면 행복이 따른다. 마치 수레바퀴가 말을 따라가는 것처럼.

이 게송은 『법구경』 쌍품의 첫 구절이다. 『화엄경』의 사구게
에서도 "일체 법계가 모두 마음으로 이루어진 것을 아는 것, 그것
이 바로 삼세 모든 부처님이 깨달은 경지이다"라고 말씀하신다.
두 게송 모두 내가 경험하는 고통과 불행의 원인은 마음이라고 말
하고 있다.

마음에는 크게 세 가지 작용이 있다. 지적 작용, 감성적 작용,
의지적 작용이다. 지적 작용은 이롭고 해로움, 옳고 그름의 판단
이며, 감성적 작용은 무엇을 좋아하거나 싫어하는 느낌이다. 의지
적 작용은 행위를 통해 적극적으로 대상을 취하거나 밀쳐 내는 것
이다. '일체유심조(一切唯心造)'에서의 마음은 수(受)·상(想)·행(行)
의 조작 작용 모두를 말하며, 수·상·행에 의해 이 세계가 이루어

진다는 뜻이다.

한편 팔정도는 혜(慧)·계(戒)·정(定)으로 이루어져 있는데, 이는 혜를 통해서 지적 상태를, 계를 통해서 의도적 행위를, 선정을 통해서 인간의 잠재적 감성, 즉 마음의 세 가지 측면을 다스리는 것을 말한다.

인간이 어떤 행위를 하는 데 있어서 가장 선행하는 마음은 이해와 시비의 지적 작용이다. 즉, 인간은 자신에게 유익하거나 옳다고 생각하는 것을 위해 움직이고 행한다. 그래서 무엇이 나에게 이익을 주고 옳은 것인지를 판단하게 하는 기준이 무척 중요하고, 이것은 한 인간의 축적된 기억을 바탕으로 형성된 가치관에 의지한다. 이를 견해라고 하는데, 견해에는 정견(正見)과 사견(邪見)이 있다.

사견은 고통의 원인이 되고 정견은 행복의 원인이 된다. 정견은 다시 세간적 정견과 출세간적 정견으로 나누어진다.

세간적 정견은 악을 행하면 고통이 오고, 선을 행하면 행복이 온다는 인과에 대한 믿음이다. 이 믿음은 부처님의 가르침을 듣는 문혜(聞慧), 법과 가르침을 이해하고 사유하는 사혜(思慧)에서 오는 지혜이다. 수행자가 부처님의 가르침을 듣지 않거나, 들어도 믿지 않는다면 정견은 생겨나지 않는다. 출세간적 정견은 나와 세상을 구성하는 "몸은 부정하고, 느낌은 괴롭고, 마음은 무상하고, 법은 무아다"라는 사념처(四念處)를 믿고 이해하는 것이다.

인간의 삶에는 삼악도(三惡道), 삼선도(三善道), 색계의 선(禪),

무색계의 정(定), 아라한과 보살의 여섯 가지 길이 있다. 세간 사람들은 삼악도를 버리고 삼선도의 길을 가는 것으로 바른길을 삼을 수 있겠지만, 출가자는 삼악도는 물론 삼선도마저 버리고 출세간의 길을 택해야만 바른길이 된다. 그리고 이 사념처에 대한 사유는 출세간의 길을 가게 하는 근본 원인이 되는 것이다.

이처럼 정견을 성취한 사람은 항상 욕망을 떠나는 생각, 남을 해치지 않는 생각, 중생을 연민하는 생각을 하게 된다. 이것이 바로 정사유(正思惟)이다.

정견과 정사유는 깨달은 이들에게만 갖추어져 있다. 때문에 깨달은 이의 가르침과 인격을 믿고 따라야 일반인들에게도 정견과 정사유가 생겨날 수 있다. 깨달은 이와 법에 대한 믿음과 이해가 없고, 오욕락에 빠져 있는 중생에게서는 정견과 정사유가 생겨나기 어렵다.

이처럼 삼보에 대한 믿음에서 바른 견해, 즉 지혜가 생겨나기 때문에 이를 잘 알아차려야 한다. 그리고 이 바른 견해가 있는지 없는지를 관찰하는 것이 바로 오근의 기능 중에 신근(信根)·혜근(慧根)의 역할이다.

이처럼 마음의 지성적인 상태인 정견과 정사유는 우리를 불행의 길에서 행복의 길로 인도하는 안내자, 내비게이션의 역할을 한다.

정견과 정사유를 갖춘 후에는 말과 행위, 생업 속에서 그것을 실천해야 하는데, 이것을 정어(正語)·정업(正業)·정명(正命)이라고 한다. 이것은 앞서 말한 마음의 의지적 행위이다. 왜냐하면 과거의 기억이나 본능과 관련된 자기중심적이고 오욕락을 추구하는 생각을 극복하기 위해서는 정견에 의지하는 삶을 살아야 하기 때문이다.

18

오근과 오력

(1) 오근

정견에 의지하여 실천하는 수행자는 '악한 행위는 버리고[斷勤],
감각 기관을 잘 단속함으로써 악이 생겨나지 않게 하고[律儀勤],
선은 칠각지의 수행으로 증장시키고[修勤], 사념처로 일어난 선
은 굳건히 지켜낸다[守護勤].' 이것이 오근(五根)에서의 정진근(精
進根)이다. 즉, 정견과 정사유가 바르게 실천되고 있는지를 관찰하
고 성장시켜 나가는 것이 바로 정정진(正精進)인 것이다. 그러므로
바른 알아차림[念根]을 통해서 믿음[信根]과 지혜의 균형을 관찰하
고, 계의 실천과 노력[精進根]을 알아차린 후에 선정(定根)의 실천
적인 상태를 얻는 것, 이것이 바로 오근의 역할이다.

바른 정진 중 이미 일어난 선을 지키고 유지하는 것이 사념처
(四念處)이다. 정념의 대상은 개념이 아닌 실재이고, 실재하는 것
은 몸과 마음, 그리고 몸의 대상인 느낌과 마음의 대상인 법이다.
이 네 가지 상태를 알아차려서 그 네 가지가 무상·고·부정·무아
인 것을 깨달아 나가는 과정이 사념처(四念處) 수행이다.

그러므로 신(身)·수(受)·심(心)·법(法)의 사념처는 사띠의 대상이고, 그 사념처를 수행하는 과정이 바로 칠각지(七覺支)이다. 칠각지의 끝에 선정을 얻게 되는데, 그 순서는 다음과 같다.

바른 믿음 위에 노력이 있고, 노력의 결실로 정념이 생겨나고, 그 정념의 끝에 선정이 생겨나고, 선정 중 평정의 상태에서 법의 눈이라는 지혜가 생겨난다.

이와 같이 오근은 팔정도의 수행 과정을 간략하게 정리한 것이고, 이 다섯 가지를 통해 믿음과 지혜, 노력과 선정의 조화와 균형을 알아차리는 것이 바로 사띠(정념)의 작용이다.

(2) 오력

오근(五根)을 갖춘 후에 오근과 대치되는 번뇌가 사라질 때까지 열심히 수행하면 마침내 오력(五力)을 얻게 된다. 신심으로 회의적인 의심을 다스리고, 노력으로 게으름을 다스리고, 정념으로 부주의를 다스리고, 삼매로 들뜸을 다스리고, 지혜로 무명을 꿰뚫어 버리는 힘을 갖추게 되는 것을 오력이라고 한다.

이와 같이 오력의 힘을 갖추게 되면 팔정도의 결과인 바른 지혜, 즉 정지(正智)를 경험할 수 있다. 오근으로 팔정도의 전체적인 조화와 균형을 맞추고, 오력으로 그 수행의 결과를 얻게 되는 것이다. 이처럼 오근과 오력으로 팔정도를 닦아 나가면 삼십칠조도품(三十七助道品)이 완성된다. 오근·오력과 팔정도를 통한 삼십칠조도품의 수행 결과는 자신의 내면, 즉 오온(五蘊)과 바깥에 있는 대상, 다시 말해 여섯 가지 경계에 대한 집착이 사라지는 것으로 나타난다.

(3) 마장을 뛰어넘는 법

수행자가 선정의 상태에 들어가려면 반드시 삼선도(三善道)에 대한 애착을 뛰어넘어야 한다. 만일 십선(十善)의 과보에 대한 집착 또는 십악(十惡)에 대한 참회가 이루어지지 않은 상태에서 선정을 닦게 되면 악연으로 얽혀진 사바세계의 수많은 존재에게 장애를 받는다. 이것을 마장(魔障)이라고 한다. 따라서 선정을 닦기 전에 계율, 특히 오계를 지키는 것은 절대적이다. 살생을 범하면 선정 중에 죽은 생명들이 자꾸 나타나 수행에 장애를 일으킬 것이고, 도둑질을 하면 선정의 에너지가 흩어지게 되고, 음계를 범하면 선정의 씨앗이 생겨나지 않고, 깨달음에 대해 거짓말을 하게 되면 수행 중에 거짓 환상이 일어나서 깨닫지 못한 것을 깨달았다고 착각하게 하는 과보가 생겨난다. 이와 같이 살생·투도·사음·망어를 하게 되면 선정을 닦는 데 장애가 생겨나기 때문에 네 가지 근본 계[四波羅夷]를 지키고 범하지 않는 것은 선정에 들어가는 데 있어서 필수적이다. 만일 계를 범한 수행자가 있다면 선정을 닦기 전에 정성을 다해 참회를 하거나, 남을 도와주는 보살행을 해서 악업을 먼저 소멸시켜야만 한다.

구사와 유식의 오위(五位) 수행에서 자량위(資糧位)와 가행위(加行位)를 견도(見道) 이전에 필수적으로 강조하는 것은 이런 이치 때문이다. 티베트 불교에서도 전통적으로 본 수행에 들어가기 전에 참회와 자량의 복덕을 먼저 쌓게 한다. 이러한 이유는 문명의 이기가 발달할수록 인간의 소유욕과 편리함을 추구하는 욕구도 커져서, 수행자가 계를 지키기가 점점 더 어려워지기 때문이다.

제2장

설일체유부의 수행론

1

유루와 무루, 유위와 무위

(1) 설일체유부, 초기불교의 명맥을 잇다

설일체유부(說一切有部)는 분별설부(分別說部)와 같은 장로부(長老部)에 속하고, 그 시작은 대략 기원전 2세기의 가다연니자(迦多衍尼子, Kātyāyanīputra) 논사(論師)가 저술한 『발지론』에서 비롯된다. 설일체유부의 '설일체유(說一切有)'는 '모든 법(法)이 삼세(三世)에 존재(有)한다'[58]라는 뜻이다. 이는 무아(無我)와 윤회(輪回)라는 두 가지 반대되는 개념을 절충하기 위해 가다연니자 존자가 고안해 낸 것이다. 무아를 액면 그대로 받아들이게 되면 업의 상속을 설명할 수 없기 때문에 과거의 업이 현재로, 현재의 업이 미래로 넘어가는 매개체를 설명하기 위해 '삼세에 존재하는 법'을 강조한 것이다. 이는 삼세에 존재하는 법을 통해 업이 금생에서 내생으로 전달되기 때문이다. 물론 힌두교처럼 불변의 자아를 상정하면 이 문제는 쉽게 해결된다. 왜냐하면 불변의 자아가 과거의 행위를 금

58_ sarvāni dharmāni trini kalesu asti.

생에, 금생의 행위를 내생에 받기 때문이다.

법의 자성(自性)이라는 개념은 이미 기원전 3세기에 승론(勝論, vaiśeṣika)과 느야야(nyāya) 학파가 발전시킨 존재에 대한 그 당시 인도의 철학적 접근 방식이고, 이 개념을 설일체유부에서 적극 도입해서 사용한 것으로 보인다. 아무튼 이 때문에 설일체유부는 중관학파로부터 소승은 아공(我空)은 알지만 법공(法空)은 모른다는 질책을 호되게 받게 되지만, 수행 방법론이라는 측면에서는 분별설부의 가르침과 큰 차이가 없다. 오히려 분별설부가 기원전 3세기 전후로 인도 역사에서 자취가 묘연해진 후, 초기불교의 명맥을 유지하기 위해 안간힘을 쓴 종파는 설일체유부다. 마치 부모님이 돌아가신 후 장남이 아이들을 뒷바라지하기 위해 온갖 궂은일을 도맡아 하다가 훗날 동생들에게 심한 질책을 받는 것과 비슷하다.

(2) 무위·무루는 주관과 오해가 없는 열반 상태

법(法)이란 무엇인가? '현상', '사실'이 법이다. 인간은 대상과 존재를 '사실' 그대로 보지 않고 내가 생각하는 대로, 편리한 대로 보고 믿고 싶어한다. 이것을 '조건 지워진 법[有爲法]'[59]이라 하고, 나의 감정과 주관을 빼버리고 사물을 있는 그대로 보는 것을 '조건

59_ saṃskṛta

제1부 초기·부파 불교의 수행론

으로부터 자유로운 법[無爲法]'**60**이라 한다. 모든 법에서 인연의 업을 제거하면 무위법이고, 인연을 지어서 대상을 보면 유위법이다. 『구사론』에서는 이 세계를 조건에 속박된 유위법의 세계와 조건의 속박이 소멸된 열반의 세계로 나누고, 그중 조건에 속박된 유위법의 세계는 다시 번뇌가 있는 유루(有漏)법과 번뇌가 소멸된 무루(無漏)법으로 나누고 있다. 그러므로 열반은 일체의 주관과 오해와 환상이 없는 상태이고 이를 무루(無漏)의 무위(無爲)라 한다. 이 상태가 설일체유부의 목표이다. 이와 반대로 윤회의 세계는 주관과 오해와 환상에 의해 만들어진 세계이고, 이를 유위법 또는 유루법이라 한다.

분별설부에서는 4위 82법 중 한 가지가 무위고, 설일체유부에서는 5위 75법 중 세 가지가 무위고, 유식에서는 5위 100법 중 여섯 가지가 무위이다.

(3) 유루법과 무루법

사성제 중에서 고통과 고통의 원인은 유루법(有漏法)이면서 유위법(有爲法)인 반면, 고통의 소멸과 소멸을 향해 가는 도는 무루법(無漏法)이다. '무루(無漏)'라고 하는 이유는 모든 형태의 번뇌로부터 자유롭기 때문이다. 이 무위의 무루법은 5위법의 분류에서는

60_ asaṃskṛta

무위이지만, 사성제의 분류에서는 멸성제(滅聖諦), 즉 열반(涅槃)이고, 대승에서 여여성(如如性)[61] 또는 참된 성질[眞性], 여래장(如來藏)[62], 불성(佛性)[63], 무구식(無垢識)[64] 등으로 부르고 있다.

물론 도성제는 고통의 소멸로 이끄는 수행이기 때문에 엄격히 말해 순수한 무루법은 아니다. 그러나 그러한 수행을 닦는 사람은 점점 번뇌를 없애고 차츰 무루혜를 증진시킬 수 있다. 또한 도성제인 팔정도에서는 무지가 증가하지 않기 때문에 그것을 무루법에 포함시키긴 하지만 무위는 아니기에 유위법이다. 세 가지수행, 즉 계율·선정·지혜는 팔정도의 내용이다. 세 번째인 멸성제는 무루법이면서 무위법이다.

도표로 정리해 보면 다음과 같다.

고성제	집성제	멸성제	도성제
유위법		무위법	유위법
유루법		무루법	

61_ bhūta-tathatā

62_ tathāgata-garbha

63_ buddhatā

64_ amala-vijñāna

제1부 초기·부파 불교의 수행론

2

설일체유부의 번뇌론

(1) 설일체유부의 해탈은 유루 번뇌의 소멸

불교의 모든 종파는 괴로움의 소멸에 집중하며, 그 정점은 해탈이
다. 해탈이 괴로움의 소멸이라면 괴로움의 원인은 번뇌이고, 번뇌
를 어떻게 정의하는지에 따라 수행법도 달라진다.

설일체유부에서는 유루(有漏, āśrava)의 소멸을 해탈이라 한다.
유루는『사문과경』에 아라한이 해탈을 성취하기 전에 마지막으
로 소멸시켜야 할 번뇌로 설명되어 있다. 'āśrava'는 'ā + śru (~로부
터 흘러오다, ~로 흘러가다)'에서 파생된 단어로 '유루', '중독'의 의미를
가지고 있다. 마음속에 있는 탐·진·치가 몸의 여섯 가지 감각 기
능을 통해 여섯 가지 경계와 접촉해서 번뇌를 만들기 때문에 '유
루'이고, 감각 기능의 대상에 집착하여 취하게 하므로 '중독'이다.
'āśrava'에는 오욕락에 대한 중독,[65] 존재에 대한 중독,[66] 무명(無

65_ kāmāśrava

66_ bhavāśrava

明)에 대한 중독[67] 세 가지가 있다. 잘못된 견해에 대한 중독[68]을 더해 네 가지로 설명하기도 한다. 오욕락에 대한 중독은 오욕락의 대상에 집착하는 것이고, 존재에 대한 중독은 삼계(三界)에 중독되어 계속 존재하기를 원하는 번뇌이다. 잘못된 견해에 대한 중독은 치우친 견해에 대한 집착이며, '세상은 영원하다' 또는 '죽음과 함께 모든 것은 끝이 난다'라는 등의 상견(常見)과 단견(斷見)에 대한 믿음이다. 이 중 특히 무명에 대한 중독은 고(苦)와 고의 원인에 대한 무지 또는 믿음의 부족과 잘못된 지식 등 모두 사성제(四聖諦)에 대한 무지와 관련된다.

(2) 보면 사라지는 번뇌와 닦아서 사라지는 번뇌

세간의 모든 차별은 모두 업(業)으로 말미암아 생겨난다. 업은 이미 일어난 행위와 행위로부터 비롯된 인상(印象)으로 나뉘고, 일어난 행위의 업은 에너지 형태로, 그 인상은 감성적 형태(vedanā)로 남아 있게 된다. 그리고 인상의 감성적 형태를 'anusaya(잠재된 번뇌, 경향)'라 하고 업은 이 잠재된 번뇌와 함께 작동한다. 잠재된 번뇌를 여읜 업은 삼유(三有), 즉 욕계·색계·무색계의 존재를 초래할 만한 힘이 없기 때문이다.

67_ avijjāśrava

68_ diṭṭhāśrava

잠재된 번뇌는 모든 윤회의 근본으로, 여기에는 여섯 가지가 있다. 즉, 탐(貪)·진(瞋)·만(慢)·무명(無明)·의(疑)·견(見)으로, 모두 기억과 관련되어 있다. 이 중 견(見)은 다시 다섯 가지로 나뉘는데, 유신견(有身見)·변집견(邊執見)·사견(邪見)·견취(見取)·계금취견(戒禁取見)이다. 이 다섯 가지 견과 의심은 해가 비추면 어둠이 사라지듯이 사성제(四聖諦)의 진리를 꿰뚫어 보면 단박에 사라지기 때문에 견혹(見惑)이라 한다. 그리고 나머지 네 가지 탐·진·만·무명은 습관적 혹은 감성적 번뇌이므로 천 년 묵은 우물의 때를 닦듯이 선정을 통해 오랫동안 닦아야 버려지기 때문에 수혹(修惑)이라 한다.

따라서 견혹은 견도(見道)에 의해 소멸되고, 수혹은 수도(修道)에 의해 소멸된다. 그리고 더 이상 닦을 것이 없는 아라한은 무학도(無學道)라 한다.

사성제를 이해한 것을 진리의 앎이라 하고, 사성제의 수행을 실천의 앎이라 한다. 그리고 사성제가 성취된 것, 다시 말해 열반이 실현된 것을 실천되어진 앎이라 하는데, 견도·수도·무학은 이들의 다른 이름이다. 『초전법륜경』의 4제 12행상, 즉 사성제의 이해, 사성제의 수행, 사성제의 완성에서 각기 견도·수도·무학의 이름이 유래되었다.

이처럼 설일체유부는 철저하게 부처님의 가르침을 따라 사성제 안에서 불교의 모든 교리를 이해하려는 학파이다. 사성제의 첫 두 가지인 고성제(苦聖諦)와 집성제(集聖諦)는 유루(有漏)에 속하는 반면, 마지막 두 가지인 멸성제(滅聖諦)와 도성제(道聖諦)는 무루(無漏)에 속한다. 이 가운데 멸성제는 무학도로, 도성제는 견도와 수도로 다시 나뉜다. 무학도는 특히 세 번째 멸성제에 속하고 부처님 또는 아라한과 유의어이다. 그것은 조건 지워진 상대적 개념을 초월한 열반(涅槃)이기 때문이다. 이처럼 설일체유부는 사성제의 틀 속에서 모든 번뇌와 번뇌의 원인, 수행의 방법, 그리고 소멸을 구체적으로 다루고 있다.

(3) 유루의 과보와 무루의 과보

세 가지 악도(惡道), 즉 지옥·아귀·축생 중 한 곳에 태어나는 것은 오계를 지키지 않은 결과이고, 오계를 지키면 사람으로 태어난다. 욕계(欲界)에 있는 여섯 가지 천상 중 한 곳에 태어나는 것은 십선법(十善法) 중 일곱 가지 사이업(思已業), 즉 방생, 보시, 청정행, 진실한 말, 꾸밈없는 말, 화합하는 말, 부드러운 말을 행함으로써 그 과보를 누린다. 여기서 사이업이란 의도[思]와 함께 일으킨 몸과 말의 행위들을 말한다. 색계(色界) 네 가지 천상 중 한 곳에 태어나는 것은 그에 합당한 선정을 수행함으로써 성취되고, 무색계(無色界) 천상 중 한 곳에 태어나는 것도 마찬가지다.

삼계(三界), 즉 욕계·색계·무색계 중 한 곳에 다시 태어나는 것은 유루(有漏) 번뇌와 결합된 행위를 한 결과이다. 다시 말하면 삼악도 중 한 곳에 태어나 괴로움을 겪는 것은 악한 유루 행위의 결과이고, 인간 또는 천상 등의 선처에 태어나는 것은 선한 유루 행위의 결과이다. 붓다나 아라한이라는 과보는 무루(無漏) 행위의 결과이다. 유루·무루의 행위는 각각 이와 같은 과보를 가져온다.

(4) 인지적 번뇌와 감성적 번뇌

인간의 번뇌[有漏]는 인지적 오류에 의한 번뇌와 욕망과 관련된 감성적 번뇌로 나눌 수 있는데, 견혹(見惑)은 인지적 번뇌이고 수혹(修惑)은 감성적 번뇌이다. 인지적 번뇌는 착시, 오해, 잘못된 믿음 등이다.

인지적 번뇌의 예를 들자면, 내가 아닌 것[五蘊]을 영원한 '나' 혹은 '나의 것'으로 오해하는 유신견(有身見), 모든 것이 인연 따라 발생하고 소멸하는 이치에 무지하기 때문에 법(현상계)의 단멸성 이나 영원성의 양쪽 끝에 집착하는 변집견(邊執見), 갠지스 강물에 뛰어들었다고 마음의 번뇌가 없어질 리가 없는데 그것으로 마음 이 맑아져 천상에 갈 수 있다고 믿는 등의 계(戒)와 금기에 대한 왜 곡된 견해인 계금취견(戒禁取見), 이 세상은 고통으로 이루어져 있 다는 것을 부정하고 믿지 않아서 사성제를 인정하지 않는 사견(邪見), 수행에 의해 끊어져야 하는 위와 같은 네 가지 저열한 주관적 견해에 집착하는 번뇌인 견취(見取)와 의심 등이 있다

감성적 번뇌인 수혹은 습관적으로 마음속에 저장된 욕망이 다. 다섯 가지 감각 기능에 의해 인식한 과거나 현재의 대상들 중

마음에 드는 대상에 대해 애착하는 것을 '탐(貪)'이라 하는데, 여기에는 욕계의 탐[欲貪]과 색계·무색계의 탐[有貪], 두 가지가 있다. '만(慢)'은 에고에 의해서 생겨나고, 이러한 에고는 자신에 대한 지나친 존중이며, 이러한 지나친 존중은 교육받고 대접받으며 산 인생의 기억에서 온다. 이때 자신의 입장에서 상대적으로 수준이 낮다고 여기는 타인을 차별하는 '교만'의 의식 작용이 생겨나고, 상대적으로 무시받고 자란 사람의 마음속에는 반대로 '진(瞋)'의 의식 작용이 생겨난다. 이들은 사성제의 진리를 믿지 않고[疑], 탐과 진이 고통의 원인임을 몰라서[無明] 고통의 번뇌를 더한다. 견혹은 사성제의 진리를 깨달을 때 즉각적으로 끊어지는 번뇌이므로 견소단(見所斷)이라 하고, 수혹은 선정을 통해 반복적으로 관찰함으로써 점진적으로 끊어지는 번뇌이므로 수소단(修所斷)이라 한다.

『구사론』에서 사성제를 깨닫기 이전에 닦는 수행은 유루(有漏)의 수행, 사성제를 꿰뚫어 본 이후의 수행은 무루(無漏)의 수행이라 한다. 유루의 수행은 다시 세 가지 단계로 나눠지는데, 대치법(大治法)·자량(資糧)·가행(加行)의 수행이고, 이를 삼현관(三賢觀)이라 한다. 무루의 수행 역시 세 가지 단계인데 이는 견도·수도·무학도로 이루어져 있다. 유루의 번뇌[隨眠] 열 가지 중 여섯 가지 견혹은 견도(見道)에서, 네 가지 수혹은 수도(修道)에서 소멸된다. 이처럼 사성제에 대해 관찰함으로써 차별 없는 지혜를 만들고, 그 지혜로 수혹, 즉 현상의 미망을 파괴하고 마침내 무학도(無

學道)에 들게 된다.[69]

(5) 다섯 장애를 다스리는 오정심관

번뇌는 크게 두 가지 양태로 일어난다. 첫째는 감각 기관의 대상과 접촉할 때이고, 둘째는 과거에 어떤 대상을 경험했던 기억들에 의해서이다. 첫 번째 번뇌는 감각 대상을 멀리함으로써, 두 번째 번뇌는 소욕(小欲)과 지족(知足)에 의해 다스릴 수 있다.

근본번뇌 열 가지 중 마음을 산란하게 하고 수행을 방해하는 다섯 가지 요소는 탐심(貪心), 진심(瞋心), 치심(癡心), 산란심(散亂心), 자아에 대한 집착[慢] 등의 수혹(修惑)이다. 마음이 이들과 함께하면 업을 짓고, 그에 따른 과보로 괴로움에 빠진다. 이 같은 괴로움을 겪지 않으려면 탐욕과 성냄은 각각 부정관(不淨觀)과 자비관(慈悲觀)으로, 어리석음은 연기관(緣起觀)으로, 산란심은 수식관(數息觀)으로, 자아에 대한 집착은 18가지 법계에 자아가 없음을 보는 법계분별관(法界分別觀)으로 각각 다스려야 하는데, 이를 오정심관(五停心觀)이라 한다. 이와 같이 마음에 치성한 번뇌를 먼저 다스려야만 몸과 마음의 실체를 관찰할 수 있는 여유가 생겨난다.

번뇌를 다스리는 수행법은 모두에게 동일하지 않다. 예를 들

69_ 칭우(稱友, Yaśomitra) 존자의 *Sphuṭārthā Abhidharmakośa Vyākhyā*를 중심으로 서술했다.

어, 몸의 아름다움에 탐착하는 사람은 부정관(不淨觀) 수행을 해야 한다. 몸에 대한 애착은 크게 네 가지 대상에 대한 애착이다. 첫째는 몸의 색[顯色], 둘째는 몸의 형태[形色], 셋째는 몸에서 느껴지는 감촉, 넷째는 앞의 세 가지를 조합한 인간의 위의(威儀)에 대한 집착이다.

현색(顯色)에 대한 애착은 죽은 뒤 인간의 몸이 검푸르게 변하고 피부가 녹아 버린 상태에서 붉은 살점만이 있는 모습을 관함으로써, 형색(形色)에 대한 애착은 짐승에게 먹혀 뼈마디가 흩어지는 모습을 관함으로써, 좋은 감촉에 대한 애착은 시체가 썩어서 고름이 흘러내리고 구더기가 꿈틀거리는 모습을 관함으로써 각각 물리치고, 위의에 대한 애착은 시체가 움직이지 않는 모습을 관함으로써 없앤다.

이 네 가지 탐착을 동시에 대치하는 관법으로는 해골관 또는 골쇄관(骨鎖觀)이 있는데, 해골에는 네 가지 탐착의 대상이 없기 때문이다. 해골관을 하려면 먼저 이마 인당에 손가락만 한 뼈를 관하고, 몸이 썩어지면서 해골, 몸통, 온몸의 뼈가 드러나 보이는 것을 관한다. 그다음에는 발바닥을 딛고 있는 땅과 주변 사방이 모두 죽은 사람의 뼈로 연결되어 있는 것을 관하고, 바다에 이르기까지 연결되어 있는 모든 물질들을 뼈로 관한다. 다시 역순으로 점차 줄여 마지막에는 인당의 조그마한 뼈를 관하는 관법이다. 이처럼 몸에 대해 부정관 수행을 하는 것은 이 몸이 부정하다는 것을 알고 보아서 몸에 대한 애착을 버리게 하기 위해서이다.

진심, 즉 성냄이 많은 사람은 자애관(慈愛觀) 수행을 해야 한다. 남들에게 억울하거나 좋지 않은 일을 당하더라도, 이들은 전생에 나의 어머니나 아버지였고, 내가 그때 보답을 못했기 때문에 전생에 갚아야 할 것을 금생에 갚는다고 생각하면 화내는 마음보다 참회와 자애, 연민심이 일어나게 된다. 이것이 자애관의 핵심이다.

치심, 즉 어리석음이 많은 사람은 연기관(緣起觀)을 닦아야 한다. 어리석음이란 자신에게 닥치는 행복과 불행의 원인에 대해 무지한 것을 말한다. 연기관은 십이연기를 관함으로써 어떤 인(因)과 연(緣)에 의해 행복과 고통이 오는지를 관찰하는 것이다.

자아에 대한 집착이 강하고 교만한 사람은 여섯 가지 감각 기관과 여섯 가지 경계가 접촉하여 생겨나는 육식(六識)의 그 어느 곳에도 자아가 없다는 것을 보는 법계분별관(法界分別觀)이 필요하다.

산란심이 많은 사람은 출입식념(出入息念), 즉 수식관(數息觀)으로 마음을 다스려야 한다. 출입식념에는 오직 수(數)를 세는 것, 호흡의 흐름을 따르는[隨] 것, 숨이 몸에서 나간 듯 멈춰[止] 있는 것, 호흡과 함께 오온을 관(觀)하는 것, 사선근으로 옮기는[轉] 것, 고요함[淨], 이렇게 여섯 가지 단계가 있다.

이와 같이 수혹에 속하는 번뇌인 탐심·진심·치심·산란심·교만심 등을 다섯 가지 대치되는 방법으로 다스리는 것을 사마타(samatha) 수행이라고 한다.

(6) 사념주

오정심관(五停心觀)을 통해 대치되는 번뇌를 잠시 가라앉혀 마음의 안정을 얻은 후에는 사념주(四念住)의 자상(自相)과 공상(共相)을 관찰해야 한다. 그래야 보아서 버려지는 번뇌인 견혹(見惑), 또는 견소단(見所斷)을 없앨 수 있다. 탐욕·성냄 등과 같은 본능적인 감정은 앞에서 설명한 다섯 가지 대치되는 관법을 통해 가라앉힐 수 있지만, 잘못된 견해와 생각 등의 견혹을 없애기 위해서는 사념주의 자상과 공상을 관해야 한다.

'나'라는 것은 몸[身]과 마음[心]으로 이루어져 있다. 몸은 느낌[受]을 먹이로 살아가고, 마음은 생각[法]을 먹이로 살아간다. 사념처를 관하는 이유는 이러한 나를 해체해서 보는 것이고, 인간의 번뇌가 나와 나의 것에 대한 집착이라면, 심신(心身)은 '나'가 되고 수법(受法)은 '나의 것'이 된다. 나와 나의 것에 대한 오해는 유신견, 이들의 발생에 대한 무지는 변집견, 이들에 집착하여 즐거움이라 보면 사견, 이러한 견해들에 집착하면 견취가 된다. 결국 이 다섯 가지 오해를 버리는 것은 사념처인 신(身)·수(受)·심(心)·법(法)에 대한 바른 이해에서 시작된다. 몸의 부정함을 관함으로써 우리 몸이 아름답고 깨끗하다는 착각을 극복하고, 느낌의 본질인 괴로움을 관함으로써 기쁨이라는 착각을 극복한다. 마음은 무상하다는 것을 관함으로써 영원함이라는 착각을, 영혼(자성)을 가진 것은 아무것도 없다는 것을 관함으로써 영혼이라는 착각을 각각

제1부 초기·부파 불교의 수행론

극복한다. 관법을 처음 시작할 때는 네 가지를 각각 따로 수행하는데, 이를 개별적 수행 또는 자상(自相) 수행이라고 부른다. 나중에 보는 힘이 깊어지면 일체 유위법의 무상함을 관하고, 일체 유루법의 괴로운 성질, 일체법의 공성과 무아성을 관하는 것을 통합된 수행 또는 공상(共相) 수행이라고 한다. 이처럼 소욕지족을 통해 욕망을 다스리고, 오정심관을 통해 번뇌를 가라앉혀 사념처의 자상과 공상을 익히는 것까지를 삼현위(三賢位) 또는 자량위(資糧位)라고 한다.

(7) 신념주

사람들은 자신의 몸을 좀 더 편하게 하기 위해 바쁘게 살아간다. 우리는 이 몸을 갈고 닦고 채워야 할 소중한 것으로 생각한다. 하지만 실상 이 몸은 업과 번뇌를 일으키게 하는 가장 큰 원수일 뿐이다. 그래서 이 자량위(資糧位)의 중요한 기준이 되는 것은 내가 이 몸을 위해서 사느냐, 아니면 이 몸을 중생들을 위한 도구로 삼으며 사느냐이다. 후자는 자량위가 되고, 전자는 업을 쌓는 길이 된다. 신념주(身念住)는 몸에 대한 관찰이고, 이 몸은 음식으로 목숨을 유지하기 때문에 음식에 대한 마음가짐이 중요하다. 좋은 음식을 보고 다시 그 음식을 먹으려고 하는 집착과 싫은 음식을 보고 다시는 그 음식을 먹지 않으려고 하는 진심은 바른 신념처가 아니다.

그러면 바른 신념처란 무엇인가?

첫째는 음식에 대해 탐심과 진심을 일으키지 않는 것이고, 마르거나 살찌우기 위해, 혹은 몸을 잘 가꾸기 위한 마음으로 음식을 먹지 않는 것이다. 단지 법을 실천하고 법을 깨닫기 위해 음식을 먹는 것이 바른 생각으로 음식을 먹는 것이다.

둘째는 우리의 몸은 깨끗하고 아름다운 것이 아니라 부정(不淨)하다는 것을 관하는 것이다. 우리의 몸은 왜 부정한가? 먼저, 우리의 몸을 자세히 관찰해 보면 32가지 부정한 것들로 이루어져 있다. 머리 위에서 발끝까지 몸의 껍질을 벗겨 내면 몸은 붉은 피와 살덩어리로 이루어져 있고, 다시 몸의 살을 벗겨 내면 뼈들만 주렁주렁 달려 있다. 또다시 몸의 뼈를 해체하면 골수만 남게 된다. 그것을 보고 누구도 아름답다고 말할 수 없을 것이다. 또한 만일 객관적인 아름다움이 존재한다면 그 아름다움은 모든 생명 있는 것들이 다 좋아해야 한다. 하지만 그렇지 않은 것을 보면 아름다움은 주관적인 것이지 객관적인 것이 아니라는 것을 알 수 있다.

이와 같이 몸에 대해 부정관을 수행해서 몸에 대한 집착을 없애는 것을 사마타의 신념주(身念住)라 한다.

(8) 순신관

신념주(身念住)의 셋째는 호흡이 들고나는 것을 지켜보는 것이다. 날숨에 숫자를 하나에서 열까지 세고, 다시 열에서 하나까지 내려가며 센다. 이처럼 수를 세는 것은 육근(六根)의 경계에서 마음을 돌리게 하기 위해서이다. 그 후 숨을 들이킬 때 들숨의 호흡이 들어가는 첫 지점에서 끝까지, 날숨의 시작에서 끝까지를 놓치지 않고 지켜본다. 처음에는 호흡이 코 안에서 들락날락하지만, 시간이 갈수록 호흡이 몸 안으로 들어가는 것을 따라가 목구멍·심장·배꼽·엉덩이·넓적다리·무릎·종아리·발가락에 이르기까지 쫓아가며 지켜본다[隨]. 이것을 위빳사나 순신관(循身觀)이라 한다.

(9) 수념주

사람들이 바쁘게, 더 바쁘게 사는 것은 좀 더 편한 삶을 누리기 위해서이고, 편한 삶이란 즐거운 느낌은 더 받고 괴로운 느낌은 덜 받는 것이다. 그렇다면 편한 삶이 행복한 삶인가? 부처님께서는 왜 삶이 고통이라 하셨는가? 『구사론』에 있는 설일체유부와 경량부의 논쟁을 통해 이 부분을 살펴보기로 하자.

　　설일체유부에 의하면 느낌에는 고수(苦受)·낙수(樂受)·불고불락수(不苦不樂受) 세 가지가 있다. 이렇게 주장하는 이유는 경전에 그렇게 설해져 있기 때문이다. 그러나 경량부는 고수만이 진실이고 낙수와 불고불락수는 착시 현상이라고 본다. 왜냐하면 또 다른 경전에 "제행은 무상하고, 변하는 법임을 아시기에 수는 모두 괴로움이라 설하셨으니, 이는 정각자의 앎바로다", "일체 유위법은 무상하기에 어떤 종류의 느낌이든지 그것이 고수·낙수·불고불락수이든 간에 모두 괴로움일 뿐이다"라고 되어 있기 때문이다. 예를 들어, 사람들은 맛있는 음식을 먹었기 때문에 즐겁다고 믿지만, 먼저 배고픔의 괴로움이 있고 음식을 먹어서 배고픔이라는 괴로움이 사라진 것인데, 이때 고통이 해소되는 과정을 사람들은 즐거움이라고 착각하는 것이다. 또한 무거운 돌을 오른쪽 어깨에 짊어지고 가다가 힘들어서 왼쪽 어깨로 바꾸면 그 순간은 오른쪽 어깨가 가벼워져서 즐거움이라고 생각하지만, 사실은 고통이 오른쪽 어깨에서 왼쪽 어깨로 옮겨졌을 뿐이다. 마찬가지로 사람들은 낙수를 얻기 위해 열심히 살아가지만, 즐거움이라고 하는 것이 실제로 존재하는 것이 아니고 고통이 사라지는 과정을 상대적으로 즐거움이라고 착각하는 것이다. 이처럼 "고수(苦受)만이 진실이다"라고 보는 것이 경량부의 견해이다.

반면 설일체유부는 "고수·낙수·불고불락수 세 가지가 모두 다 실재한다"라고 주장한다. 세 가지 느낌이 모두 존재하지만, 즐거움과 무덤덤한 느낌도 변화와 무상성 때문에 결국 괴로움이라는 것이 설일체유부의 견해이다.

괴로움에는 세 가지 양태가 있다. 첫째는 고고(苦苦), 둘째는 변화고(變化苦), 셋째는 행고(行苦)이다. 무엇을 '고고'라 하는가? 괴로우니 괴로운 것을 고고라 한다. 태어날 때와 늙을 때의 괴로움, 병들 때와 죽을 때의 괴로움 등 물리적인 괴로움을 고고라 한

제1부 초기·부파 불교의 수행론

다. 그러면 무엇을 변화고[70]라 하는가? 낙수는 변화하여 괴로움의 원인이 되기 때문에 변화고이다. 특히 과거에 누리던 즐거움이 현재에 와서 줄어들면 상대적으로 괴로움을 느끼게 된다. 예를 들어, 집이 없던 사람에게 집이 한 채 생기면 즐거움이지만, 열 채 있던 사람이 다섯 채가 되면 괴로움이다. 이것을 변화에 의한 괴로움이라 한다. 무덤덤한 느낌은 즐거움도 괴로움도 아니지만 무상하게 변하여 결국 괴로움의 원인이 되기 때문에 행고(行苦)라고 한다. 모든 형성된 것은 반드시 인연 따라 흩어지고 사라지기 때문에 생겨나는 괴로움인 것이다.

사성제는 모두 고의 느낌(苦受), 고성제와 연결되어 있다. 고의 원인은 집성제, 소멸은 멸성제, 고를 소멸시키는 방법은 도성제이다. 그러므로 고라는 느낌의 실체를 바르게 아는 것은 불교 수행에서 매우 중요하다.

수념주(受念住)를 경량부의 입장에서 정리하면, 즐거운 느낌은 그 자체로 존재하지 않는다. 다만 고통이 A에서 B로 변화하는 것을 즐거움이라고 오해하는 것이고, 오직 괴로움만이 진실인 것이다. 설일체유부의 입장에서는 세 가지 고수가 모두 실재하지만 낙수는 변화의 고통, 불고불락수는 무상의 고통에 포함되기 때문에 모두 괴로움이다. 그러므로 고통 그 자체이거나 또는 고통의

70_ 한역은 '괴고(壞苦)'로 되어 있지만 원어에 충실한 번역은 '변화고(變化苦)'이다.

원인이 되는 '그 어떤 즐거움에도 집착하지 않는 것'이 수념주의
수행이다.

(10) 심념주

생명이 있는 곳에는 마음이 있고, 마음은 크게 악취(惡趣)와 선취
(善趣)로 이루어진 욕계의 마음, 색계·무색계의 마음, 출세간의 마
음 등 세 가지로 나누어진다. 이들 마음은 여덟 쌍으로 이루어진
다음의 열여섯 가지 마음이다.[71]

> ① 탐욕이 있는 마음 : 수(受)·상(想)·행(行)의 번뇌와 함께하
> 는 악취의 마음
> ② 탐욕이 없는 마음 : 욕계 선취의 마음
> ③ 진심이 있는 마음 : 수·상·행의 번뇌와 함께하는 악취의
> 마음
> ④ 진심이 없는 마음 : 번뇌와 함께하지 않는 욕계 선취의 마음
> ⑤ 치심이 있는 마음 : 수·상·행의 의심·후회와 함께하는 욕
> 계 악취의 마음
> ⑥ 치심이 없는 마음 : 의심과 후회가 없는 욕계 선취의 마음

71_ 이 중 앞의 다섯 가지 마음은 선정을 방해하는 욕계의 다섯 가지 장애에 해
당한다.

제1부 초기·부파 불교의 수행론

⑦ 위축된 마음 : 해태·혼침과 함께하는 마음

⑧ 산란한 마음 : 들뜸·후회와 함께하는 마음

⑨ 집중되지 않은 마음 : 삼매가 없는 마음

⑩ 집중된 마음 : 근접삼매·본삼매와 함께하는 마음

⑪ 고귀하지 않은 마음 : 감각적 욕망과 함께하는 욕계의 마음

⑫ 고귀한 마음 : 색계·무색계의 마음

⑬ 유상(有上)의 마음 : 아직 위가 남아 있는 색계의 마음

⑭ 무상(無上)의 마음 : 더 이상 위가 없는 무색계의 마음

⑮ 해탈된 마음 : 열반과 함께하는 마음

⑯ 해탈되지 않은 마음 : 열반을 경험하지 않은 마음

이러한 '여덟 쌍의 열여섯 가지' 마음은 수행자 스스로가 자신의 마음 상태를 점검할 수 있게 하는 방법이다. 수행자의 마음이 욕계의 악취에 있는지 혹은 선취에 있는지를, 선정이 있는지 없는지를, 색계 선정의 마음인지 무색계 선정의 마음인지 혹은 열반을 성취한 마음인지 등을 끊임없이 자각하게 하는 것이다. 사실 마음 자체는 달과 같이 비추어 아는 작용 하나뿐이다. 마치 달은 하나이지만 강을 비추면 강의 달, 호수를 비추면 호수의 달이라 하는 것처럼, 열여섯 가지 심소(心所) 중 어느 심소와 같이 있는가에 따라서 하나의 마음이 열여섯 가지로 보이는 것일 뿐이다.

그렇다면 그 하나의 마음의 본질은 무엇인가? 바로 여섯 가지 식이다. 안(眼)·이(耳)·비(鼻)·설(舌)·신(身)이 색(色)·성(聲)·향

(香)·미(味)·촉(觸)을 만나서 생겨난 의식을 전오식(前五識), 의근
[意]이 전오식을 대상으로 재인식하는 것을 제육식(第六識)이라 하
고, 이 여섯 가지 식을 모두 마음이라 한다. 마음은 악도에서 무색
계 내지는 열반까지의 여러 심소와 함께하지만 그것들을 아는 작
용을 하고, 과거의 모든 기억에 의해 형성된 의(意)가 대상들과 함
께할 때 생겨난다. 마음은 그것들을 알지만, 그것에 물들지 않는
상태이다.

하지만 여섯 가지 식은 여섯 가지 감각 기관의 작용과 함께
생겨나고, 여섯 가지 감각 기관의 수많은 대상의 생멸과 함께한
다. 그래서 여섯 가지 식, 즉 마음은 끊임없이 바뀌어 가며 생멸하
는 무상한 것이다. 스스로의 마음만 무상한 것이 아니고, 이웃과
중생들의 마음 또한 무상하다. 이처럼 무상한 마음은 의지할 대상
도 아니고 집착할 바도 아님을 관하는 것이 바로 심념주(心念住)이
다.

(11) 법념주

사념처의 네 번째는 법념주(法念住)이다. 이 법은 신(色)·수(受)·심
(識)을 뺀 나머지의 상온(想蘊)과 행온(行蘊) 그리고 세 가지 형성이
해체된 것[三無爲]을 말한다. 신·수·심이 인간이나 생명 있는 것
속에서 작용한다고 하면, 이 법은 생명 있는 몸과 마음을 떠나서
존재하는 '개념'이다. 신·수·심은 영원하진 않지만 우리가 경험할

수 있는 데 반해, 법(法)은 꿈이나 신기루와 같이 실제로 어디 외부 세계에 대상으로 존재하는 것이 아니다. 신·수·심은 인과 연의 작용에 의해 나타난 현상이고, 법의 현상은 인간의 마음속에서 만들어진 것이다. 스스로 존재하지 않고, 스스로 존재하지 않는 것은 무자성[無我]이기 때문에 꿈과 같고 신기루와 같다. 그러므로 '꿈과 같고 신기루와 같은 마음의 대상들에 집착할 것이 없다'라고 관하는 것이 바로 이 법념처 수행의 핵심이다.

신념주(身念住)의 대상은 오근(五根)과 오경(五境), 즉 나의 몸과 타인의 몸이고, 수념주(受念住)의 대상은 오근이 오경과 접촉할 때 생겨나는 다섯 가지 느낌이다. 심념주(心念住)의 대상은 오근이 오경을 대상으로 생겨나는 전오식(前五識)과 그것을 마노(mano)라는 의근(意根)에 의해 재인식한 제육식(第六識)이고, 법념주(法念住)의 대상은 감각 기관이 대상을 경계로 해서 받아들인 식을 마노에 의해 생각[想]하고 욕구[行]하는 것들이다.

이때 마노라는 의근은 과거 기억의 총체로, 이 기억의 범주는 크게 두 가지로 나눌 수 있다. 하나는 익숙하거나 생소해서 호감이 가거나[樂受] 호감이 가지 않는 느낌들[苦受]이고, 또 하나는 표상과 개념을 통해 만들어진 주관적 판단인 시비와 이해 작용들[想]이다. 마노는 이처럼 자체 기억과 자체 범주를 가지고 있다. 그래서 어떠한 대상이든 마노의 대상이 되면 이미 입력된 마노에 의해 대상이 변질된다. 이때 고락 작용은 느낌으로 분류되고, 시비와 이해 작용은 상(想)의 법으로, 호오(好惡) 작용은 행(行)의 법으로 분류되어 각각 수념주와 법념주가 된다.

이처럼 고락의 느낌[受], 시비의 판단[想]과 함께하는 마노가 이들을 대상화해서 아는 것이 심념주이다.

법은 마노[意根]의 대상이다. 마노는 물질을 직접 볼 수 있는 능력이 없다. 하지만 다섯 가지 감각 기관의 힘을 빌려서 다섯 가지 감각 대상을 식(정보)으로 바꾸어 놓으면 마노는 그것을 인지할 수 있다. 그것이 첫 번째 법들이고, 마노의 현재형이다. 마노는 마음속에 기억된 과거의 수·상·행이라는 대상을 인지할 수 있는데, 이것이 두 번째 법들이다. 마노는 기억된 것을 재료로 해서 미래를 상상할 수 있다. 이것이 세 번째 법들이다. 이 모든 것은 상(想)에 속하고, 과거·현재·미래의 상을 대상으로 해서 여러 가지 욕구를 일으키는 행과 함께 법으로 분류된다.

이처럼 모든 사유의 대상과 욕구의 대상을 알아차려 그들을 나와 일체화하거나 동일시하지 않고 대상화하는 것을 법념처라 한다.

사념주(四念住)는 또한 오온을 대상으로 하며, 오온을 바르게 관찰해서 오온에 대한 집착을 다스리는 것이라고 말할 수 있다. 신념주를 통해 색(色)을 다스리고, 수념주를 통해 수(受)를, 심념주를 통해 식(識)을, 법념주를 통해 상(想)과 행(行)에 대한 집착을 다스리기 때문이다.

사념주의 관법을 각각 따로 수행하는 것을 별상념주(別相念住)라고 부른다. 별상념주를 통해 윤회를 일으키는 근본이 되는

'이 세상에 영원하거나 즐거우며 아름답거나 나의 것이 있다[常樂我淨]'는 네 가지 뒤집힌 생각[四顚倒]을 다스린다. 즉, 몸은 본질적으로 아름답지 않고 부정하며[身不淨], 느낌은 모두 괴로움[受是苦]이고, 마음은 무상하며[心無常], 법에 스스로의 자성이 없음[法無我]을 관해서 다스리는 것이다.

사념주를 각각 관하는 것이 숙달되면 일체의 유위법들이 부정하고 무상하며 괴롭고 무아인 것을 관하게 되는데, 이를 총상념주(總相念住)라 한다. 이때 견도(見道)라는 해탈의 일부분을 수순하기 때문에 순해탈분(順解脫分)이라 한다. 사념주의 수행은 본질적으로 수혜이지만 이 단계에서는 문혜와 사혜가 주를 이루게 된다. 왜냐하면 사혜는 수혜를 이끌어 내어 다음 단계인 가행위의 수혜를 닦을 수 있는 원인이 되기 때문이다. 이때 유위법의 무상함, 일체 유루법의 괴로움, 일체법의 공성과 무아성을 함께 관해야 한다.

(12) 가행위

빠알리어 'prayoga(加行位)'는 '수행(yoga)을 더함(pra)'으로, 영어로는 'application(적용)'으로 번역할 수 있다. 자량위(資糧位)에서는 문혜(聞慧)와 사혜(思慧)가 본질이지만, 가행위(加行位)에서는 수행으로 적용시킨 수혜(修慧)를 본질로 한다. 수혜는 여섯 가지 삼매 중 하나의 상태에서 오온을 관하는 것을 말한다. 구체적으로 말하면, 찰나삼매나 오선(五禪)⁷² 중의 하나에서 오온에 취착(取著)하는 모든 존재가 괴로움임을 보고, 그러한 괴로움의 원인은 오온과 그 대상들인 법(法)에 대한 집착임을 알며, 그 원인인 집착을 소멸하면 해탈 열반임을 경험하고, 괴로움을 소멸하는 방법인 사성제를 각각 네 개의 구체적 양상으로 이뤄진 십육행상(十六行相)으로 관하는 것이다. 그 네 가지는 무상(無常)·고(苦)·공(空)·무아(無我)이니 괴로움이고, 인(因)·집(集)·생(生)·연(緣)이니 괴로움의 원인이고, 멸(滅)·정(靜)·묘(妙)·리(離)이니 열반이고, 도(道)·여(如)·행(行)·출(出)이니 도이다.

고성제(苦聖諦)의 네 가지 행상은 무상·고·공·무아이다. 즉, 인간이 괴로운 이유에 크게 네 가지가 있다. 첫째, 무상하니 괴롭고, 둘째, 고통스러워 괴롭고, 셋째, 공하니 괴롭고, 넷째, 무아이기 때문에 괴로운 것이다.

먼저 무상에 대한 관을 살펴보자. 제석천왕도 천상에서는 커다란 권력이 있지만, 선업이 다하면 언젠가 다시 지옥에 떨어지게 되고, 전륜성왕도 복이 다하면 종의 집에 태어나야 한다. 과거에 무수한 영웅호걸이 태어나 한 시대를 주름잡았지만 결국엔 모두 다 한 줌의 흙으로 사라졌듯이, 나 자신 역시 그러하다는 것을 관한다. 부처님께서는 사랑하는 아들의 죽음 때문에 슬픔에 잠겨

72_ 경에서는 사선(四禪)을 주로 말하지만 아비담마 전통에서는 초선의 'vitarka'와 'vichara'를 둘로 나눠서 도합 오선(五禪)으로 말한다.

있는 끼사 고따미에게 아무도 죽지 않은 집에서 겨자씨를 얻어오라고 하셨고, 한 사람도 죽지 않은 집은 그 어디에도 없다는 것을 깨달은 끼사 고따미는 슬픔에서 벗어났다. 또 어렸을 때 사랑했던 가족이나 친척, 스쳐 갔던 많은 지인이 저세상에 가 있듯이, 사형수가 죽을 날만을 기다리듯이, 내 의지와 관계없이 나는 저세상으로 떠날 수밖에 없다. 이와 같이 관찰한 다음 죽은 후 사람의 몸이 변해가는 모습을 관찰하고, 즐겁고 괴로운 느낌이 대상에 따라 수시로 변하며, 마음이 대상과 함께 생멸을 거듭하고, 생각과 욕구 역시 생멸함을 있는 그대로 지켜본다. 이처럼 조건 지워진 오온은 무상하고, 무상한 것에 집착하면 괴로움에 직면하게 된다. 이것을 무상의 고라 한다.

둘째, 고통으로 인해 오는 괴로움이다. 왜 고통이라고 하는가? 병은 괴롭고, 늙음도 괴롭고, 병이 온몸에 퍼진 죽음은 더욱 괴롭다. 몸이 같은 위치에서 움직이지 않고 계속 정지해 있어도 괴롭다. 그러다 몸의 자세를 바꾸면 고통이 변해 안락함이 되고, 그 자세로 움직이지 않고 계속 정지해 있으면 안락함이 다시 고통이 된다. 몸은 반드시 음식물과 마실 물을 끊임없이 공급해 주어야 하고, 먹은 만큼 그때그때 배설해 주어야 한다. 몸이 원하는데 제때 먹지 못하면 그것도 괴로움이고, 먹은 것을 제때 배설하지 못하면 그것도 괴로움이다. 살아가는 데 필요한 양식을 얻기 위해 싫은 일도 해야 하고, 추우면 난방을, 더우면 냉방을 해 줘야 한다. 이렇게 신경을 써야 하는 일도 괴로움이다. 지구는 수많은 생명이 같이 살고 있다. 모기·파리·날벌레들이 몸을 물어 대면 그것도 괴로움이고, 세균들이 몸을 침범해도 괴로움이다. 이것은 몸이 존재하는 한 지속되는 고통이 주는 괴로움, 즉 고고(苦苦)이다.

셋째, 무아의 고는 오온에 취착하는 괴로움이다. 따라서 몸의 부정함, 느낌의 괴로움, 마음의 무상함, 법의 실체 없음 등을 반복하여 관함으로써 오온에 대한 집착을 다스려야 한다.

넷째, 공의 괴로움은 대상[法]에 집착하는 괴로움을 말한다. 공관(空觀)이란 경험 세계를 '공'이라고 '관'하는 것이다. 세계를 공으로 관하는 방법에는 두 가지가 있다. 하나는 오온(五蘊)을 분해해서 그 각각의 요소인 자아를 공이라고 관하는 것이고, 또 하나는 육근(六根)과 육경(六境)을 관해서 그 각각의 요소들이 의존되어 있으며 스스로 존재하지 않는다는 것을 보는 것이다. 또한 이 오온과 십이처는 무상하고, 무상한 것에 집착하면 괴로우며, 무상하고 괴로운 것은 '나'나 '나의 것'이 아님을 공이라 한다. 이처럼 관하는 것을 무아와 공의 고라 하고, 이때 수행의 열기가 발생하기 때문에 난위(煖位)라 한다.

집성제(集聖諦)의 네 가지 행상은 인(因)·집(集)·생(生)·연(緣)이다. 괴로움의 원인이고 고통의 원인은 함께[集] 일어나기[起]에 집성제라 한다. 집기(集起)가 정확한 번역이라 할 수 있다. 고통의 원인은 단순하지 않고 복합적이기에 집기인 것이다. 탐욕·싫어함·교만·무명·의심·사견 등의 잠재적 번뇌는 여러 조건을 만나야만 고통이라는 열매를 맺는다.

　　　　　　　　　　제1부 초기·부파 불교의 수행론

그중 첫째는 근본 원인[因]이다. 고통이라는 결과에 대한 근본 원인이 되기 때문에 '인'이다. '내가 있다'라고 오해하는 '무명'은 고통으로 이루어진 생에 다시 태어나게 하는 윤회의 근본이므로 인(因)이 된다. '내가 있다'는 믿음은 오온의 화합과 생멸을 봄으로써 끊어진다.

둘째는 여러 번뇌의 모임[集]이다. '집'으로서의 고의 원인이 되는 것인데, '탐욕'과 '싫어함' 등 여러 가지 잠재된 번뇌가 업의 결과인 좋거나 싫은 현상들을 경험할 때 괴로움을 겪기 때문에 집(集)이라 한다.

셋째는 존재의 발생[生]이다. 씨앗에서 싹·줄기 등이 생겨나듯, 무명의 씨앗으로 인한 애착의 싹이 욕계·색계·무색계 중 하나의 과보를 상속해서 육도에 태어나게 하고, 태·란·습·화의 사생에 태어나게 하므로 생(生)이라 한다.

넷째는 조건들의 연(緣)이다. 씨앗이 인(因)이 된다면, 열매를 맺게 하는 흙과 빛 같은 여러 가지 조건을 연이라고 한다. 진흙·물·막대·물레 등의 조건이 화합해서 항아리가 생기듯이, 갈애와 애착 등이 고의 결과에 두드러진 조건이 되기 때문에 연이다. 나무의 예를 들자면, 나무의 씨앗은 인(因), 거름과 태양은 집(集)이 되고, 싹이 트면 생(生)이고, 물은 그 나무의 싹이 성장할 수 있는 연(緣)이 된다. 이처럼 무명이라는 씨앗인 인, 업이라는 집, 취착에 의한 삼유의 생, 갈애와 애착이라는 연에 의해 고통의 바다에서 윤회하게 되는 것이다.

다음은 멸성제(滅聖諦)이다. 마음의 번뇌와 집착을 끊어 버리는 것을 멸성제라고 한다. 번뇌는 다음 세 가지 양상으로 일어난다.

① 보고 듣고 말할 때마다 순간순간 일어나는 탐·진의 번뇌
② 대상이 먼 곳에 있을 때도 발생하는 탐·진의 번뇌
③ 번뇌를 일으킨 대상이 소멸하거나 사라져 더 이상 존재하지 않는데도 과거의 경험들을 떠올리면서 그 대상에 집착하거나 화를 내는 경우

이러한 세 가지 번뇌를 해결하는 방법에는 두 가지가 있다. 하나는 순간적으로 번뇌를 멈추게 하는 방법이고, 또 하나는 근원적으로 번뇌를 해결하는 방법이다. 오정심관(五停心觀)은 잠재된 번뇌를 잠시 멈추게 하는 방법이다. 그러나 이 경우 공과 무아에 대해 완전히 터득하지 않았다면 잠재된 번뇌의 근원을 완전히 절멸시킬 수 없다. 삼계를 윤회하는 가장 큰 원인은 무명이고, 무명 가운데 가장 큰 무명은 윤회하는 이곳에 '나'가 있다는 생각이다. 윤회하는 사람들의 공통적인 특징은 여기에 '나'가 있고 '나의 것'이 있다고 생각한다. '나'를 생각하는 순간 바로 '남'이 생기게 된다. '나'와 '남'이 생기는 순간 바로 윤회는 시작된다. 십이연기 가운데 가장 근원이 되는 것은 무명이고, 무명은 '나'가 있다는 생각, '나'에 대해 집착하는 생각이다. 그러므로 무아를 철저히 자각하

　　　　　　　　　제1부 초기·부파 불교의 수행론

고 증득해야 더 이상 윤회가 일어나지 않는다.

멸성제에는 멸(滅)·정(靜)·묘(妙)·리(離)의 네 가지 양상이 있다. 첫째, 나와 나의 것에 대한 일체의 잠재된 번뇌가 다했으므로 멸(滅)이다. 둘째, 탐·진·치 삼독의 소멸로 마음이 맑고 평화로워 졌기에 정(靜)이다. 셋째, 내가 없음을 알고 나에 대한 집착이 소멸 되어서 모든 괴로움이 다한 곳의 지극한 즐거움을 말로 표현할 길 없으므로 묘(妙)이다. 넷째, 모든 괴로움의 원인인 윤회로부터 벗어나서 마음이 그 무엇에도 의지함이 없기에 리(離)라 한다.

해탈이라는 것은 향유할 대상도 없지만 향유하는 자도 없는 상태이다. 삼계에 윤회하는 이유는 내 마음이 대상들에 대해 탐착 이나 싫어함을 일으키기 때문이므로, 나와 내가 경험하는 대상에 대한 탐심과 진심을 놓아 버리면 그 자리가 해탈인 것이다.

(13) 도성제와 가행위의 사선근

가행위(加行位)에서 고성제(苦聖諦)에 대한 바른 앎과 고통의 원인을 끊고 열반의 증득을 위해 도성제(道聖諦)의 네 가지 행상인 도 (道)·여(如)·행(行)·출(出)을 관하게 된다. 열반의 도시를 향하니 도(道)라 하고, 수행을 하면 할수록 번뇌가 소멸되고 마음이 청정 해지기 때문에, 또는 뜻과 이치에 계합하기에 여(如)라 하고, 열반 획득의 길로 나아가기에 행(行)이라 하고, 현행하는 고의 과보를 영원히 벗어나기 때문에 출(出)이라 한다.

이때 사념주(四念住)의 총상념주(總相念住)를 더욱 챙겨 수행하게 되는데, 오온 가운데 상(想)과 행(行)을 관하는 법념주(法念住)가 중심이 된다. 번뇌는 잠재된 것과 현행하는 것이 있고, 현행하는 번뇌는 여섯 가지 감각 기관에 의지해서 생겨난다. 감각 기관이 대상을 경험할 때 의식과 느낌이 생겨나는데, 이때 느낌을 관하면 수념주(受念住)가 된다. 그 후에 심(尋)·사(伺)를 거쳐 판단 작용[想]과 욕구 작용[行]이 생겨나는데, 욕구 또는 의도[行]는 업과 바로 연결되는 직접적인 것이고 상(想)은 욕구를 일으켜 업으로 발전되는 간접적인 것이다. 그러므로 성스러운 견도(見道)에 들어가기 위해서는 상(想)과 행(行)을 보고 다스려야 한다. 나의 삶을 지배하는 업은 욕망과 그 욕망을 표현하는 의도로 이뤄졌기 때문이다. 이때 상과 행의 발생과 소멸을 추론이 아닌 직접 지각, 즉 사띠를 통해 보아야 한다. 그 생멸하는 모습[無常]들에 집착하는 감정이 고(苦)임을 보고, 생멸하는 것에 주체적 자아가 없어[無我], 진실의 측면에서 보면 텅 비어 있다[空]는 것을 보고 알게 될 때 가행위에 든다. 결국 가행위는 신·수·심·법을 고·공·무상·무아로 관찰하는 것이 점점 성숙해지는 상태를 말한다.

가행위는 난위(煖位)·정위(頂位)·인위(忍位)·세제일위(世弟一位)의 네 가지 단계이고 이를 사선근(四善根)이라 한다. 연기를 보고 불을 추론해서 아는 것처럼, 난위에서 견도의 가까움을 수행의 열기가 더해진 따뜻함[煖]으로 알 수 있고, 사제를 관함이 자연스럽고, 생사의 허물과 열반의 공덕을 관해서 번뇌를 끊고 선근을 심는 사정단(四正斷)의 힘이 증가한다.[73] 정위는 고와 고의 원인에 대한 앎이 정점에 이른 것이며, 선정의 힘에 의해 신족이 증가한다. 인위에서는 고의 행상인 고·공·무상·무아에 대한 깨달음이 원숙해져 오근(五根)이 향상된다. 세제일위는 사성제에 대한 체험으로 오력(五力)이 성숙된 상태로, 그 힘으로 인해 번뇌에 굴복당하지 않는다.

난위를 성취하면 오래 윤회하지 않고, 언젠가는 열반에 들 수 있다는 뛰어남이 있다. 하지만 아직 번뇌가 많이 남아 있어, 이 상태에서 죽게 되면 업의 여하에 따라 난위의 선근이 끊어지고 삼악도에 떨어질 수도 있다. 그러므로 난위를 성취하면 정위에 이르도록 수행해야 한다.

정위는 정법을 성취한 공덕으로 오래 윤회하지 않으며 선근이 끊어지지도 않는다. 그러나 정위의 허물은 뒤로 물러날 수 있고, 삼악도에 떨어질 수도 있다. 다만 죽음에 이르러서 선근이 끊어지지 않는다는 점에서 정위는 난위보다 안정적이다. 그 이유는 정위에서는 삼보의 수승한 공덕을 관찰하여 바른 신심을 일으키기 때문이다.

인위에 이르면 더 이상 뒤로 물러남도 없고 선근도 끊어지지 않아 두려움이 없게 된다.

세제일위는 중생의 상태에서는 수행의 마지막 단계이며 반

---

[73]_ 사정단은 사정근과 같은 의미이다.

드시 견도에 들어가게 된다.[74]

(14) 난위의 법념주 수행

난위(煖位)의 법념주(法念住) 수행은 십팔계(十八界)·십이처(十二處)·오온(五蘊)·사념처(四念處)·사성제(四聖諦)로 줄여 나가며 관하는 방법이다. 이들을 각각 세 가지로 관하면 문(聞)·사(思)·수(修) 삼혜(三慧)가 생겨난다. 첫째는 개념을 관해서 문혜(聞慧)가 생겨나고, 둘째는 자상(自相)을 관해서 사혜(思慧)가 생겨나고, 셋째는 공상(共相)을 관해서 수혜(修慧)가 생겨난다.

먼저 십팔계를 개념으로 관하는 것은 십팔계 각각의 의미를 이해하는 것이다. 즉, 존재하는 모든 것은 십팔계 안에 포함된다는 것인데, '나는 안·이·비·설·신·의, 내가 인식하는 세계는 색·성·향·미·촉·법, 영혼이라는 것은 육식(六識)을 떠나 존재하지 않는다'라고 이해하면 문혜이다. 둘째, 자상을 관하는 것은 육근·육경·육식으로 십팔계 각각의 자상에 대해 관하는 것이다. 마지

74_ 이 사선근에 상·중·하의 3품이 있으니 상은 불승, 중은 독각승, 하는 성문 승의 가행이다. 난위와 정위에서는 성문승에서 독각승 또는 불승으로의 전향이 어렵지 않다. 그러나 인위에 오르면 불승으로의 전향은 거의 불가 능하다. 그 이유는 보살은 삼악도에 태어날 수 없으므로 인위에 일단 들어 서면 더 이상 악도에 떨어지지 않기 때문이다. 만일 인위에서 불승으로 전 향하려면 60겁이 지나야만 가능하다.

막으로 공상을 관하는 것은 무상·고·부정·무아 등의 열여섯 가지 행상으로 십팔계를 관하는 것이다.

이러한 관이 무르익으면 십팔계는 십이처로 요약되는 것임을 보고 십이처를 관함에 들어간다. 이를테면 오근과 오경은 모두 색처(色處)로 포함됨을 보고, 육식과 의근의 칠심계(七心界)는 모두 의처(意處)로 포함됨을 보고, 법계는 법처(法處)로 포함됨을 본다. 이렇게 이해하면 곧 십이처를 개념으로 아는 것이니 문혜이다. 안·이·비·설·신·의와 색·성·향·미·촉·법의 자상을 각각 관하는 것이 사혜이고, 공상을 관하는 것은 수혜로 십이처를 모두 무상·고·공·무아로 관하는 것이다.

십이처는 무위를 제외하고는 모두 오온에 속하므로 오온에 대한 관으로 들어간다. 이를테면 열 가지 색처와 법처 중의 색은 색온이고, 법처 중의 느낌은 수온이며, 법처 중의 생각은 상온, 법처 중의 욕구 등은 행온이고, 의처는 식온이다. 이러한 것을 개념적으로 아는 것은 문혜, 이러한 오온을 개별적으로 관하는 것은 자상의 사혜이고, 오온의 공통된 성질을 무상·고·공·무아로 관하는 것이 공상의 수혜이다.

다시 오온은 모두 사념주임을 본다. 색온은 신념주, 수온은 수념주로, 식온은 심념주로, 상온·행온과 무위는 법념주임을 아는 것이다. 이렇게 개념적으로 이해하면 문혜, 이들의 자상을 각각 관하는 것은 자상의 사혜, 이들의 공상을 관하는 것은 공상의 수혜라 한다.

그리고 이 사념주는 허공과 비택멸을 제외하고는 모두 사성제에 포함됨을 아는 것은 개념적으로 이해한 문혜라 하고, 유루의 결과는 고성제, 원인은 집성제, 택멸은 멸성제, 대치법들은 도성제라고 관하는 것은 자상의 사혜, 고·집·멸·도 각각의 4상을 십육행상(十六行相)으로 관하는 것은 공상의 수혜를 관하는 것이다.[75] 고성제를 관할 때도 욕계의 고성제, 색계·무색계의 고성제를 따로 관하다가 이 모두를 합하여 관한다. 이와 같이 집성제·멸성제·도성제를 각각 욕계·색계·무색계를 따로 관함과 합하여 관함을 번갈아 한다.

이처럼 십팔계에서 사념주까지를 문혜를 통해 개념적으로 이해하고, 사유를 통해 충분히 익힌 다음 사마타와 위빳사나를 통해 법을 직접 보는 수혜를 일으키는 것이 바로 난위에 들어가는 것이다. 사혜를 성취하면 순해탈분(順解脫分)의 선근을 성취한 것이다. 이는 해탈의 종자를 심었기에 언젠가 반드시 열반을 성취하는 것을 말하고, 순결택분(順決擇分)은 난위·정위·인위·세제일위이다.

순해탈분의 선근은 신(身)·구(口)·의(意) 삼업(三業)으로 이뤄지지만 특히 의업에 의지한다. 또한 욕계의 사람 사는 곳에서만 이 선근을 심을 수 있는데, 부처님의 법이 있는 곳이어야만 하기

75_ 십육행상은 사성제를 고·공·무상·무아, 인·집·생·연, 멸·정·묘·리, 도·여·출·행으로 관하는 것을 말한다.

때문이다. 보시와 지계를 통해서도 선근을 심을 수 있는데, 열반을 구하고 생사윤회를 싫어하는 마음으로 보시·지계 등을 행하면 순해탈분의 선근이 심어지지만, 열반을 구하지 않거나 생사윤회를 좋아하는 마음이면 제아무리 많은 보시와 지계를 행하더라도 순해탈분의 선근이 심어지지 않고 다만 유위의 공덕이 된다.

예리한 근기[利根]를 가진 수행자는 최소 3생을 닦아야 해탈을 성취할 수 있는데, 첫 생은 순해탈분의 종자를 문혜·사혜·보시·지계 등을 통해 심고, 그다음 생은 수혜를 통해 성숙하게 하여 순결택분을 성취하고, 마침내 세 번째 생에 이르러서야 해탈을 성취할 수 있게 된다.

(15) 『대념처경』의 법념처와 구사의 법념주

『대념처경』의 법념처 수행은 몸과 마음의 행복을 방해하는 다섯 가지 심리적 장애인 오장(五障)에 대한 알아차림으로 시작한다. 다섯 가지 심리적 장애는 음욕, 진심, 혼침과 무기력, 들뜸과 후회, 의심 등이다. 이 중 음욕은 부정관으로 다스리고, 진심은 자애관으로, 혼침과 무기력은 광명상과 살핌으로, 들뜸과 후회는 수식관으로, 의심은 법에 대한 관찰로 각각 다스린다. 법에 대한 관찰은 앞에서 말한 십팔계의 무상·고·공·무아를 관하는 것이다. 이들의 본질은 주로 사혜이고 그 결과로 삼매를 성취하게 된다.

이제 수혜를 통한 위빳사나의 법념처를 살펴보자. 느낌[受]·

생각[想]·욕망[行]은 인간이 존재하는 이유이고, 삶을 살아가게 하
는 원동력이지만, 동시에 윤회의 고통을 겪게 하는 원인이기도 하
다. 이 수·상·행을 가라앉혀 청정한 마음과 분리하고, 수·상·행
의 일어남과 사라짐을 따라가며 바라보는 것을 '사띠'라고 한다.
이 사띠의 수행은 오염된 감성들의 생겨남과 사라짐, 사라지고 다
시 일어나지 않음을 지켜보는 것이다.

  지켜보는 것의 기능은 '분리'이다. 아는 마음과 알려진 대상
의 철저한 분리인 것이다. 시비분별을 하게 하는 것은 알려진 대
상[心所]의 기능이고, 그것에 집중하게 되면 다시 고락의 업에 떨
어지기 때문에 대상을 지켜보고 분리하되, 생겼다가 사라지는 것
을 보아서 알아야 하는 것이다. 이것이 무상을 관하는 것이다.

  이 같은 방법을 통해 다섯 가지 심리적 장애가 다스려지면 6
종 선정 중의 하나를 경험한다. 위빳사나 수행자에게는 찰나삼매,
사마타 수행자에게는 오선(五禪) 중의 하나인 몰입삼매이다.

  6종 선정 중의 하나에서 오온을 바라보면 몸을 구성하는 지
(地)·수(水)·화(火)·풍(風)의 생멸, 지·수·화·풍의 사대(四大)로 이
루어진 몸의 생멸, 더 나아가 사대로 이루어진 물질적 대상의 생
멸, 이들의 접촉에 의한 느낌[受]의 생멸, 그러한 느낌을 이로움과
해로움으로 분별하고, 옳고 그름으로 판단함의 생멸 등을 있는 그
대로 보고 안다. 좋은 느낌[受]이나 이롭다고 판단한 대상[想]에 대
해 욕구[行]가 생겨나면 생겨남을 알아차리고, 사라지면 사라짐을
알아차린다. 이 일련의 과정 속에서 그 모든 것을 아는 식(識)이 생

겨나면 생겨남, 사라지면 사라짐이라고 보아서 알아차린다.

만일 이 생멸하는 상태를 보고, 생겨날 때 사라지기를 바라거나 사라질 때 생겨나기를 바라면 에너지의 충돌이 발생하게 되는데, 이것이 바로 고통이다. 생멸은 존재하는 것의 속성으로 다만 인연 따라 나타날 뿐이고, 인연을 벗어난 실재가 없음을 알게 되면 그것이 바로 무아이다. 이처럼 이 오온의 안과 밖, 그 어디에도 실재하는 '나'가 없음을 보면 유신견(有身見)이 사라지게 된다. 오온은 스스로 존재하지 않는다는 것을 보는 것이 무아이고, 대상은 스스로 존재하지 않는다는 것을 보는 것이 공이다. 이와 같이 오온의 생멸을 있는 그대로 따라가며 지켜보아서 무상·고·무아·공을 아는 것이 바로 오온을 법으로 관하는 것이다. 법이라 하는 이유는 심소를 바라보기 때문이고, 심념처에서 마음만 바라보는 것에 대비해서 법념처인 것이다.

이처럼 오온을 관하는 것은 자아의 본질을 보는 것이다. 그러나 이것을 보고 알았다 해도 삶의 고통이 끝나는 것은 아니다. 감정적 상태인 사랑과 미움이 더 큰 문제를 일으킨다. 이 사랑과 미움의 대상은 주로 밖에 있고, 이들은 여섯 가지 감각 기관을 타고 흘러 들어오기 때문에 감각 기관을 잘 단속해야 한다. 그것이 십이처와 십팔계를 관하는 것이다.

눈이 대상을 볼 때 그것을 지켜보고, 귀가 대상을 들을 때 그것을 지켜본다. 코가 냄새를, 혀가 맛을, 몸이 촉감을 경험할 때도 역시 지켜본다. 마음은 이것들을 지켜보고 알지만 이들은 마음을 알지 못한다. 마음은 이들이 개념이고 비실재임을 알기에 집착하지 않는다. 그러므로 법의 공함을 안다. 이러한 오장(五障)·오온·십이처·십팔계를 관해서 사띠가 계발되는 과정을 칠각지(七覺支)라 하며, 그 결과로 사성제에 대한 깨달음이 생겨나는 것이다.

(16) 수행은 누가 할 수 있는가

육도 중생 가운데 오직 인간만이 수행을 할 수 있다. 육도 중생은 지옥·축생·아귀·인간·수라·천상을 말한다. 지옥의 중생은 괴로움이 극심해 수행할 수 없고, 욕계 6천, 색계 18천, 무색계 4천 등 28천상의 생명들은 기쁨이 너무 지극한 나머지 그 기쁨에 취해 수행할 마음이 없다. 그러나 인간 세계는 괴로움과 즐거움을 반반씩 적당히 가지고 있기 때문에 수행하기에 가장 적합한 장소라고 할 수 있다.

일반적으로 고통은 좋은 것이 아니다. 그러나 고통 때문에 해탈을 욕구하고 수행하려 한다면, 고통이 꼭 나쁜 것이라고만 할 수 없다. 만일 고통이 없다면 누구도 출가하려 하거나 해탈하려 하지 않을 것이기 때문이다. 욕망을 버리고 출가하거나 해탈을 성취하려면 자신이 처한 처지나 환경을 싫어하고 벗어나려고 하는 염오심이 있어야 한다. 그러나 자신이 머물고 있는 곳에 즐거운 것과 즐길 것이 많다면 염오심이 생겨나지 않을 것이다. 그러므로 고통은 윤회를 벗어나게 하는 가장 근본 원인이다. 보살 수행자에

제1부 초기·부파 불교의 수행론

게 고통이 더욱 중요한 이유는 고통을 알지 못하는 사람에게는 중생들에 대한 연민심이 일어나지 않기 때문이고, 보살행의 의지가 생겨나지 않기 때문이다.

고통을 대하는 자세에 따라 두 가지 결과가 나타난다. 첫째는 고통으로부터 도망쳐 자살을 하거나, 둘째는 고통의 원인을 파악하고 끊어서 완전한 고통의 소멸을 얻는 것이다. 고통이 극심한 지옥·아귀·축생의 존재들은 어리석음이 강해서 고통에서 벗어나려는 마음은 있어도 고통의 원인을 끊기 위한 수행을 할 수 없다. 또한 천상에서는 지극한 즐거움 때문에 수행을 할 마음이 일어나지 않는다. 그러므로 열여덟 가지의 조건을 모두 갖추고 있는 인간 세계가 수행하기에 가장 좋은 환경인 것이다.

이렇게 수행하기 좋은 열여덟 가지 조건을 갖추고 있는 인간 세상에 태어났을 때 수행의 기회를 놓쳐서는 안 된다. 인간은 더 높은 곳으로 갈 수 있는 시작점이기도 하고, 악업을 지어서 더 낮은 곳으로 갈 수 있는 기로이기도 하다. 인간 세상에 태어난다는 것은 마치 보물 창고 앞에 열쇠를 쥐고 서 있는 것과 같다. 만약 열쇠로 보물 창고를 열면 보물이 내 것이 되는 것처럼, 인간 세상에서 열심히 수행을 하면 보물을 얻게 된다. 하지만 수행을 하지 않으면 다른 사람이 보물 창고를 열어서 보물을 가져가게 된다.

수행하기 좋은, 얻기 어려운 조건 열여덟 가지 가운데 처음 다섯 가지는 ① 인간으로 태어난 것, ② 불법을 들을 수 있는 처소에 태어난 것, ③ 여섯 가지 감각 기관을 모두 갖춘 것, ④ 다른 종교의 탄압이 없는 곳에 사는 것, ⑤ 부처님에 대한 신심이 있는 것 등이다.

밖에서 오는 다섯 가지 행운은 ⑥ 석가모니 부처님이 이 세상에 탄생하신 것, ⑦ 부처님께서 이 세상에서 법을 가르치신 것, ⑧ 불법이 머무는 세상에 태어난 것, ⑨ 승가가 아직 존재하는 시대에 태어난 것, ⑩ 경전이 남아 있을 뿐 아니라 수행을 가르칠 수 있는 고승들이 남아 있는 것 등이다.

수행을 할 수 없게 하는 여덟 가지 조건도 있다. ①~⑤ 지옥·아귀·축생·야만인·장수천에 태어나는 것, ⑥ 사견을 가지고 있는 것, ⑦ 부처님이 태어나지 않은 곳에 태어난 것, ⑧ 정신 질환을 가지고 있는 것 중에 어느 한 가지라도 해당되면 수행할 수 없다.

인간 세상에 태어나서 불법을 만났다고 하는 것은 이처럼 수행에 좋은 열 가지 이익을 얻었다는 것과 수행하기 어려운 여덟 가지 허물에서 벗어난 것을 말한다. 그러므로 인간 세상에 태어났을 때 열심히 수행을 해서 이 보물들을 얻어야 한다. 우리는 자유 의지가 있어서 더 높은 세계로도 갈 수 있고, 반대로 더 낮은 세계로도 갈 수 있다. 만약 더 낮은 세계로 간다면 그 업의 종이 되어서 아주 오랜 세월 동안 자유를 얻을 수 없고, 수행도 할 수 없게 된다. 정신이 온전치 못한 사람이나 짐승들의 삶을 자세히 살펴보면 온전한 인간으로 태어나서 수행할 수 있다는 것에 감사하게 될 것이다.

(17) 견도의 16단계

세제일위에서 사성제에 대한 직접적 인식이 생겨나면 의심·유신견·변집견·계금취견·사견·견취 등이 끊어지게 된다. 이 중 고제와 관련된 번뇌는 10개, 집제와 관련된 번뇌는 7개, 멸제와 관련된 번뇌는 7개, 도제와 관련된 번뇌는 8개로 모두 32가지이지만, 이 중 견혹과 관련된 것은 각각 6개·3개·3개·4개로 16가지이다.

오온의 무상·고·공·무아를 욕계에서 관찰한 지혜를 고법지(苦法智), 색계·무색계에서의 관찰을 고류지(苦類智)라 하고, 이에 대한 첫 확인[忍]을 고법지인(苦法智忍)·고류지인(苦類智忍)이라 한다. 이러한 방식으로 집·멸·도의 12가지 행상도 이해할 수 있다. 견도에 들기 위해서는 고·집·멸·도의 16가지 양태를 모두 체험하게 되는데, 이 중 고를 보고 번뇌가 끊어지는 고법지인과, 고의 원인을 끊어서 번뇌가 사라진 집법지인(集法智忍), 열반을 체험해 번뇌가 끊어진 멸법지인(滅法智忍), 팔정도의 바른 수행에 의해 번뇌가 끊어지는 도법지인(道法智忍), 이렇게 네 가지가 가장 중요하다.

욕계의 괴로움을 관찰하는 지혜를 고법지인이라 하는데, 이때 견혹과 관련된 여섯 가지 잠재된 번뇌 중 세 가지가 끊어진다.

여러 조건에 의해 형성된 오온이 연기의 법칙에 따라 생멸하는 것을 보고, 조건 따라 끊임없이 변하기 때문에 실체가 없으며, 실체가 없으므로 나라고 할 것이 없다. 그러한 대상에 집착하면 집착한 만큼 고통이 쌓인다는 것을 마음이 집중되고 가라앉은 상태에서 보면, '고의 성스러운 진리를 네 갈래로 두루 체험함이 확인됨'이라는 뜻의 고법지인 또는 견고성제를 체험하게 된다. 이때 다스려지는 법이 바로 오온이 나라고 믿는 견해인 유신견(有身見)이다. 오온은 무상하고 끊임없이 변하는 것인데, 그 무상하여 실체가 없는 것을 "'나'와 '나의 것'이라고 믿으면 고통이라는 결과가 생겨나는 것"을 바르게 보아 알면 견고성제이고 이때 유신견이 사라진다.

또한 상견(常見)과 단견(斷見)이라는 두 가지 변견(邊見) 역시 견고성제에서 끊어진다. 오온이 뭉쳐져 있을 때는 '나'가 존재한다는 상견(常見)을 믿고, 오온이 흩어져 있을 때는 '나'가 소멸한다는 단견(斷見)을 믿는 이원론적인 견해가 유신견과 함께 사라지는 것이다.

이렇게 해서 견고성제에서 유신견과 변집견의 두 가지 견혹이 끊어진다. 신이 세계를 창조했다고 믿는 계금취견 역시 오온의 연기와 무아를 보는 견고성제에서 사라진다. 이처럼 욕계에서 일어나는 고성제와 관련된 잠재된 번뇌법들을 끊었다고 확신하는 지혜가 고법지인이다.

집법지인과 멸법지인은 욕계에서 일어나는 고의 원인에 무지해서 발생한 견혹인 의심·사견·견취의 일부분을 끊어 버린다. 여섯 가지 견혹 중에서 유신견·변집견·계금취견의 세 가지는 이미 견고성제에서 끊어졌기 때문에, 이후의 집성제·멸성제·도성제에서는 세 가지만을 다루게 된다.

　도법지인은 욕계의 번뇌인 의심·사견·견취와 견고집제에서 다스리고 남은 계금취의 일부분을 끊어 버리는 작용을 한다. 계금취견의 두 번째가 견고성제와 견집성제에서 끊어지지 않고 도법지인에서 끊어지는 이유는 계금취견이 두 가지로 나눠지기 때문이다. 즉, 신이 세계를 창조했다고 믿는 계금취견은 오온의 연기와 무아를 보는 견고성제에서 사라지고, 계·정·혜 삼학을 통해 탐·진·치 삼독을 버리는 것 외에 다른 어떤 특정한 방법을 통해 해탈할 수 있다고 믿는 두 번째 계금취견은 도성제에 무지한 것이므로 견도성제에서 끊어지게 된다.

　사견·견취·의심 등은 사성제를 두루 증득해야 다스려지기 때문에 견고성제만으로는 끊어지지 않는다. 인과를 부정하는 사견은 인과로 구성되어진 사성제를 부정하기 때문에 각각의 4제에서 두루 끊어지게 된다. 사견·변집견 등에 집착하는 견취 역시 사성제에 무지해서 생겨나기 때문에 4제를 두루 관해야 끊을 수 있다. 의심 또한 사성제와 인과에 대한 의심이기 때문에 4제 전체를 관해야 끊어지게 된다.

　이처럼 수다원에 장애가 되는 세 가지 족쇄 중 하나인 유신견은 견고성제에서, 계금취견은 견도성제에서, 의심은 사성제를 두루 관해야 사라진다.

(18) 견도와 수다원

'나'와 '세계', 그리고 '나'와 '세계'를 만들게 한 원인은 무엇인가라는 주제는 서양 철학의 수천 년에 걸친 질문일 뿐만 아니라 인도와 불교 철학의 핵심 주제이기도 하다. '나는 누구인가?'는 '나에게 영혼이 있는가?'로, 영혼이 있으면 '사후에 어떤 형태로 존재하는가?'하는 상주론으로 발전했고, 영혼이 없으면 단멸론으로 귀결되었다. 사후의 존재를 믿지 않는 이들에게 '인간은 왜 착하게 살아야 하는가?'라는 도덕적 의문은 치명적일 수밖에 없었고, 이 부류는 현실의 쾌락만을 중시하는 유물론으로 발전했다. '이 세계는 실제로 존재하는가?' 존재한다면 '어떤 식으로 존재하는가?'는 유심론자와 유물론자의 질문이다. '이 세계와 나는 업의 결과인가, 신의 창조인가, 혹은 우연히 생겨났는가?'하는 질문은 발생론에 대한 모든 학파의 질문이다.

『구사론』은 이러한 질문들에 대해 "나는 몸과 마음일 뿐이다"라고 답한다. 몸은 지(地)·수(水)·화(火)·풍(風)의 결합이고, 마음은 수(受)·상(想)·행(行)이라는 내용물과 그 내용물을 인식하는 식(識)의 모임이고, 세계는 지·수·화·풍 사대로 이루어진 여섯 가지 감각 기관과 감각 기관의 대상이다. 몸의 대상은 느낌, 마음의 대상은 개념과 욕구이다. 그러므로 몸·마음·느낌·생각·욕구 등의 신(身)·수(受)·심(心)·법(法)이 나이며 세계인 것이다.

불교 여러 종파의 수행이 모두 사념주를 대상으로 삼는 것은 바로 이런 이유이다. 지·수·화·풍으로 이뤄진 몸과 세상을 느끼고 알고 생각하고 욕구하는 이 일련의 과정은 마치 자동차 그 자체에 차라는 것이 따로 없고 차의 부속품들이 유기적 관계를 지니고 있듯이, '나' 또한 오온의 유기적 관계물이라는 것을 보아 알게 되면 유신견이 사라진다는 것이다.

'나와 세계는 신에 의해 만들어졌다'라는 첫 번째 계금취견은 '나'와 '세계'가 욕망과 업에 의해 이루어진 것을 아는 앎과 유신견을 바로 알아차려 견고성제에서 깨닫게 되고, 수행도에 대한 잘못된 견해인 두 번째 계금취견은 견도성제에서 끊어진다. 따라서 두 가지 계금취견은 견도성제에서 모두 끊어진다. 인과와 사성제에 대한 의심 역시 견도성제에서 끊어진다.

이처럼 사성제를 두루 알게 되면 유신견·계금취견·의심의 세 가지 족쇄가 끊어지는데, 이를 견도 또는 수다원이라 한다.

그렇다면 견도와 수다원은 어떠한 관계를 가지고 있는가? 견혹과 수혹은 자아에 대한 집착이라는 동일한 바탕을 가지고 있다. 견혹과 수혹의 두 가지 번뇌를 존재하게 하는 근본 바탕은 무명이고, 이 무명은 두 가지 번뇌를 포함해 마지막 무학위에서 소멸된다. 자아에 대한 이지적 오해는 견도에서, 감성적 집착은 수도에서 각각 다스려진다. 사실 이 두 가지 번뇌의 바탕이 다른 것은 아니다. 따라서 인격이 성숙되고 감성이 잘 닦여진, 즉 수혹을 먼저 끊은 정도 여하에 따라 견도를 성취하자마자 수다원에서 아나함의 경지를 얻게 된다. 무명은 나와 세상에 대한 잘못된 견해인 견혹과 세상에 대한 감성적 집착인 수혹이기 때문이다.

이러한 무명 때문에 욕계 세상에 대한 탐욕과 바라는 것을 성취하지 못하는 것에 대한 노여움, 자아에 대한 집착인 교만 등이 생겨난다.

이 네 가지 번뇌는 근기의 차별에 의해 상·중·하로 구별되고, 다시 그것들이 각각 상·중·하로 나뉘어져 9등급이 되는데, 수도에서는 욕계에 대한 습관적 집착이 육신과 기억에 남아 있는 것을 다스리게 된다. 견혹의 번뇌는 모두 끊어졌지만 욕계의 수혹이 남아 있고 욕계 5품의 수혹이 제거되었다면 수다원향이라 한다.

수다원은 해탈을 방해하는 열 가지 족쇄 중 세 가지는 끊어졌지만 오하분결(五下分結)의 탐·진과 오상분결(五上分結)의 다섯 가지는 남아 있는 상태이다. 이 일곱 가지를 끊기 위해 인간 세상과 천상을 일곱 번 왕래하므로 극칠반생(極七返生)이라 한다.

그러나 욕계의 수혹이 미리 닦여져 있는 이가 견도에 들게 될 때, 그 수혹의 닦여진 상태 여하에 따라 욕계의 제6품에서 제8품의 수혹을 끊고 견도에 들면 그를 사다함향이라 한다. 그리고 욕계 제9품의 수혹이나 무소유처의 수혹을 다 끊은 뒤에 견도에 들면 아나함향이라 한다.

(19) 수도위

수다원은 '흐름(śrota)'과 '들어감(āpanna)'의 합성어인 '스로따빤나'

의 중국식 발음이며, 무루도와 해탈의 흐름에 들었다는 뜻이다. 7
생 이내에는 반드시 해탈하는 것으로 알려져 있으나 부파마다 다
른 견해를 보인다.

남방의 분별설부는 "견도가 원만한 자가 다시 여덟 번째의 존
재를 받을 수 있는 곳은 어디에도 없고 그럴 수도 없다"를 글자 그
대로의 7생으로 해석한다. 하지만 설일체유부에서는 경의 7생을
인간의 생유, 중유와 천상의 중유, 생유까지 각각 7생으로 28생 이
내에 해탈한다고 해석한다. 음광부는 "인간과 천상에서 각기 일곱
번의 생을 받는다"라는 음광부 경전을 근거로 천상과 인간을 모두
합해 14생이라 주장하고, 화지부는 천상과 인간을 모두 합해 7생
으로 본다. 이처럼 7생에 대한 다양한 해석들이 있다.

수다원을 성취한 후에 다시 닦아야 하는 것은 수혹이다. 열
가지 잠재된 번뇌 중 견도에서는 여섯 가지 견혹이 끊어졌지만 아
직 네 가지 수혹은 남아 있는 상태이다. 수도에서는 욕계에 대한
탐착과 노여움, 수행의 경지에 대한 교만과 얻지 못한 경지를 얻
고자 함(들뜸), 세상이 객관적으로 존재한다는 오해(무명)가 육신과
기억에 정서적으로 남아 있는 것을 다스린다.

욕계 수소단의 번뇌 중 제5품의 번뇌를 끊으면 일래향(사다
함도)이고, 제6품의 번뇌를 끊으면 하상·하중·하하 3품의 번뇌만
남아 한 번만 욕계로 돌아오기 때문에 일래과(사다함과)라 한다. 사
다함과는 하품의 번뇌만 남아 있기 때문에 번뇌가 적은 수행자이
다.

이 중 제7품과 제8품의 하상·하중을 끊으면 아나함도이고, 제9의 하하품의 수혹까지 끊으면 불환과(아나함과)이다. 다시는 욕계에 돌아오지 않기 때문에 '불환'이라 한다. 이때는 열 가지 족쇄 중 다섯 가지 족쇄, 즉 욕계의 결박(오하분결)이 다 끊어진 상태이다. 그러나 이들은 아직 상계인 색계·무색계에 대한 집착(오상분결)이 남아 있고, 그 집착은 들뜸·교만·무명으로 이어진다. 이 다섯 가지 족쇄가 해탈의 장애이고, 이것이 바로 아나함이 다스려야 할 번뇌이다.

아나함을 성취한 후 그 생에서 노력을 더해 열반을 성취하면 이를 현반열반(現般涅槃)이라 한다. 그러나 색계와 무색계에 대한 애착이 남아 있는 상태에서 아나함이 죽으면, 색계 혹은 무색계에 태어나서 수행한 뒤 그곳의 무상함을 깨달아야 열반을 성취한다. 아나함은 욕계의 수혹은 다 끊었지만 상계(색계·무색계)의 수혹은 끊지 못했기 때문이다. 아나함이 인간에서 죽은 후 상계에 태어날 때 다음의 다섯 가지 경우의 수가 있다.

① 색계 중유에서 반열반하면 중반열반(中般涅槃)
② 색계 천상에 태어나서 짧은 시간 수행해서 반열반하면 생
　반열반(生盤涅槃)
③ 색계에 태어나서 오랜 시간 가행의 노력을 해서 열반을 성
　취하면 유행반열반(有行般涅槃)
④ 색계에 태어나서 노력하지 않아도 자연스럽게 무공용의

수행을 하며 시간이 지난 후 열반을 성취하면 무행반열반
(無行般涅槃)

⑤ 색계의 최고인 색구경천이나 무색계의 최고인 유정천에
서 반열반하면 상류반열반(上流般涅槃)

이 중 관법이 뛰어난 수행자는 색구경천에서 열반하고, 사마
타가 뛰어난 수행자는 유정천에서 열반에 든다.

관(觀, vipaśyana) 수행자에 세 가지 유형이 있는데, 전초(全超)·
반초(半超)·변몰(遍沒)이다.

① 전초 : 색계 제1천인 범중천에 태어나 수행한 후 중간천들
을 모두 초월해 바로 색구경천에 태어나는 것
② 반초 : 정거천에 태어난 후 색구경천에 이르는 것
③ 변몰 : 16천에 모두 태어난 후 최후의 색구경천에서 열반
에 드는 것

이 세 가지 유형 모두 선정의 즐거움에 대한 집착 때문에 생
겨난다.

아나함의 성자가 현생에서 선정을 닦는 데도 세 가지 이유가
있다.

① 색계 제4선의 5정거천에 태어나기 위해

② 현생에서 즐거움을 누리기 위해

③ 번뇌로 인한 타락을 방지하기 위해

(20) 아라한도 뒤로 물러날 수 있는가

아나함이 성취한 멸진정은 열반과 유사하고 몸으로 증득하기에 신증(身證)이라 한다. 상계(색계·무색계)의 수혹 중 초선의 1품에서 유정천의 8품까지의 수혹을 끊으면 아라한향, 9품의 수혹을 끊으면 아라한과라 한다.

신증을 얻은 아나함이 아라한과를 얻으면 양면해탈(兩面解脫)이라 하나, 멸진정을 얻지 못한 아라한은 혜해탈(慧解脫)이라 한다. 또한 수혹을 모두 끊었으므로 누진지라 하며, 모든 잠재된 번뇌가 끊어져 더 이상 다른 과위를 얻지 않아도 되므로 무학이라 한다.

무학은 이기심이 사라졌기 때문에, 모든 중생과 유학으로부터 공양받을 만하므로 응공(應供)이라고도 한다. 무학위의 해탈에는 두 종류가 있는데, 시해탈(時解脫)과 불시해탈(不時解脫)이다. 시해탈은 때를 기다려야 반열반에 들 수 있는 것을 말한다. 불시해탈은 때를 기다리지 않고 원하는 대로 반열반에 들 수 있는데, 그 이유는 선정이 자유롭기 때문이다.

이 같은 과의 차이는 둔근(鈍根)은 믿음으로, 이근(利根)은 법에 대한 이해로 수행을 시작하기 때문이다. 이들은 오근(五根) 중 각각 신근(信根)과 혜근(慧根)이 계발된다. 이들이 견도에 들면 수신행(隨信行)·수법행(隨法行)으로, 수도위에 들면 신해(信解)·견지(見至)로 불리고, 무학위에 들면 시해탈·불시해탈이 되는 것이다. 이처럼 시해탈과 불시해탈은 첫 수행을 믿음으로 또는 법에 대한 이해로 시작한 것의 결과이다.

시해탈은 잠시해탈이라고도 하는데, 뒤로 물러날 가능성이 있기 때문이다. 불시해탈은 궁극에 가선 해탈을 성취하고 뒤로 물러날 가능성이 전혀 없으므로 부동심해탈(부동위)이라 한다. 불시해탈은 누진지(漏盡智)와 무생지(無生智)의 두 가지 지혜를 얻었지만, 시해탈은 누진지의 지혜만 생겨나고 무생지는 아직 생겨나지 않은 상태이다. 따라서 시해탈의 지혜는 완성되지 않은 것으로 볼 수 있다.

시해탈의 아라한에는 다섯 종류가 있는데, 퇴법(退法)·자해법(自害法)·수호법(守護法)·안주법(安住法)·통달법(堪達法)이다. 이들은 모두 믿음으로 수행을 시작한 신해(信解)의 종성이다.

① 퇴법 : 질병·음식 등의 어려움을 만나면 수혹의 번뇌가 발생해서 과위로부터 물러나는 것
② 자해법 : 과위로부터 물러나는 것(퇴법)이 두려워 자살하는 것(견도 이후 정진의 가행 또는 법에 대한 존중이 부족했던 이들)
③ 수호법 : 획득된 과위를 지키는 것(항상 가행의 수행을 하지만 법에 대한 존중이 부족했던 이들)

④ 안주법 : 획득된 과위를 보호하지 않고 노력도 하지 않는

상태(가행의 노력은 부족하지만 법에 대한 존중은 지극했던 이들)

⑤ 통달법 : 법에 대한 존중과 가행을 모두 갖추었으므로 마

침내 부동법(不動法)에 도달하게 되는 이들

믿음으로 시작한 다섯 종류의 시해탈 아라한이 뒤로 물러날 때 종성과 과위로부터도 물러난다. 그러나 견도에서 먼저 획득한 과위로부터는 물러나지 않는데, 이는 견도에 들 때 얻은 수다원 내지 아나함의 경지를 말한다. 과위에서 물러나지 않는 이유는 견혹의 실체 없음을 보았기 때문이다.

그러나 경량부는 시해탈 아라한의 물러남을 인정하지 않는다. 그 이유는 아라한들이 "나의 생은 이미 다했고, 범행은 확립되었고, 더 이상 후유를 받지 않는다"라고 선언하기 때문이다. 이들은 시해탈 아라한들의 물러남을 현법락주(現法樂住), 즉 선정에서 물러나는 것으로 이해한다. 반면에 설일체유부의 아라한에 대한 해석은 좀 더 인간적이다. 이들은 오직 부동위, 즉 불시해탈의 아라한만이 위의 선언에 부합되고, 시해탈은 병이나 음식 등 결핍된 조건들로 인해 아라한위에서 물러날 수 있다고 주장한다. 2차 결집의 원인이 된 대천의 5사도 시해탈 아라한의 문제점에 대한 지적이라고 볼 수 있다.

이처럼 오직 믿음으로 수행을 시작한 사람들은 법에 대한 이해로 전환하는 것에 대해 깊이 고민해야 하고, 결함이 있음을 자

각해야 한다.

제2부

대승의 수행론

제1장

중관학파의 수행론

1

불교의 수행론

설일체유부의 수행론에서 살펴본 것처럼 인간에게는 크게 두 가지 본능이 있다. 하나는 자신에 대한 집착이고, 또 하나는 세상에 대한 집착이다. 세상에 대한 집착 또한 두 가지인데, 욕계와 상계(색계와 무색계)에 대한 집착이다.

아나함이 다스려야 할 번뇌는 색계와 무색계라는 상계에 대한 집착이고, 그 집착은 영리한 근기[利根]는 인간 세상에서, 둔한 근기[鈍根]는 색계의 구경천이나 무색계의 유정천에 태어나서 무상함을 직접 경험하고 깨달아야만 끊을 수 있다.

사다함의 번뇌는 주로 욕계에 대한 욕망과 노여움, 사랑과 미움 등의 수혹이며 삼매 수행을 통해 다스릴 수 있다. 수다원 이전에는 '나'에 대한 오해와 집착이라는 견혹이 있고 이는 견도에서 끊어진다. 이 모든 번뇌가 사라진 것을 아라한과, 무학위라고 한다.

불교의 모든 수행을 한마디로 요약하면 지관(止觀)이다. 초기 불교, 구사, 중관, 유식, 천태에 이르기까지의 모든 수행법은 지(止, samatha)와 관(觀, vipasyanā)으로 귀결된다. '관'으로 '보아서 사라지는 번뇌'[見惑]를 끊고, '지'로 '닦아서 사라지는 번뇌'[修惑]를 다스리는데, 이를 견도(見道)와 수도(修道)라 한다. 견혹(見惑)은 이지적 장애이고, 수혹(修惑)은 감성적 장애이다. 삼독으로 보면 견혹은 치(癡)이고, 수혹은 탐(貪)·진(瞋)이다. 탐·진·치를 다스리는 것은 모든 종파가 공히 인정하는 수행이다. 탐·진은 선정을 통해 거듭 닦아 다스려야만 하고[修道], 치는 바르게 보아 정견을 갖추면 사라진다[見道].

『초전법륜경』에서 부처님께서는 4제의 3전(轉) 12행상(行相)을 강조하셨다. 사성제를 바로 보아 아는 것을 견도, 사성제를 실천하는 것, 즉 괴로움의 원인을 팔정도를 통해 닦는 것은 수도, 사성제를 통달해서 괴로움의 원인을 소멸하고 열반을 증득한 상태를 무학이라 한다. 또한 견도는 수다원과에서, 수도는 사다함·아나함과에서, 무학도는 아라한과에서 얻게 되는데, 오온이 무아임을 증득하면 수다원, 욕계에 대한 집착이 끊어지면 아나함, 색계·무색계의 어느 대상에 대해서도 집착이 남김없이 소멸되면 아라한 또는 무학위라고 한다.

『무아상경』에서는 오온무아에 대해 집중적으로 설하셨다. 몸·느낌·개념·욕구·의식의 다섯 가지를 '나' 혹은 '나의 것'이라고 집착하기 때문에 괴로움이 발생하고 이 오온에 대한 집착과 애착을 놓는 것이 수도이다.

『불타오름 경』에서는 "이 세상의 모든 것, 즉 육근이 육경을 접촉해서 받아들인 상에 대해 즐거움·괴로움·무덤덤함의 느낌

제2부 대승의 수행론

이 생겨나고, 이 세 가지 느낌에 대해 각각 탐·진·치가 생겨나며, 이 탐·진·치에 의해 불타고 있다"라면서 그러므로 "그 어떤 것, 특히 육근의 대상에 대한 집착을 소멸하면 아라한의 무학위이다"라고 설하셨다.

이처럼 수다원의 오온무아는 에고를 다스리기 위해서이고, 아나함이 색계와 무색계에 대한 집착을 소멸하는 것은 대상에 대한 탐·진을 다스리는 것이다. 모든 인간의 괴로움은 바로 나 자신과 욕계와 색계·무색계에 대한 집착에서 비롯된 것이기 때문이다.

부처님의 모든 가르침은 『초전법륜경』 등 세 경전에서 이미 완성된 것이다. 『구사론』에서는 그 사상이 체계화되었고, 다른 대승 경전들은 이 세 경전의 가르침을 다시 각 시대의 언어로 표현한 것임을 유념해야 한다.

초기불교에서는 제4선에서 고·락·희·우와 시비분별이 다 끊어진 상태를 평정이라 하는데, 이때 나와 법의 실체를 보는 법의 눈이 생겨 사성제와 십이연기를 볼 수 있게 된다. 이를 선가에서는 '적(寂)의 상태에서 법의 실체를 본다[照]'라고 하며, 선종에서는 적조(寂照) 혹은 적적성성(寂寂惺惺)이라 한다. 유식에 와서는 이 두 가지 번뇌, 즉 견혹과 수혹이라는 탐·진·치를 번뇌장(煩惱障)이라 칭하고, 제6지 보살이 되어서야 이 번뇌장을 끊을 수 있다고 말한다.

2

『금강경』의 수행론

(1) 보살승의 서원

『금강경』, 『십지경』, 『능가경』은 대승과 선종에서 가장 중요시되는 경전이다. 대승에서 『십지경』이 중요한 이유는 보살의 구체적인 수행 방법이 제시되었기 때문이고, 『금강경』과 『능가경』이 중요한 이유는 각각 중관과 유식을 대표하는 경전이면서 선종의 주된 소의 경전이기 때문이다. 『반야심경』은 중관학파의 사상을, 『금강경』은 중관학파의 실천을 말한다. 마찬가지로 『능가경』은 유가학파의 사상을, 『십지경』은 유가학파의 구체적인 실천행을 보여 준다.

먼저 『금강경』이 어떻게 초기불교의 가르침을 상속하고 있는지를 살펴보자. 앞서 말한 것처럼 초기불교의 수행은 자아에 대한 오해와 세상에 대한 집착을 다스리는 것이다. 중관학파에 따르면 자아에 대한 집착은 아공(我空)을 증득해서 다스리고, 세상에 대한 집착은 법공(法空)을 증득해서 다스린다. 그러므로 『금강경』은 에고라는 주관적 자아에 집착하지 않는 아공과 세상이라는 대상에 집착하지 않는 법공의 수행이 잘 조화된 가르침인 것이다. 『금강경』과 초기불교의 가르침을 이와 같은 관계 속에서 이해해야만 일미(一味)의 불교라 할 수 있다.

초기불교가 행복의 성취를 중시한다면 대승 불교는 성공과 행복을 동시에 성취하는 것을 중요시한다. 그 이유는 수행의 주체가 바뀌는 것과 관련되어 있다. 초기불교의 수행 주체는 성문 승가이고, 대승 불교의 주체는 보살 승가이다. 성문 승가의 수행 목표는 '삼계의 감옥'에서 벗어나는 것이다. 때문에 이 세상이라는 감옥의 시스템이 얼마나 잘 되어 있는가는 그들에게 중요하지 않다. 오히려 이 세상이라는 감옥이 괴로우면 괴로울수록 탈출하려는 마음도 더 강해질 것이기 때문이다.

기원전 1세기 전후 재가자가 적극적으로 수행에 참여하는 흐름이 있었고, 이때가 바로 초기불교에서 대승 불교로 전환하는 시점이었다. 재가자가 수행에 적극적으로 참여하게 되는 이러한 상황은 단지 불교뿐만이 아니었다. 힌두교에도 이러한 요청과 변화가 있었는데, 당시 인도 사회의 경제·정치·사회·문화적 변화와 무관치 않아 보인다. 그리고 그 결과물이 바로 『바가바드기타』의 출현이다.

오랜 세월 동안 힌두교의 주된 수행은 『우파니샤드』의 선정 수행이었다. 그러다 기원전 1세기를 전후해 선정에서 신앙 중심의 박티(bhakti) 수행[76]이나 실천행의 카르마(karma) 수행[77]으로 바꾸게 된다. 선정 수행은 출가자 중심의 수행인 반면에 박티 수행과 카르마 수행은 재가자도 실천할 수 있는 수행인데, 이를 정립한 것이 바로 『바가바드기타』이다.

『우파니샤드』의 수행이 힌두교의 대승이라 할 수 있는 『바가바드기타』의 수행으로 전환되면서 재가자들도 수행에 적극적인 관심을 갖게 되었는데, 이것은 당시 인도 사회의 전반적 현상이었다. 그것이 인도 사회에 요청되어진 대승이라는 수행 방법인 것이다.

이러한 상황에서 출현한 『금강경』은 마음의 행복과 사회적 성공을 동시에 성취하는 것을 강조하게 되는데, 이것이 바로 보살 수행이다. 사실 출가한 수행자에게 사회적 성공은 무의미하기에 아라한은 오직 마음의 행복만을 추구했다. 하지만 보살 승가는 재가자도 포함했기에 행복과 성공의 법칙을 강조한 것이다. 그러한 길이 다름 아닌 보살승이고, 보살승을 가는 이를 발보리심자라 한다. 그러므로 『금강경』 2장에서는 보리심을 낸 수행자가 어떤 서원을 세우고 어떻게 마음을 써야 하는지를 묻고 있다.

76_ 박티 요가는 신에 대한 헌신과 사랑이 주가 되는 유신론적 수행이다.

77_ 사회적 직무인 의무(다르마)에 충실하며 '대가를 바라지 않고 신에게' 헌신하는 수행이다.

(2) 행복의 길과 성공의 길

인생을 아름답게 살려면 자신이 원하는 것이 무엇인지를 분명히 알아야 한다. 자신이 행복을 원하는지 성공을 원하는지 알아야 하고, 자신의 행위가 행복을 위한 것인지 성공을 위한 것인지도 알아야 한다. 그 이유는 성공을 위한 행위와 행복을 위한 행위는 결과가 다르기 때문이다.

먼저 행복은 마음이 편안하고 안락한 상태이다. 이러한 상태는 첫째, 신체적으로 계를 어기지 않고, 둘째, 심리적으로 계를 범하고 악행을 한 것에 대한 참회가 이루어져야만 가능하다. 이런 상태에서는 마음이 차분히 가라앉는다. 마음을 가라앉힌 후 몸·마음·대상 그 어떤 것에도 집착하지 않으면 행복감을 느끼게 된다. 이러한 길을 아라한의 길이라고 한다.

하지만 많은 사람이 행복을 원하면서 행복과는 관련 없는 행위를 한다. 행복을 감각적 쾌락 혹은 물질·명예 등을 통해서만 얻으려고 한다. 이와 같은 행복은 존재하지 않는다. 물질과 명예라고 하는 것은 성취감과 육신의 편안함을 가져다줄 수 있을지는 몰라도 행복을 가져다주지는 않는다. 물질과 명예는 행복의 영역이 아니라, 성공의 영역에 해당된다. 그러므로 성공을 원한다면 성공의 길을 따라야 하고, 행복을 원한다면 행복의 길을 따라야 한다.

초기불교의 수행이 여섯 가지 감각 기관의 작동을 멈추게 하고 해체시켜서 해탈로 이르게 하는 행복의 길을 강조한다면, 『금

강경』의 수행은 해탈을 통한 행복의 길과 원력의 성취를 통한 성
공의 길이라는 양면의 수행을 강조한다.

　행복의 길은 나와 나의 대상인 삼계에 대한 집착만 없으면 성
취될 수 있다. 그러나 세간의 성공은 무욕만으로는 이뤄질 수 없
고 욕구와 욕망의 원리를 따라야만 하는데, 그것이 바로 마음의
원리이다. 성공을 하려면 염력의 원리를 잘 활용해야만 한다. 염
력은 마음을 한군데 모아서 간절히 바라는 것인데, 대승의 언어로
는 서원(誓願)이라고도 한다.

　초기불교와 대승 불교, 행복의 불교와 성공의 불교의 차이점
은 간절함과 서원의 차이에 있다. 간절히 일념에 집중하는 것을
초기불교에서는 삼매(三昧)라고 한다. 그러나 대승 불교의 삼매는
일념 집중에 간절한 기원과 소원이 추가된다. 감정은 자석과 같아
서 사물을 끌어당기는 힘을 가지고 있기 때문이다.

　감정에는 부정적인 감정과 긍정적인 감정, 즉 좋아하는 감정
과 싫어하는 감정이 있다. 감정에는 눈이 없기 때문에 싫어하는
감정이 더 강하면 싫어하는 환경을 끌어당기고, 좋아하는 감정이
더 강하면 좋아하는 환경을 끌어당기게 된다. 그러므로 좋아하는
감정을 극대화해야 하는데, 좋아하는 감정을 극대화하는 방법으
로는 다음 네 가지가 있다.

　① 서원을 세워야 한다.
　② 서원 중 최상인 발보리심을 내야 한다. 발보리심은 모든

중생이 행복하기를 바라는 것이다.

③ 마음속에 있는 좋지 않은 부정적인 기억을 씻어내야 한다.

④ 마음이 과거나 미래에 머물러 있지 않아야 한다. 마음이 과거나 미래에 머물러 있으면 행복을 느낄 수 있는 감정이 소모되기 때문이다.

이와 같은 방법이 개개인의 마음속에 있는 좋은 감정을 극대화하는 길이다. 모든 중생이 실로 완전한 행복인 부처가 되기를 서원하는 발보리심이 그것이고, 그 길을 실천하는 삶이 바로 보살승인 것이다. 이처럼 서원은 보살승의 중심이 되는 핵심 사상이다.

다음은 성공의 길이다. 성공의 길은 육바라밀(六波羅密)을 통해 이루어지는 수행이다. 인욕과 정진을 통해 작은 성공을 얻을 수 있고, 좀 더 큰 성공은 보시와 지계를 통해 이루어진다. 지계를 통해 실패의 길을 차단하고, 보시를 통해서는 계산할 수 없는 성공을 얻을 수 있다. 그리고 헤아릴 수 없는 무량한 성취를 이루려면 편안한 가운데 마음이 한곳에 머무르지 않고 사물을 있는 그대로 관찰할 수 있어야 하는데, 그것은 바로 선정과 지혜이다. 그러나 선정과 지혜만을 닦는다면 오직 마음의 평화만을 얻을 수 있다. 그러므로 보시와 지계, 정진과 인욕은 성공의 길에 해당하고, 선정과 지혜는 바로 행복의 길에 해당하는 것이다.

이와 같은 이유로 『금강경』 4장에서 보살은 어떤 대상에도

머물지 말고 보시하는 '응무소주 행어보시(應無所住 行於布施)'의
양면 수행을 강조한 것이다.

(3) 보리심과 인무아

『금강경』의 주제는 제2장에서 수보리가 세존에게 질문하는 "세존
이시여, 보살승(菩薩乘, 최상의 깨달음)의 원을 일으킨 사람은 어떻게
수행하며, 어떻게 용심해야 합니까?"라는 구절에 담겨 있다.

보살 수행의 원은 다른 말로 발보리심(發菩提心)이고, 발보리
심이란 위없는 행복에 대한 발원이다. 보리심을 실천하는 방법은
다음과 같다.

① 모든 중생에게 연민심을 일으킨다.
② 그 모든 중생이 행복을 완성하도록 도와주는 행을 한다.
③ 행한 후에는 도와주었다는 생색[相]을 내지 않는다.

왜냐하면 도와주었다고 믿는 그 중생들은 실제로 존재하는
것이 아니라 인간의 개념과 믿음 속에서만 존재하기 때문이다.

행복과 성공을 동시에 성취하는 데 있어 보리심을 일으키는
것이 왜 중요한가? 그 이유는 한 생명의 행복과 불행은 서로 의존
되어 있고, 나 밖의 것에 의해 결정되기 때문이다. '나 밖의 것'은
무엇인가?

첫째, 지·수·화·풍으로 이루어진 인간의 몸은 음식과 공기라는 두 가지에 의해 결정된다. 만일 음식물 생산의 바탕이 되는 토지·공기·바닷물 등이 오염되면 인간의 몸도 역시 오염되어 병들게 된다. 그러므로 국토의 청정은 곧 내 몸의 청정이 되는 것이다.

둘째, 관계 속에서 인간은 행복하거나 불행하게 된다. 관계는 나 아닌 타인들과의 관계이다. 만일 나의 가족이나 지인들이 고통스럽거나 정신적으로 아프다면 그들의 고통은 곧바로 내게 영향을 미친다. 마찬가지로 가족 등 타인의 행복이 곧 나의 행복이 될 수 있다.

셋째, 마음의 고통 역시 외부적 조건에 의해 결정된다. 마음의 고통은 기억 때문에 생겨나고, 기억은 여섯 가지 감각 기관의 대상에 대한 것이기 때문이다. 기억을 생산하는 주체 중 안(眼)·이(耳)·비(鼻)·설(舌)·신(身)과 색(色)·성(聲)·향(香)·미(味)·촉(觸)은 물질이고, 의(意)와 법(法)은 정신에 해당한다. 이 가운데 물질은 환경에 의해, 정신은 관계에 의해 결정된다.

이처럼 환경과 관계의 고통이 마음의 행복과 불행을 다시 결정짓기 때문에 인식 대상의 좋고 나쁨이 나의 행복과 불행을 결정짓는 것이다.

그러므로 이웃 중생이 괴로우면 나 역시 괴롭고, 국토가 더럽혀져 괴로우면 나의 몸도 부정하여 괴로워진다. 다시 말해 나의 행복은 이웃의 행복, 동물들의 행복, 산천초목들의 행복, 대지와 바다 등의 청정과 행복에 의해 결정되는 것이다. 나의 행복은 이것들을 떠나서 스스로 존재하지 않는다. 그것들을 떠나서 '나'라고 하는 것이 따로 없기 때문이다. 그러므로 보리심을 낸 보살이 온갖 중생을 모두 무여열반(無餘涅槃)에 들게 하겠다고 서원하는 이유는 그들의 행복과 청정에 의해 나의 행복이 결정되기 때문이다. 이러한 이유로 『유마경』의 "중생이 아프기 때문에 내가 아프다"라는 이치가 성립되는 것이다.

다시 말해 나와 중생은 둘이 아니다. 둘이 아닐 뿐만 아니라 하나이고, 하나일 뿐만 아니라 근본적으로 나와 중생은 실체적으로 존재하지 않는다.[78] 그들은 모두 오온의 병렬적 행진이고, 나와 남은 오직 나의 개념과 관념 속에서만 존재한다. 그렇다고 모든 것이 환(幻)이란 말은 아니다. 물질·지각·인식·느낌·욕구 등은 존재하기 때문이다. 그러나 그것들은 인연에 의해 '동시에 생겼다가 동시에 사라지는' 것이고 그 자체에는 자타가 존재하지 않는다. 그것들을 나와 대상이라고 구별하는 것은 나의 생각일 뿐이고 개념일 뿐이다. 그러므로 "보살은 온갖 중생을 모두 무여열반에 들도록 이끌지만 실은 제도를 얻은 중생은 아무도 없다. 그 이유는 보살에게 네 가지 상(相)이 없기 때문이다"라고 『금강경』 3장에서 부처님께서 말씀하시는 것이다.

그러므로 보살의 수행을 하려는 이는 먼저 고통을 이해해야

78_ 『반야심경』의 오온개공(五蘊皆空)에 해당한다.

제2부 대승의 수행론

하고, 그 고통을 겪는 이에 대해 연민심을 일으킨 후 인무아(人無我) 또는 아공(我空)을 깨달아야 한다. 이와 관련해『금강경』에서 부처님은 이렇게 말씀하신다.

> 왜냐하면 수보리야, 만약 보살이 '나'라는 상(相), '남'이라는 상, '중생'이라는 상, [영원한] '생명'에 대한 상이 있으면 곧 보살이 아니기 때문이다.

이처럼『금강경』은 무집착을 통한 행복의 길과 육바라밀의 실천과 서원을 통한 성공의 길, 이 두 가지 요소를 갖추고 있다.

(4) 보살승의 연민심

인간은 누구나 헤아릴 수 없이 많은 괴로움에 에워싸여 있다. 그 누구도 온전히 행복한 사람은 없다. 다만 행복한 것처럼 보일 뿐이며, 스스로 행복하다고 착각할 뿐이다.

인간은 자신의 현재 괴로움과 미래에 닥칠 괴로움에 대해 무지하다. 아니면 스스로를 바쁘게 해서 이러한 근원적 괴로움을 자신이 볼 수 없게끔 만든다. 이 모두를 착각 아래 형성된 인간의 삶, 무명(無明)이라 한다.

삶은 고통과 고통을 피하기 위한 행위들의 연속이다. 실제로 인간은 한순간도 진정한 행복을 누린 적이 없다. 그렇기에 사람들은 허상을 붙잡아서 근원적 고통의 갈증을 달래려고 한다. 수면·음식·오욕락·명예 등이 바로 그 허상들이다. 그러나 이 허상의 즐거움들은 본래 실체가 있는 것이 아니어서 고통을 근원적으로 치유하지 못한다.

우리는 이러한 텅 빈 공허 속에 살고 있는 생명들을 향해 연민심을 내야 한다. 마음이 적정한 상태에서 중생들의 상태를 있는 그대로 바라보면 공허 속에 살고 있는 중생들의 괴로움을 볼 수 있지만, 고통에 대한 통찰이 없으면 존재에 대한 연민심은 생겨날 수 없다.

고통에 대한 앎은 또한 사물이 인(因)과 연(緣)에 따라 생겨나고 소멸하는 것을 관찰해서 알게 될 때 생겨난다. 그것은 영원한 것은 아무것도 없음을 아는 것이고, 모든 고통과 행복에는 원인이 있음을 아는 것이다.

고통의 가장 주된 원인은 무상성(無常性)이다. 무상하지 않은 것은 우리의 감각 기관이 경험할 수 없다. 감각 기관이 하나의 사물을 경험하기 위해서는 전자파가 일어나 파동이 발생해야만 하고, 이는 물질의 입자들이 끊임없이 움직여야만 가능하다. 존재를 이루고 있는 입자들의 끊임없는 움직임들이 바로 무상성인 것이다. 존재들은 소립자들의 미시적 상태에서도 무상하고, 그것들의 합인 거시적 물질 상태에서도 무상하다.

이처럼 존재는 그 자체의 무상성 때문에 같은 상태에 머무르지 않고 항상 바뀌는데, 이는 자성(自性)이 없는 성질인 무아성(無

제2부 대승의 수행론

我性) 때문이다.

　이러한 무상성과 무아성의 대상들을 실제로 존재한다고 굳게 믿어서 집착하고 의존하면 마음은 필연적으로 그 대상들과 충돌할 수밖에 없고, 그것을 고(苦)라 한다. 이러한 고통을 충분히 이해하면 중생들에게 연민심이 생겨난다. 연민심이 생겨나면 중생들이 고통에서 벗어나 온전히 행복해지기를 발원하게 되는데, 이것이 발보리심(發菩提心)의 기초가 된다. 그러나 이것만으로는 온전한 보살승(菩薩乘)이라고 말할 수 없다. 자아와 법의 진실한 모습을 보지 못했기 때문이다. 이러한 진리를 인무아(人無我)·법무아(法無我)라고 한다.

　인무아는 오온의 연기적 합인 '나' 안에 '나'가 따로 없음을 말하고, 법무아는 '나'의 구성 요소인 오온들과 십팔계의 법들에 자아가 없는 것을 말한다. 쉽게 말하면 인식의 주체인 '나'와 인식 대상인 '법'에 실체가 없다는 것이다. 이것을 초기불교에서는 '나'와 '나의 것'이 없음이라고 한다. 바로 이것이 모든 수행의 본질이며 공통분모이다.

　다만 여기서 유의해야 할 점은 중관학파의 아공(我空)·법공(法空)은 유식에서의 아공·법공과 약간 다른 의미로 쓰인다는 것이다.

　중관학파는 아공을 인무아(人無我), 법공을 법무아(法無我)라고 표현한다. 이는 인식 주관과 인식 대상, 즉 주관과 객관의 의미로 사용한 것으로, 욕계·색계·무색계라는 대상을 법이라고 이해한 초기불교의 흐름을 그대로 따른 것이다.

이에 반해 유식학파의 아공은 번뇌장(煩惱障)이 소멸된 것을 말한다. 번뇌장은 견혹과 수혹의 합이다. 법공은 소지장(所知障) 또는 불염오무지(不染汚無知)가 사라진 것을 말하고, 소지장 또는 불염오무지는 부처의 신통지혜를 방해하는 것을 말한다.

이처럼 같은 대승 불교라도 중관과 유식에서의 법공에 대한 정의는 조금씩 다르다. 중관학파는 초기불교의 정의를, 유식은 『구사론』의 정의를 따르고 있다. 또한 중관학파에서의 법은 인식론적 관점이고, 유식학파에서의 법은 신통지혜의 관점이라는 점도 유의할 필요가 있다.

(5) 세 종류의 연민심

'연민심', '발보리심', '불이(不二)의 공성에 대한 자각'은 보살 수행의 기본 조건이다. 앞에서 설명한 바와 같이 연민심은 고통에 대한 이해에서, 고통에 대한 이해는 무상에 대한 자각에서 온다.

연민심은 세 가지 종류로 나눠 볼 수 있다.

① 중생을 향한 연민심
② 오온을 통한 연민심
③ 공성의 관점에서 본 연민심

이것은 중생을 이해하는 관점에 따라 분류한 것이다. 속제(俗諦)와 진제(眞諦)라는 입장에 따라 중생을 이해하는 관점이 다르기 때문이다.

'중생을 향한 연민심'은 아직 탐·진·치에서 벗어나지 못해 '나'와 '나의 것'에 집착하는 중생이 다른 중생을 향해 일으키는 연민심이다. 이는 연민심을 실천하는 이가 고통을 겪고 있는 '중생'이 실제로 있다고 생각하며 윤회의 고통으로부터 이들을 해방시켜 부처의 경지에 도달하게 하겠다고 발원하는 것을 말한다.

이것은 초발심을 낸 사람의 연민심이고, 초지 보살 이전의 연민심이다. 초지 보살이 되려면 오온의 공성을 자각해야 한다. 연민심을 가진 자가 공성을 자각하지 못하면 중생들의 고통에 지나치게 감정 이입이 되어 스스로도 괴로움에 빠지게 된다. 또한 아직 괴로움에서 벗어나지 못한 사람의 연민심은 자기도 모르게 사람들을 파괴적으로 이끌 수도 있다. 그래서 연민심 못지않게 중생의 실체를 이해하는 것이 중요하다.

'오온을 통한 연민심'은 연민심을 실천하는 이가, '중생'이 실제로 있는 것이 아니라 단지 오온의 끊임없는 생멸이라고 이해하는 것이다. 그래서 그는 오직 오온이라고 하는 중생들이 윤회의 고통으로부터 벗어나서 해탈의 경지를 성취하기를 바란다. 이는 세 가지 종류의 연민심 중에서 중간이다.

오온은 새끼줄, 뱀은 사람에 비유한다고 할 때, 새끼줄을 뱀으로 착각하는 것은 바로 오온을 사람으로 착각하는 것과 같다.

또 '중생'은 마치 호수 물에 비친 '달'과 같아서 볼 수는 있지만 실제로 존재하는 것은 아니다. 이와 같은 사실을 이해하는 보살이 모든 중생의 오온을 해탈시키기 위한 연민심으로 가득 차 있는 것을 '오온을 통한 연민심'이라 한다.

'공성의 관점에서 본 연민심'은 고통을 받는 중생 안에 실제로는 중생도, 고통도 없어 모든 것이 비어 있고, 심지어는 오온마저 없다고 생각하는 것이다. 거시적 경험의 세계에는 오온이 있으며 이러한 오온은 무상한 성격을 띤다. 그러나 미시적 진제의 입장에서 보면, 윤회하는 사람이라는 자성(自性)도 없고 해탈하는 사람이라는 자성도 없다. 다만 속제의 관점에서 그들은 환영과 같이 존재한다. 그래서 그는 환(幻) 같은 중생이 환 같은 고통으로부터 해방되어 환 같은 부처의 경지에 도달하기를 기원한다.

이것은 세 가지 종류의 연민심 중 최상의 연민심이다. 이것이 '공성의 관점에서 본 연민심'인데, 모든 중생의 고통을 보고 연민심을 일으키되, 스스로는 행복감이 충만한 상태이다. 사랑하는 사람들과 이웃들의 고통을 보면서 행복감을 느끼는 것이 모순되는 것처럼 보이지만 사실은 그렇지 않다.

아무것도 집착하지 않는 이들은 자유롭고 순수해진 업 에너지의 청정함으로 인해 우주적·법계적 행복감이 온몸을 두루 감싼다. 우주적 행복감이라고 하는 이유는 그의 주변을 둘러싼 공기·물·햇빛·땅들의 조건이 청정하기 때문이다. 그리고 그 청정함에서 건전하고 바른 판단의 지혜가 생긴다.

거시적 입장에서 어렴풋이 바라보면 고통에 에워싸인 중생들이 보이지만, 세밀하게 보면 오온의 연기적 고통이 보이고, 미시적 입장에서 아주 세밀하게 보면 빽빽한 입자들뿐이다. 거기에는 고통을 당하는 자도 연민을 일으키는 자도 없다. 전자를 속제, 후자를 진제라고 한다. 그러나 스스로가 탐·진·치에서 벗어나지 못했다면 생각이라는 그림자를 통해 본 것이지 진실을 본 것이 아니다. 그러므로 보살승을 서원하는 이는 다음과 같이 연민심을 일으켜야 한다.

온갖 중생의 종류인 태에서 나거나 알에서 난 것, 습한 곳에서 나거나 화생한 것, 형상이 있거나 없거나, 생각이 있거나 없는 모든 존재를, 고통의 바다에서 모두 해탈시켜 행복으로 인도하리라.

(6) 연민심의 실천과 보시바라밀

행복을 원하고 고통을 싫어하는 것은 인간의 기본 심리이다. 특히 세간의 행복에서는 물질적 풍요를 매우 중요시한다. 그러한 물질적 풍요는 보시를 한 과보이기 때문에 중생에게 보시바라밀은 매우 중요하다. 비록 연민심이 적고, 화를 자주 내고, 이기적인 사람이라 할지라도 보시를 하게 되면 그 보시로 인해 성취되는 부유함이 배고픔과 목마름의 고통을 제거하는 원인이 된다.

초지 보살의 수행 역시 보시바라밀이 중요한데, 중생들이 가장 좋아하는 것이 물질이기 때문이다. 연민심은 중생들의 고통에 대한 관찰을 통해 시작되지만, 연민심의 성취는 보시의 실천을 통해 이루어진다.

보시에는 재보시(財布施)·법보시(法布施)·무외시(無畏施)의 세 가지 종류가 있다. 재보시는 흔히 알고 있는 물질 보시를 말한다. 재보시의 목적은 중생들의 물질적 고통을 덜어 주는 연민심의 실천이다. 법보시는 부처님의 가르침을 전해 중생들의 심적 고통을 덜어 주고 기쁨을 주는 것이다. 무외시는 중생들을 두려움과 고통에서 벗어나게 하는 보시이다. 중생들의 고통을 덜어 주기 위해서 몸과 말·재능 등으로 봉사하는 것이다.

보시를 도덕적인 관점에서 보면 바르지 않은 보시와 바른 보시로 나눌 수 있다. 바르지 않은 보시는 술, 마약, 독, 무기, 훔친 재산 등을 주거나, 바른 물건이라 할지라도 삿된 동기로 보시하는 것이다. 바른 보시는 보시의 바른 특징을 잘 알고서 보시하는 것을 말한다. 무엇이 보시의 바른 특징인가?

먼저 보시는 해탈의 원인이 된다. 비록 보시를 행하는 사람이 연민심이 적고, 성냄이 많고, 자기중심적인 사람일지라도 보시를 지속적으로 행하면 불법을 만날 기회가 생긴다. 불법을 만나면 연민심, 평온한 마음, 이타심 등이 생겨나고, 그것들의 이익과 관련된 가르침을 배울 수 있게 된다. 범부는 보시한 과보를 경험할 때 즐거움을 느끼지만, 보살은 다른 중생에게 이익이 됨을 보기에 보시하는 그 순간을 즐긴다. 이것이 보살과 범부의 즐거움의 차이다. 수행자가 좋은 곳에 태어나기 위해 보시를 하건, 해탈을 성취하기 위해 보시를 하건 간에 보시는 매우 중요하다. 그러므로 보살은 누군가가 도움을 요청하는 것만으로도 크나큰 행복감에 잠긴다.

또한 보시는 보시바라밀(布施波羅蜜)로 승화시키는 것이 중요하다. 보시는 그야말로 남에게 베푸는 것이다. 그러나 인간은 남에게 베풀면서 의식적·무의식적으로 보답을 바라게 된다. 그러한 보시는 생색을 낳는다. 보시를 하고 나서 상대방이 응당한 감사의 표시를 하지 않으면 불쾌해진다. 이것이 세간적 보시의 특징이다. 그렇다고 해서 그 보시의 과보가 없는 것은 아니다. 그러한 보시도 물질적 풍요는 얻을 수 있다. 하지만 정신적 행복을 보장하지는 않는다.

보시바라밀은 상대방에게서 보답을 바라지 않는다. 바라지 않을 뿐만 아니라 그 공덕을 다시 부처님에게로 회향한다. 이것을 출세간적 보시라 한다. 보시는 누구나 할 수 있지만, 보시가 바라밀이 되려면 보시의 결과로 다음 생에 받을 공덕 또한 다른 사람에게 회향해야 한다. 즉, 보시의 결과로 받을 물질·칭찬·인정 등을 다른 사람이나 부처님의 공으로 돌려야 하는 것이다.

보시가 보시바라밀이 되기 위해서는 다음 세 가지 조건을 갖추어야 한다.

① 불과를 얻기 위한 십바라밀을 수행해야 한다.

② 보시를 받는 자, 보시를 주는 자, 보시물, 이 세 가지는 본질적으로 존재하지 않으며 단지 꿈과 같은 상태로 존재한다는 것을 알고 보시해야 한다. 즉, 보시를 받는 자, 보시를 주는 자, 보시물의 세 가지 모두 본래 공함을 알고서 집착함 없이 보시해야 한다.

③ 모든 보시의 공덕을 모든 중생에게 회향함으로써 중생을 위한 불과를 성취해야 한다.

이 조건들은 모두 중생에 대한 지극한 연민심과 공성에 대한 이해가 있어야 가능하다. 그러므로 부처님께서는 『금강경』에서 이렇게 말씀하셨다.

보살은 반드시 어떤 것에도 머물지 말고 보시해야 하나니 형색, 소리와 향기, 맛과 감촉, 그 외의 온갖 것에 머물지 말고 보시해야 한다. 수보리야, 보살은 반드시 이와 같이 보시해야 하며, 보시했다는 생각[相]에 머물지 말아야 한다.

(7) 『반야심경』의 법무자성과 용서

미움과 증오는 개인의 정신적·신체적 건강에 매우 해가 될 뿐만 아니라 더 나아가서 사회와 국가·세계를 파괴적으로 이끌기도 한다. 이 같은 미움과 증오를 다스리기 위해서는 모든 법에 자성(自性)이 없음을 보아야 한다. 다시 말해 "이 세상에는 본래 (자성적으로) 좋은 것도 나쁜 것도 없으며, 사랑하거나 미워할 대상도 없다"라는 것을 알아야 한다.

우리는 삶의 현실 속에서 사랑하고 미워할 만한 사람, 이로움과 해로움, 그리고 나에게 고통을 주고 기쁨을 주는 대상을 분명히 경험한다. 그런데도 존재하는 것들에 자성이 없다는 것은 어떤 의미인가?

먼저 그러한 대상과 환경은 인연 따라 만들어진 것이라는 점을 알아야 한다. 좋은 환경은 좋은 인연을, 나쁜 환경은 나쁜 인연을 지은 결과인 것이다. 내가 사랑받을 인연, 도움받을 인연, 기뻐할 만한 인연을 지었기에 나에게 좋은 환경이 다가오는 것이다. 만일 내가 미움받을 원인, 해를 받을 원인, 괴로움 받을 원인을 지었다면 좋지 않은 환경을 경험하게 된다. 그러므로 우리가 경험하는 세계는 본래부터 있었던 것이 아니고, 인연의 법칙에 따라 생겨나고 변하는 것이다. 이와 같은 인과의 법칙에 따라 생겨나고 변하고 소멸하는 세계를 유위(有爲)의 진제(眞諦)라 한다.

그러나 그러한 대상에도 원래적 상태가 있다. 그것은 바로 그러한 인연을 짓기 전 대상의 상태이다. 인연 없는 대상을 좋고 나쁘다거나, 이롭고 해롭다고 말할 수는 없다. 더 나아가서 그 대상 자체가 그러한 인연을 떠나서 존재하지 않는다. 만일 존재한다고 해도 전혀 다른 모습일 것이다. 그러므로 선악, 이해의 실체는 본래 없는 것이다. 이것이 바로 무위(無爲)의 진제(眞諦)이다.

법은 오직 인연을 쫓아서만 존재할 뿐, 대상 자체에는 선악도 시비도 없다[空中無色聲香味觸法]. 여기서 또 다른 측면이 존재하는데, 좋은 환경은 사람을 타락하게 만들고, 나쁜 환경은 사람을 강하고 능력 있는 자로 만든다는 것이다. 다시 말해 좋은 환경이 나쁜 것의 원인이 되기도 하고, 나쁜 환경이 좋은 것의 원인이 되기도 한다. 즉, 좋은 것이 나쁜 것이고 나쁜 것이 좋은 것이다[色不異空 空不異色].

그런데 세상에는 왜 고통과 시비와 다툼이 끊이지 않는가? 이 세상에 생겨나는 수많은 악을 어찌 보아야 하는가? 연민심을 실천하는 사람이 지혜로 중생들을 관찰하게 되면, 미움을 갖지 않고 용서할 수 있게 된다. 왜냐하면 이 세상에 악한 사람은 존재하지 않기 때문에 미움이 생기지 않아서이다. 다만 이기적인 사람이 있을 뿐이다. 많은 사람은 그 자신의 입장에서 보면 모두 선하다. 그들의 이기심은 자신의 행복을 지키기 위해서이고, 자신이 속한 가족이나 단체를 보호하기 위한 행위이기 때문이다. 다만 자신과 가족 등을 지키기 위해 타인의 이익과 고통에 무관심한 무지가 있을 뿐이다. 그러므로 모든 악의 근원은 자기중심적인 생각과 그것을 감추려는 위선과 거짓이다.

이 세상에는 자신만 중요하다고 생각하고, 다른 사람의 행복과 안전에는 무관심한 사람이 많다. 그들은 스스로를 악하다고 생각하지 않는다. 다만 자신의 행복만을 위해 살 뿐이며 남의 고통에 무관심할 뿐이다. 그들은 남에게 한 행위가 결국은 나에게 되돌아온다는 인과응보의 도리에 무지하다. 그러한 삶이 결국에는 나를 파멸시키는 원인이 되는 것을 모르는 것이다. 그러므로 이 세상에는 이기적인 사람은 존재하지 않는다. 다만 어리석은 자만이 존재할 뿐이다.

그러면 무엇이 무지인가? 이 세상에 남이 없다는 것에 대한 무지이다. 하지만 사실은 남만 없는 게 아니라 나 자신도 존재하지 않는다. 오직 오온의 행위와 그것들의 인과가 있을 뿐이다.

(8) 법무자성과 공

앞서 설명한 세 가지 연민심 가운데 '공성의 관점에서 본 연민심'이 최상이고, 보살승의 이상이다. 그것은 모든 중생을 구제하되 한 중생도 구제한 바가 없어서, 상을 내고 생색을 낼 일도 없고 종일 도와줘도 피곤함이 없다는 것이다. 그러나 이 상태는 인무아(人無我)와 법무아(法無我)를 증득해야만 가능하다.

무아에 대한 초기불교의 견해는 제법무아(諸法無我)[79]에서 볼 수 있다. 이는 인식 대상인 모든 현상[諸法]에 자아[我, atta]가 없다[無, an]는 말이다. 여기서 'atta(ātma)'는 '자재함', '스스로 존재함', '자성(自性)'의 의미이다. 그래서 무아는 '모든 현상은 자성이 없이

79_ sabbe dhammā anatta

상호 의존해서 생겨나고 소멸한다'는 뜻이다. 그것은 '제행(諸行)이 무상(無常)'하므로 '제법(諸法)이 무아(無我)이다'라는 논리에서도 드러난다.

　제법은 좁은 의미에서 보면 오온(五蘊)이다. 이때의 제법무아(諸法無我)는 '오온에 아트마[我, ātma]가 없다[無, an]'는 뜻이다.

　오온무아는 일반적으로 두 가지로 번역한다. 첫째는 '오온은 아트마가 아니다[五蘊非我]'이다. 그러나 '오온이 아트마가 아니다'라는 말은 힌두교도들이 오온의 밖에 아트마가 있다는 말로 오해할 여지가 있고, 실제로 불이(不二)의 웨단타는 그렇게 해석한다. 둘째는 그것을 방지하기 위해 '오온무아(五蘊無我)'로 번역한다. 오온 밖의 존재에 대한 가능성을 닫아 둔 것이다. 그러므로 제법무아는 오온의 자성(自性)이 없다, 비어 있다[空]라는 것이 된다. 오온은 무자성(無自性)이기에 여러 조건에 의존해 존재한다. 오온은 존재하지만 시시각각 인연 따라 변하고, 변하면서도 존재한다. 물질[色]은 욕구[行]에 의존하고, 욕구는 대상에 대한 정보[想]와 느낌[受]에 의존한다. 이처럼 오온은 의존적으로 존재하는 것이다. 색(色)은 행(行)에 의존하고, 행은 수(受)·상(想)에 의존하고, 수·상은 식(識)에 의존한다.

　그리고 대상에 대한 느낌은 접촉에 의존하고, 접촉은 주관과 객관이 서로 만나는 것에 의존되어 있다. 주관과 객관이 만나는 물질적 현상에서 마음은 특정한 것으로 향하는데, 그것은 마음의 잠재된 성향이 이미 존재하기 때문이고, 이 성향은 전생의 기억들에 의존한다. 전생의 기억은 또 행위들의 인상들이고 그 행위들은 오해, 즉 무지에서 비롯된다. 이 세상에 무언가 영원하고 가치 있는 것이 있다는 객관적 대상에 대한 환상이 모든 행위와 업을 일으키는 근본 원인이고, 그로 인해 오온이 점진적으로 증장하는 것이다. 이처럼 여러 조건이 얼기설기 얽혀서 오온이 생성된 것이기에, 오온에서 조건들을 벗기고 나면 오온 자체에는 아무것도 존재하지 않는다. 그런 의미에서 오온자성개공(五蘊自性皆空)인 것이다.

그러나 이 오온 중 정신 현상들은 모두 대상, 즉 객관에 대한 인식에서 오는 것이고, 객관에 대한 정신 작용이기 때문에 오온은 오온에 한정되지 않고 현상 세계와 연결되어 있다. 그러므로 제법은 다시 모든 현상 세계를 말한다. 이때 제법무아는 '나'를 구성하고 있는 오온만 공하다는 것이 아니고, 감각 기관과 감각 기관이 경험하는 모든 존재하는 현상들마저도 공하다는 말이 된다. 이것이 광의에서의 법공이다. 중관학파에서는 무아를 인무아와 법무아의 두 가지로 말하는데, 그중 오온무아는 인무아에, 제법무아는 법무아에 해당된다. 그것은 '나'와 인식 대상인 현상계 모두가 자성이 없으므로 인연 따라 생멸한다는 것이고, 대승 불교, 특히 중관학파에 와서 공(空, śūnya)이란 단어로 정착하게 된다.

무상함은 경험되어지는 모든 존재들의 속성이고, 무상하게 변하는 존재들은 인연 따라 이루어진다. 그러므로 무아론은 인과론의 연기설과 한 쌍을 이룬다. 연기설을 떠나서는 본래 없던 것이 어떻게 형성되었는지 설명할 수 없는 것이다.

그렇다면 중관학파의 아공과 법공은 연기의 법칙성마저도 공하기 때문에 부정하는 것인가? 이것은 불교 모든 학파의 사활이 걸린 문제이기도 하지만, 인도에 있는 모든 종교와 종파, 심지어는 물질론자들까지도 가세해서 천여 년에 걸쳐 치열하게 논쟁을 벌여온 주제이기도 하다.

(9) 공과 연기

무아론은 인과론의 연기설과 한 쌍을 이룬다. 또한 연기론을 떠나서는 본래 존재하지 않았던 존재가 어떻게 형성되었는지 설명할 수 없게 된다. 인과설에서 가장 중요한 것은 선업(善業)과 악업(惡業)의 상속성(相續性)이다. 계를 어기는 행위를 하면, 현재 또는 미래에 그로 인한 불이익을 겪는다는 믿음 때문에 사람들은 계를 지키고 남에게 해를 끼치지 않으려고 한다.

그런데 이러한 업이 상속을 하려면 업이 상속할 수 있는 자체적 힘이 있어야만 한다. 불선법에는 불선행이 가져다주는 과보의 성질이 있어야 하고, 선법에는 선행이 가져다주는 과보의 성질이 있어야 한다. 이 과보의 논리가 불교 윤리학의 근간을 이룬다. 만약 선법과 악법의 과보를 가져오는 성질을 인정하지 않는다면 불교 윤리학은 성립될 수 없을 것이다. 그리고 이 성질, 즉 자성(自性)을 빠알리 불교에서는 'sabhāva', 산스크리트 불교에서는

'svabhāva'라고 한다.

『금강경』은 중관학파의 소의 경전이고, 『중론』은 소의 논서에 해당한다. 『중론』에서는 자성인(自性因)·타성인(他性因)·동시인(同時因)·무인(無因) 등 네 가지의 인과를 모두 부정한다. 그러면 어떻게 자성인과 타성인을 부정하면서 동시에 도덕적으로 인과를 말할 수 있는가가 중관을 이해하는 관건이다.

인과라고 하는 것은 어떤 법칙성이 있어야만 한다. 만일 법칙성이 없다면 우연주의에 떨어지게 될 것이고, 인과의 윤리를 말할 수 없다. 만약 자성인을 인정하지 않는다면 자석에는 쇠를 끌어당기는 자성이 없다는 논리가 될 것이고, 그렇다면 자석이 쇠를 당기는 것과 같은 이유를 설명할 수 없게 된다. 중관학파는 인과에 어떤 법칙성을 줄 수 있는가? 아니면 인과 부정론자인가?

우리는 이 문제에 접근하기 위해 불교의 발달사에 등장한 속제(俗諦), 유위(有爲)의 진제(眞諦), 무위(無爲)의 진제(眞諦), 이 세 가지 관점에 주목해야 한다.

속제라는 것은 우리가 경험하는 대상에 개념이라는 이름을 붙인 것이다. 예를 들어 '죽비'·'책상'·'마이크'·'컴퓨터', 이러한 것들을 모두 속제라고 한다. 마이크는 본래 '마이크'라고 이름 지을 수 있는 자성이 없다. 사람들의 편의를 위해 서로 합의하에 '마이크'라는 이름을 붙인 것이다. 이러한 개념을 깊이 따지고 들어가면 그것은 꼭 '마이크'가 아니라 '강'·'산'·'들' 등 다른 이름이 될 수도 있는 것이다. 그러므로 속제에는 자성이 없다.

유위의 진제는 인간이 능동적인 개념을 일으키지 않아도 수동적으로 경험할 수 있는 객관적 사실이다. 물질이나 몸이라고 하는 것은 지·수·화·풍으로 이루어져 있다. 우리의 몸은 땅[地]의 딱딱한 성질, 물[水]의 촉촉한 성질, 불[火]의 따뜻한 성질, 바람[風]의 움직이는 성질을 모두 느낄 수 있다. 하지만 '몸'이나 '땅' 등의 개념은 이름이라서 개념을 통해서만 인식할 수 있다. 반면 지·수·화·풍의 성질은 우리가 개념을 일으키지 않아도 수동적으로 느낄 수 있는 것이다. 이를 아비담마에서 유위의 진제라고 말한다. 지·수·화·풍이라는 사대(四大)가 뭉쳐져 있는 것이 '책상'이나 '탁자'나 '컴퓨터'이다. 이러한 것은 개념을 말하는 것이고, 실재적으로 경험할 수 있는 것은 물질이 가지고 있는 딱딱함·촉촉함·따뜻함·움직임과 같은 성질들이다. 그래서 '나' 혹은 '나의 몸'이라고 말하는 것은 속제이고, '나'와 '나의 몸'이라고 말하기 전에 이 몸을 구성하는 최소의 경험적 대상인 지·수·화·풍의 속성을 지각하면 유위의 진제인 것이다. 상대적이고, 조건 지워진 것이기에 유위이고, 개념 없이 지각할 수 있으므로 진제이다. 인과율과 자성은 이 유위의 진제에만 존재한다. 왜냐하면 무위의 진제는 모든 것이 해체되어 주관도 객관도, 모든 조건 지워지고 형성된 것이 없는 상태이기 때문이다.

불교 논리학의 역사에서 법무자성, 즉 인과를 말할 수 없는 단계는 속제와 무위의 진제인 열반의 상태이다. 그러나 유위의 진제인 지·수·화·풍이라는 사대, 선법과 불선법 등의 상태는 모두 인과율에 의해 지속된다. 그러므로 무위의 진제는 열반의 상태이고, 탐·진·치의 삼독이 없기 때문에 인과로부터 자유로우며, 나와 너라고 하는 분별심이 없기 때문에 인과를 초월한 것이다.

(10) 여래는 사후에 존재하는가

초기 경전을 살펴보면 부처님께서 열반의 상태를 언어로 표현하는 것을 달가워하지 않으셨다는 것을 알 수 있다. 열반은 사유의 영역도, 언어로 표현될 수 있는 영역도 아니기 때문이다.

초기 경전에서는 오직 고통의 원인이면서 열반에 장애가 되는 '번뇌'와 '번뇌의 소멸'만을 말한다. 번뇌와 선업은 유위의 진제이기에 인과가 성립되고, 그것은 언어의 영역이다. 그러나 열반의 상태인 무위의 진제는 언어의 영역도 아니고 인과를 말할 수도 없다.

중관학파 역시 진제인 열반과 해체를 다루는 학파이기에 무위의 진제만을 강조한다. 그래서 열반 이외의 모든 것, 유위의 진제마저도 모두 속제로 여긴다. 그러나 초기불교, 설일체유부, 유식학파, 경량부 등은 중생의 번뇌와 번뇌의 소멸을 다루기 때문에 유위의 진제를 다루어야만 하고, 이는 인과의 영역이다. 이 때문에 중관학파와 여타 학파의 인식론과 수행 방법에는 큰 차이가 있다. 유위의 진제는 자체적 성질은 있으나 탐·진의 인연 따라 변하는 것이고, 무위의 진제는 형태 이전의 것이다. 이로 인해 인과설에서 이 둘이 서로 충돌하는 것처럼 보이지만, 사실은 그렇지 않다. 그 이유는 이 둘이 유위의 진제와 무위의 진제라는 서로 다른 차원을 다루기 때문이다.

『금강경』5장에 여래께서 수보리에게 질문하신다.

"수보리야, 그대는 어찌 생각하는가? 32상과 오온을 칭하여 여래라 할 수 있겠는가?"

수보리가 부처님께 대답한다.

"아닙니다, 세존이시여. 32상과 오온을 칭하여 여래라 할 수 없습니다. 왜냐하면 32상과 오온은 무상하기 때문이고 여래를 무상하다고 말하는 것은 옳지 않기 때문입니다.

부처님께서는 수보리의 대답에 흡족해 하시면서 이렇게 결론을 내리신다.

"무릇 32상과 오온은 허망하고, 32상과 오온을 떠난 [법신은] 형상을 떠났기에 허망하지 않나니, [그렇다고] 허망한 32상, 오온과 형상을 여읜 [법신을] 떠나서 [다시] 여래를 말할 수 없느니라."

초기 경전 중 이러한 이치를 자세히 설명한 『야마까경』이 있다. 야마까라는 비구는 여래의 사후 상태가 '단멸(斷滅)의 무(無)'라고 믿어 사람들에게 이렇게 말하고 다녔다.

"벗들이여, 나는 '번뇌를 소멸시킨 수행승은 몸이 파괴되어 죽은 후에 단멸하여 존재하지 않는다'라고 하신 세존의 가르침을 이해합니다."

제2부 대승의 수행론

사리불 존자가 이 말을 듣고 여래는 그러한 말씀을 하신 적이 없다면서 야마까를 꾸짖었다. 그리고 야마까에게 무엇을 칭하여 여래라 하는지에 대해 순차적으로 질문했다. 먼저 몸이 여래인지를 물었다. 그러나 몸은 사후에 소멸하므로 몸 밖에 여래가 있느냐고 다시 물었다. 이와 같은 방식으로 느낌·생각·의도·의식의 안에 여래가 있는지, 밖에 여래가 있는지를 계속해서 순서대로 물었다. 더 나아가서 이들 오온의 합을 여래라고 할 수 있는지, 이들 오온을 떠나서 여래가 존재하는지를 물었다. 그 모든 질문에 야마까가 아니라고 대답하자, 사리불은 그러므로 여래는 어떠한 언어나 사념으로도 파악될 수 없고, 그러기에 여래의 사후를 단멸이라고 주장하는 것은 옳지 않다고 결론지었다.

야마까는 "오온이 흩어지면 다음 생을 받지 않는다"라는 부처님의 말씀을 '여래의 사후 단멸'과 동일한 의미로 이해했던 것이다.

그렇다면 여래의 사후에 대해 어떤 표현도 할 수 없는 것인가? 꼭 그렇지는 않다. 만일 여래의 사후에 대해 질문을 받는다면 "오온은 무상한 것이고, 무상한 것에 집착하면 괴로움이 따르며, 무상하고 괴로운 것은 소멸하여 사라지는 것이다"라고 주어를 오온으로 바꾸어 대답하면 된다.

여기에서 문제가 되는 것은 언어가 표현할 수 있는 한계이다. 오온은 형성된 유위법이고 실재하는 것이기 때문에 생성과 소멸을 말할 수 있다. 그러나 '여래'라는 이름의 개념과 모든 형상이 해체된 법신의 상태는 유무의 언어로 표현될 수 없다. 왜냐하면 여래라는 이름은 인간들이 만들어낸 개념이기에 대상의 유무를 논할 수 없고, 여래의 해탈된 법신의 상태는 모든 조건[有爲]이 해체된 상태[無爲]이기에 더욱 유무를 논할 수 없다. 즉, 무와 유무를 초월함의 차이는 본질적으로 다른 것이다.

(11) 가르침과 뗏목의 비유

『금강경』6장에 "그대 비구들은 나의 설법을 뗏목의 비유처럼 알라. 옳은 법(法)도 오히려 반드시 버려야 하거늘 하물며 비법(非法)이겠는가?"라는 부처님의 말씀이 나온다.

『맛지마 니까야』의『물뱀 비유 경』에도 역시 같은 내용이 설해져 있다.

> 비구들이여, 건너가기 위함이며, 집착하기 위한 것이 아님을 보여 주기 위해 뗏목의 비유를 설하였다. 비구들이여, 참으로 뗏목의 비유를 아는 그대들은 가르침[法]마저 버려야 하거늘 하물며 가르침이 아닌 것[非法]임에랴.

『금강경』은 초기 경전처럼 집착 없음을 설하는 가르침이다. 그 대상이 욕계·색계·무색계의 아무리 좋은 것이라 할지라도 집착하지 말아야 하고, 좋지 않은 것은 더더욱 집착할 일이 없는 것이다. 비유하자면 다이아몬드가 아무리 값비싸고 아름답다 할지라도 눈 속에 들어가면 고통을 주는 것처럼, 아무리 좋은 법이라도 그 법에 집착하면 고통이 따르므로 집착하지 말아야 하는 것이다.

여기에서 '법(法)'은 부처님의 가르침, 즉 대소승의 모든 경전에 있는 가르침을 말한다. 열반으로 인도하기 위해 중생의 근기에 맞추어 설한 여러 가르침이고, 그러한 법들에 대한 집착이 없어야 한다는 것이다.

왜 법에 집착하지 않아야 하는가? 부처님의 법은 중생의 근기에 맞추어 설하신 것이기에 사람마다 필요한 법이 각각 다르다. 그러나 한 법에만 집착하게 되면 다른 법은 모두 그르다 하게 되어, 다른 근기를 가진 중생들과 법을 내치는 악업을 짓게 된다. 그러므로 법에 집착하지 말아야 하는 것이다.

그러면 '비법(非法)'은 무엇인가? 『물뱀 비유 경』에 설명되어 있는 비법은 다음과 같다.

첫째, 비법이란 부처님께서 꾸짖으신 모든 감각적 쾌락의 욕망과 짝하는 생각들이다. 부처님께서 "즐거움은 적으나 괴로움과 근심이 많으며, 재난은 더욱 많다"라고 설하신 것이 바로 비법이다. 수행자는 이러한 감각적 쾌락의 욕망에 사로잡히는 것을 부끄러워해야 한다.

둘째, 비법은 바르지 못하게 잡은 법, 잘못 집착한 법이다. 마치 뱀의 머리를 잡지 않고 꼬리를 잡으면 뱀이 손과 팔을 무는 것처럼, 부처님의 가르침을 잘못된 의도로 듣고 배우는 경우를 말한다. 여기서 잘못된 의도라 하는 것은 잘난 체하기 위해, 남의 허물을 찾아내기 위해, 논쟁에서 이기기 위해 등의 이유로 법을 배우는 것을 말한다. 어떤 사람이 이러한 의도로 법을 듣고 공부한다면, 그 법은 뱀의 꼬리를 잡은 것처럼 오히려 스스로에게 고통을 준다는 것이 두 번째 의미의 비법이다.

셋째, 오온 중의 하나 혹은 오온의 합을 나 혹은 나의 것이라고 생각하고 집착하는 것을 말한다. 사람들은 타인이 자신의 몸을 다치게 하거나, 자신의 느낌이나 견해와 욕망 등을 거스르면 죽일 듯이 달려든다. 그 이유는 오온을 자신과 동일시하거나 자신의 것이라고 생각하기 때문이다. 이러한 잘못된 견해, 즉 아상(我相)이 세 번째 의미의 비법이다.

이처럼 비법에는 감각적 쾌락의 욕망에 빠진 비법, 삿된 의도로 법을 공부하는 비법, 아상에 집착하는 비법 등 세 가지가 있다. 이러한 비법들은 사람들을 고통으로 내몬다.

진리를 보게 하고, 해체와 해탈로 인도하기 위해 부처님께서 설하신 가르침이 법이다. 이 법들은 해탈을 위한 도구이기에 이미 해탈한 이들에게는 저 언덕으로 건너간 자의 뗏목처럼 더 이상 필요하지 않다. 그러므로 궁극적으로는 그 법에도 집착하여 머무르지 않아야 한다. 법에도 집착하지 않아야 하는데, 하물며 삿된 욕망의 비법에 집착하는 것은 더더욱 옳지 않다는 것이 이 가르침의 요점이다.

제2부 대승의 수행론

『십지경』에 보면 공을 성취한 보살이 동사섭(同事攝)을 실천하기 위해 여러 다른 모습으로 중생을 제도한다. 그것은 해탈을 성취해 더 이상 법에 연연하지 않아도 되는 보살들의 모습이다. 그러나 비법인 오욕락에서 빠져나오지 못한 사람이나 명예욕 등의 삿된 의도와 이상을 벗지 못한, 즉 저 언덕으로 건너가지 못한 사람이 법을 존중하지 않고 법을 놓아 버려서는 안 된다. 그것은 큰 바다를 항해하는 자가 바다 한가운데서 대책 없이 뛰어내리는 것처럼 무모하고 어리석은 일이다.

(12) 무득무설분

『금강경』 5장에서는 깨달은 자의 모습에 집착하지 않아야 함을, 6장에서는 깨달은 자의 가르침에 집착하지 않아야 함을, 7장에서는 부처님이 깨달으신 법의 내용을 각각 다루고 있다. 다시 말해 이 세 장에서는 '과연 부처님은 무엇을 깨달으셨는가? 깨달으셨다 하더라도 그 깨달은 법을 설하신 적이 있는가?'라는 질문을 던지고 있다. 이것은 깨달은 법이 언어로 표현될 수 있는가에 대한 질문이다.

결론적으로 이 질문에 대한 대답은 "딱히 무상정등각(無上正等覺)이라 할 만한 법도 없고, 그러므로 한 법도 설하신 적이 없다"라는 것이다.

부처님께서 수보리에게 질문하신다.

"수보리야, 그대는 어찌 생각하는가? 여래가 무상정등각이라는 법을 깨달았는가? 또 여래가 법을 설한 적이 있는가?"

수보리가 대답한다.

"제가 이해하기로는 따로 무상정등각이라고 할 만한 어떠한 법도 없고, 또한 여래께서 가르치신 어떠한 법도 없습니다."

언뜻 듣기에 부처님께서 한 법도 설하신 적이 없다는 것은 아주 모순되는 답변이다. 왜냐하면 대소승의 수많은 경전이 존재하는데, 깨달은 법도, 설한 법도 없다는 것은 경전에 대한 불신을 야기할 수 있기 때문이다. 실제로 어떤 이들은 이를 근거로 들면서 경전을 존중하지 않는 경우도 있다.

이 부분을 단순하게 이해한다면 혼란스러울 수도 있지만, 이어지는 구절을 보면 의문이 풀린다.

왜냐하면 여래께서 설하신 깨달은 법은 취할 수도, 언어로 표현될 수도 없으며, 법도, 비법도 아니기 때문이며, 일체 성현들은 모두가 형성됨이 없는 법[無爲法]으로부터 나오기 때문입니다.

이어서 수보리는 여래가 깨달아야 할 만한 어떠한 법도 없고 설한 적도 없다는 것에 세 가지 이유가 있다고 말한다. 첫째, 그 법은 취할 수가 없다는 것이고, 둘째, 그 법은 언어로 표현할 수 없다는 것이며, 셋째, 취할 수도 표현할 수 없는 이유는 성인의 깨달음은 해체된 무위의 법에 대한 체험이기 때문이라는 것이다.

여기서의 법은 부처님이 성도 후 언어에 의지해서 가르치신 법문을 지칭하는 것이 아니고, 무위의 해탈된 상태를 말한다. 마치 손가락으로 달을 가리키는 이유가 손가락을 보게 하려는 것이 아니고 달을 보게 하기 위해서인 것처럼, 부처님의 가르침은 유위법이다. 그러나 가르치시려고 하는 내용은 무위법이고, 이 무위법은 말로 표현할 수가 없다. 왜냐하면 그것은 상대적이고 의존적이며 형성된 것이 모두 해체된 상태라서 상대적이고 형성되어진 언어로 표현할 수 없기 때문이다. 그것은 마치 로봇이 인간의 감정을 이해할 수 없고, 맹인이 색상을 이해하지 못하는 것과 같다. 그런 의미에서 한 법도 설한 바가 없는 것이다. 설하지 않은 것이 아니고 설할 수가 없는 것이다.

그러나 많은 이가 달을 가리키는 손가락에 집착한다. 대소승을 서로 차별하여 내 법만이 최고이고, 다른 법은 하열하다고 말한다. 이 모두가 부처님의 참된 의도가 무위의 해체된 법이라는 것을 잊어버린 것이고, 손가락에 집착하고 달을 보려고 하지 않기 때문에 생기는 일이다.

해체는 열반이고 형성은 비열반이다. 형성에는 크게 세 가지가 있다. 물리적 형성, 언어적 형성, 관계적 형성이 그것들이다.

물리적 형성은 지·수·화·풍이라는 사대의 모임에 의해 형성된 물질과 인간의 몸을 말한다.

언어적 형성은 만들어진 이름인 개념들이다. 예를 들어 사람들의 사회적 약속에 의해 '꽃'이라는 이름이 형성된 것이지, 꽃이 스스로 이름을 지어 그 이름을 갖게 된 것은 아니다. 그러므로 개념은 사회적 약속의 형성이다.

'부모', '형제', '자식', '친구', '고향', '회사 동료', '국가' 등의 개념은 관계적 형성이다. 이들은 모두 형성되어진 것으로, 유위법이라고 하며, 이 모든 것이 해체된 상태가 바로 열반이다.

여래의 깨달은 법은 유위가 해체된 상태이기에 사유로도, 언어로도, 탐·진·치가 있는 마음으로도 다가갈 수가 없다. 그러므로 무위의 진제는 모든 거시적 상태의 형성된 인연을 해체하고 분해해서 아무런 탐·진·치의 인연도 남아 있지 않은 상태를 말한다.

(13) 일상무상분

깨달음을 증득할 때, 얻었다고 할 만한 소중한 보물과 같고 보배와 같아서 자부심을 가져야 할 만한 뭔가가 있는가?

이 질문은 득도의 내용이 무엇인지에 대한 물음이다. 많은 사이비 도인들 역시 도를 얻었다고 말하기에 그들에게 속지 않기 위해서는 그 깨달음의 내용이 무엇인지 정확히 아는 것이 무척 중요하다.

첫째, 이 위없는 바른 깨달음[無上正等正覺][80]은 조작되어지거

80_ anuttarā samyak-sambodhi

나 형성되어진 것이 아니다.

둘째, 모든 형상 있고 모여진 것을 다 해체하고, 해체한다는 생각까지도 사라진 것이 깨달음이다.

셋째, 해체된 상태가 깨달음이기 때문에 얻을 만한 법도, 자랑할 만한 법도 없다.

이것을 무상정등정각(無上正等正覺)이라 하고, 그러한 무상정등정각에 들어가기 위한 단계가 수다원에서 아라한까지다. 수다원은 들어가는 자가 없기 때문에 얻을 법이 없고, 사다함은 돌아갈 곳이 없어 얻을 법이 없고, 아나함은 돌아가지 않을 곳도 없으니 얻을 법이 없고, 아라한은 다툴 대상이 없어 얻을 법이 없다. 이 모두가 인무아와 법무아에 대한 내용이다.

무상정등정각이라는 해체된 상태에 단박에 들어가는 경우는 무척 희귀하고, 차제(次第)로 수다원에서 아라한까지 해체해 들어가는 것이 일반적이다. 마치 로켓이 우주 상공에 진입하기 위해서 먼저 견고하고 무거운 연료 탱크인 1단계 몸체를 분리하고, 더 나아가서 대기권에서는 가벼운 연료 탱크인 2단계 몸체를 버리고, 무중력의 우주에 진입해서는 남아 있던 외부 몸체마저 벗어버린 가벼운 본체로 기존의 관성 에너지에 의지해 나아가는 것과 유사하다.

인간은 이처럼 여러 겹의 번뇌에 의해 안팎으로 결박되어 있고, 이것을 차례대로 벗어던지는 것이 도와 과의 단계이다.

가장 큰 결박은 지금 현재 경험되어지는 오온의 형성된 상태를 '절대적 나'라고 믿는 믿음이다. 연기적 자아는 실제의 삶에서 경험되지만 고정된 자아, 즉 실체적 자아는 경험되어지지 않는다. 나의 몸을 자세히 보면 지·수·화·풍으로 이루어져 있고, 이 지·수·화·풍은 몸 밖에 있는 지·수·화·풍에 의해 끊임없이 교체된다. 내 몸의 지·수·화·풍은 우주의 지·수·화·풍과 연기적으로 얽혀져 있는 것이다. 그러므로 지·수·화·풍을 분별해서 나와 나의 것으로 구분 짓는 것은 단지 '생각'일 뿐이다.

느낌·생각·욕망 등은 더더욱 그렇다. 이들은 처음부터 나 밖에 있는 대상들에 대한 느낌·생각·욕망 등의 것이라서 대상이 있고 지향적이다. 나의 수(受)·상(想)은 나 밖의 경계에 대한 지각과 인식에서 오는 것이고, 행(行)은 그것들에 대한 욕망이다. 따라서 절대적 자성의 수·상·행은 존재하지 않고, 다만 나 밖의 것과의 연기적 관계에 의해 존재하는 것이다. 수·상·행은 안팎으로 의존하여 존재하기에, 수·상·행에 대한 자와 타의 구분은 역시 생각에서만 존재함을 알 수 있다.

이처럼 오온 중 그 어디에도 절대적 자아는 없고, 일체법들이 연기적으로 교류하는 상태에서의 오온만 존재한다. 절대적 자아를 믿게 되면 세상을 자기중심으로만 생각하게 되어 타인에 대한 배려가 부족하게 되고, 타인을 그저 이용해야 할 대상으로만 생각하는 허물을 범할 수 있다. 그에 반응해서 타인도 나를 배려하지 않게 되면 세상은 점점 이기적이고 파괴적으로 흘러가게 된다.

이처럼 절대적 자아가 없는 것을 아는 이는 보고 듣고 맛보는 일상 행위 중에 육근의 대상에 집착할 자아가 없음을 알기에 육근의 경계에 들어가거나 머물지 않는다. 이를 『금강경』 9장에서 "색·성·향·미·촉·법의 그 어떤 법에도 들어감이 없기 때문에 성인의 흐름에 들어감[入流]이라고 한다"라고 표현한다. 만약 육근의 경계에 들어갈 자가 없으면 도를 얻는 자가 없고, 얻는 자가 없으면 얻음이 없고, 얻음이 없으면 집착하지 않고, 집착이 없으므로 성인의 흐름에 든다는 것이다.

자아에 대한 잘못된 견해가 사라져서 여섯 가지 감각 기관의 대상을 경험하는 자가 없음을 알고, 마음은 식과 수·상·행의 연기를 쫓아 끊임없이 생멸함을 알게 되면, 성인의 흐름에 들었다고 한다. 흐름에 들었다고는 하나 아직 욕계의 대상[法]들에 대한 잠재적 습관과 집착이 완전히 사라진 것은 아니고, 다만 집착할 '나'가 없음을 본 것뿐이다. 이를 입류(入流), 즉 수다원 또는 견도(見道)라 한다.

이들은 아직 돌아가서 즐길 것이 많음을 본다. 오욕락의 즐거움이 인간 세계에서 천상의 여섯 세계에 이르기까지 각양각색의 화려한 비단처럼 아름답게 펼쳐져 있음을 본다. 눈이 있고 귀가 있고 느낌이 있는데 그 아름다움과 즐거움을 어찌 싫어할 수 있겠는가. 다만 그 즐거움은 무상하여 짧고, 그 과보의 고통이 오래감을 본다. 또한 그 즐거움에 실체가 없음을 보고, 그 즐거움으로 되돌아가지 않을 것을 다짐한다. 하지만 잠재된 욕망 때문에 한 번은 돌아가서 그 한을 푼 후에 집착이 떨어지는 것을 일래(一來), 사다함이라 한다.

마치 한 청년이 아름다운 여인을 연모하다가 마침내 결혼했지만, 그 여인의 많은 허물을 경험한 후에 환상이 깨져서 그 여인을 떠나는 것과 비슷하다.

일래에 대해 『금강경』에서는 이렇게 묘사한다.

수보리야, 그대는 어찌 생각하는가? 사다함이 생각하기를 '나는 일래과의 과위를 얻었노라' 하겠는가? 수보리가 사뢰었습니다. 아닙니다, 세존이시여. 사다함이 '나는 일래과의 과위를 얻었다'라고 생각하지 않습니다. 왜냐하면 일래의 도에 들어갈 그 어떠한 법이 없기 때문입니다. 그래서 일래(一來)라고 합니다.

사다함을 '일래'라고 하는 이유는 욕계에 대한 거친 욕망은 다스려졌지만, 욕계에 대한 미세한 욕망과 업의 과보가 남아 있기 때문이다. 그러나 욕계에 대한 미세한 욕망의 무상함을 보고 집착할 것이 없음을 알면 욕계에 다시는 돌아오지 않는 불환(不還), 아나함 과위에 든다.

이를 『금강경』에서는 이렇게 표현한다.

수보리야, 그대는 어찌 생각하는가? 아나함이 생각하기를 '나는 아나함의 과위를 얻었노라' 하겠는가? 수보리가 사뢰었다.

　　　　　　　　　　　　제2부 대승의 수행론

아닙니다, 세존이시여. 아나함이 '나는 불환과를 얻었다'라고 생각하지 않습니다. 왜냐하면 불환의 도에 들어갈 그 어떠한 법도 없기 때문입니다. 그러므로 불환(不還)이라 합니다.

이처럼 욕계의 오욕락에 대한 집착이 완전히 해체된 사람이 욕계에 대한 흥미를 잃은 것을 돌아갈 법이 없다고 한다. 그러므로 과위를 얻는다는 개념이 생기지 않는다. 이 장에서는 본격적으로 대상[法]의 공함을 다루는 것을 알 수 있다.

아나함을 '불환'이라 하는 이유는 욕계에 대한 욕망이 다스려져서 다시는 욕계로 돌아가지 않기 때문이다. 그러나 색계와 무색계라는 천상계의 아름답고 평화로운 세계에 대한 욕망과 집착은 남아 있어서 상계(上界)에 다시 나기를 욕구하고 하계(下界)에는 다시 태어나지 않기를 원하므로 불환이라 한다. 이때 불환은 욕계로 다시는 돌아가지 않는다는 뜻이다. 그러나 색계·무색계 등 상계에 대한 미세한 집착이 온전히 끊어진 것은 아니다. 영리한 근기[利根]는 인간 세상에서, 둔한 근기[鈍根]는 색계의 구경천이나 무색계의 유정천이라는 곳에 태어나서 무상함을 직접 경험하고 깨달아야만 그 집착을 끊을 수 있다. 무명으로 인해 이 세계들에 대해 환상을 가지고 있고, 대상에 집착하면 미세한 '들뜸'도 있다. 그런데도 불환이라고 하는 이유는 인간의 근본이 욕계이기 때문이다.

상계에 대한 무상함을 알고 그 어떤 법에도 집착할 것이 없음을 보면 다시는 욕계·색계·무색계, 즉 삼계에 돌아오지 않는 아라한과에 든다. 안팎의 아무것에도 집착하지 않으면 그 누구와도 소유나 명예 때문에 다툴 일이 생겨나지 않는다. 그러므로 아라한을 '무쟁(無諍)'이라고 한다.

(14) 참다운 수행이란 무엇인가

인간은 본래 태어날 때부터 이기적이다. 이기적이지 않은 사람이 오히려 이상할 정도다. 왜냐하면 인간의 오장육부 등 몸과 관련된 모든 고통과 괴로움은 타인이 느낄 수 있는 것이 아니기 때문이다. 이러한 고통들을 저절로 느끼는 것은 오로지 자기 자신뿐이다. 그렇기에 이기심은 모든 생명 있는 존재의 당연한 속성이다. 이러한 관점에서 볼 때 수행이란 이기적인 마음을 이타적인 마음으로 바꾸는 일이다.

왜 이기적이면 안 되는가? 나라고 하는 것은 오온의 안팎 그 어디에도 존재하지 않기 때문이다. 수행을 통해 깨달은 자는 이기적인 삶에서 이타적인 삶으로 삶의 방식을 바꾸게 된다. 이타적인 삶을 산다는 것은 아상을 잘 다스린다는 의미이며, 이기심을 버린다는 것은 대상에 대한 집착을 버린다는 것을 말한다. 이타적인 삶을 사는 데 가장 장애가 되는 것은 내가 좋아하는 소유물이나, 붙들고 싶은 감정에 대한 집착이다. 그러므로 내가 좋아하는 대상[法] 가운데 집착할 만한 가치가 있는 것은 아무것도 없고, 가장 최고의 가치는 '그 대상들이 무자성이고 잡을 것이 없다'라는 것을 알아야 한다. 그래서 이기적인 삶을 살지 않고 이타적인 삶을 사는 것, 그것이 바로 수행의 결과이다.

아공과 법공에 대한 깨달음은 이기적인 삶에서 이타적인 삶으로의 전향 속에서 그 결과가 드러나야 한다. 누군가 깨달음을 주장한다면 이타적인 삶 속에서 깨달음이 보여야 한다. 이기적인 삶을 살면서 수행한다거나 깨달았다고 말하는 것은 모순이다.

모름지기 보살의 수행이란 이타적인 삶으로 한걸음씩 나아가는 일이다. 『금강경』에서는 아상과 법상에 대한 집착을 다스림으로써 그것이 가능하다고 말하고 있다. 이것이 바로 『금강경』에 담긴 가르침의 요체이고, 대승 불교의 진정한 가르침이다.

이타적인 삶을 위한 수행을 하는 데 있어 반드시 경계하고 주의해야 할 것이 있다. 마음속에는 삿된 욕망과 삿된 의도를 가지고 있으면서 남에게 이타적인 모습을 보여 주는 것이다. 이것은 수행이 아니다. 가식일 뿐이다. 의도가 삿되기 때문이다. 진정한 연민심은 진심으로 상대의 고통을 느끼고 공감하는 것이며, 그것은 자기중심적인 삶에서 남을 위한 삶으로 마음속 무게 중심이 바뀌어야만 가능하다.

귀가 있고 마음이 있고 눈이 있는 자는 모든 존재의 고통, 윤회하는 이 세계의 모든 고통을 보고 듣지 않을 수 없다. 하지만 대다수 사람들이 이 고통을 보지도 듣지도 못한다. 그들은 자신의 생각에 가로막히고 생각의 껍질 속에 갇혀 있기 때문이다. 그 가로막힌 생각을 부수고, 생각의 껍질을 벗기고, 감수성을 열어젖힌다면 모든 생명이 고통으로 울부짖는 소리를 듣지 못할 리 없다. 마치 비바람이 몰아칠 때 창문을 열면 마구 흔들리는 나뭇잎 소리가 들리지 않을 리 없듯이.

이렇듯 우리는 고통에 처한 생명들에 진심으로 연민의 마음을 일으켜야 한다. 이러한 연민의 마음은 이웃에 대한 배려, 이웃을 위한 삶으로 바뀌게 되는데, 이 모든 것을 한마디로 바라밀 수행이라고 한다.

그러므로 모름지기 수행이란 다음과 같은 것이다.

① 오온무아를 자각하여 아상·인상·중생상·수자상을 벗어 버리는 것
② 안팎의 오온이 연기적으로 한 몸이라는 것을 깨달아서 모든 생명의 고통에 대해 연민과 자비심을 일으키는 것[同體大悲]
③ 대상[法]들에 대한 집착을 버리고 이타적인 삶을 사는 것

『금강경』 9장은 수다원에서 아라한까지의 수행 과정을 통해 이러한 내용을 보여 주고 있다. 이것이 『금강경』에서 말하는 대승 아라한이다.

(15) 의법출생분

『금강경』의 가르침은 집착의 소멸이라는 관점에서 바라보아야 한다. 어떠한 집착의 소멸인가? 초기 경전에서부터 줄곧 강조해 온 나와 인식 대상에 대한 집착, 즉 나와 법에 대한 집착의 소멸이다. 수다원에서는 나에 대한 집착을 다스리고, 사다함 이후부터는 본격적으로 법에 대한 집착을 다스려야 한다.

법은 인식의 대상이고, 인식의 대상은 인연에 의해 형성된 것이기에 자체적 성질[自性], 즉 실체가 없으며 집착할 바가 없는 것이다.

부처님께서 진심을 담아서 설하려고 하신 가르침의 참된 의도, 진의는 무위라는 해체된 열반이다. 그런 의미에서 참된 공덕은 무위의 공덕일 뿐이며, 일반적인 공덕은 부처님이나 성자에게 큰 의미가 되지 못한다. 그것은 허망하며 영원하지 않기 때문이다. 그래서 "공덕의 무더기는 [참된 무위의] 공덕의 무더기가 아니기 때문에 [단지 유위의] 공덕의 무더기이다"라고 설하신 것이다.

부처님께서는 형성이 해체된 무위의 상태를 체험했을 뿐만 아니라 항상 그러한 상태에 머무르시기에 세간의 가치인 유위의 공덕을 방편적으로 인정해 주긴 했지만, 크게 중요하게 여기지는 않으셨다. 이러한 이유로 다음과 같이 설하신 것이다.

만약 어떤 이가 이 경 가운데서 사구게만이라도 받아 지녀서 남을 위해 설해 주었다면, 그 복덕이 삼천대천세계에 가득 찬 보물을 보시한 공덕보다 훨씬 뛰어나리라.

여기서 언급된 사구게(四句偈)는 크게 두 가지로 이해할 수 있다. 하나는 말 그대로 사구로 된 문장을 말하고, 또 하나는 인도 논리학에서 전통적으로 사용되어 온 존재의 네 가지 양태에 대한 표현을 말한다.

존재는 있거나[有], 없거나[無], 있기고 하고 없기도 하며[有無], 있지도 않고 없지도 않은[非有非無] 상태, 이 네 가지로 말할 수 있다. 그리고 이에 상응하는 가장 대표적인 사구게가 바로 "범소유상 개시허망 약견제상비상 즉견여래(凡所有相 皆是虛妄 若見諸相 非相 則見如來)"이다. '범소유상'은 존재하는 세계의 '유'를 지칭하고 '개시허망'은 '무'를 말한다. '약견제상비상'은 '유'와 '무'의 동시적 상태를 말하고, '즉견여래'는 '유도 무도 아닌 것', 즉 '비유비무'를 말한다.

『금강경』의 또 다른 사구게는 10장 장엄정토분의 '불응주색생심 불응주성향미촉법생심 응무소주 이생기심(不應住色生心 不應住聲香味觸法生心 應無所住 而生其心)'이다. 색·성·향·미·촉·법은 '유'이고, 색에 머물지 않음은 '무'이고, '응무소주 이생기심'은 '유도 무도 아닌 것'이고, '불응주성향미촉법생심'은 수행하는 과정을 말한다.

이처럼 네 개의 구절에 네 가지 의미를 모두 갖춘 것을 사구게라 하고, 여기서는 탐·진·치에 의해 드러난 현상의 측면, 현상의 무상한 측면, 그리고 탐·진·치를 소멸한 본래의 궁극적 상태와 수행 과정을 표현하고자 했다.

수행자는 현상의 가치에서 본래적 가치로 회귀하려는 이를 말한다. 본래적 가치로 회귀한다는 측면에서 보았을 때, 이 세상에 있는 모든 보배를 보시한 공덕이 경의 사구게를 설명한 것만 못하다고 『금강경』은 말하고 있다. 그것은 모든 성자가 바로 무위의 체험에서 나왔기 때문이다. 그런 의미에서 『금강경』은 불모(佛母)의 경전이다. 『금강경』의 사구게가 바로 무위의 체험을 말하기 때문이다.

그렇다면 여기서 부처님이 시설하신 가르침은 왜 참된 가르침이 아닌가 하는 의문이 생길 수 있다. 부처님의 가르침은 언어에 의지한 유위법이고, 참된 가르침은 무위법이기 때문이다. 그러나 이 사구게가 의도하는 바는 무위라는 해체된 상태이고, 이는 언설에 의해 닿을 수 없는 것이다. 그런 의미에서 불법은 참된 상태를 가리키는 손가락이지 달 자체는 아니다. 그래서 "부처님의 가르침은 [참된 무위의] 가르침이 아니기 때문에 [유위의] 가르침이다"라고 표현하는 것이다.

『금강경』은 모든 법에 '본체 없음', '본래 없음', '모양 없음'이라고 하는 해체된 측면을 강조한다. '본래 없음'이라고 하는 것은 해탈·열반·무위의 상태이고, 그러한 관점을 강조하는 이유는 두 가지가 있다. 하나는 무집착의 수행이란 관점이고, 다른 하나는 법의 궁극적이고 본래적인 측면이다. 이런 관점에서『금강경』을 이해해야 한다.

이러한 내용이 실제 우리 생활에 끼치는 영향은 무엇인가? 고락[受], 시비[想], 호오[行]의 욕망들은 모두 형성된 유위의 법이기 때문에 집착할 것이 아무것도 없고, 집착할 것이 없으니 머무르지 말고, 자유로워진 마음으로 살라는 것이다.

(16) 죽은 후에 가져갈 수 있는 것

수행자가 인욕을 하고, 윤회에서 벗어나려고 하는 이유는 그것이 행복한 삶을 누리는 길이라고 믿기 때문이다. 불교는 부처님의 경험을 체험하고 나누는 것이다. 보살도는 인간 진화를 위한 가장 진보된 방법론이자 실천도이고, 이 보살도를 완성한 이가 부처이다.

부처님의 과거생의 삶을 보살이라고 한다.『자타카』는 석가모니 부처님의 전생담이다. 5부 니까야 중 소부경에 547개의 일화가 실려 있는데, 그중 하나가 수메다라는 수행자와 연등불의 만남이다. 수메다는 석가모니 부처님의 전생 중 깨달음의 수기를 받게 된 첫 번째 삶으로, 3아승기 겁 전 7대가 청정한 바라문의 아들로 인도에 태어난다. 그의 부모가 죽자 집사는 보배 창고의 문을 열어 수메다에게 부모님의 유산을 보여 주는데, 이때 유산을 본

수메다에게 두 가지 생각이 떠올랐다. 하나는 태어난 인간은 반드시 죽는다는 것이고, 또 하나는 이 많은 재산을 부모님은 모으기만 하시고 저세상에 갈 때 하나도 가져가시지 못했다는 것이다.

이러한 생각 끝에 수메다는 '내가 죽은 후에 가져갈 수 있는 것은 무엇인가?'에 대해 깊이 사유해 보았다. '내가 가지고 있는 물건들은 죽은 후에 아무것도 가져가지 못한다. 그러나 그것을 남에게 보시하면 그 과보는 내가 가지고 갈 수 있다. 나의 재물을 은행에 두면 죽은 후에 가져갈 수 없지만, 보시한 공덕은 가져갈 수 있다'라고 거듭 숙고한 수메다는 모든 재물을 보시하기로 마음먹었다. 그리고 그는 '죽은 후에 나를 따라오는 것은 또 무엇이 있을까?' 생각한 후 '마음속에 품고 있는 원한과 증오 역시 죽은 이를 따라가고 그것의 과보는 삼악도이다. 그러나 계율을 지키고 남을 도와주는 자(慈)·비(悲)·희(喜)·사(捨)의 과보는 삼선도이다'라고 결론지었다. 또한 '죽은 후에 가져갈 수가 있는 것은 무집착의 수행과 그것의 과보인 해탈이다. 이것들만이 진실로 죽은 후에 가져갈 수 있는 것이다'라고 생각한 수메다는 모든 재산을 마을 사람들에게 보시한 후 설산으로 들어가 수행하기로 마음먹었다.

그때 연등불이 세상에 출현하셔서 그 마을을 지나가시게 되었다. 수메다는 연등불께 공양을 올리기 위해 꽃 다섯 송이를 수밋따라는 소녀에게서 은전 500냥을 주고 사려고 했다. 하지만 연등불에게 보시한다는 것을 안 가난한 소녀는 돈을 받지 않고 수메다에게 꽃을 보시했다. 연등불께서 마침 물웅덩이를 건너가시려 하자 수메다는 꽃을 공양 올리고 몸을 엎드려 자신의 몸을 밟고 물웅덩이를 건너가시게 했다. 그리고 '나는 부처를 이룬 후에 반드시 천상에 이르기까지 모든 생명을 해탈시키고 윤회에서 벗어나게 하리라'라고 서원했다. 그 모습을 어여삐 본 연등불께서는 4아승기 10만 겁 이후에 성불할 것을 수메다에게 수기(授記)하셨다. 그로부터 4아승기 겁 동안 육바라밀을 순차적으로 닦은 수메다는 마침내 인도에 고타마 싯다르타로 태어나셨고, "천상천하 유아독존 삼계고해 아당안지(天上天下 唯我獨尊 三界苦海 我當安之)"를 선언하셨다.

여기서 '천상천하'는 위로는 범천과 천신들의 세상을, 아래로는 인간 이하의 세상을 가리키며, 삼계(三界) 전체를 의미한다. '유아독존'은 생명 있는 존재 가운데 해탈을 성취하신 붓다가 가장 존귀한 존재임을 말하며, '삼계고해 아당안지'는 완전한 자유[解脫]와 궁극의 행복[涅槃]을 얻으신 붓다께서 인간과 천신들에게 가르침을 주어서 그들에게도 자유와 행복을 얻게 한다는 의미이다.

부처님의 가르침을 한마디로 요약하면 '놓으라[放下著]'는 것이다. 나를 놓아 버리고 내가 집착하는 것을 놓아 버리라는 뜻이다. 이것들을 놓아 버리면 그곳이 해탈이고 그곳이 극락이라는 것이다. 내 안에 잡고 있는 나, 내 밖에 잡고 있는 나를 놓아야 한다는 뜻이다. 나의 느낌, 나의 판단, 나의 욕망에 집착하지 않는 것, 이것이 나를 놓아 버리는 것이다. 나의 소유물, 학벌, 돈, 명예, 천상에 대한 집착 등을 놓는 것이 내 밖에 잡고 있는 나를 놓아 버리는 것이다. 잡으면 다툼이 있고, 잡으면 불화가 있고, 놓으면 다툼이 없고, 놓으면 화목하여 평화롭다. 심지어 나의 인생을 지탱해 주는 신념까지도 놓아 버릴 수 있어야 한다. 더 이상 놓을 것이 없는 경지에 이르렀을 때 바로 그곳이 극락이고, 해탈 열반의 경지인 것이다.

(17) 참된 반야바라밀

법상(法相)은 대상에 대한 시비분별을 통한 견해의 집착이고, 이 견취는 윤회를 일으키는 네 가지 요소 중 하나이다. 그러므로 법상은 아라한이 되기 위해서 뿐만 아니라, 부처를 이루는 데 있어서도 반드시 뛰어넘어야 할 장애 요소이다. 이는 석가모니불 역시 연등불 아래서 수기를 받을 때 받은 법이 없음을 천명한 것으로도 알 수 있다. 즉, 세존과 연등불 역시 받은 법도 없고, 준 법도 없는 연고로 법상을 여읠 것을 강조하고 있다.

불국토는 모든 유위의 형성이 해체된 세계이다. 그러므로 불국토를 건설하거나 장엄한다는 것은 외형적인 세계나 국가를 만드는 일이 아니고, 모든 유위의 형성을 해체하는 것을 말한다. 외형적인 세계는 제아무리 아름답고 화려하며 완벽하다 할지라도 무상하여 사라지고 만다. 그렇기에 갠지스 강에 있는 모래알 수만큼의 많은 보배를 가져와서 보시를 한다 할지라도 사구게를 설명하는 공덕에는 결코 미치지 못한다고 하는 것이다. 이 사구게의 본질과 내용은 아상(我相)과 법상(法相)을 여의게 하는 것이고, 아상과 법상을 여의게 되면 모든 형성된 세계에 대한 환상이 한꺼번에 무너져 버린다.

또한 이 사구게를 설하는 곳이야말로 바로 부처님이 머무는 곳인 법당이며, 참된 승가가 머무르는 곳이다. 그러므로 참된 승가이기를 원한다면 모든 형성된 유위를 해체하는 무위 해탈의 수행을 해야 한다.

그리고 그 무위의 수행은 자기 혼자만이 하는 것이 아니고, 동체대비의 마음을 일으켜서 중생과 함께해야 한다. 이것이 바로 보살승이다. 중생과 함께 가야 하는 이유는 오온 안에 나가 없기 때문이며[五蘊無我], 연기 속에서 나와 남이 둘이 아니기 때문이다[自他不二]. 이처럼 불국토 건설의 원력을 가진 자는 색·성·향·미·촉·법 그 어디에도 머무르지 않는 수행을 해야 한다. 이와 같은 수행을 참된 반야바라밀이라 한다.

반야바라밀의 수행은 마음이 그 어디에도 머물거나 집착하지 않고, 아상과 법상에 머무르지 않는 것이다. 이것이 사구게의 가르침이다. 그러므로 반야바라밀 수행자가 참된 승가이고, 그들이 머무는 곳이 바로 법당이고 적멸보궁이며 승원이다.

대지의 티끌은 티끌이 아니므로 많다고 할 수 있으며, 세계는 세계가 아니므로 세계라고 하며, 32대인상은 32상이 아니므로 32상이다.

이러한 문장의 논리는 모든 이름으로 표현되어지는 현상은 유위의 형성이고, 자성이 없으므로 그들은 참된 실재가 아니어서, 그것[法]들에 집착할 바가 없음을 말하는 것이다. 그렇기 때문에 갠지스 강가의 모래알 수만큼 많은 희생제를 지내는 것보다 사구게가 뛰어나다고 말할 수 있는 것이다. 또한 불국토의 장엄 또는 건설이라는 원력에 대한 법상을 가지지 않아야 할 것을 말하고 있다. 다시 말해 원력을 가지되, 원력을 일으키는 자와 대상이 무아임을 보면서 원력을 일으켜야 한다는 뜻이다.

기원전 2500년 전에 신두 강가에 정착한 아리아인들은 히브리인들과 종족적으로 신앙적으로 유사한 부분이 많았다. 신앙적으로 유사한 부분은 대속의 개념인데, 이는 자신이 지은 죄를 대신해서 동물들을 죽여 공희로 바치면 자신의 죄가 사해진다고 믿은 것이다. 그중 최고의 대속제는 사람의 희생제였다. 자신의 죄를 대신해서 사람을 죽여 제단에 바치면 죄가 사해진다고 믿었던 것이다. 그리고 이 사상은 자이나교에 와서 '살레카나'라는 단식 후 몸을 사르는 소신공양(燒身供養)으로 발전했고, 자이나교도들은 이를 수행의 완성이며 최고의 해탈로 간주한다. 몸을 불살라 공양하는 것이 최고의 공덕이라는 것인데, 이러한 소신공양보다도 사구게를 설하여 가르치는 공덕이 훨씬 더 뛰어나다고 『금강경』은 설하고 있다.

(18) 오온과 무자성의 공

공(空)의 의미는 단순하지가 않아서 한마디로 정의하기가 쉽지 않다. 그래서 많은 불자가 공이라는 개념을 어려워한다.

『반야심경』에서의 공은 크게 존재의 현상적 측면, 의미적 측면, 본래적 측면이라는 세 가지 측면을 다룬다. 현상적 측면의 공은 사물들이 현상적으로 존재하지만 인연에 따라 드러나기에 자성이 없다는 측면의 공이다. 의미적 측면의 공은 사물의 존재가 나와의 주관적 인연에 의해 전혀 상반된 모양으로도 보인다는 가치적 측면의 공이다. 본질적 측면의 공은 사물들의 본질적 상태는 존재와 자성의 '절대 무'라는 측면의 공이다.

무엇이 이러한 세 가지 양태를 가지고 있다는 것인가? 오온·십이처·십팔계·십이연기·사성제 등의 법들이 그렇다는 것이다. 오온은 나를 구성하는 요소이고, 십이처는 세상의 구성 요소, 십팔계는 의식이 발생하는 처소를 말한다. 십이연기는 이 모든 것이 생겨났다가 소멸하는 순서이고, 사성제는 본질적 상태로 회귀하는 방법론이다. 한마디로 '나'·'세상'·'의식'이 인연 따라 여러 모양으로 보이지만, 조건 따라 인과적으로 존재할 뿐 본래적 실체는 없다는 것이다.

'오온자성개공 도일체고액(五蘊自性皆空 渡一切苦厄)'은 지금 현재 내가 경험하고 있는 좋거나 나쁜 상태인 현상적 측면은 실체가 없이 인연 따라 존재하는 것이기에, 집착을 놓아 버리면 경계들로부터 생겨나는 갈애와 고통의 생성과 소멸이 비로소 보이기 시작한다는 의미이다. 예를 들어 오온(五蘊) 중에는 괴로움과 즐거움이라는 수(受), 옳고 그름이라는 상(想), 좋고 싫음이라는 행(行), 이 세 가지가 있다. 이 세 가지 온(蘊)에 자성이 없다는 것은 그 모든 것의 생성과 소멸이 인연의 프리즘을 통해 경험되어지고 보여진다는 의미이다. 그러므로 인연을 바꾸고 집착을 놓아 버리면 고통으로부터 비로소 자유로워지기 시작한다는 것이다. 그것이 바로 공의 현상적 측면에 근거한 '오온자성개공 도일체고액'의 뜻이다.

또한 인연 따라 형성된다는 것은 그 인연이 바뀌면 좋은 것이 나쁜 것이 되기도 하고, 나쁜 것이 좋은 것이 되기도 한다는 공의 가치적 측면을 말한다. 불교의 모든 학파에서는 서양 철학에서 말하는 것처럼 물질과 정신 또는 오온이 독립되어 의존하지 않고 각각 존재한다는 것을 인정하지 않는다. 모든 것이 인연생(因緣生) 인연멸(因緣滅)이기 때문이다. 그렇기 때문에 인연이 바뀌면 유익한 것이 해롭게, 해로운 것이 유익하게 되기도 한다. 이것이 공의 두 번째 측면인 '색즉시공 공즉시색(色卽是空 空卽是色)'이다. 예를 들면 좋고 편안한 환경 때문에 무능력자가 되기도 하고, 어려운 환경 때문에 실력과 겸손한 성품을 갖추기도 한다. 즉, 괴로움이 즐거움의 원인이 되기도 하고, 즐거움이 괴로움의 원인이 되기도 하는 것이다.

인연에 의해 만물이 발생한다는 것은 실제로는 공(空) 가운데 괴로움과 즐거움이 없지만, 인연에 의해 괴로움과 즐거움이 생겨난다는 것이다. 그러나 그 대상에서 업을 빼 버리거나, 인연들을 제거하고 나면 고통도 즐거움도 없다는 것이 바로 '존재와 자성의 절대 무'라는 본질적 측면의 공이다.

실제로는 고락도 선악시비도 존재하지 않는다. 다만 인연에 의해 선과 악이 생겨나고, 인연에 의해 복과 화도 존재하지만, 그 인연들을 제거한 본질적 상태는 선악시비가 없다. 이 모든 법과 현상들의 근본은 무자성(無自性)이다. 불변의 자성이 없기 때문에 인연 따라 여러 모양으로 드러날 수 있는 것이다. 만일 불변의 자성이 있다면 인연이 바뀐다 해도 그 대상의 상태는 바뀌지 않을 것이다. 이것이 바로 공의 세 번째 측면인 '공중 무색성향미촉법(空中 無色聲香味觸法)'에서 '역무노사진(亦無老死盡)'까지의 의미이다.

『금강경』 18장에서의 "① 마음의 흐름은 ② 마음의 흐름이 아니기 때문에 ③ 마음의 흐름이라고 한다"라는 구절은 법의 이러한 세 가지 측면으로 이해할 수 있다. 즉, ① '마음의 흐름'은 현상적 측면의 마음을 말하고, ② '마음의 흐름이 아니기 때문에'는 마음의 본질적 측면인 존재와 자성의 절대 무를 말하고, ③ '마음의 흐름'은 마음의 본래적 실체가 없는 상태를 경험한 자가 마음의 흐름을 보되 집착이 없는 상태의 마음에 대한 가치적 측면이다.

이처럼 공에는 무자성의 연기적이고 현상적인 측면, '색즉시공 공즉시색'이라고 하는 상대성에 근거한 가치적 측면, 그리고 [존재와 자성의] 본래 무라는 본질적 측면, 이렇게 세 가지 측면이 있다. 이것이 『금강경』 논리의 핵심이다.

(19) 초기 경전에서 본 산냐

『금강경』 17장에서는 보살이 일곱 가지 상(想), 즉 산냐(saññā)를 여의어야 한다고 강조하고 있는데, 초기불교의 산냐를 다루는 수행과는 어떠한 일치점이 있는지 살펴보자.

산냐는 여섯 가지 감각 대상들에 대한 여섯 가지 인지 작용이고, 촉(觸)을 연(緣)으로 해서 생겨난다. 『삼킴의 경』에서 부처님은 색을 인식하는 예를 인용하면서 다음과 같이 상(想)을 정의한다.

> 비구들이여, 왜 산냐라 하는가? 인식한다고 해서 산냐라 한다. 그러면 무엇을 인식하는가? 푸른 것도 인식하고 노란 것도 인식하고 빨간 것도 인식하고 흰 것도 인식한다. 비구들이여, 이처럼 인식하므로 산냐라 한다.

여기서 산냐의 인지 작용이 일어나기 위해서는 몇몇 선제 조건들이 필요하다. 예를 들어 만일 어떤 사람이 파란색·노란색 등을 인식한다면, 그것은 그가 이미 파란색과 노란색이 무엇인지 알고 있다는 것을 의미한다. 만일 그가 그러한 색들을 이미 알고 있지 못하다면, 그는 대상들을 '이것은 파란색이다', '이것은 노란색이다'라고 인지할 수 없을 것이다. 이것은 인식 이전에 선험적 기억이 없으면, 인식이 불가능하다는 것을 보여 준다. 그리고 '파란색'이나 '노란색'이라는 용어들은 사실 이름과 개념이다. 이것이 산냐인 것이다.

상(想)은 일반적으로 건전한 상과 불건전한 상의 두 가지가 있다. 불건전한 상은 '경험의 주체인 자아가 있다'라는 망상(papañca)이다. 『금강경』에서 버려야 하는 산냐는 주로 불건전한 산냐를 말한다. 『꿀 덩어리 경』에서는 산냐가 어떻게 왜곡되며, 오염된 인식 과정이 빠빤짜(papañca)라는 망상으로 어떻게 발전하는지를 설명한다.

인식 과정은 크게 세 단계로 나누어지는데, 첫 번째 단계는 "눈과 형색을 조건으로 눈의 알음알이[眼識]가 일어나고, 이 셋의 화합이 접촉이며, 접촉을 조건으로 느낌이 일어난다"라는 부분이다. 이 단계에서는 일반적인 연기 공식처럼 "~을 조건으로 ~이 일어난다"라는 비인격적인 형식을 띤다.

두 번째 단계는 "느낀 것을 인식하고, 인식한 것을 생각하고, 생각한 것을 사량분별(思量分別)하고"[81]라는 과정인데, 이 단계에서는 앞의 단계와 달리 동사가 3인칭 단수 형태를 띤다. 즉, "~을 조건으로 ~이 일어난다"라는 비인격적인 자연스러운 일어남의 형태에서 "~한 것을 ~한다"라는 인격적인 형태로 변화한 것이다. 이것은 자아의식이 활성화하는 단계로 이해할 수 있다.

그리고 세 번째 단계는 "사량분별한 것을 원인으로 하여 과거

81_ yaṃ vedeti taṃ sañjānāti, yaṃ sañjānāti taṃ vitakketi, yaṃ vitakketi taṃ papañceti.

　　　　　　　　제2부 대승의 수행론

와 현재와 미래의 눈으로 알아지는 형색들에 대해 사량분별이 함께한 인식의 더미가 사람에게 일어난다"[82]라는 부분이다.

이 단계에서는 이와 같은 인식 과정에서 발생한 사량분별(자아의식, 망상)이 확대되어 과거·현재·미래를 모두 자아의식으로 사량분별한다. 다시 정리해 보면, '모든 행위의 주체자로서 집착될 만한 어떤 자아가 있다'라는 잘못된 자아에 대한 생각이 '느낌'의 단계에서 일어난다.

즉, 느낌이 의존적으로 일어났을 때 '그것을 느끼는 자가 있다'라고 바로 착각하게 된다. 그러나 사실 거기에 어떤 고정된 '느끼는 자'는 없고, 다만 조건 따라서 '느낌'이 일어났을 뿐이다. 이처럼 '느끼는 자가 있다'라는 생각은 인식 과정을 거쳐서 빠빤짜라는 단계에서 더욱 견고해진다. 즉, '내가 있다'라는 자아의식이 견고해지는 것이다. 그리고 그와 같은 잘못된 자아의식으로 과거·현재·미래를 생각하고 나의 것이라고 인식하면서 사는 것이다.

빠빤짜의 단계에서 견고해진 자아의식은 무언가 그것이 대상으로 할, 즉 자아라고 할 만한 어떤 구체적인 대상을 찾게 된다. 이때 이 자아의식을 오온 중의 하나 혹은 오온 전체와 동일시하는 것이다. 즉, '이 몸이, 이 느낌이, 이 생각이, 이 의지 작용이, 이 의식이 나다'라고 착각하는 것이다. 혹은 '이런 모든 몸과 마음 작용

82_ yaṃ papañceti tatonidānaṃ purisaṃ papañca-saññāsaṅkhā samudācaranti atītānāgata paccuppannesu cakkhuviññeyyesu rūpesu.

들의 합이 나다'라고 착각하는 것이다. 초기 경전은 이와 같은 착각 과정을 "이것은 나의 것이다", "이것이 나이다", "이것이 나의 자아이다"라는 세 가지 과정으로 설명하고 있고, 『금강경』에서는 보살이 네 가지 상을 여의어야 할 것을 강조하고 있다. 이는 표현만 다를 뿐 모두 같은 의미이다.

그러므로 산냐를 갖지 말라는 것은 빠빤짜로 연결되어진 바르지 못한 자아의식을 말하는 것이고, 그것이 보살이 버려야 할 아상(我相)이며 이는 팔정도 중 바른 사유에 해당한다.

(20) 수행에 이익이 되는 산냐

불교의 해탈론적 관점에서 보면, 일반 범부들의 인식은 왜곡되고, 오염되고, 전도되어 있다. 부처님은 『전도경』에서 인식·마음·견해의 네 가지 전도들을 설명하고 있다.

이 중 네 가지 전도는 무상한 것을 항상한 것으로, 괴로운 것을 즐거운 것으로, 자아가 아닌 것을 자아로, 부정한 것을 아름다운 것으로 여기는 것이다. 이와 같은 네 가지 전도는 범부들로 하여금 그들에게 감각된 것들에 집착하게 해서 결국 괴로움으로 이끈다. 초기불교에서도 이와 같이 왜곡되고 전도된 불건전한 산냐[想]는 온전한 행복을 성취하기 위해 제거해야 할 것으로 본다.

일반적으로 산냐는 불건전한 인지의 의미로 사용되지만 항상 그런 것은 아니다. 『전도경』에서는 전도되지 않은 네 가지 인식을 말하며, 적극적으로 계발해야 할 것으로 설명하고 있다. 즉, 무상한 것은 무상한 대로, 괴로운 것은 괴로운 대로, 자아가 아닌 것은 자아가 아닌 대로, 깨끗하지 않은 것은 깨끗하지 않은 것으로 아는 것이다. 이 네 가지 전도되지 않은 인지가 건전한 산냐 중 하나이다. 현상 혹은 경험들을 무상·고·무아로 의도적으로 인식하는 것은 건전한 산냐를 수행 도구로 적극적으로 이용한 대표적인 예이다.

『기리마아난다 경』에서는 열 가지 건전한 산냐에 대해 다음과 같이 설명하고 있다.

① 나 또는 나의 경험을 구성하는 오온에 대해 무상하다고 인지한다.

② 여섯 가지 안팎의 감각 장소(육내외입처)와 거기서 일어나는 모든 인식 과정은 조건에 의존해서 일어난 것일 뿐, 변치 않는 실체가 있는 것이 아님을 인지한다.

③ 이 몸이 부정함을 인지한다.

④ 이 몸은 여러 가지 병이 생길 수 있다는 위험을 인지한다.

⑤ 감각적 욕망, 악의 등 나쁘고 해로운 법들을 버려야 함을 인지한다.

⑥ 모든 형성된 것에 대한 집착을 멀리 해야 함을 인지한다.

⑦ 모든 형성된 것의 소멸에 관해 인지한다.

⑧ 세상에 대한 집착을 제거하고, 세상에 대해 기뻐하지 않음

에 대해 인지한다.

⑨ 모든 형성된 것은 무상하다는 것을 인지한다.

⑩ 들숨날숨에 마음챙김한다.

이러한 건전한 상들은 무상·고·무아의 상이 가장 일반적이다.

이렇게 볼 때 초기불교에서는 두 가지 종류의 상이 다루어졌다는 것을 알 수 있다.

첫 번째는 빠빤짜라는 잘못된 자아의식으로 이끄는 불건전한 상으로, 이것은 제거해야 할 대상이다.

두 번째는 열반을 성취하기 위해 오히려 계발해야 할 건전한 상으로, 무상·고·무아의 상이다. 오온을 무상·고·무아로 꿰뚫어 보는 것은 염오(厭惡)·이욕(離欲)·해탈(解脫)·해탈지견(解脫知見)이라는 과정으로 이끌기 때문이다. 이 과정에서 염오라는 단계에 주목할 필요가 있다. 염오 또는 무집착은 빠빤짜와 대조된다. 불건전한 상은 오온에 대한 갈애·자만·견해의 형태로 자아의식을 가지는 망상인 빠빤짜로 이끌지만, 건전한 상은 오온에 대한 염오심과 무집착으로 이끈다.

산냐-위따까-빠빤짜-빠빤짜산냐상카(saññā-vitakka-papañca-papañcasaññāsaṅkhā)의 인식 과정은 십이연기에서 보면, 느낌과 갈애 사이에 위치한다. 그러므로 만약 상이 오염되고 전도되었다면 그것은 필연적으로 빠빤짜(빠빤짜산냐상카), 즉 잘못된 자아의식으

제2부 대승의 수행론

로 이어진다. 그리고 이 연결은 모든 괴로움의 발생 혹은 윤회로 전개된다. 그러나 만약 상이 전도되지 않았다면, 그래서 거짓된 자아의식이 생성되지 않았다면, 이것은 갈애로 이어지지 않고, 괴로움은 소멸된다.

이처럼 초기불교에서도 두 가지 산냐를 말하는데, 망상의 자아의식(빠빤짜)과 결부된 산냐는 번뇌로 이끌기에 제거해야 할 산냐이고, 삼법인과 결부된 산냐는 수행에 장애가 되지 않을 뿐만 아니라 오히려 해탈로 인도하는 건전한 산냐이므로 계발해야 할 산냐이다.

(21) 삼세심불가득

초기 경전에서 살펴본 바와 같이 산냐에는 건전한 산냐와 불건전한 산냐 두 가지가 있다. 빠빤짜로 확장되어서 자아의식이 발생하는 것은 불건전한 산냐이고, 『금강경』 역시 17장에서 일곱 가지 산냐를 제거해야 할 것으로 말하고 있다.

이 일곱 가지 산냐는 크게 보아 자아와 법에 대한 산냐[想]이다. 구체적으로 살펴보자.

① 아상(我想)을 여의어야 한다. 아상이 있으면 자아의 진실을 보지 못하기 때문이다.
② 깨달아야 할 법이 없다[法空]는 것이다. 석가모니불 역시

연등불에게서 깨달아야 할 법이 없음을 알았기에 수기를 받은 것이다.

③ 여래의 뜻은 본래 참되고 여여하게 오거나 갔다는 뜻이지만, 실제로는 오거나 감이 없고, 모든 법이 해체된 불생불멸(不生不滅)이라는 것이다.

④ 보살은 법상(法想)을 여의었고,

⑤ 법에 자성이 없음을 알아 법상을 여의면 일체법(一切法)이 불법(佛法)이 된다. 이 말은 산냐를 여읜 자는 모든 것에 [장애를 받지 않고] 뜻대로 이루어진다[諸法如意]는 것을 말한다.

⑥ 보살은 불국토를 건설한다는 산냐[想]를 일으키지 않는다. 그 이유는 모든 법이 해체된 상태가 불국토이기 때문이다.

⑦ 제법무아를 깨달은 자가 보살이다. 이는 사물[一合相]의 해체된 상태이고, 그 상태에서는 일합상[83]이라는 사물에 대한 착각이 가능하지 않기 때문이다.

『십지경』 6장에서는 또한 법의 실체를 다음과 같이 표현한다.

83_ 일합상은 원어로 '덩어리의 모임(piṇḍa-grāho)'이다. 이것은 원자들의 모임에 의한 물질세계 정도로 이해하면 될 것이다.

일체법이 언설(nimitta)과 형상(laksana)을 여의어 평등하며, 일체법이 일어남과 생겨남이 없어[無生無起] 평등하며, 일체법이 의존함이 없이 본래로부터 청정하여 평등하며, 일체법이 희론을 여의어 취할 것도 버릴 것도 없으므로 평등하며, 일체법이 환영·꿈·영상·메아리·물에 비친 영상·화현과 같으므로 유무의 이원성을 여의어 평등하다.

생각은 개념들의 집합이다. 그러므로 개념, 즉 산냐를 해체하면 생각을 일으킬 수 없다. 그렇다면 '모든 개념을 해체한 여래는 사물을 어떻게 인지하고 삶을 영위하는가?'라는 의문이 생긴다. 그러한 의문에 대한 답이 바로『금강경』18장의 일체동관분이다.

여래는 오안(五眼), 즉 육안(肉眼)·천안(天眼)·혜안(慧眼)·법안(法眼)·불안(佛眼)이 있기 때문에 개념의 프리즘을 통하지 않더라도 사물을 인지하고 지각할 수 있다. 오안 중 육안은 사물을 보는 육신의 눈이며, 천안은 중생들의 과거·현재·미래의 행위와 과보를 보는 눈이고, 혜안은 중생이 해체된 미시적 상태, 즉 공성을 보는 눈이다. 법안은 오온·십이처·십팔계·십이연기·사성제 등을 보는 눈으로, 나와 세상, 그리고 의식을 보는 눈이다. 마지막으로 불안은 일체종지(一切種智)이다. 그것은 시간과 공간, 세상의 장애를 받지 않고 사물을 이해할 수 있는 상태이다. 이러한 오안을 통해 여래는 오염된 산냐에 의지하지 않고도 사물을 바르게 인지할 수 있다.

여래는 이렇게 오안을 통해 갠지스 강에 있는 모래알보다 더 많은 사람의 마음과 마음의 흐름을 다 보고 아는 것이다. 그랬을 때 마음과 오온은 자체로 존재하지 않는다는 것을 보게 된다. 구체적으로 무엇을 보는가?

첫째, 마음은 의식이고 의식은 육근과 육경이 접촉했을 때 발생한다. 그러므로 의식은 조건적 발생이며, 조건이 사라지면 소멸한다.

둘째, 의식은 견분(見分)과 상분(相分)의 결합이다. 예를 들어 연필에 대한 의식은 연필을 아는 마음[見分]과 연필에 대한 이미지[相分]의 합이다. 그리고 그 이미지는 대상[境]으로부터 발생했으나 감각 기관에 의해 이미지(nimitta)로 전환되고, 마음은 그 이미지만을 의식할 수 있는 것이다.

셋째, 견분은 아는 마음, 심(心)이다. 상분은 알려진 내용물, 심소(心所)이다.

넷째, 마음의 흐름은 마음의 흐름이 아니기에 마음의 흐름이라 한다.[84] 마음은 선·악·중립의 상태를 오가는데, 그 대부분이 습관적이고, 과거의 성향을 거의 다 이어받는다. 과거 마음의 성

84_ citta-dhārā citta-dhāreti Subhūte a-dhāraiṣā Tathāgatena bhāṣitās. tenocyate citta-dhāreti. tat kasya hetoḥ? atītaṃ Subhūte cittaṃ nopaladhyate, anāgataṃ cittaṃ nopaladhyate, pratyutpannaṃ cittaṃ nopalabhyate. (마음의 흐름은 마음의 흐름이 아니기에 마음의 흐름이라 한다. 왜냐하면 수보리야, 과거심도 잡을 수 없고, 미래심도 현재심도 잡을 수 없기 때문이다._『금강경』18장)

향은 현재로, 현재 마음의 성향은 미래로 흘러가기에 마음의 흐름은 그 실체가 없는 것이다. 사물은 고정된 상태로 있는 것이 아니기에 무상하며, 본인의 업에 따라 마음에 의해 오해되고[癡], 잡아당기고[貪], 밀쳐 내어서[瞋] 본인이 보고 싶은 모습을 투사해서 보는 것일 뿐이다. 이들 마음의 흐름은 자성이 없다. 해가 뜨면 어둠이 사라지듯, 집착을 놓은 자에게는 이 흐름이 실체를 잃고 사라지게 된다. 어둠은 경험되어지는 진실이지만 그 실체가 있는 것이 아니기 때문이다. 그러므로 마음의 흐름에는 '나'라거나 '나의 것'이라고 할 것이 없으며 집착할 바가 없으므로, "과거심불가득 현재심불가득 미래심불가득(過去心不可得 現在心不可得 未來心不可得)"이라 하는 것이다.

(22) 초기불교와 『금강경』의 산냐

『금강경』에서는 아상과 법상의 산냐[想]를 주로 없애야 할 것으로 강조하지만, 동시에 일체의 산냐를 버려야 할 것으로 강조하기도 한다. 하지만 초기불교에서는 산냐를 삼법인(三法印) 등의 건전한 산냐와 자아의식을 일으키는 빠빤짜인 불건전한 산냐로 나누면서, 불건전한 산냐는 고통과 윤회의 원인이기에 버려야만 하지만, 건전한 산냐는 해탈의 원인이라 해서 계발시킬 것을 강조한다.

　　여기에서 고찰하고자 하는 부분은 일체 산냐를 모두 없애고 사는 것이 일반인들의 삶에서 가능한 것인가와 왜 두 경전의 산냐에 대한 이해 방법이 다른 것인가 하는 문제이다. 먼저 결론부터 내리자면 두 경전의 산냐에 대한 이해 방법이 다른 것처럼 보이지만, 사실은 같은 것을 말하고 있다. 이제 두 가지 문제에 대해 구체적으로 살펴보자.

첫째, 초기 경전에서 지향하는 건전한 산냐는 수행 과정에 있는 수행자[有學]가 어떻게 산냐를 활용해야 하는지를 말하고 있는 것이지, 수행의 과정을 다 성취한 아라한과[無學]에서 필요한 것은 아니다. 그런 입장에서 보면 정견과 정사유의 실천적 방법으로 건전한 산냐를 잘 활용하는 것은 무척 중요하다. 반면에 『금강경』에서는 일체의 보살도를 모두 성취한 여래지(如來地)의 입장에서 산냐를 다루기 때문에 모든 산냐를 초월해야 한다고 말하는 것이다.

둘째, 구차제정(九次第定)의 수행은 산냐를 순차적으로 여의는 과정이다. 멸진정(滅盡定)은 상수멸정(想受滅定)이라고도 하며, 이때의 상태는 일체 산냐를 여의는 것을 말한다. 예를 들어, 앞의 사선은 모두 정신적 즐거움과 신체적 행복감의 느낌과 관련되어 있다. 다시 말해 즐거움과 행복감을 느끼는 상태가 선(禪)이고, 그러한 것들이 없으면 선이 아니다. 그러나 이 선정의 희락은 오욕락의 욕망을 여의어야 생겨나는 것이고, 더 높이 올라갈수록 수·상·행을 여의어 더 미세한 식(識)을 다스리는 것이다.

각관(覺觀) 또는 심사(尋伺)라고 하는 관찰과 사유가 있는 즐거움은 초선인 반면, 제2선은 각관을 여읜 정신적 즐거움과 신체적 행복감이다. 제2선은 초선과 동일한 기쁨과 즐거움을 경험하

제2부 대승의 수행론

지만 반면에 거친 상념을 버린 선정의 상태이다. 제3선은 관념적으로 경험되어지는 즐거움인 희(喜)를 버리고 실제 몸으로 경험되어지는 신체적 행복감인 낙(樂)만을 느낀다. 그러므로 제3선은 제2선에 비해 좀 더 순도 높은 상념의 상태이다. 제4선은 낙마저 버려 고·락·희·우가 다 사라진 평정의 상태이며, 이때 법의 실상을 있는 그대로 볼 수 있게 된다. 제4선의 상태를 초선과 비교한다면 고·락·희·우의 감성적 산냐가 사라진 것을 알 수 있다.

공무변처(空無邊處)에서 무소유처(無所有處)까지의 정(定)의 상태는 공간만이 무변하다는 산냐[空無邊處]와 그 공간을 인식하는 식만이 무변하다는 산냐[識無邊處], 그리고 공간과 공간을 의식하는 식도 모두 놓아 버린 아무것도 없다는 산냐[無所有處]라는 미세한 산냐들을 놓아 버린 상태이며, 비상비비상처(非想非非想處)에서는 산냐도 아니고 산냐가 아닌 것도 아닌 미세한 욕구·의도만 남아 있는 행(行)의 경지를 말한다.

이처럼 사선에서는 수(受)를, 공무변처에서 무소유처까지는 산냐[想]를, 비상비비상처에서는 행(行)을 단계적으로 놓아 가다가 멸진정에서 모두 놓아 버린 것이 구차제정의 수행이다. 그러므로 초선에서 제4선까지의 수행은 아직 잡아야 할 산냐가 있는 것이나, 멸진정의 상태 또는 멸진정을 체험한 자는 더 이상 잡아야 할 산냐나 행이 없는 상태이다. 멸진정을 과(果)로 본다면 멸진정 이전을 도(道)로 보아야 한다. 도의 상태에서는 잡아야 할 산냐가 필요하다면, 과의 상태에서는 일체의 산냐를 모두 놓아 버리는 것, 이것이 바로 『금강경』에서 말하고자 하는 '일체 산냐를 여읜다'의 의미이다.

그러므로 초기불교에서 수행에 필요하다고 여기는 건전한 산냐는 수행 과정의 도를 실천하는 수행자의 입장이고, 『금강경』의 완전한 산냐 척파는 수행의 과를 얻은 여래지의 상태이므로 서로 다른 차원에 해당되기에 상충되지 않는 것이다.

제2장

유식의 수행론

1

중관과 유식

대승의 수행론은 크게 중관(中觀)과 유식(唯識)으로 귀결된다. 이
중 중관의 수행은 초기불교에서의 아라한의 수행을 단순화해서
강조한 것이다. 반면에 유식의 수행론에서는 크게 두 가지가 강조
되는데, 하나는 심(心)을 심소(心所)와 분리하는 수행론이고, 또 하
나는 십지(十智)를 통한 불지의 수행론이다. 이 두 가지 수행론은
후에 달마 대사를 통해 선종의 수행론에 커다란 영향을 주는 까닭
에 선종의 입장에서는 무척 중요하다.

유식은 산스크리트어로 'citta matra'이며 '오직 마음'이란 뜻
이다. 또는 'vijñapti matra'로 '오직 알려진 것'으로 번역하기도 한
다. 'citta matra'는 세친(世親, Vasubanhu) 존자가 『유식삼십송』에서
"삼계는 오직 알려진 것"[85]일 뿐이라고 강조한 데서 유래한다. 무
착(無着, Asaṅga) 보살은 유식(唯識) 대신 유가행(瑜伽行, yogācara)이
라는 명칭을 주로 사용했다. 'yogācara'는 'yoga(선정)'와 'ācara(계
행)'의 합성어로, 오직 반야 지혜만을 강조하는 중관학파의 단점

85_ trai dhatuka vijnapti mata

을 선정과 계행이라는 실천 수행을 통해 보완한 것이다. 'vijñapti matra'는 오직 주어진 식(識) 외에 인간이 더 이상 알 수 있는 것은 없다는 인식론적인 측면을 강조하고 있다. 따라서 유식은 수행의 실천인 유가행이라는 측면과 오직 유식이라는 인식론적인 측면, 이 두 가지로 이해해야 한다.

먼저 'vijñapti matra'의 인식론적인 측면을 살펴보자. 법칭(法稱, Dharmakrīti) 보살에 의하면 바른 인식이란 주관적 개념을 제거한 것으로, 실제로 존재하며, 순간순간 생멸하는 외경에 대한 지각이다. 이것은 오직 제4선 이상에서만 경험할 수 있는 요기 선정 수행자의 인식이다. 그래서 법칭 보살은 『양평석』에서 "범부의 인식은 간접 인식일 뿐이다"라고 주장한다. 우리가 인식하는 것은 대상 자체가 아니라 시각 기관에서 받은 대상의 이미지일 뿐이다. 따라서 외경을 인식한다는 것은 대상에 대한 표상을 인식하는 것일 뿐이며, 그 표상이 외경(外境)에 대한 복사라고 믿는다. 이때 그 표상이 참인지 거짓인지 확인하려고 하면 또 다른 문제가 생긴다. 왜냐하면 인식의 대상들은 물질과 마음의 최소 상태에서 끊임없이 생멸하기 때문이다. 순간순간 생멸하는 원자들의 결합이 참인지 거짓인지 다시 확인하려 하지만, 그 대상은 이미 소멸해서 더 이상 같은 대상이 아닌 것이다.

예를 들어 대중 가운데 누군가 비가 온다고 주장한다 치자. 이 사람이 그 자리에 모인 대중에게 '비가 온다'라는 주장이 참인지 거짓인지를 증명하기 위해서는 '비'라는 대상을 다시 눈으로 확인해야만 한다. 이때 확인하는 것은 처음 본 '비'라는 대상을 증명하기 위해 보는 또 다른 '비'라는 대상이며, 이 둘을 비교해야 한다. 하지만 처음에 본 '비'라는 대상은 이미 사라지고 없기 때문에 비교할 수가 없다. 이것은 인식의 한계와 순간순간 생멸하는 대상의 속성 때문이다. 이처럼 인식한 외경이 참인지 거짓인지를 알 수 있는 객관적인 기준이 없다는 것에 대한 자각, 그것이 바로 '알려진 것밖에는 알 수가 없다(vijñapti matra)'라는 유식의 입장이다.

'vijñapti matra'라는 설은 설일체유부와 경량부의 논쟁에서 비롯된다. 설일체유부는 밖에 있는 경계와 내면의 의식 모두가 법으로서 실재한다고 주장하지만, 경량부는 찰나 생멸의 논리에 따라 외경의 법의 유무와 진가를 알 수 있는 객관적 인식 도구가 없다고 주장한다. 그런 의미에서 설일체유부는 대상도 실재하고 그 대상을 의식하는 식(識)도 실재한다고 믿는 실재론자들이다. 반면에 경량부는 대상이 식의 근본이라는 것을 인정하기는 하지만 인식한 내용, 즉 표상은 감각 기관을 통해 주어진 것으로 이 표상이 참인지 거짓인지를 판단할 수 없다고 주장한다. 이런 점에서 보면 설일체유부의 인식론은 존 로크의 단순 실재론과 유사하고 경량부는 데이비드 흄의 회의론과 유사하다.

한편 유식학파는 경량부의 검증할 수 없는 외계 대상이란 측면의 논리적 결론으로 결국 외계 대상의 존재마저 인정할 수 없으며 '오직 식'[86]만이 존재한다고 말한다. 그래서 '인식한 내용은 참이지만 인식의 객체는 참이 아니다'라고 'vijñapti-matra'를 정의한다. 이 부분에서 유식은 경량부를 떠나 새로운 세계관으로 나아가는 것이다.

---

[86]_ citta matra

2

제8식과 유식의 수행론

『금강경』에서는 '마음의 흐름은 마음의 흐름이 아니므로 마음'이
라고 경(境)과 식(識)이 해체된 '절대 무(無)'를 강조한다. 그렇다면
'오직 식(識)'이란 의미를 두 가지 관점에서 생각해 볼 수 있다. 하
나는 '인식되어진 식' 이외에 대상[境]을 알 수 있는 방법이 없다는
의미에서의 '오직 식'이다. 그것은 대상을 지각한 전오식과 제6식
을 말한다. 다른 하나는 인식의 대상은 잠재의식의 투사일 뿐 실
재하는 것이 아니라는 의미에서의 '오직 식'이다. 이때의 '오직 식'
은 제8 알라야식을 말한다. 전자는 인식론적 유식이고, 후자는 존
재론적 유식이 되는 셈이다.

　일반적으로 전오식이 생겨나려면 인식하는 대상이 독립적으
로 실재해야 하며, 그러한 대상을 인식할 때 바른 인식이라고 한
다. 그러나 유식에서는 실제로 존재하는 것은 식뿐이고, 대상은
식을 떠나서 존재하지 않는다[唯識無境]. 한편 대상이 독립적으로
존재한다고 믿는 것을 법집(法執)이라고 한다. 그렇다고 대상을 모
두 환(幻)으로 보는 것은 아니다. 무상유식(無相唯識)에 따르면 심
(心)과 심소(心所)는 분별하는 주체인 능취(能取, grāhaka)이며, 대상

은 식에 의해 분별된 소취(所取, grāhya)이다. 다시 말해 전오식이 발생할 때 식은 아는 마음과 알려진 내용물인 견분(見分)[87]과 상분(相分)[88]의 결합이다. 견분을 자아라고 믿으면 아집(我執)이고, 알려진 내용물인 상분을 실재하는 대상이라 믿으면 법집(法執)이다. 제7 아애식(我愛識)[89]인 아집과 법집은 마음의 분별일 뿐 존재하는 것은 오직 견분과 상분일 뿐이라고 아는 것이 아공(我空)과 법공(法空)을 바르게 이해하는 것이다. 이렇게 볼 때 견분이 보는 상분은 외경이 아니라 식 자체에 존재하는 심소이기에 이를 자증분(自證分, svasaṃvedana)이라 한다.

초기불교는 제6식까지만 다루며 의근(意根)은 상세히 설명하지 않는다. 『청정도론』에서는 의근이 심장에 있다고 하지만, 그것은 인도에서 잘 알려진 아유르웨다의 주장일 뿐이다. 그러나 『구사론』에 와서는 의근을 전생으로부터 지금까지 받아들인 전오식과 제6식의 총합으로 보고, 그것들이 모여서 다시 의식의 주체인 의근이 되는 것으로 이해한다. 이것들을 순수하게 정보라는 측면에서 보면 제8 알라야식이고, 제8식이 작용하는 측면에서 보면 의근이다. 그리고 제8식의 정보들에 집착하는 정서적 측면을 제7 아애식이라 한다. 이는 감성적으로 오염된 감성적 심소[染汚識]이다.

87_ grāhaka ākāra

88_ grāhya ākāra

89_ klista manas

다시 말해 육근과 육경의 접촉으로 생겨난 육식에 탐·진·치를 일으키면 유루식(有漏識)이고, 탐·진·치를 일으키지 않으면 무루식(無漏識)이다. 그리고 그 식들은 저장식(貯藏識)인 제8 알라야식에 귀속되어서 알라야식의 유루식·무루식의 구성 요소가 된다. 제8식은 씨앗을 품고 있다는 의미에서 장식(藏識)이다. 왜냐하면 이 잠재하는 번뇌의 씨앗에 새로 받은 의식의 씨앗이 더해져 윤회의 원인이 되기 때문이다. 제6식이 제8 알라야식으로 저장되면서 과보의 원인이 된다.

예를 들어 탐·진·치와 함께하는 불선한 행위를 한 후 생겨난 의식은 제8식 안에 새로운 유루(有漏) 번뇌의 씨앗으로 저장되어서 유루 번뇌의 힘을 더 키운다. 새로 입력된 번뇌가 잠재된 장식의 번뇌와 합쳐져 삼악도의 윤회를 일으키기 때문이다. 그러나 계·정·혜 삼학의 무루(無漏) 수행을 닦으면 새롭게 형성된 무루의 씨앗이 제8식 안에 저장되어서 잠재된 무루의 씨앗을 단단하게 만든다. 이렇게 새로 입력된 무루의 선근과 이미 저장된 무루의 선근이 합쳐지면 깨달음과 열반이라는 최고의 과보를 만들어낸다.

존재의 구성 요소를 유식에서는 견분과 상분으로 본다. 이 견분과 상분은 번뇌의 원인이라는 측면에서 각각 정심(淨心)과 염오심(染汚心)의 식이다. 법상종에서는 정심과 염오심의 혼합된 측면을 제8 알라야식으로 본다. 반면 섭론종에서는 제8식을 염오심으로, 정심을 따로 제9 백정식(白淨識)으로 본다. 실제로는 동일한 것을 두 학파가 다르게 표현한 것이다.

3

제8식과 유식의 여러 학파

산다는 것은 생각과 판단의 연속이다. 사람들은 자신이 원하는 대로 생각하고 판단한다고 믿는다. 그러나 사실 한 번도 자기 의지대로 생각해 본 적이 없다. 단지 습관이라는 업에 의해 강제로 생각하고 판단하는 것이다.

생각은 크게 가치 판단과 이해 작용으로 나누어 볼 수 있다. 옳고 그름이라는 가치 판단은 옳고 그름에 대한 선험적 지식, 즉 기억이 있어야만 한다. 그리고 그러한 기억을 모으고 정리하는 과정 속에서 그 사람의 성향이 뚜렷하게 드러나는데 그것을 업(業)이라 한다. 이로움과 해로움을 판단하는 이해 작용 역시 선험적 기억의 작용이다. '생각한다'라는 것은 오온 가운데 상온(想蘊)의 작용이고, 제6식에 해당한다. 선험적 기억인 업은 제8 알라야식에 속한다. 따라서 '생각한다'라는 것은 제8 알라야식에 저장된 기억을 소재로 제7 아애식이 의지 작용을 일으키는 것을 의미한다. 이처럼 '생각함'은 제8식과 제7식에 의해 조건 지워지는 것이다.

업은 보고 싶은 것만 보고 듣고 싶은 것만 듣는다. 다시 말해 제8 알라야식이 전오식에서 경험하게 될 내용까지 판단하고 결정짓는 것이다. 이때 전오식은 알려진 내용물인 표상이라는 심소(心所)와 아는 마음인 심(心)의 결합이다. 이를 유식에서는 상분(相分)과 견분(見分)이라 하고, 이 상분은 바깥 대상에 의해 생겨나는 것이 아니라 내면의 제8식에 의해 투사되어 보이는 것이다. 그래서 유식에서는 인생에서 일어나는 좋고 나쁜 모든 일은 업의 투사로 생겨난 것이므로, 설령 괴로움을 겪더라도 남과 세상을 탓하지 말고 스스로를 돌이켜 마음을 닦으라고 강조한다.

한국에 알려진 유식은 크게 섭론종(攝論宗)·법상종(法相宗)·지론종(地論宗)이 있다. 섭론종은 무상유식(無相唯識)에 속하며 세친을 스승으로 하는 덕혜의 제자인 진제가 무착의『섭대승론』을 중국에 와서 번역한 것을 소의론으로 삼는다. 진제는 제8 알라야식을 참과 거짓이 섞여 있는 진망화합식(眞妄和合識)으로 본다. 이때 장식(藏識)의 참된 성질은 청정심(淸淨心)을 말하고, 거짓된 성질은 염오심(染汚心)의 심소를 말한다. 그는 제8식을 심과 심소가 결합된 저장식(貯藏識)으로 본 것이고, 이는 아비담마의 전통에서 보면 당연한 귀결이다. 제7식까지는 오염된 의식이며, 제8식 가운데 염오심의 심소로부터 진화했다고 본다. 그리고 수행을 통해 제8 알라야식 중 염오심이 제거된 청정한 상태를 참된 의식(bhūtatathatā) 또는 제9 백정식(amala)이라 부른다. 따라서 섭론종은 제9 백정식을 무루열반(無漏涅槃)으로 이끄는 최고의 원인으로 여기는 반면, 제8 알라야식은 유루식(有漏識)일 뿐이며 윤회의 원인으로 본다.

이에 반해 법상종은 현장이 스승인 계현의 가르침을 정리한 『성유식론』에 근거한다. 법상종은 제8식까지만 인정하며, 제8식 자체가 염오심인 동시에 집착이 사라지면 대원경지(大圓鏡智)[90]의 무루식(無漏識)이 된다고 본다. 제8식은 알라야식이라 하며, 이 알라야식은 청정심과 염오심이 섞여 있는 상태이다. 그러나 수행을 통해 유루 번뇌의 식이 점점 정화되어서 무루의 식이 드러나게 되면, 그 알라야식에는 대원경지라는 청청하고 순수한 무루식만 남게 된다. 따라서 깨닫지 못한 사람의 제8식은 염오심과 청정심이 뒤섞인 알라야식이지만 깨달은 이의 제8 무루식은 대원경지이다.

그러나 지론종에서는 제8 알라야식 자체를 모든 사물의 본질인 백정식(白淨識)으로 여기며, 순수하고 참된 식과 동일하다고 생각한다. 수많은 태어남과 죽음 속에서도 이 의식은 태어남과 죽음을 알지 못하며, 결코 사라지지도 않는다. 반면 제7식까지는 모두 윤회를 이끄는 유루 번뇌식이라 여기며, 끊임없이 되풀이되는 태어남과 죽음에 종속된다고 본다. 하지만 이와는 대조적으로 제8 알라야식은 태어남과 죽음에서 자유로우며 항상한 무루의 참된 의식으로 본다.

지론종은 섭론종에서 말하는 제8식 중 염오심의 심소를 제7식 이하로 이해한다. 다시 말하면 의식이 생멸하는 가운데 존재하

90_ ādarśa-jñāna

제2부 대승의 수행론

는 청정심은 지론종의 알라야식이고, 생멸을 여읜 제8식인 백정식은 섭론종의 제9식이 되는 셈이다.

4

유식의 세 가지 자성설

초기불교에서 유식에 이르기까지 불교의 수행은 자아에 대한 집
착인 아집과 대상에 대한 집착인 법집을 다스리는 것이다. 그렇다
면 자아는 무엇이고 대상은 무엇인가. 자아는 곧 몸과 마음이다.
몸의 대상은 느낌이고 마음의 대상은 법이기에 신(身)·수(受)·심
(心)·법(法)이 곧 자아이다. 신·수·심·법은 수(受)·상(想)·행(行)
으로 이루어져 있고, 수·상·행은 색(色), 즉 대상에 대한 것이다.
마음이 받은 대상에 대한 정보를 지성과 감정과 의지로 분별하는
것이 곧 수·상·행이다. 그러므로 자아에 대한 집착을 다스리려면
수·상·행에 대한 집착을 다스려야 하는데, 이를 수도(修道)라 한
다. 수·상·행에 대한 집착을 다스리기 위해서는 대상, 즉 색에 대
한 집착을 먼저 다스려야 한다.

　대상은 복(福)과 비복(非福)이라는 업의 결과로 이루어진다.
또한 대상은 욕구[行]에 의지하기 때문에 바깥 대상을 바꾸려면
스스로의 욕구를 잘 알아야만 한다. 선한 욕구는 삼선도의 원인이
되고 악한 욕구는 삼악도의 원인이 되므로 이를 잘 아는 것이 행
을 잘 아는 것이다.

그렇다면 욕구는 무엇에서 비롯되는가. 그것은 대상에 대한 이익과 손해, 옳고 그름이라고 하는 판단 작용, 즉 상(想)에 의해 발생한다. 그래서 이익과 손해, 옳고 그름을 바르게 아는 것은 욕구를 다스리는 데 있어 무척 중요하다.

　　판단 작용인 상은 느낌인 수(受)에서 비롯된다. 좋아하는 느낌은 친숙한 기억에 대한 느낌이고, 싫어하는 느낌은 낯선 느낌에 대한 기억이다. 이렇게 수·상·행의 연기를 알고, 그것에 의해 내가 지금 경험하는 현실인 색이 이루어져 있다는 것을 알면 대상[所取]에 실체가 없음을 알게 된다. 이러한 수·상·행·식[能取]의 작용을 업(業)이라고 하며, 이들에 대한 집착이 다하면 능취(能取) 또한 소멸하게 된다. 이 능취는 대상인 소취(所取)에 대한 능취이고, 대상에 대한 집착이 남아 있는 한 이 능취는 다스려지지 않는다. 그렇다면 이 수·상·행을 다스리는 것은 대상이 되는 소취인 색을 어떻게 다스리는지가 관건이다. 이 때문에 대상인 색이 실체로 존재하는지, 존재한다면 색의 구성 요소가 원자인지 아니면 투사된 허상인지 등에 대해 유식은 고찰하는 것이다.

　　에드문트 후설은 현상학에서 마음은 지향성이 있다고 주장한다. 말하자면 마음은 어떤 대상에 대한 의식이다. 연필에 대한 의식, 핸드폰에 대한 의식, 노트북에 대한 의식 등이 마음인 것이다. 그러므로 마음은 대상과 그 대상에 대한 의식의 결합이라고 할 수 있다. 이것을 아비담마 불교에서는 심(心)과 심소(心所)라고 한다. 여기서 심은 식(識)을, 심소는 수(受)·상(想)·행(行)을 말한다.

다만 대상을 의식한다고 할 때 문제가 되는 것은 의식이 외경
(外境) 그 자체를 경험하는가, 아니면 오근의 감각 기관이 받아들
인 외경의 표상인 그 이미지를 경험하는가이다. 전자는 무형상지
식(無形相知識)[91]으로 마음이 직접 외경을 경험하는 것을 말하고,
후자는 유형상지식(有形相知識)[92]으로 상(相)이 있는 심소를 말한
다. 후자를 선택한다면 간접 인식으로 발생하는 표상이 대상인 외
경과 같은가 다른가의 문제와 시간차 문제가 생긴다. 이러한 문제
점들이 외경의 실재성을 의심하게 하는 것이다.

경량부는 설일체유부의 직접 인식에 반해 간접 인식을, 유부
의 동시(同時) 인식 대신 차제(次第) 인식을 각각 주장한다. 차제 인
식이 간접 인식이라면 내가 현재 경험하고 있는 전오식의 근거가
실재하는 대상이라고 말할 수 없다. 이리하여 '오직 식(識)'만이 존
재한다는 논리로 전개되는 것이다. '오직 식'만이 존재한다고 할
때 '대상의 부재에도 식이 생겨날 수 있는가'라는 의문과 의식의
투사(投射)에 의해 대상을 인식할 수 있다는 현현(顯現)[93] 이론이
제기된다. 알라야식에 의해 투사된 외경은 '허망한 성품'[94]인 변

91_ nirākāra jnāna

92_ sākāra jnāna

93_ pratibhāsa

94_ parikalpita svabhāva

계소집성(遍計所執性)이라 하고, 그 외경을 경험하는 심과 심소는 외경에 의존하므로 '의지해서 일어나는 성품'[95]인 의타기성(依他起性)'이라 한다. 이 변계소집성이 허망하기에 의타기성도 공함을 보면 그것이 '원만하고 참된 성품'[96]인 원성실성(圓成實性)이다. 유식에서 대상과 심소의 비실체를 강조하는 것은 대상과 심소에 집착할 것이 없음을 말하려고 하는 것이다.

95_ paratantra svabhāva

96_ pariniṣpanna svabhāva

5

해탈과 신통

이 세상은 오해로 생겨난 세계이다. 오해 때문에 사랑하지 않아야 할 것을 사랑하고 미워하지 않아야 할 것을 미워한다. 사랑 때문에 집착이 생겨나고, 미움으로 인해 집착이 몸집을 불려 간다. 집착들이 모여서 소유물들을 하나둘씩 늘려 가고, 그것들이 '나'라는 정신과 물질, 내가 사는 곳을 결정한다. 이와 같은 과정을 거쳐서 생겨난 것이 바로 세상이다. 하지만 사람들은 그것을 알아차리지 못한다. 설령 안다고 해도 인정하지 않고 오히려 붙잡으려 애쓴다.

이 세상에 오해와 갈등이 있는 것은 당연하지만, 그것이 옳은 것은 아니다. 남이 나를 알아주지 않고 오해할 수 있으며 얼마든지 나와 다른 견해를 가질 수도 있다. 남이 나를 알아주고 칭찬하면 기쁜 일이지만, 그렇다고 그들이 나를 진실로 이해하는 것은 아니다. 열반을 체험하지 않은 이상, 존재에 대한 모든 오해가 풀리지 않은 이상, 그들이 나를 온전히 이해하기란 불가능하다. 그러니 남이 나를 칭찬한다고 기뻐할 까닭도 없고, 나를 싫어한다고 상심할 까닭도 없다. 이 세상 그 무엇에도 그 어떠한 상황에도 좋아하거나 싫어하지 않고 인과의 흐름을 냉정하게 바라보는 것, 그것이 바로 해탈이다.

믿음은 또 하나의 어리석음이다. 우리는 눈으로 보는 것을 안다고 하지 믿는다고 하지 않는다. 많은 사람이 믿음의 눈으로 세상을 보지만, 그것은 단지 개인의 종교적·정치적 성향이나 견해일 뿐이다. 개개인의 성향과 견해는 과거로부터 형성되어 온 그 자신만의 업이다. 우리는 업에 의해 형성되어 온 자신만의 믿음을 잣대로 함부로 누군가를 판단하고 상처를 준다. 이것은 업의 형성과 고통을 있는 그대로 보지 못하기 때문이다. 이렇듯 세상의 어떤 대상에 대해 선입견이나 자신의 믿음으로만 알고 보는 것이 무명이다. 반면에 좋은 것은 좋게, 나쁜 것은 나쁘게, 있는 그대로 알고 보는 것이 바로 지혜이다.

믿음의 중요한 기능 중 하나는 구원 또는 해탈이라는 정신적 자유이고, 또 다른 하나는 신통의 힘이다. 여기서 문제가 되는 것은 믿음만 있으면 세상일이 마음먹은 대로 될 수 있다는 그릇된 신념이다. 예를 들어 우리가 어떤 병에 걸렸을 때 무엇보다 중요한 것은 마음가짐이다. 약을 먹지 않고 오직 믿음으로 병을 고칠 수 있다는 신념은 종교에서 아주 중요하게 여긴다. 오직 믿음만 강조하고 약을 무시하면 광신에 가깝고, 병이 날 때마다 약에만 의존하면 신앙이 무색해진다. 이것을 불교의 수행 단계를 통해 살펴보자.

수행은 불·법·승 삼보에 대한 믿음에서 시작하지만, 이후에는 삼십칠조도품으로 수행을 키워나가고, 계·정·혜 삼학을 실천함으로써 수행을 완성한다. 이때 선정 상태에 따라 신통 능력이 달라진다. 선정에는 아홉 가지 단계가 있는데, 제4선까지는 주로 번뇌를 없애고 평안을 얻는 데 도움이 되며, 이때는 큰 신통력이 생겨나지 않는다. 제5선부터 신통력이 생겨나는데, 이때는 계율이 결정적이다. 왜냐하면 제5선부터는 음계가 반드시 끊어져야 하고, 음계를 끊지 못하면 제5선 이상을 얻지 못하기 때문이다. 그러므로 계를 온전히 지키지 않고 선정을 닦은 시간도 적은 사람은 믿음으로 마음의 평안은 얻을 수 있지만, 신통력을 얻기는 어렵다.

계를 온전히 지키고 음욕을 끊은 후에 제5선 이상의 선정력을 얻으면 신통을 쓸 수 있다. 다시 말해 믿음이 있는 사람이 기도 등의 힘으로 병을 치유할 수는 있지만, 오직 믿음만으로 신통이 생기지는 않는다. 제4선은 마음이 평안한 상태로, 이때 집착을 끊으면 해탈을 성취할 수 있다. 하지만 해탈과 달리 능력과 신통은 단지 믿음만으로 얻을 수 있는 것이 아니다. 오직 계를 지키고 제5선 이상의 선정을 얻어야만 가능하다.

제2부 대승의 수행론

6

유가행

유가행(瑜伽行, yogācara)에서는 선정(yoga)과 실천(ācara)인 계율을 지혜와 동시에 닦을 것을 강조한다. 중관학파에서 진제(眞諦)의 지혜만을 특별히 강조했기 때문에 일반 근기를 가진 수행자들이 희론에 빠져 선정과 계율을 소홀히 하게 되었고, 그 폐단을 시정하기 위해 선정과 계율의 실천이라는 유가행을 다시 강조하게 된 것이다.

불교에서는 사성제에 대해 바르게 아는 것을 견도(見道)라 하고, 사성제를 실천 수행하는 것을 수도(修道)라 하며, 사성제의 수행을 모두 성취하면 무학도(無學道)라고 한다. 이는 『초전법륜경』에서 비롯된 수행의 차제이다. 『구사론』에서는 견도·수도·무학도를 무루(無漏)의 수행이라 하며, 견도 이전에 유루(有漏)의 수행을 먼저 닦을 것을 강조하는데 자량위(資糧位)와 가행위(加行位)가 바로 그것이다.

『구사론』에서는 자량위와 가행위의 수행을 통과해야만 성스러운 진리의 문으로 들어간다고 생각한다. 여기에서 『구사론』의 몇 가지 특징을 볼 수 있다. 자량위에서는 첫째, 산란한 마음을 오정심관(五停心觀)의 대치법(大治法)으로 가라앉히고, 둘째, 그 후에 사념처(四念處)를 개별적으로 관하는 자상(自相)을 닦아서 나의 본질을 바르게 보기 시작한다. 그러면 몸은 부정한 것이며, 마음은 무상하고, 느낌은 괴로우며, 법은 자성이 없다는 것을 알게 된다. 이러한 관법으로 나와 나의 구성 요소인 오온에 대한 집착을 놓아 버리고, 나를 있는 그대로 보게 되는 것이다. 가행위는 사념처의 공상(共相)을 관하는 것인데, 자아의 구성 요소인 오온이 합성된 상태를 있는 그대로 보는 것이다. 이처럼 자아를 미시적인 상태와 거시적인 상태의 양면에서 관찰함으로써 나와 나의 것에 그 무엇도 집착할 만한 것이 없음을 알게 된다. 이 세 가지, 즉 오정심관, 별상념주(別相念住)의 자량위와 총상념주(總相念住)의 가행위를 『구사론』에서는 삼현위(三賢位)라고 부른다.

이 삼현위의 수행을 유식에서는 십주(十住)·십행(十行)·십회향(十回向)으로 상세하게 설명하고 있다. 부처님의 가르침에 대한 열 가지 믿음과 삼보와 사성제에 대한 신심을 십주, 육바라밀과 사무량심의 열 가지 실천을 십행, 십행의 공덕을 중생교화를 위해 돌리는 것을 십회향이라고 각각 부른다. 유식에서는 불과(佛果)를 이루기 위한 3아승기 겁의 수행 중 1아승기 겁을 자량위에서 수행해야 한다. 이러한 삼현위의 수행을 순해탈분(順解脫分)이라고 한다.

유식의 가행위에서는 초기불교와 구사의 사념처 수행을 인식 대상인 법, 즉 소취(所取)와 인식 주체인 마음, 즉 능취(能取)를 관찰하는 것으로 접근한다. 『구사론』에서 실체화한 물질을 경량부에서는 인식 대상으로, 유식에서는 식(識)으로 환원해서 이해하기 시작했다. 즉, 물질에 대한 느낌과 개념을 떠나서 따로 물질을 말할 수 없다는 것이다. 물질은 수·상·행의 법으로 환원되고, 이러한 물질의 성질을 난위(煖位)·정위(頂位)·인위(忍位)·세제일위(世第一位)의 사선근을 통해 깨달아 가는 것이 가행위이다. 난위에서는 사물의 여러 이름은 단지 이름에 불과하다고 관하고, 정위에서는 각각의 사물은 그 구성 요소인 원자 자체가 존재하지 않으므로 합성된 상태 역시 환(幻)과 같이 실체가 없다고 관한다. 인위는 이러한 관법을 반복적으로 닦아 대상인 사물에 대한 집착에서 벗어나는 단계를 말한다. 이 세 단계에서 명(名)과 물(物)의 비실체성을 관해서 사물[法]에 대한 집착으로부터 자유로워지는 것이다. 세제일위는 모든 사물이 환이기에 그 대상을 아는 마음 역시 참이 아님을 체득하는 단계이다. 이러한 네 가지 가행의 수행으로 인식 대상인 사물과 인식 주체인 의식의 공성(空性)을 체득하는 것이 바로 가행위의 수행이다. 그러나 인식의 대상인 사물이 알라야식의 투사라는 것으로 관하는 것은 견도에서 시작한다.

유식의 견도(見道)인 통달위(通達位)는 초지 보살(初地菩薩)에 해당한다. 초지에서는 견도의 수행, 제2지에서 제7지까지는 수도(修道)인 수습위(修習位)의 수행이다. 이처럼 유식의 수행은 『초전법륜경』으로부터 『구사론』을 통해 면면히 이어져 내려왔다.

유식에서는 깨달음에 장애가 되는 요소를 두 가지로 보고 있다. 하나는 번뇌장(煩惱障)이고, 또 다른 하나는 소지장(所知障)이다. 이 중 번뇌장은 다시 견혹(見惑)과 수혹(修惑)으로 나누어진다. 견혹은 사선근(四善根)을 닦는 단계에서 견도에 들어갈 때 순간적으로 제거되며, 수혹은 십지(十地) 중 제7지에서 완전히 제거된다. 반면에 소지장에 속하는 드러난 번뇌는 제8지에서부터 본격적으로 제거되기 시작하지만, 잠재된 번뇌나 근본적인 어리석음 등 아주 미세한 번뇌는 십지의 마지막 순간에 제거된다. 이것들은 붓다를 성취하기 전 마지막 순간까지 남아 있는 것이다.

7

유식의 자량위

도(道)는 왜 도인가. 우리를 낮은 정신 상태에서 높은 정신 상태로 이끌어 줄 수 있는 힘을 가지고 있기 때문에 도이다. 이 도를 통해 우리는 욕망을 다스릴 수 있고, 아라한이나 보살이 될 수도 있다.

도에는 오위(五位)가 있다. 그중 첫째는 자량위(資糧位)이다. 자량위에서 십이분교(十二分敎) 혹은 구분교(九分敎)로 나눠지는 부처님의 가르침을 듣고 이해하는 문혜(聞慧)와 사혜(思慧)를 닦는다. 자량위를 닦는 방법으로는 성문·연각·보살의 세 가지 길이 있다. 십이분교의 가르침을 잘 듣고 이해하는 것은 아라한이 되는 길이다. 부처님의 가르침 가운데 자연의 이치를 보고 인과응보를 깨달아 나아가는 것은 연각의 수행법이다. 그리고 십바라밀을 수행하는 것은 보살의 수행도, 성불도이다.

유식에서 보살도를 통해 성불하려면 공성(空性)을 깨달아야 하므로, 자량위에서는 먼저 공성의 개념을 이해해야 한다. 그런 후에 보리심(菩提心)을 일으켜야 하는데, 보리심은 크게 속제(俗諦)와 진제(眞諦) 두 가지가 있다. 속제의 보리심은 모든 중생의 고통에 연민심을 일으켜 도와주는 것이다. 진제의 보리심은 모든 존재

가 공하다는 공성을 자각하는 것이다. 이 보리심이 자량위의 첫
번째 단계이다.

　자량위에서는 또한 다섯 가지 마음의 요소, 즉 믿음·노력·알
아차림·선정·지혜가 중요하다. 이것을 삼십칠조도품에서 오근
(五根)이라고 하며, 자량위는 오근 중에서 믿음을 가장 중요하게
여긴다. 따라서 오위, 즉 자량위·가행위·통달위·수습위·구경위
뿐만 아니라 견도에서부터 십지까지도 오근을 얼마나 심도 있게
수행했느냐에 따라 더 높은 단계에 오르게 된다.

　자량위 수행을 할 때 처음에는 '세상은 오직 마음의 투사물이
기에 무상하며 집착할 만한 것이 없다'[97]라고 관한다. 하지만 이
단계에서는 대상을 만나면 욕망으로 인해 마음이 흔들리게 된다.
다음 단계에 가서야 어떤 탐착할 만한 경계를 만나더라도 무상함
을 느껴 해탈의 의지가 변하지 않게 된다. 그다음 단계에서는 세
상이 무상하다는 것을 알게 되며, 경계를 만나도 마음이 흔들리지
않을 뿐만 아니라 선정을 유지할 수 있게 된다.

　중간 단계의 자량위에서는 사정근(四正勤) 수행을 하게 된다.
사정근이란 닦아야 할 네 가지를 말한다. 첫째는 단근(斷勤)으로,
지금의 악한 습관을 버리고 두 번 다시 반복하지 않도록 노력하는
것이다. 예를 들어 어떤 짐승이나 벌레를 실수로 죽였다고 한다
면, 다음에는 그 실수를 반복하지 않도록 알아차리려고 노력하는

97_　삼계유심(三界唯心)을 현대적으로 번역했다.

것이다. 둘째는 율의근(律儀勤)으로, 아직 생겨나지 않은 악은 짓지 않도록 노력하는 것이다. 예를 들어 수행자가 생명 있는 것들을 해치지 않는 삶을 살아왔다면, 그러한 삶을 계속해서 지속하는 것을 말한다. 셋째는 수근(修勤)으로, 이미 있는 작은 선업을 더 큰 선업으로 증장시키려는 노력을 말한다. 예를 들어 가까운 이에게만 보시하거나 적게 보시하던 사람이 점점 다양한 사람에게 많이 보시하는 것이다. 넷째는 수호근(守護勤)으로, 아직 생겨나지 않고 습관이 되지 않은 선업은 하나라도 더 지으려고 노력하는 것이다.

세 번째 단계의 자량위를 닦는 방법은 보리심을 내는 것만으로 선정에 드는 것이다. 물론 선정을 닦기 전에 마음을 깨끗이 해야 진정한 삼매를 성취할 수 있다. 이 단계에서는 사여의족(四如意足)을 갖추는 것 역시 중요하다. 사여의족은 삼십칠조도품의 하나로 네 가지 신통력을 말한다. 삼매는 번뇌를 바로 끊어 버릴 수는 없지만, 그 힘으로 신통을 얻을 수 있고, 그 신통으로 더 많은 사람을 도울 수 있기에 매우 중요하다.

8

연기와 가행위

우리가 경험하는 세계는 모든 생명에게 공통적으로 느껴지는 객관적인 세계[器世間]와 각각의 생명에게 다르게 느껴지는 주관적인 세계가 있다. 예를 들어 지구에 사는 생명은 사람·짐승·곤충·새 등 육지 생명과 물고기 등 바다 속 생명이 각각 다르다. 그들 생명에게 지구라는 세간은 공통적이지만 각각의 경험 세계는 주관적이다. 이렇게 공통적이면서도 주관적인 세계를 공유하는 것이 사람들의 세상, 생명의 세상이다. 그렇다면 이 공통적이고 주관적인 세계를 경험하게 하는 원인은 과연 무엇인가? 우연히 발생한 것인가? 인연에 의해 발생한 것인가? 아니면 신이 만든 것인가?

　불교는 이 세상을 인(因)과 연(緣)에 의한 결과라고 보며, 그 인연과 결과를 섬세하게 설명한 원리가 바로 십이연기(十二緣起)이다. 하지만 십이연기를 믿는 사람조차 '무명(無明)으로 인해 존재[有]가 발생한다'라는 것에 대해 깊이 생각하지 않고 믿는 경우가 많다. 무명 때문에 느낌이 발생하고, 느낌에 대한 애착이 네 가지 취착으로 확장되고, 그 사취(四取)에 의해 삼유(三有)가 발생한다는 것이 십이연기의 골자이다. 여기에서 사취는 정신적인 상태이고 삼유는 물질적인 상태이다. 좀 더 자세히 살펴보면 삼유 역시 두 가지인데, 정신적인 삼유와 물질적인 삼유가 그것이다. 정신적인 삼유는 욕계·색계·무색계라는 대상들에 대한 애착이고, 물질적인 삼유는 욕계·색계·무색계라는 세계이다. 요컨대 느낌에 대한 애착이 사취로 확장되고, 사취가 삼계에 대한 정신적인 애착들을 일으키며, 그것들이 삼계라는 세계 중의 하나를 선택해서 태어난다는 것이 '존재로 인해 태어남이 있다'라는 말의 의미이다.

　다시 말해 정신이 물질을 선택해서 태어나거나, 의식의 투사로 본인이 사는 세상을 만들 수 있다는 것이다. 그러므로 연기를 믿는 것은 정신이 물질세계를 선택해서 생명으로 태어나거나, 정신이 물질세계를 만든다는 것을 믿는 것이다. 그러나 그러한 사람들도 '일체유심조(一切唯心造)'라는 말을 '이 세상의 행복과 불행은 마음먹기에 달려 있다'라는 정신적인 의미로만 이해하려 든다. 마음과 업이 이 세상을 만들거나 선택해서 태어날 힘이 있다는 것을 믿지 않는 것이다. '삼계유심(三界唯心)'이라는 말은 삼계가 잠재의식의 투사라는 의미이다. 그러므로 일체유심조라는 말은 잠재의식인 알라야식의 종자식이 십이연기의 과정을 통해서 우리가 경험하는 세상으로 드러난다는 것을 의미한다[依他起性].

　현상 세계가 제8 알라야식에 있는 여러 개념들과 기억들이 투사된 세계라고 한다면, 그런 개념들과 저장된 종자식(種子識)들은 견분(見分)이고 나타난 현상들은 상분(相分)이다. 즉, 전오식과 제6식, 제7 아애식과 외계의 대상들마저도 제8 알라야식인 잠재의식의 화현인 것이다. 그러므로 알라야식은 견분이고 견분에 의해 투사된 영상들은 상분이다. 그러한 견분을 나라고 집착하는 것은 아집(我執)이고, 세상을 나의 것이라고 집착하는 것은 법집(法執)이다. 이 모두가 제7 염오식이다. 그렇게 형성된 상분 중 물질은 분별되어진 것[遍計所執性]에 해당하고, 전오식에서 제7식까지의 식은 의타기성으로 생멸한다. 알라야식에 의해 투사된 대상들은 외부에 독립적으로 존재하진 않지만, 경험 세계에는 존재하기 때문에 또한 허망분별이다.

그러므로 가행위(加行位)에서는 보여진 현상계가 잠재의식의 투사이고, 그 현현되어진 대상이 바로 법이고 세간임을 알아 대상에 대한 집착을 버리는 것이 중요하다. 그러나 외계 대상은 의식에서 발생된 것이기에 의식 속에 있는 개념과 이미지가 실재하지 않는다는 것을 먼저 관찰해야 한다. 이것이 바로 난위(煖位)의 수행이다. 그리고 그 의식을 떠나서 따로 바깥 대상이 존재하지 않는다는 것을 관찰하는 단계가 정위(頂位)이고, 외계 대상이 식을 떠나 따로 존재할 수 없다는 것을 관찰하는 수행은 인위(忍位)이며, 외계 대상 없이 식 또한 일어날 수 없으므로 의식 자체도 스스로 존재하지 않음을 아는 것이 세제일위(世弟一位)이다. 이렇게 해서 가행위에서는 인식 주체와 인식 대상인 견분과 상분이 따로 존재하지 않고, 그것들이 서로 의지해서 일어나는 것(의타기성)이며 분별되어진 것(변계소집성)이라고 알면, 존재의 실상(원성실성)을 경험하는 견도(통달위)에 들어가게 된다.

견도와 통달위

우리가 어떤 사물을 보거나 소리를 들을 때 마음은 항상 보거나 듣는 대상을 향해 있다. 기절이나 멸진정 같은 특수한 상태를 제외하고는 마음이 대상을 향해 있지 않은 적이 없다. 이렇게 오랫동안 대상들과만 지내다 보면 마음은 어느새 그 자신의 청정한 본성을 잊어버린다. 견도(見道), 즉 통달위(通達位)란 잊어버리고 있던 이 청정한 마음을 보는 것이다.

　마음의 대상들은 다섯 가지 감각 기관과 함께 생겨나기에 전오식(前五識)이라 한다. 이 전오식은 아는 마음과 알려진 내용물을 합한 것이다. 마음이 본격적으로 전면에 나서는 것은 제6식이 작용할 때다. 제6식은 주어진 내용물인 전오식을 알라야식에 저장된 과거의 기억에 의해 재인식하는, 즉 판단하는 작용이다. 이러한 판단 과정에 개입하는 주체가 있는데, 이것이 아애식(我愛識)인 제7식이다. 제7식은 전오식에서 받은 내용물이 나에게 친숙한지[樂受] 낯선지[苦受], 이로운지 해로운지[利害], 옳은지 그른지[是非] 구별하고 판단[想]한다. 그리고 이 판단한 내용물들을 좋아하거나 싫어하도록 결정[行]을 내린다. 이 모든 판단 작용의 자료들은 제

8식에 기억된다. 그 자료들을 바탕으로 제7식이 전오식의 새로운 정보에게 각각 수·상·행의 고락·이해·시비를 분별하게 하고, 이어서 탐·진·치[98]를 일으키도록 부추긴다. 이러한 과정들이 제6식의 작용이다. 이때 마음이 대상에 사로잡혀 있으면 염오심(染汚心)이고, 마음이 대상과 분리되어 있으면 청정심(淸淨心)이라는 것이 유식의 관점이다. 이것이 견분(見分)과 상분(相分)의 작용이며, 마음이 상분에서 분리되어 견분을 스스로 아는 것을 자증분(自證分)이라 한다.

유식의 수행은 견분을 상분으로부터 분리하는 것이다. 견분을 상분으로부터 분리하는 데 있어서 가장 효과적인 것은 알아차림이다. 예를 들어 바다를 보거나 길가의 돌멩이를 볼 때 '바라봄, 바라봄'이라고 되뇌면, 바라보았던 내용물과 바라봄이라고 하는 마음이 둘로 쪼개진다. 파도 소리를 들을 때도 '들음, 들음'이라고 알아차림을 계속하면 '들음'이라고 하는 듣는 마음과 들리는 내용이 둘로 쪼개지는데, 이때 듣는 마음이 견분이다. 상념에 빠져 있을 때도 생각하는 행위는 상분이고, '생각, 생각'이라고 되뇌며 생각을 알아차리는 것은 견분이다. 알아차림의 시작은 상분이지만 그 끝은 견분을 보아야 한다. 중요한 것은 견분과 상분을 분리할 때 내용물의 명칭을 부르며 알아차리는 것이다. 이것이 유식에서 대상을 마음으로 환원시키는 방법이다.

98_ 탐·진·치는 오온 중 행(行)의 작용이다.

상분을 초기불교에서는 '니미따(nimitta)', 즉 표상(表象)이라 한다. 마음이 이 표상을 받게 되면 즐겁거나 괴로운 감수(感受)가 생겨난다. 이때 즐거운 감수는 탐하고, 괴로운 감수는 싫어하며, 무덤덤한 감수는 자각하지 못하기 때문에 탐·진·치 삼독이 생겨난다. 탐·진·치 삼독은 인간을 끊임없이 대상으로 향하게 해서 집착하게 만드는 원인이 된다. 그러므로『맛지마 니까야』의『회계 사목건련 경』에서는 대상을 인식할 때 그 대상의 표상이나 세상(細相)을 받아들이지 말라고 경고한다. 표상과 세상을 받아들이지 않는다는 것은 알아차림의 대상인 상분에 주의를 기울이지 않고 알아차림을 하는 마음인 견분에 주의를 기울이는 것을 말한다. 이렇게 상분이 알라야식의 투사체이며 실재하지 않는다는 것을 이해하면 탐·진·치가 소멸된다. 이것이 유식에서 탐·진·치를 멈추게 하는 방법이며 이유이다. 이처럼 초기불교의 사띠 수행법과 유식의 알아차림 수행법은 그 근원이 같다. 다만 접근하는 방법에 있어서 약간의 차이가 있을 뿐이다.

덧붙이자면 대상이 실재하지 않기 때문에 마음은 대상으로부터 자유로워지고 청정한 상태가 된다. 그러나 자아와 법이 실재하기 때문에 주관과 객관의 경계가 분리되어 있다고 보는 것이 산스크리트어로 '위즈냐나(vijñāna)'이다. 여기서 위(vi)는 분리를 뜻한다. 마음을 분리시키는 자아와 법이 실재하지 않음을 알아서 주관과 객관이 분리되지 않는 두루 원만한 참된 앎[圓成實性]이 일어나는 것을 견도[通達位]라 한다.

10

가행위와 사념처

가행위의 수행에는 성문·벽지불·보살의 세 가지 도가 있다. 보살도에서는 먼저 보리심을 일으키는 것이 순서이다. 발보리심(發菩提心)은 발심(發心)이라고도 하며, 범어로 'bodhi cittopāda', 즉 '깨달음의 마음을 일으키는 것'이다. 발보리심은 다시 속제(俗諦)와 진제(眞諦)로 나눈다. 속제의 발보리심은 수행자가 처음 발심해서 자량도(資糧道)에 입문할 때 윤회 속에서 고통받는 수많은 중생을 관하여 연민심을 내는 것이다. 진제의 발보리심은 그 속에서 공성(空性)을 보는 것인데, 이것이 가행도(加行道)의 수행이다.

속제의 보리심이란 모든 중생이 고통에서 벗어나기를 서원한 후 '중생들을 참답게 도와주기 위해서는 스스로 먼저 깨달음을 이루어야만 하리라'라고 염원하는 것이다. 속제의 보리심은 다시 원보리심(願菩提心)과 행보리심(行菩提心)으로 나눌 수 있다. 원보리심은 모든 중생을 돕기 위해 깨달음을 얻으려는 마음이고, 행보리심은 원보리심을 이루기 위해 보살계와 바라밀, 사섭법 등을 실천하는 것을 말한다. 속제의 보리심을 강조하는 이유는 업이 남아 있는 상태에서 단지 공함만을 관하면 이기심이 소멸하지 않기 때

제2부 대승의 수행론

문이다. 그래서 중생을 위해 살아가야겠다고 발원하는 것이다. 진제의 보리심을 강조하는 이유는 중생에 대한 자비와 연민심이 지나치면 중생의 고통을 바라볼 때마다 자신도 같이 고통스러워져 감당할 수 없게 되기 때문이다. 그러므로 중생의 고통을 보되, 중생과 고통의 실체 없음, 즉 공성을 관해야 하는 것이다.

성문도에서 자기의 고통을 먼저 보는 것을 강조한다면 보살도에서는 중생들의 고통을 먼저 보는 것을 강조한다. 일반적으로 사람들은 대승과 초기불교의 수행법이 크게 다른 것으로 생각한다. 그러나 사실 불교의 공통분모는 크게 다르지 않고 달라서도 안 된다. 예를 들어 삼십칠조도품은 초기불교와 설일체유부에서 모두 중요하게 여기는 수행법인데, 유식의 수행에서도 마찬가지로 중요하다.

보리심을 관한 후 다음 단계는 사념처(四念處)를 관하는 것이다. 사념처를 관하는 이유는 사성제를 깨닫기 위해서이고, 사성제를 이해하면 자아와 법에 대한 집착이 사라지기 때문이다. 나는 몸과 마음으로 이루어졌으며, 몸의 대상은 느낌이고 마음의 대상은 법이다. 그래서 신(身)·수(受)·심(心)·법(法)이다. 그러므로 사념처를 관한다는 것은 나의 구성 요소를 고·공·무상·무아로 관하는 것이다.

몸을 자세히 관하면 몸은 부정하며 괴로움 덩어리임을 알 수 있다. 괴로움에는 또한 고고(苦苦)·변화고(變化苦)·행고(行苦)의 세 가지가 있다. 몸은 이 세 가지 괴로움의 요소를 모두 가지고 있다. 성천(聖天, Aryadeva) 보살은 『사백론』에서 "보통 사람들은 몸이란 것을 갈고 닦고 채워야 할 소중한 것으로 생각하지만, 사실은 그것이 업을 더 강하게 일으키게 하는 원인이 되고 번뇌를 일으켜 윤회의 고통 속에서 헤매게 한다. 따라서 몸을 원수처럼 생각해야지 가장 소중한 대상으로 생각해서는 안 된다"라고 말씀하셨다. 그러므로 보살도에서 가장 중요한 기준은 '이 몸을 위해서 사느냐, 아니면 이 몸을 중생들의 행복을 위한 도구로 사용하느냐'이다. 후자의 마음은 보살도의 길이고, 전자는 업을 쌓는 윤회의 길이다.

고통의 원인은 애착이고, 애착의 원인은 세 가지 느낌이다. 즐거운 느낌은 좋아함[貪心]을 일으키고, 괴로운 느낌은 싫어함[瞋心]을 일으키고, 무덤덤한 느낌은 어리석음[癡心]을 일으킨다. 세 가지 느낌에 대해서 탐·진·치가 생겨나므로 느낌은 고의 원인인 집성제(集聖諦)이다. 그러므로 수념처(受念處)는 행복한 느낌조차도 실재하지 않는다는 것을 관하는 것이다. 무거운 짐을 왼쪽 어깨에 지고 가다가 오른쪽 어깨로 바꾸어 질 때 왼쪽 어깨의 고통이 사라졌다고 생각하지만 실은 고통이 A에서 B로 바뀐 것뿐이다. 사실 인간이 경험하는 즐거움을 자세히 관찰하면 괴로움과 괴로움이 쉬어진 상태가 있을 뿐이다. 그러므로 즐거움 자체가 공하다는 것이 수념처의 정의이다. 이와 같은 이해는 멸성제(滅聖諦)로 인도한다.

11

심념처와 삼계유심

윤회를 일으키는 업의 근본 원인은 나에 대한 집착이다. 나에 대한 집착의 의지처는 제8식이다. 따라서 제8식의 근원이 무상함을 보면 마음의 소멸인 멸성제를 터득하게 된다. 마음은 아는 마음인 심왕(心王)과 알려진 내용물인 심소(心所)의 합이다. 아는 마음은 심소에 의지해서 전오식과 제6식, 제7 아애식(我愛識) 그리고 제8 알라야식에서 일어난다. 알라야식의 기억들을 나와 동일시하거나 나의 것이라고 생각하는 집착된 마음이 제7식이고, 그 제7식이 제8 알라야식을 소재와 대상으로 삼아 주관적으로 투영시킨 것이 대상을 아는 마음인 심왕과 알려진 내용물인 심소이다.

　알려진 내용물인 심소는 마음이 향유하는 대상들로서 크게 세 가지이다. 첫째, 느낌을 향유하는 수(受), 둘째, 판단하고 분별하는 작용들인 상(想), 셋째, 느껴진 것들을 판단해서 이로운 것은 취하려 하고 해로운 것은 멀리하려는 욕망들인 행(行)이다. 이 모두는 제7 아애식에 의해 충돌되어진 욕구들이다. 이들은 원하는 대상에 마음을 기울이게 하고, 욕구하게 하는 것이다. 알려진 내용물인 수·상·행의 심소는 다시 여섯 종류로 나눠지고, 모두 51가지이다. 이들은 마음이 일어날 때마다 항상 같이 일어나는 5가지 변행심소(遍行心所), 대상에 따라 일어나는 5가지 별행심소(別行心所), 열반으로 인도하는 11가지 유익한 선심소(善心所), 윤회로 인도하는 6가지 번뇌와 그로부터 파생된 20가지 수번뇌(隨煩惱), 그리고 4가지 부정(不定) 등이다.

5가지 변행심소는 촉(觸)·작의(作意)·수(受)·상(想)·사(思)이다. 이들은 본질적으로 수(受)·상(想)·행(行)인데, 마음이 일어날 때 항상 같이 일어나므로 5변행심소라 한다.

또한 대상에 따라 다르게 일어나는 심소를 5별행심소라 하는데, 욕(欲)·결심(決心)·염(念)·정(定)·혜(慧)이다. 대상의 표상을 경험하면 바라는 마음[欲]이 생겨나고, 그것을 취하기로 결심(決心)하면 그것을 얻는 데 방해되는 요소들을 늘 알아차려야 하는데, 그것을 염(念)이라 한다. 염이 순일하게 지속되면 정(定)이고, 그 정 속에서 지혜[慧]가 생겨난다.

열반으로 인도하는 유익한 선심소는 11가지인데, 신(信)·참(慚)·괴(愧)·무탐(無貪)·무진(無瞋)·무치(無恥)와 근(勤)·안(安)·불방일(不放逸)·행사(行捨)·불해(不害)이다. 삼보와 연기를 믿는[信]자는 양심의 부끄러움[慚]도 알고, 연민심[不害] 때문에 사람들의 비판을 기꺼이 수용[愧]하여 고친다. 이들은 표상이 알라야식의 허상임을 알아[無恥] 탐하거나 싫어하지 않고[無貪·無瞋] 분리할 줄 안다. 부지런히 노력해서[勤] 편안함[輕安]에 들며 게으르지 않아[不放逸] 정혜가 균등한 고·락·회·우가 버려진 사선정[行捨]에 이른다. 이것들이 열반에 이르는 데 유익한 11심소이다. 선(善)이란 알라야식의 현현(顯現)인 표상들이 실체가 아님을 아는 것이다.

번뇌와 윤회로 인도하는 심리적 상태는 근본번뇌(根本煩惱) 6가지와 수번뇌(隨煩惱) 20가지이다. 근본번뇌는 탐(貪)·진(瞋)·치(癡)와 만(慢)·의(疑)·악견(惡見)이다. 자아가 있다고 오해하는 것이 치(癡)이고, 자아에 속한 것을 탐(貪)하거나 싫어하는[瞋] 것이다. 타인의 자아와 비교함이 자만[慢]이고, 자아없음을 의심하면 의(疑), 자아에 대한 여러 견해가 악견(惡見)이다. 이처럼 근본번뇌 6가지는 모두 자아에 대한 미혹에서 생겨난다. 11가지 수번뇌는 탐·진·치의 다양한 표현이다. 그중 간탐[慳]·교만[憍]은 탐의 표현이고, 분(忿)·한(恨)·뇌(惱)·질투[嫉]·해(害)는 진의 여러 가지 형태이다. 그리고 감춤[覆]·속임수[誑]·아첨[諂]은 탐과 치를 기본으로 한 변형된 모습들이다. 무참(無慚)·무괴(無愧) 두 가지는 불선에 두루 있는 마음이고, 들뜸[掉擧]·혼침(惛沈)·불신(不信)·해태(懈怠)·방일(放逸)·실념(失念)·산란(散亂)·부정지(不正知)의 8가지 대수번뇌는 모든 번뇌에 두루 있는 수번뇌이다.

후회[悔]·수면(睡眠)·관찰[尋]·살핌[伺]의 4가지는 경우에 따라 선·번뇌·무기로 바뀌므로 부정(不定)이다.

전오식이 대상을 경험한 것을 판별한 6식 등이 낙사하여 알라야식에 저장되는 것을 현행훈종자(現行熏種子)라 한다. 그리고 이러한 복과 비복의 업과 선정을 닦은 것들이 정보로 기억되어 있다가 습기(習氣)로 바뀌는데, 자아에 대한 집착인 아집습기와 개념과 표상에 대한 명언습기가 그것이다[種子生種子]. 이들이 다시 조건을 만나서 오경과 오근으로 드러나는 것을 종자생현행(種子生現行)이라 하고, 이것을 '삼계는 오직 마음[三界唯心]', 또는 '일체가 마음에 의해 만들어지는 것[一切唯心造]'이라 한다.

이 8가지의 심과 51가지의 심소 속에서 단지 아는 마음인 견분을 심(心)이라 한다. 아는 마음이 알려진 내용물들에 의해 8가지로 다양하게 작용하지만 본질은 하나이다. 그리고 그 이원적 아는 마음(vijñāna)도 대상이 사라지면 소멸하고 청정무구의 앎(jñāna)인 원성실성(圓成實性)이 드러난다.

12

법념처와 만법유식

가행위 수행의 네 번째는 법념처(法念處)이다. 법(法)은 현상이라고도 하는데, 오온에서는 신(身)·수(受)·심(心)을 여읜 나머지 개념인 상(想)과 욕구인 행(行)이다. 신·수·심이 인간의 몸이나 마음과 함께 작용한다면 법은 주로 개념으로 작용한다. 일반적으로 개념은 외부 대상으로부터 발생한다고 믿는다. 외부 대상의 경험되어진 상태가 개념인 것이다. 하지만 개념과 외부 대상이 정확하게 일치하는지는 분명하지 않다. 오히려 유식에서는 개념에 의해 외부 대상이 경험된다는 물즉심(物卽心)을 말한다. 그러므로 유식에서 법에 대한 관찰은 곧 개념에 대한 관찰이다. 신·수·심은 무상하지만 경험할 수 있는 실재인 것과 달리, 법은 실재하는 대상이 아니고 주관적인 마음에 의해 굴절된 표상이다. 그러므로 꿈과 같고 신기루와 같은 외부 대상들에 집착할 것이 없다는 것이 바로 법념처 수행의 핵심이다.

칸트는 인간이 경험하는 세계를 '현상 세계'라고 말한다. 현상은 '물질 그 자체'가 아니고, 인간이 태어날 때부터 지닌 마음의 열두 가지 범주를 통해 바라본 물질 상태이다. 그리고 이 범주를 떠난 '물질 그 자체'는 인간으로서 알 도리가 없다. 버클리는 여기서 조금 더 나아가서 세계는 '오직 인식할 때만 존재할 뿐'이라고 말한다. 만법유식(萬法唯識)이라는 것이다.

원효 대사가 동굴에서 목이 말라 물을 마신 후 다음날 깨어보니, 그 달게 마신 물이 바로 해골바가지에 담긴 물이었음을 알고, 외계 대상은 인식되는 과정에서 주관적으로 드러남을 깨달아 '삼계유심 만법유식(三界唯心 萬法唯識)'이라 했다. 이때 삼계(三界)는 욕계·색계·무색계의 외부 대상이다. 이 모든 존재가 사는 세계가 오직 알라야식의 현현(顯現)이라는 것이다. 반면에 만법은 유식에서 오위백법(五位百法)을 말한다. 오위백법은 물질과 마음, 그리고 모든 생각할 수 있는 개념을 심법(心法)·심소법(心所法)·색법(色法)·심불상응행법(心不相應行法)·무위법(無爲法) 5가지 종류와 100가지 구성 요소로 분류한 것이다. 이 가운데 심법은 전오식·제6식·제7식·제8식으로 8가지다. 물질인 색법은『구사론』에서처럼 5근·5경·1무표색으로 11가지이다. 심불상응행법은 인간의 사유 대상 중 물질도 마음도 아닌 개념 24가지이다. 마지막으로 무위법은 열반 등 조건이 모두 해체된 상태의 6가지를 말한다. 이처럼 인간이 생각할 수 있는 대상을 모두 망라한 것이 오위백법이다. 이 모두를 인식할 때만 현현한다는 것이 바로 만법유식이다.

세계는 기세간(器世間)과 기세간에 사는 중생으로 나눌 수 있다. 기세간은 욕계·색계·무색계이고, 기세간의 중생은 천상·수라·인간·아귀·축생·지옥 등의 육도 중생(六道 衆生)이다. 그렇다

제2부 대승의 수행론

면 세계와 육도 중생은 어디에서 왔는가? 초기불교에서는 업의 과보로 기세간과 육도 중생이 나왔다고 말한다. 그렇다면 업은 어디에 의지하는가? 마음에 의지해서 행한 행위가 바로 업이다. 이 세상에 있는 좋은 것과 나쁜 것, 괴로움과 즐거움은 모두 자신의 업에 의해 경험되는 것이지, 그것 자체로 실존하는 것은 아니다. 그러므로 만법유식이다.

세친은 『유식이십송』에서 이 문제를 자세하게 다루면서 "지옥 중생들은 업의 과보로 그곳에 태어났다지만, 지옥 사자는 무슨 과보로 지옥에 태어나게 되었는가?"라고 반문한다. 만약 좋은 공덕을 많이 쌓았다면 천상이나 더 좋은 곳에 가야만 할 것이고, 악업을 지었다면 고통을 받는 지옥 중생으로 태어나야지 왜 고통을 주는 지옥 사자로 태어나게 되었는가? 만약 불보살의 화현이라면 불보살이 중생에게 고통을 줄 리 없다. 그러므로 세친은 지옥 사자가 어떤 경로를 통해 태어났는지 경전이나 논리로 증명할 수 없기에 마음에서 발생한 것으로 결론짓는다. 마음을 떠나서 세계는 존재하지 않고 업에 의해 세계는 꿈과 같고 신기루와 같이 존재한다는 것이다.

적천(寂天, Śāntideva)은 『입보리행론』에서 "지옥에 있는 생명들은 끓는 물과 타는 불 속에서 끝없는 고통을 당하는데, 그런 타는 불은 어디에서 왔는가?"라고 질문한다. 이어서 "아무리 찾아봐도 이 불은 누가 만들었다고 말할 수 없고, 어디에서 왔다고 말할 수 없다. 그런데도 지옥에 있는 생명들은 불 때문에 괴로워한다.

그것은 그 사람의 악업이 지옥의 불을 보고 느끼게 하는 것이지 거기에 실제로 지옥불이 존재하는 것은 아니다"라고 설파한다. 만약 지옥이 마음에서 만들어지지 않았다고 한다면, 누가 지옥을 만들었는가? 지옥을 만드는 데 몇 년이 걸렸는가? 지옥은 처음에 누가 왔고, 중간에 누가 왔으며, 그 사이에는 누가 유지했는가? 이런 모든 질문에 대답할 사람은 아무도 없다.

아드와이따 웨단타의 창시자이자 불교와 6파 철학을 이론으로 완전히 정복했다고 알려진 상카라짜리야는 제자들에게 항상 세상은 꿈과 같고 환상과 같다고 설파했다. 그는 어느 날 길을 가다가 미친 코끼리를 만나 줄행랑을 치게 되었다. 같이 도망가던 제자들이 "이 세상은 꿈과 같고 환상과 같다고 말씀하셨는데, 왜 그렇게 정신없이 도망가십니까?"라고 물으니, "나는 꿈속에서 도망갈 뿐이다"라고 대답했다고 한다. 이 이야기는 '우리가 경험하는 모든 현상은 없다'라는 것이 아니라, '자성이 없는 현상을 꿈과 같고 신기루와 같이 여겨야 한다'라고 말하는 것이다. 이와 같이 지옥 등 외부 대상은 마음에서 만들어졌다고 보는 것이 바로 유식무경(唯識無境)과 만법유식(萬法唯識)의 원리이다.

13

통달위

욕계에 대한 욕망을 다스리거나 자아의 실체를 파악해서 공성을 터득하기 위해서는 사념처(四念處) 수행을 근본으로 삼아야 한다. 사념처 수행이 익숙해지면 사정근(四正勤)을 닦아 탐·진·치의 불선법은 다스리고 아직 발생하지 않은 선근은 증장시켜야 한다. 불선법이 가라앉으면 마음이 고요해져 사여의족(四如意足)을 성취하게 된다. 이처럼 사념처 수행을 시작으로 삼십칠조도품(三十七助道品)을 차례대로 수행하면 마침내 고통의 원인[集]을 보고, 그 원인을 적절한 방법으로 근절해 버리는 사성제(四聖諦)를 체득하게 된다.

　해탈의 상태는 향유할 대상도 없지만 향유하는 자도 없다. 삼계(三界)의 대상들을 탐하고 싫어하는 마음 때문에 윤회하는 것이기에 삼계에 대한 탐심(貪心)과 진심(瞋心)을 놓아 버리면 향유할 대상이 없음을 알게 되고, 향유할 대상이 없어 향유할 자가 없으면 그것이 바로 해탈이다. 삼계에 대한 집착을 세분화하면 탐·진·치·산란·교만과 의심·악견 등의 번뇌이다. 또한 번뇌를 다스리는 방법에는 순간적으로 잠깐 멈추는 법(선정)과 근원적으로 해결하는 법(지혜) 두 가지가 있다.

번뇌를 다스리는 방법이 사람마다 다른 이유는 현행하는 번뇌가 사람마다 다르기 때문이다. 예를 들어 아름다움에 탐착하는 사람은 부정관(不淨觀)을 수행해야 한다. 부정관의 시작은 이렇다. 처음에는 껍질이 벗겨져 피부가 없이 붉은 살점만 있는 몸을 마음속으로 상상하고, 그다음에는 온몸이 살도 없이 뼈로 이루어져 있는 상태를 반복해서 관한다. 그러나 이러한 방법은 순간적으로 번뇌를 다스리는 것이지 근본적으로 번뇌를 소멸시키는 방법은 아니다. 왜냐하면 아름다운 대상을 만나면 다시 탐욕이 일어나기 때문이다.

진심(瞋心)이 많은 사람은 자애관(慈愛觀)을 닦아 연민심을 기르는 수행을 해야 한다. 자애관의 핵심은 이렇다. 만약 내가 사람들에게 부당한 일이나 싫어하는 일을 당하더라도 그 사람들이 전생에 나의 어머니와 아버지였고, 그들에게 전생에 갚아야 할 빚을 금생에 갚는다고 생각하면 성내는 마음을 가라앉히고 자애심과 연민심을 일으킬 수 있다.

번뇌와 고통에 무지한 사람은 연기관(緣起觀)을 닦아야 한다. 여기서 어리석음은 자신의 행복과 불행의 원인에 대해 무지한 것을 말한다. 행복과 고통이 무엇 때문에 생겨나는지 모르는 사람은 어리석은 사람이고, 행복과 고통이 여러 가지 인과 연에 의해 생겨나는 것을 관하는 것이 바로 연기관이다. 행복의 원인에 무지한 자는 행복의 원인을 닦지 않으므로 행복이 오래가지 못하고, 고통의 원인에 무지한 자는 고통으로부터 벗어날 길이 없게 된다.

교만한 마음은 인과에 대한 무지에서 비롯된다. 나와 나의 환경이 연기에 의해 생겨나고 소멸함을 알면 교만심이 사라지기 때문이다. 산란심이 있는 사람은 수식관(數息觀)으로 마음을 다스려야 한다. 수식관은 숫자를 세거나 호흡을 따라가면서 마음을 호흡에 매어 두는 방법이다. 이처럼 탐심·진심·치심·산란심·교만 등을 다섯 가지 대치되는 방법으로 다스리는 것은 번뇌를 잠깐 멈추게 하는 것이지 근원적으로 다스리는 것은 아니다.

의심은 부처님과 가르침에 대한 의심인데, 그 가르침의 핵심은 연기와 무아이다. 악견은 자아에 대한 잘못된 견해들이므로 이러한 번뇌들을 근원적으로 해결하고자 한다면 결국 오온개공(五蘊皆空)을 깊이 관해야 한다. 삼계를 윤회하는 가장 큰 원인은 무명(無明)이고, 그중 가장 큰 무명은 윤회하는 곳에 '나'가 있다는 생각이다.

『입중론』에서 월칭(月稱) 대사는 "나와 남이 있고, 나의 것이 있다는 생각이 윤회의 근원이다"라고 말한다. 또 법칭 대사는 『양평석』에서 "나를 생각하는 순간 바로 남이 생기게 되고, 나와 남이 생기는 순간 바로 윤회는 시작된다"라고 말한다. 그러므로 '나라고 할 만한 것'이 없다는 오온개공을 철저히 자각하고 증득한다면, 이것이 바로 번뇌의 근원적 소멸이고, 이를 통달위(通達位)라고 한다.

제3장

『십지경』의 수행론

1

세친 보살의 『십지경』 주석

유식 수행의 세 번째 경지는 통달위(通達位) 또는 견도위(見道位)로, 보살 십지(十地) 중 초지(初地)에 해당한다. 우선 보살 십지에 대해 살펴보자. 세친은 『십지경』과 관련해 네 가지 공경해야 할 대상에 대해 이렇게 말했다. 첫째, "만약에 누구라도 『십지경』을 공부하는 사람이 있다면 머리를 땅에 조아려 경의를 표하고 예배하겠다." 둘째, "『십지경』을 가르쳐 달라고 하는 사람이 있다면 누구라도 경의를 표하고 예배하겠다." 셋째, "『십지경』을 설명해 줄 수 있는 사람이 있다면 누구라도 경의를 표하고 예배하겠다." 넷째, "『십지경』에 예배하고 공경하겠다." 이처럼 세친은 『십지경』에 대해 남다른 존경심을 보였다.

그는 십지 중 초지에 들어가는 문을 여덟 가지로 분류해서 설명했다. 첫째, 서분(序分)으로 경을 설하신 때다. 부처님께서 성도하신 지 2주째 되는 날 보드가야의 보리수 아래에서 『십지경』을 설하셨는데, 시간, 장소, 모인 대중 세 가지에 중요한 특징이 있다. 장소는 욕계 신들이 머무는 곳인 타화자재천이고, 모인 대중은 금강장보살과 여러 대중이다. 부처님이 아닌 보살이 설한 이유는 그래야 집중력도 좋고 대중에 더 많은 관심을 끌 수 있기 때문이다. 그중 금강장보살이 법을 설한 이유는 '금강(金剛)'이 이 세상 무엇보다 단단한 것이어서 번뇌와 습기를 깨트릴 수 있기 때문이다.

둘째, 삼매분(三昧分)으로 '보살대승광명삼매'에 들어가서 법문을 설했다는 것이다. 이것은 『십지경』의 내용이 사람들의 생각이나 사유로 추측해서 알 수 있는 것이 아니고, 삼매의 경험에서 나오는 것이라는 점을 강조하기 위해서다.

셋째, 가분(加分)으로 노사나불께서 특별히 수기를 주고 축복하셨기에 금강장보살께서 그 회중에서 법을 설할 수 있게 되었다는 것이다.

넷째, 기분(起分)으로 삼매에서 출정하는 단계이다. 여러 곳의 불보살들께서 금강장보살에게 마정수기를 주신 후에야 출정해 환희지·이구지 등의 십지를 설명한 것이다. 이때 금강장보살은 "과거의 부처님들께서도 십지를 설하셨고, 현재에도 금강장보살이 십지를 설하고, 미래의 부처님께서도 십지를 설하실 것이다"라고 선언했다.

다섯째, 본분(本分)으로 보살 십지 수행이 각각 열 가지 장애를 치료하기 위해서라는 것을 보인 것이다. 환희지(歡喜地)는 아상(我相)의 장애, 이구지(離垢地)는 중생의 몸 등에 삿된 행위를 하는 장애, 여명지(黎明地)[99]는 듣고 생각하고 닦는 등의 여러 법을 잊어

99_ 한역은 발광지로 번역되어 있으나, 원문의 의미는 여명지에 가깝다.

제2부 대승의 수행론

버리는 장애, 염혜지(焰慧地)는 법을 이해하는 데 게으른 장애, 난 승지(難勝地)는 몸이 청정하다는 아만의 장애, 현전지(現前地)는 미세한 번뇌 습기의 장애, 원행지(遠行地)는 세상(細相) 습기의 장애, 부동지(不動地)는 무상에 행(行)이 있는 장애, 선혜지(善慧地)는 중 생에 이익을 주지 못하는 장애, 법운지(法雲地)는 모든 법에 자재 하지 못하는 장애이다.

여섯째, 청분(請分)으로 해탈월보살이 금강장보살에게 설명 을 요청하는 단계이다.

일곱째, 설분(說分)으로 『십지경』의 가르침에 대한 다음 세 가 지 자세이다. ① 부처님이 축복하셨기 때문에 이 법을 들을 수 있 다는 것이고, ② 모든 보살도 십지를 수행하고 있다는 것이고, ③ 십지를 수행하더라도 불지를 이루겠다고 서원을 세워야 한다는 것이다. 만약 어떤 이가 십지를 진심으로 이해해서 신심을 냈다 면, 다음 생에도 인간 세계에 태어나 다시 십지를 공부할 인연을 만날 것이기 때문이다.

여덟째, 교량승분(校量勝分)으로 '항상 모든 사람에게 십지를 가르치고 수행하리라'라고 생각하고 서원을 세워야 한다는 것이 다. 보살이 모든 생에서 모든 중생에게 십지를 가르치고 수행하리 라고 서원하는 것을 요약하면 두 가지이다. 하나는 '전생에 문수 보살과 보현보살이 수행한 것처럼 저도 그와 같이 되게 하소서'이 고, 또 하나는 '삼세제불이 원을 발했던 것처럼 저도 그와 같은 원 을 발하게 해 주소서'이다. 이처럼 세친은 여덟 가지로 『십지경』을 과목하면서 십지의 단계에 관해 논했다.

2

환희지와 연민심

문혜(聞慧)와 사혜(思慧)로 계·정·혜 삼학을 잘 닦고서 부처님과 승가에 대한 깊은 믿음과 중생들에 대한 연민심으로 깨달음의 큰 서원을 발하는 것을 발보리심(發菩提心)이라 한다. 여기서 연민심은 중생들의 고통, 즉 고성제를 관하는 데서 생겨난다.

'나'라는 것은 여러 기억에 집착하는 아애식(我愛識)일 뿐이라는 것을 깨달은 초지 보살은 자애의 마음으로 중생들을 관하게 된다. 그리하여 중생들은 사견이라는 무명에 덮여 있고, 사견으로 인해 교만한 마음이 있으며, 욕망의 그물에 덮여 있음을 보게 된다. 또한 진실보다는 환상과 거짓을 잘 믿으며, 평온한 선정의 천상보다는 시기와 질투로 가득 찬 오취의 세계에 태어나기를 열망하는 것을 알게 된다.

중생들이 다시 태어나기를 열망하는 그 세계는 탐욕·성냄·어리석음의 업에 둘러싸여 분노와 원한으로 끊임없이 불타오르고 있고, 기억들을 자아라고 오해하는 아애식과 분별식이 '자아의 존재'를 열망케 해 삼계 중 어느 한 곳에 윤회의 싹을 내려 몸과 정신 현상이라는 명색(名色)이 생겨나게 한다. 명색이 성장해서 여섯 가지 감각 기관이 드러나고 여섯 가지 감각 기관에 의지해서 촉이, 촉에 의지해서 느낌이 생겨나고, 좋은 느낌을 자주자주 느끼기를 원해서 갈애와 취착이 쌓여 간다. 갈애와 취착이 쌓여 가므로 삼계가 나타나고, 삼계가 있으므로 태어남이 있고, 태어남이 있으므로 늙음·죽음·슬픔·비탄·고통·우울·절망의 무더기를 피할 수 없게 된다. 이처럼 중생들이 마음에 의해 만들어진 고통의 무더기에서 벗어나지 못하는 것을 보고 '장차 이 중생들을 어리석음에서 구하고 해탈시켜서 열반에 이르게 해야겠다'라고 대자애와 연민심의 서원을 발하는 것이 발보리심이다.

보리심을 일으킨 이는 부처님의 십력(十力)과 사무소외(四無所畏), 십팔불공법(十八不共法)을 얻기를 바라며, 자아와 외부 대상이 본래 비어 있어 평등하다는 것을 깨닫고, 모든 중생을 두루 구제하기 위한 자애심과 연민심을 더욱더 확장하며, 번뇌가 전혀 없는 청정한 불국토를 꿈꾸고, 한 찰나에 삼세를 청정하게 하는 가르침을 얻기를 서원한다. 그 보리심에 의해 그는 범부의 경지에서 단박에 보살위에 들어가고, 윤회를 떠나 출세간의 도에 이르며, 삼세가 한 생각에서 비롯된다는 것을 깨달아 여래의 종성에 들어가게 된다. 그리하여 그는 본래의 청정한 기쁨을 회복한다. 이처럼 보살 초지에 오르면 기쁨이 지극한데, 이를 환희지(歡喜地)라 한다.

모든 존재는 본래 기쁨으로 가득 차 있었다. 그러나 근심·걱정·탐욕 등의 두려움으로 마음이 어두워져 기쁨이 가려져 있다가 이것들이 걷히면서 몸 안에 에너지가 가득 차오르면 기쁨이 다시 생겨나는 것이다. 그러다 다시 외부 대상에 집착하거나 기억 속에 빠져 있으면 에너지가 소모되어 기쁨이 사라지거나 줄어들게 된다.

　기쁨을 가려 버리는 두려움에는 다섯 종류가 있다. 생계의 걱정, 타인의 비방, 죽음, 악도에 태어남, 대중에 대한 두려움이다. 이 모든 두려움의 근원은 자아에 대한 집착이다. 오온이 공함을 증득한 초지 보살은 자아라는 개념에서 벗어나 자아에 대한 애착이 사라졌기에 생계에 대한 두려움이 없다. 또한 모든 생명에게 널리 보시하려는 마음 외에 누구에게 어떠한 존경도 구하려는 마음이 없기에 비방에 대한 두려움이 없고, 자아에 대한 사견을 여의었기에 죽음에 대한 두려움도 없다. '나는 죽더라도 부처님과 보살님들을 결단코 떠나지 않으리라'라는 믿음이 있기에 악도에 태어나는 것에 대한 두려움이 없고, '세상의 어느 누구도 나보다 더 뛰어난 원력을 가진 자가 없으리라'라고 생각하기에 대중에 대한 공포가 없다. 이와 같이 초지 보살은 일체의 두려움에서 벗어났기에 환희심이 생겨나는 것이다.

3

환희지와 십대 서원

초지 보살의 조건은 연민심과 보리심, 공성의 자각과 서원이다.
연민심이 중생들의 고통을 도와주고 싶은 마음이라면, 보리심은
연민심을 효율적으로 실천하기 위해 필요하다. 그리고 공성의 자
각과 서원은 깨달음의 구성 요소이다.

환희지(歡喜地)에 머무르는 보살은 십대 서원을 일으킨다.

① 허공계와 미래 세계가 다할 때까지 과거·현재·미래의 모
   든 부처님에게 공양물을 보시하겠다는 서원
② 부처님의 가르침을 항상 실천하겠다는 서원
③ 부처님의 탄생지부터 대열반지까지 모든 성지를 친견하
   겠다는 서원
④ 태어나는 곳마다 보리심을 이루기 위해 바르게 노력하겠
   다는 서원
⑤ 중생계가 다하도록 모든 중생을 교화하는 노력을 게을리
   하지 않겠다는 서원
⑥ 세간의 지혜를 모두 통달하겠다는 서원

⑦ 무량겁에 걸쳐 수많은 불국토를 정화하겠다는 서원

⑧ 실천행으로 대승을 깨우쳐 가는 것을 게을리하지 않겠다는 서원

⑨ 불퇴전의 보살행을 위해 신·구·의 삼업을 부지런히 닦아 나가겠다는 서원

⑩ 광대한 지혜와 육신통에 대한 성취를 게을리하지 않겠다는 서원

이러한 십대 서원을 연민심·보리심과 함께 일으켰을 때 그를 초지 보살이라 한다.

초지 보살의 서원은 중생계, 세계, 허공계, 법계, 열반계, 부처님이 출현하는 세계, 여래의 지혜 세계, 부처님의 경계 내지는 지혜에 의해 드러난 세계가 다할 때까지 다함이 없어야 한다. 이것이 바로 환희지의 서원이다.

또한 고귀한 서원을 일으킨 보살은 서원을 성취하기 위해 자신이 소중하게 여기는 것들을 중생들에게 희사(喜捨)하는 '위대한 버림'을 실천해야 한다. 연민과 자애의 마음으로 희사를 하면 일체중생을 구제하기 위한 세간과 출세간의 이익을 추구하는 일에 지치지 않는다. 지칠 줄 모르기에 일체 경론에 대해 지혜가 생겨나고, 경론의 지혜를 성취한 자는 해야 할 일과 해서는 안 될 일을 잘 분별함으로써 중생들의 근기에 따라 교화할 수 있는 세간의 지혜가 생겨난다. 세간의 지혜를 성취하면 항상 때와 장소에 맞게

나와 남의 이익을 위해 힘쓰고, 이때 부끄러움과 창피함을 아는 마음이 생겨난다. 그리고 이러한 노력으로 욕망을 여의려는 자에게는 불퇴전의 견고한 힘이 생겨나고, 견고한 힘을 얻으면 여래의 가르침을 노력 없이도 실천할 수 있게 된다.

이와 같이 초지 보살에게 보살지의 열 가지 청정인 믿음, 연민, 자애로움, 희사, 피곤을 모름, 경론에 대한 앎, 세간에 대한 앎, 부끄러움과 창피함을 앎, 견고한 힘, 여래에 대한 공양과 공경이 생겨난다. 또한 불세존을 공양한 인연으로 중생을 성숙시킬 수 있는 자량이 쌓이게 된다.

초지 보살은 초지에서 제10지에 이르기까지 여러 행상·성취·과보의 지식을 갖추어야 한다. 또한 제10지에 이르기까지 보살지의 모든 단계를 두루 성취하기 위해 노력해야 한다. 예를 들어 유능한 대상이 많은 무리를 거느리고 다른 도시로 길을 떠난다고 하자. 가는 길이 어떤지, 도중에 어떤 이로움과 손해에 직면할지 등을 출발 전에 잘 살펴 알아 두어야 하는 것처럼 환희지 보살은 초지에 머무를 때 다음 열 가지를 잘 알아야 한다.

① 보살지의 장애와 대치법
② 보살지의 성취와 무너짐
③ 보살지의 행상과 결과
④ 보살지의 파악과 익힘
⑤ 보살 각지의 청정함

⑥ 보살지에서 보살지로 올라감

⑦ 각각의 보살지에 머무는 것

⑧ 보살지들 사이의 차별적인 앎

⑨ 각각의 보살지에서 퇴전하지 않음

⑩ 일체의 보살지를 청정하게 함으로써 마침내 여래지에 드
  는 것

4

환희지와 보시바라밀

환희지(歡喜地)를 성취하면 보시바라밀(布施波羅蜜)을 집중적으로 수행하게 된다. 보시바라밀은 사섭법(四攝法) 중 첫째이고, 십바라밀(十波羅蜜) 중 첫 번째로, 불과(佛果)의 첫 번째 원인이기 때문이다. 초지 보살이 보시바라밀을 집중적으로 수행하긴 하지만 지계·인욕·정진·선정·지혜·방편·원·력·지 등의 다른 바라밀을 수행하지 않는 것은 아니다. 다만 다른 바라밀은 분수와 역량에 따라 부분적으로 수행한다.

살아 있는 모든 생명은 행복을 원하고 고통을 싫어한다. 특히 보통 사람의 행복은 부(富)가 없으면 불가능하다. 그리고 부는 보시 수행의 결과이다. 이러한 이유로 초지 보살은 보시를 집중적으로 실천하는 것이다. 왜냐하면 보살은 남의 기쁨을 자신의 기쁨으로 삼기 때문이다. 심지어 보시 받는 사람에 대한 연민심이 없고 화난 상태에서 이기적으로 보시하더라도, 그 보시를 실천함으로써 성취되는 부유함이 배고픔과 목마름의 고통을 제거하는 원인이 된다.

보시는 해탈의 원인이 되기도 한다. 비록 연민심이 없고 이기적인 사람일지라도 지속해서 보시를 행하면 성인을 만날 기회가 생긴다. 그러면 그 성인에게서 연민심과 이기심에서 벗어난 평화로운 마음 등 여러 이익과 관련된 가르침을 받을 수 있고, 그 가르침을 통해 보시자는 해탈의 길로 나아갈 수 있다.

보시자가 보살이든 범부 중생이든 보시는 중요하다. 보살은 다른 중생의 이로움을 보기에 보시하는 순간을 즐긴다. 하지만 범부는 보시한 과보가 되돌아올 때 즐거움을 느낀다. 이것이 보살과 범부가 느끼는 즐거움의 차이다. 그러므로 수행자가 보살이든 중생이든, 천상에 태어나거나 해탈을 성취하기 위해서는 보시가 중요하다.

보살은 누군가에게서 "도와주세요"라는 말을 들을 때 그에게 보시할 생각만으로도 행복해진다. 그런 의미에서 해탈에만 머무르는 성문의 행복과 비교한다면, 보살의 행복감이 훨씬 풍요롭다고 말할 수 있다. 만약 그렇다면, 보살이 모든 것을 다 베푸는 수행은 그것보다 뛰어난 행복감일 것이다. 이와 관련해 월칭(月稱)은 "다른 지옥 중생들의 고통과 비교해 보았을 때 보살들이 몸을 잘라 보시하는 고통은 훨씬 가벼운 것이므로, 보살은 고통을 참고 인내하는 인욕 수행에 더욱 매진한다"라고 말한다.

보시에는 법보시(法布施) · 재보시(財布施) · 무외시(無畏施)가 있다. 재보시는 물질 보시를 말하고, 법보시는 공덕을 쌓기 위한 보시로서 경전의 뜻을 가르치거나 올바른 법회로 인도하는 것 등을 말한다. 무외시는 글자 그대로 번역하면 중생들의 두려움 또는 고통을 없애 주는 보시이다. 즉, 중생들의 고통을 덜어 주기 위해 말이나 행위로써 남을 도와주는 것을 의미한다.

보시에는 또한 세간과 출세간의 보시가 있다. 보시물, 보시물을 받는 자, 보시자에게 집착 없이 보시하면 출세간의 보시바라밀이다. 그러나 세 가지 중 하나라도 집착하면서 보시하면 세간의 보시이다. 초지 보살에게는 세간과 출세간의 두 가지 보시가 교차하며 행해진다. 초지 보살이 선정의 상태에서 보시하면 보시바라밀이 되지만, 세 가지 중 하나에 집착하면서 보시하면 세간의 보시가 되기 때문이다. 그러나 초지 이하의 보살이나 범부 중생의 보시는 공성의 관문을 통과하지 못했기 때문에 단순한 보시일 뿐 보시바라밀이라고는 말하지 않는다.

완성된 출세간의 보시바라밀의 특징은 다른 사람에게 보시할 뿐만 아니라, 그 결과로 다음 생에 받을 공덕도 다른 사람에게 회향하는 것을 말한다. 또한 보시가 바라밀이 되기 위해서는 세 가지 조건이 필요하다. 첫째는 불과를 얻기 위해 보시바라밀을 수행해야 하고, 둘째는 받는 자, 주는 자, 보시물의 세 가지가 모두 본래 공함을 알면서 보시해야 하고, 셋째는 보시의 공덕을 모든 중생에게 회향함으로써 중생을 위한 불과를 성취해야 한다.

이와 같이 보시를 성취하는 보살은 항상 기쁨을 얻고 그로 인해 짙은 어둠을 물리치는 달빛처럼 빛나는 몸을 갖게 된다. 달이 어둠을 물리치듯이 초지 보살은 불쾌한 마음을 제거하고 기쁨을 얻게 되는 것이다.

제2부 대승의 수행론

5

욕심과 서원의 차이

인간의 모든 행위는 욕심에서 비롯된다. 욕심 때문에 인간은 생각과 행위를 하고, 목표를 세우면서 인생을 살아가는 것 역시 욕심 때문이다. 욕심이 없는 인간은 삶에 대한 의지 또한 없게 마련이다. 그러므로 욕심은 삶의 원동력이다. 그 욕심이 동기가 되어 행위와 말을 하고, 여러 가지 업도 짓고 직업도 갖는다. 또한 그 욕심이 인간을 노력하게 만들고 그 노력으로 삼매를 얻기도 한다. 그러한 다양한 욕심의 결과가 업이며, 그 업 때문에 인간은 지옥에서 인간 세계, 무색계의 천상까지 다양한 세계에 태어나게 된다.

욕심은 맹목적이다. 이 맹목적인 욕심을 다스리기는 쉽지 않다. 다만 우리는 과보에 대한 두려움을 활용해 욕심을 다스릴 수 있다. 욕심에는 여러 종류가 있는데, 크게 세속적인 욕심과 출세간적인 욕심으로 나눌 수 있다. 출세간적인 욕심은 욕심이라기보다는 서원이라고 보는 것이 타당하다. 왜냐하면 출세간의 욕심은 주로 자신을 포기하거나 남의 이익을 위해 자신을 희생하기 때문이다. 그러면서도 스스로는 완전성을 추구한다. 그러므로 출세간적 욕심에 따른 행위의 결과는 나도 남도 해탈의 길로 가는 것이다.

세간적 욕심은 다시 욕계의 욕심과 색계·무색계의 상계에 대한 욕심으로 나누어진다. 상계에 대한 욕심은 반드시 선정을 수반하고, 선정을 얻기 위해서는 오욕락으로부터 자유로워져야 한다. 그러므로 상계의 욕심은 오욕락을 여읜 욕심이다. 그러나 선정의 미묘한 즐거움에 대한 욕심과 상념에 대한 욕심은 남아 있는 상태이다.

반면에 욕계의 욕심은 오욕락을 즐기는 중생들의 욕심이다. 이 욕계의 욕심은 다시 두 가지로 나눠지는데, 삼선도에 대한 욕심과 삼악도에 대한 욕심이다. 타인을 희생시켜서라도 자신의 기쁨을 얻으려 하거나, 다른 생명들을 자신의 기쁨의 수단으로 여기는 것이 삼악도의 욕심이다. 다른 생명의 행복을 도와주거나 타인이 오욕락을 즐기는 것을 도와주는 과보로 인해 나 자신이 행복해지기를 바라거나, 자신의 오욕락이 존중받기를 원하는 것은 삼선도의 욕심이다.

다른 생명의 행복과 기쁨을 존중하지 않으면서 오욕락을 즐기는 욕심은 또한 세 가지가 있다. 아주 심한 분노를 자주자주 일으켜서 다른 생명을 고통에 빠트리거나, 남의 고통을 보면서 쾌락을 느끼는 것은 지옥의 욕심이고, 지나친 탐심으로 자신과 남을 불행에 빠트리는 것은 아귀의 욕심이고, 어리석음 때문에 자신과 타인을 고통에 빠트리며 쾌락을 얻는 것은 축생의 욕심이다. 이처럼 해탈에서 지옥까지의 모든 경험 세계는 욕심에 의지한다. 그러므로 어떠한 욕심을 위해 인생을 살아가는가 하는 것은 매우 중요하다. 초기불교에서는 이 욕심을 알아차리기 위해 사띠 수행을 하지만 대승에서는 서원의 기도로 승화시킨다.

기원후 대승 불교가 발달하면서 여러 형태의 기도가 불교에 정착되기 시작한다. 가장 대표적인 것이 『아미타경』에 언급된 내용인데, 지극한 마음으로 아미타불을 염하면 극락왕생할 수 있다는 것이다. 문제는 '마음과 욕망을 다스리지 않아도 아미타불만 부르면 극락왕생할 수 있는가? 아니면 마음과 욕망을 다스리면서 아미타불을 염해야 하는가?'이다. 만약 이 수행법이 석가모니불의 가르침과 일치하려면 팔정도를 실천함으로써 욕심을 다스리면서 아미타불을 칭명해야 할 것이다.

왜냐하면 한 가지 대상에 집중되어 있는 마음에 바른 견해와 바른 사유가 없으면 문제가 생기기 때문이다. 바르지 못한 욕망의 상태에서 삼매에 들게 되면 삿된 정에 빠져 정신이 다른 하급 세계의 생명에 의해 조종될 수 있기 때문이다. 저급하고 불의한 욕심의 상태에서도 염불만 하면 극락에 간다는 믿음은 부도덕하며 혹세무민하는 종교로 이끈다.

바른 선정을 얻기 위해서는 바른 욕구가 있어야만 한다. 그러므로 중생의 고통을 보고 연민심을 내어 고통으로부터 구제하겠다는 바른 서원이 정정(正定)을 얻기 위해서는 무척 중요하다. 그러면서도 서원을 효율적으로 성취하기 위해서 깨달음을 얻겠다는 보리심을 일으켜야 하는 것이다. 이것이 환희지 보살의 서원이다.

6

이구지의 수행

(1) 왜 이구지라 하는가?

이구지(離垢地) 보살은 지계바라밀(持戒波羅蜜)을 닦는다. 지계바라밀을 닦으면 감각적 번뇌를 다스려 악행을 멀리하고 선행을 하게 된다. 이것이 행복을 가져오고 천상에 태어나는 원인이 된다. 이 때문에 이구지 보살은 지계바라밀에 통달하는 것이다.

어째서 이구(離垢), 즉 더러움이 없다고 하는가? 부도덕한 법에 오염되지 않았기 때문이다. 『십지경』에서는 악법과 선법을 행하는 정도에 따라 육도 세계가 결정된다고 말한다. 심한 악행의 결과는 지옥 중생이고, 중간 악행의 결과는 아귀이며, 작은 악행의 결과는 축생이다. 작은 선행의 결과는 인간이며, 중간 선행의 결과는 아수라이고, 큰 선행의 결과는 천상이다. 이때 이구지 보살이 벗어나야만 하는 악행이란 세 가지 신업(身業), 네 가지 구업(口業), 세 가지 의업(意業), 이렇게 모두 열 가지이다.

세 가지 신업이란 살생(殺生)·투도(偸盜)·사음(邪淫)이다. 살생이란 탐·진·치의 번뇌와 함께 살아 있는 중생을 스스로 죽이거

제2부 대승의 수행론

나 또는 남을 시켜 죽이는 것을 말한다. 살생의 정도에 따라 삼악도 중 한 곳에 태어나는데, 전생에 살생을 많이 한 사람은 금생에도 살생하는 습관을 갖게 되고, 그 과보로 수명이 짧거나 자주 아프다.

투도란 다른 사람의 물건임을 알면서 탐·진·치 중 하나의 번뇌와 함께 스스로 훔치거나 혹은 다른 사람을 시켜 훔치고서 그런 행위를 기뻐하는 것이다. 그가 훔친 물건의 가치에 따라 삼악도 중 한 곳에 환생하게 된다. 전생에 도둑질하던 사람은 금생에도 도둑질하는 습관을 갖게 되고, 그 과보로 가난한 삶을 살게 되거나 혹은 재물을 모아도 자신을 위해 쓰지 못하고 엉뚱한 일로 소모한다.

사음은 배우자나 애인이 아닌 사람과 성행위를 즐기는 것이다. 그가 저지른 잘못된 성행위의 정도에 따라 삼악도에 환생하게 된다. 전생에 잘못된 성행위의 습관을 가진 사람은 금생에도 그런 습관을 가질 수 있으며, 그 과보로 주변 사람들이나 친구, 배우자에게 신뢰를 얻지 못한다.

네 가지 구업은 거짓말[妄語]·양설(兩舌)·악구(惡口)·기어(綺語)이다. 거짓말은 거짓말하려는 의도로 말이나 몸짓으로 타인을 속이는 것이다. 전생에 거짓말하던 습관을 가진 사람은 금생에도 거짓말하기 쉽고, 그 과보로 비난받거나 고소당하거나 사기당하는 일들이 자주 생긴다. 또한 거짓말의 정도에 따라 삼악도 중 한 곳에 환생하게 된다.

양설은 친한 사이를 갈라놓거나 계속 서로를 떨어트려놓을 의도로 탐·진·치와 함께 사실 또는 거짓말로 이간질하는 것이다. 전생에 이간질하는 습관을 가진 사람은 금생에도 이간질하는 성향을 띠게 된다. 이간질의 과보로 따르던 이들이나 친구가 곁을 떠나거나 나쁜 친구나 이웃을 만난다. 이간질의 정도에 따라 삼악도 중 한 곳에 환생한다.

악구는 불쾌한 말이다. 의도적으로 타인에게 탐·진·치와 함께 욕설하는 것이다. 전생에 욕설하는 습관을 가진 사람은 금생에도 욕설하는 습관을 갖게 되며, 욕설의 정도에 따라 삼악도 중 한 곳에 환생하게 된다. 욕설한 과보로 타인에게서 불쾌한 말을 자주 듣거나 말할 때마다 불필요한 언쟁을 하게 된다.

기어란 의미 없는 대화나 잡담을 말한다. 무언가를 얻으려는 의도로 다른 사람을 칭찬하거나 노래하거나 드라마 대사를 말하거나 수행에 도움이 되지 않는 책을 읽는 것을 말한다. 기어의 정도에 따라 삼악도에 환생하게 되며, 전생에 기어의 습관을 가진 사람은 금생에도 무의식적으로 기어를 하게 된다. 기어의 과보로 다른 사람에게 무시당하거나 스스로도 불신하게 된다.

세 가지 의업은 탐욕, 해로운 의도[瞋恚], 어리석음[邪見]이다. 탐욕은 다른 사람의 몸이나 재산에 대한 집착이다. 다른 사람의 몸이나 재산을 마음속으로 열망하면서 그러한 마음을 다스리려 하지 않는 것이다. 탐욕의 정도에 따라 삼악도에 환생하게 되는데, 전생에 탐욕의 습관을 가진 사람은 금생에도 만족하지 못하고

제2부 대승의 수행론

더욱 탐욕적인 양상을 띤다.

해로운 의도는 미움과 함께 생명 있는 대상을 해치려는 생각을 자주 하는 것이며, 그 해치려는 마음을 다스리려 하지 않는 것을 말한다. 진심(瞋心)의 빈도와 강도에 따라 삼악도에 환생하게 되는데, 전생에 진심의 습관을 가진 사람은 금생에도 진심을 일으키기 쉽다. 진심을 자주 일으키는 사람은 그가 어려움에 처해 있을 때 아무도 그를 돕지 않을 뿐만 아니라 다른 이들이 그를 해치게 된다.

어리석음은 사견으로 인해 선·악·윤회 등이 없고 그로 인한 인과도 없다고 생각하고 남에게도 그 생각을 전하면서, 그 사견을 다스리지 않는 것을 말한다. 사견의 정도에 따라 삼악도에 환생하는데, 전생에 사견의 습관을 가진 사람은 그 과보로 금생에도 사견을 일으키기 쉽고, 남을 기만하는 사람이 된다.

(2) 지계바라밀에 통달하다

십선(十善)은 이러한 십악(十惡)의 허물을 이해하고, 십악을 저지르지 않을 것을 굳게 다짐하는 것이다. 십선을 갖춘 보살의 몸은 가을 달처럼 밝게 빛난다. 초지 보살 또한 계를 수행하지만, 이구지 보살에 비해 부족한 이유는 이구지에서는 온전히 계행에 집중하기 때문이다. 계에 집중하는 이구지 보살이 불선한 행위에 머물지 않는 것은 마치 바다에 시체가 머물지 못하는 것과 같고, 행운이 불행과 동시에 생겨나지 못하는 것과도 같다. 이처럼 이구지 보살은 계행이 원만하기에 불선한 행위가 머물지 못하는 것이다.

그러나 이구지 보살은 자신을 지계자로 높여 생각하거나 계를 범하는 자를 파계자라고 분별해서 낮춰 보지 않는다. 만약 이구지 보살이 그러한 생각을 한다면, 그 보살은 지계바라밀을 완전히 실천하지 못한 것이 된다. 왜냐하면 그는 수행에 아직 집착함이 있고, 또한 보살행을 실천하지 못하는 이를 비방한 것이 되기 때문이다. 그래서 그는 항상 오온의 무자성을 보면서 계를 지키는 행위, 계를 지키는 자, 계행이라는 대상에 대한 분별을 여읜 상태가 되는 것이다.

그러므로 지계바라밀은 크게 세속적 지계바라밀과 출세간적 지계바라밀로 나뉜다. 계를 지키는 자가 있다는 개념적 분별이 있는 상태에서 계를 지키는 것을 세속적 지계바라밀이라 하고, 이 분별로부터 벗어난 상태에서 계를 지키는 것을 출세간적 지계바라밀이라고 한다. 출세간적 지계의 완성은 세 가지 대상에 관념적 분별과 집착이 없는 것을 말한다.

보시의 공덕은 오직 부를 가져다줄 뿐이다. 만일 상계(上界)에 태어나기를 바란다면 계를 지켜야만 한다. 누군가가 악도에 태어난다면, 그것은 계행의 부족 때문이다. 그러므로 계행과 함께 보시를 수행하면, 그 수행자는 인간 또는 천상의 영역에 태어나서 부유함의 과보를 누리게 된다. 그러나 계행이 부족한 상태에서 보시만 실천하면 부유한 사람의 개나 고양이 같은 낮은 영역에 태어나는 과보를 받게 된다. 그리고 낮은 영역에 태어난 중생은 원금과 이자를 다 써 버린 중생이 더 이상 부를 얻을 수 없는 것처럼 다시 보시를 실천할 기회를 얻지 못한다.

만약 우리가 자유롭고 좋은 환경에 있을 때 보시와 지계로 미래를 계획하지 않는다면, 아비지옥에 빠진 이후에는 누가 우리를 돕겠는가. 현재 우리는 법을 수행하기 위한 열여덟 가지 필요 조건을 부여받은 인간계에 살고 있고, 옳고 그른 행위가 무엇인지 알고 있다. 이런 좋은 환경에서 수행하지 않는다면 이후에 축생계 등 낮은 영역에 태어났을 때 상위의 영역으로 올라가는 것이 쉽지 않다. 그러므로 부처님께서는 보시와 함께 계를 지킬 것을 가르치신 것이다.

(3) 세 가지 계행

범부 중생, 성문, 연각, 보살이 상위의 경지를 얻거나 해탈을 얻기 위해서는 계행이 중요한 원인으로 작용한다. 왜냐하면 열 가지 심한 악행의 결과는 지옥, 열 가지 중간 악행의 결과는 아귀, 열 가지 작은 악행의 결과는 축생이며, 열 가지 작은 선행의 결과는 인간, 열 가지 중간 선행의 결과는 아수라, 열 가지 큰 선행의 결과는 천상이기 때문이다.

열 가지 큰 선행에 더해 삼악도에 태어남을 두려워하지만, 연민심을 모든 중생으로 확장하지 않고 아라한의 해탈을 목표로 수행한다면, 예리한 지혜를 가진 수행자는 3생 안에 아라한과를 성취할 수 있다. 열 가지 큰 선행에 더해 삼악도에 태어남을 두려워하며 연민심을 확장하지 않고 마지막 생에 스승에 의지하지 않고 연각의 해탈을 목표로 수행한다면, 예리한 지혜를 가진 수행자는 100겁 안에 연각이 될 수 있다. 열 가지 큰 선행에 더해 모든 중생에 대한 무한한 연민심으로 방편에 능숙하며 부처를 목표로 큰 서원을 세운다면, 3아승기 겁 안에 불과를 성취할 수 있다.

계는 산스크리트로 'śīla'인데, 이것은 청량함과 평화라는 의미의 'śī(śītala)'와 얻음과 성취라는 의미의 'la(labdha)'의 합성어이다. 그러므로 'śīla'는 '계행을 통해 평안을 얻는다'로 해석할 수 있다. 계행을 닦는 자는 육체적·정신적 평화를 얻게 되고 궁극적으로는 해탈의 평화를 얻게 된다. 계행의 특징은 남에게 해를 끼치는 모든 행위를 버리겠다는 발원과 그 발원에 따른 행위를 하는 것이다. 그런 의미에서 계행은 세 가지로 분류된다. 악행만 제어하는 계행, 선업에 대한 발원의 계행, 중생을 돕는 계행이 그것이다.

첫째는 악행만 제어하는 계행이다. 십악과 같이 그 자체로 악행에 포함되는 것을 '자성의 죄'라 하고, 그러한 악행을 짓지 않겠다는 발원이 악행만 제어하는 계행이다. 그러나 이 계행은 아직 선행을 하겠다는 발원은 아니다. 두 번째로 선업에 대한 발원의 계행은 악업을 제어할 뿐만 아니라 더 나아가서 열 가지 선업을 쉼 없이 쌓겠다는 발원이다. 세 번째로 중생을 돕는 계행은 중생

제2부 대승의 수행론

에게 도움이 된다면 보살 스스로 고통을 기꺼이 감수하는 것을 말한다. 설사 지옥에 태어난다고 할지라도 그 행위가 다수에게 이로움이 된다면 계행을 범해서라도 중생의 이로움을 구하는 것이 바로 보살행이다. 부처님이 보살행을 실천하던 과거생에 마하 까루나라는 선장으로 태어난 적이 있었다. 선장은 오백 상인과 한 명의 도둑과 함께 항해 중이었다. 그때 도둑이 상인들의 물건을 훔치기 위해 오백 상인들을 죽이려고 계획하고 있음을 알게 되었다. 그는 도둑이 오백 상인을 죽인다면 살인죄에 해당할 뿐만 아니라 수 없는 겁 동안 지옥에서 고통받을 것이라고 보았다. 선장은 큰 연민심을 내어 상인들도 살리고 도둑이 지옥에 가지 않을 방법을 숙고해 보았다. 그것은 도둑의 생명을 끊는 것이었다. 도둑의 생명을 끊음으로써 보살 자신은 그 과보를 받겠지만, 대신에 많은 생명을 살릴 수 있기 때문이었다. 이런 경우의 살생은 탐심이나 악의가 아니라 지혜로운 연민심에 의한 것이기에 오직 보살의 경지에서만 할 수 있는 것이다.

'자성(自性)의 악'이란 것도 시대 상황에 따라서 새로운 해석이 필요하다. 사형이나 안락사에 관한 논쟁 등이 그것이다. 인간이 생명을 끊는 것은 그 자체로 '자성의 악'이라고 해석하는 견해와 다수 생명의 행복과 평화를 위해 또는 개인의 안락을 위해 목숨을 끊어 주는 것이 선이라는 공리주의 또는 실용주의 학파의 견해가 있다. 보살의 이러한 행위 역시 다수의 유익함이 곧 선이라는 공리주의 또는 실용주의 학파의 견해에 가깝다. 이처럼 사회가 발달할수록 선과 악에 대한 정의가 바뀌는 것이 무자성공(無自性空)의 원리이고, 그에 따른 실천이 바로 중생을 돕는 보살의 계행이다.

(4) 계를 지키는 세 가지 동기

계를 지키는 동기는 세 가지로 나눌 수 있다. 두려움으로 지키는 계행, 천상에 태어나기 위한 계행, 해탈을 성취하기 위한 계행이다. 두려움으로 지키는 계행은 삼악도에 태어나지 않기 위해 계행을 지키는 것이다. 천상에 태어나기 위한 계행은 말 그대로 천상에 태어나기 위해 계행을 지키는 것이다. 해탈을 성취하기 위한 계행은 윤회로부터 해탈하기 위해 계행을 실천하는 것이다.

　한때 부처님께서 난다의 집에서 공양을 하신 후 배웅하러 나온 난다에게 출가를 권했다. 난다는 내키지 않았지만, 차마 거절하지 못하고 부처님을 따라가게 되었다. 난다는 비록 스님이 되긴 했지만, 그의 마음은 항상 약혼녀 순다라에게 가 있었다. 부처님께서는 이러한 난다의 마음을 아시고, 그의 약혼녀보다 훨씬 아름다운 삼십삼천의 천녀들을 보여 주면서 계행을 지키면 그곳에 태어나서 수많은 천녀를 거느릴 수 있다고 말씀하셨다. 부처님의 이 말씀은 확실한 동기 부여가 되었고, 난다는 천상에 태어날 것을 염원하며 계행에 더 집중할 수 있었다. 이런 종류의 계행을 '천상에 태어나기 위한 계행'이라고 한다.

부처님은 다시 난다에게 지옥 중생들이 사는 모습을 보여 주셨다. 지옥 중생들의 고통스러운 모습을 본 난다는 지옥에 태어나지 않기 위해 더욱 계행에 매진했다. 이런 종류의 계를 '두려움으로 지키는 계행'이라고 한다.

후에 난다는 무상의 법칙 때문에 모든 아름다움도 마침내 추하게 변하며, 거기에 집착하면 무상 때문에 고통이 오히려 더 심해진다는 것을 깨달았다. 그리하여 마음에 어떠한 취착도 없는 해탈을 성취하기 위해 계행과 수행에 더욱 전념했다. 이것이 바로 세 가지 계행 중 가장 수승한 '해탈을 성취하기 위한 계행'이다. 물론 상계에 태어나기 위해서는 계가 필수이기는 하지만, 해탈을 성취하기 위해서는 계를 지키는 것과 아울러 대상을 멀리해서 마음에 잡됨이 없는 선정과 대상에 집착 없는 지혜 수행을 추가해야만 한다.

이구지에 머무르는 보살은 이처럼 열 가지 불선업을 버리고 열 가지 선업을 닦는 것을 스스로 실천하고 남에게도 권해야 한다. 동시에 열 가지의 마음가짐도 갖추어야 한다. 그것은 정직하고, 부드러우며, 적응력이 있고, 감정을 조절하며, 평화롭고, 친절하며, 잡되지 않고, 바라는 것이 적으며, 넓은 포용력과 우주를 하나로 이해하는 큰마음이다. 이러한 마음가짐을 갖춘 보살은 중생들의 마음을 마치 사랑스러운 자식의 앞날을 염려하듯이 살핀다. 중생들의 마음이 분노와 원한과 파괴적인 마음으로 논쟁을 일삼거나, 만족감을 모르고 노력하지 않으면서 재물 얻기를 바라거나,

삿된 직업으로 생계를 유지하려 하면 보살은 그들이 삼업이 청정한 삶으로 되돌아가도록 인도해야 한다.

중생들의 삶은 탐·진·치를 쫓느라 갖가지 번뇌로 불타고 있으며 거기서 벗어나는 방법을 알지 못한다. 이러한 중생들을 연민의 마음으로 보는 이구지 보살은 그들을 번뇌가 소멸된 열반으로 인도하는 것이다. 이 중생들의 삶은 마치 칠흑같이 어두운 밤에 정글을 노닐다가 늪에 빠져 허우적대는 것과 같다. 무명의 눈병에 걸려 어리석음의 암흑과 악견이라는 정글에 빠져 있는 그들을 청정범행을 통해 해탈로 인도하리라고 보살은 발원해야 한다.

이와 같은 공덕 행위를 통해 보살은 여러 부처님을 친견할 수 있게 되며, 그들 부처님으로부터 다시 십선업의 계를 받아 오랜 전생부터 지은 모든 십악과 십악의 근원인 자타의 분리 의식을 참회하고 청정한 계를 완성한다. 여기서 더 나아가 보살은 중생들에게도 계청정을 가르치게 된다. 그러한 까닭에 이구지 보살은 십바라밀 중에서 계를 더욱 완성시키며, 사섭법 중에서는 부드럽고 친절한 말에 더욱 집중하는 것이다.

7

여명지의 수행

(1) 강한 인욕바라밀을 행하다

제3지 보살은 모든 번뇌(煩惱)를 태우는 부처의 지혜 광명이 있기에 '여명지(黎明地)'라 부른다. 여명지라고 부르는 또 다른 이유는이 보살의 몸이 해가 뜰 때 볼 수 있는 연한 황금빛을 지니고 있기 때문이다. 이 연한 황금빛은 모든 번뇌를 버릴 때 나오는 부처님의 지혜 광명이다.

여명지에 머무르는 보살은 십바라밀 중 인욕바라밀(忍辱波羅蜜)을 더욱 강조해 수행한다. 이 보살은 어떤 사람이 설령 자신의 몸에서 뼈와 살을 한 점 한 점 도려낸다 할지라도 그 사람에 대해 인욕바라밀을 행할 수 있다. 왜냐하면 이 보살은 지·수·화·풍 사대로 이루어진 몸이 나의 것이 아님을 잘 알기에 몸에 대한 집착 없이 인욕바라밀을 실천할 수 있기 때문이다. 이처럼 인무아를 깨달은 보살에게 대상이나 사람, 시간, 방법은 문제가 되지 않는다. 왜냐하면 모든 현상계는 업의 프로그램에 의해 비춰진 환(幻)이라서 실체가 없다는 것을 알기에 인욕행을 하는 데 어려움을 겪지 않기 때문이다.

이 보살은 또한 해를 입힌 사람에게 앙갚음할 생각도 하지 않는다. 앙갚음한다고 이전으로 되돌아갈 수 없다는 것을 잘 알기 때문이다. 피해를 준 사람에게 보복한다는 것은 이번 생에서도 의미가 없지만, 다음 생에 받을 선한 과보에도 전혀 도움이 되지 않는다. 사람들은 전생에 지은 악업이 소멸되길 원하면서도 다른 한편으로는 고통을 준 대상에게 해를 끼치고 화를 낸다. 앙갚음하기 위해 남에게 해를 끼치는 것과 화를 내는 것이 어떻게 고통의 원인인 악업을 소멸시킬 수 있겠는가? 이는 고통의 원인이 악업임을 알지 못하는 무지에 기인한 것이다. 그러므로 전생에 저지른 악업이 멈추길 바란다면 악행의 습관을 없애고 선행의 공덕을 더욱 많이 쌓아야 한다. 고통을 멈추려는 의도를 가진 사람이 해를 끼치거나 화를 내는 그 의도와 상반된 행위를 한다면 결코 고통을 멈추지 못한다.

화를 내는 불이익에 대해서도 관찰해야 한다. 보살에게 화를 낸다면 100겁 동안 쌓은 보시·지계의 공덕이 한순간에 사라지게 된다. 그래서 참지 못하는 것보다 더 심한 죄는 없다고 하는 것이다. 만일 상지의 보살이 하지의 보살에게 화를 낸다면 100겁 동안 쌓은 공덕이, 하지의 보살이 상지의 보살에게 화를 낸다면 1천 겁 동안 쌓은 공덕이, 범부가 보살에게 화를 낸다면 무량겁 동안 쌓은 공덕이 한순간에 사라지게 된다.

또한 화의 과보에 대해 관찰해야 한다. 화를 자주 내면 그 과보로 다음 생에 못생긴 외모를 갖게 되고, 옳고 그름을 판단하는 지혜를 얻지 못하며, 삼악도에 떨어진다. 그렇지만 인욕을 실천하면 아름답고 귀한 신분을 얻게 되고, 옳고 그름을 판단하는 지혜를 얻게 되며, 그 과보로 인간이나 천상에 태어난다. 그러므로 범부든 보살이든 화의 허물과 인욕의 특성을 잘 살펴서 참지 못하는 성질을 버리고, 성인이 칭찬하는 인욕바라밀을 잘 실천해야 한다.

적천(寂天)은 "가죽으로 온 세계를 모두 덮는 것은 가능하지 않지만, 발을 감싸는 것은 그리 어렵지 않다"라고 말했다. 이 세상에 화날 일을 모두 없애는 것은 가능하지 않지만, 스스로의 마음을 보호해서 화내지 않는 것은 가능하다는 말이다.

그러나 인욕바라밀을 행한다고 할지라도 인욕의 행위와 인욕하는 자, 인욕의 대상이라는 세 가지 모양에 대해 분별하고 집착한다면 이것은 세속적 인욕바라밀이다. 이 세 가지 모양에 대해 분별하거나 집착함 없이 인욕바라밀을 행해야만 출세간 인욕바라밀이 되는 것이다. 제3지 보살은 아직 동중에서는 행위와 행위자, 대상이라는 세 가지 현상에 대한 개념과 분별을 갖고 있기에, 보살이 설령 불과를 얻기 위한 인욕 수행에 매진하며 헌신한다 할지라도 세간의 인욕바라밀이라고 부른다. 그러나 선정 중에는 세 가지에 대한 집착이나 분별이 없기 때문에 출세간의 인욕바라밀이라 부른다. 제3지 보살은 이처럼 동중과 정중에 세간의 인욕과 출세간의 인욕바라밀을 교차해서 수행하는 것이다.

(2) 법을 위해서라면 지옥도 마다않는다

여명지에 든 보살은 마음이 항상 고요하고 청정하며, 무상한 세상을 보아서 욕망을 여의고, 선정을 얻기 위해 게으르지 않으며 뒤로 물러서지 않는다. 견고한 마음으로 큰 선정을 이루기까지 작은 선정에 만족하지 않고 더욱 매진해, 광대한 우주가 인과 속에서 하나임을 본다. 여명지에 든 보살은 이런 열 가지 마음이 준비되어 있기에 깊은 선정에 들 수 있다.

선정을 얻기 위해서는 마음이 욕계의 대상에 미련이 없으며 신체적으로 계율이 청정해야 한다. 이러한 청정한 마음과 행위를 갖춘 뒤 일체의 형성된 법이 조건에 의해 일어나고 사라지는 것을 본다. 그런 후 조건에 의해 생겨난 사물은 본래 존재하지도 않았던 것이며, 그것들을 아름답다거나 행복의 대상이라고 오해해서 집착하면 고통이 생겨난다는 것을 알게 된다. 보살은 또한 의지할 바 없음을 모르는 어리석은 중생들이 사랑과 미움에 빠지는 것을 보면서, 연민심을 내어 붓다의 지혜로 그들을 해탈로 이끈다.

무상의 고통에서 해탈의 길로 인도하려면 자기가 먼저 해탈을 성취해야 하므로 보살은 불생불멸한 법의 진리를 깨닫기 위해 노력한다. 그리고 이러한 지혜는 선정에서 생겨나므로 보살은 선정에 들기 위해 노력한다. 선정에 들기 위해서는 불법에 능숙해야 하므로 보살은 밤낮으로 법을 듣고 이해하고 실천하며 산다. 세상에 그 어떤 것도 이 법보다 중요한 것이 없으므로 어떠한 고통도 감내하고, 심지어 법을 위해서라면 몸도 아낌없이 내준다. 보살은 법 한 구절을 얻기 위해서라면 지옥의 고통에 몸을 내던지는 것도 꺼리지 않는다.

이러한 법을 충분히 이해한 보살은 고요하게 마음을 집중하고 몸의 행위를 관찰해서 불선법을 버리고, 대치법을 숙고해서 욕망을 여읜 데서 오는 기쁨과 행복감을 느끼면서 초선에 들어 머문다. 더 나아가 몸과 마음의 악한 행위와 욕망이 쉬어져서 관찰과 숙고가 더 이상 필요하지 않는 데서 오는 기쁨과 행복, 집중된 마음이 있는 제2선에 들어 머문다. 더 나아가 상대적인 기쁨과 근심이 사라지고 행복감만 있는 제3선에 들어 머문다. 더 나아가 근심과 기쁨이 사라졌을 뿐만 아니라 괴로움과 즐거움이 사라진 절대적 평온함과 알아차림이 있는 청정한 제4선에 들어 머문다.

괴로움과 즐거움, 기쁨과 근심 그 어디에도 치우치지 않는 제4선에서 의생신을 일으켜 가고 싶은 공간을 마음대로 오고 가는 신족통을 얻고, 또한 마음대로 들을 수 있는 천이통을 얻는다. 식무변처를 얻은 보살은 다른 중생의 의도와 의향을 아는 데 능숙하다. 주위의 중생들이 나에게 잘해 주는 것이 탐·진·치 등의 번뇌에 의해 유발되었는지 아닌지 아는 데 능숙하고, 오장(五障)의 번뇌가 있는 마음인지 아닌지 잘 알고, 색계나 무색계 선정 상태인지, 아니면 탐욕스러운 상태인지 해탈한 상태인지 아닌지도 잘 알 수 있는 타심통을 얻는다.

아무것도 집착하지 않는 무소유처의 마음은 개념을 떠나 있기에 과거와 미래를 자유로이 넘나들며, 인과를 믿지 않는 바르지 못한 자가 신·구·의 삼업으로 악행을 저지른 뒤 삼악도에 태어나는 것과 인과를 믿는 바른 견해로 선행을 한 후 천상과 인간에 태어나는 것을 볼 수 있는 숙명통을 얻는다. 또한 수(受)·상(想)이 멈춰진 비상비비상처의 마음은 신·구·의 삼업으로 악행을 저지른 뒤 삼악도에 태어나고, 선행으로 천상과 인간에 태어나는 중생들의 인과를 볼 수 있는 천안통을 얻는다.

이처럼 여명지 보살은 색계의 사선, 무색계의 사선과 사무량심 등의 수행에 달통하게 된다. 삼매를 성취한 보살이 오신통, 즉 신족통·천이통·타심통·숙명통·천안통에 뛰어난 것은 천상에 태어나기 위해서가 아니라 보살지를 완성하기 위해서다. 이때 집착과 증오는 버려져서 욕계에 대한 번뇌가 모두 쉬어진 상태이나 누진통의 성취는 제6지 보살이 되어야만 가능하다.

티베트의 사크야 전통에 의하면 초지에서 번뇌장(煩惱障)을 모두 소멸하고 제2지 이상부터는 소지장(所知障)을 다스린다고 보지만, 겔룩 전통은 경에 의거해서 제3지 보살도 탐과 진이 남아 있으며, 제7지 보살이 되어야만 번뇌장이 모두 소멸될 수 있다고 말한다. 그러므로 제3지 보살은 욕계의 번뇌장만 소멸한 셈이 된다.

8

염혜지의 수행

(1) 물러섬 없는 정진으로 선행에 통달하다

모든 뛰어난 공덕은 정진을 통해서만 얻어진다. 선행을 닦는 데
열정이 부족하면 보시 등의 수행은 불가능하다. 그러므로 뛰어난
공덕을 얻고 이를 향상시키는 데 있어서 정진은 필수적이다. 또한
정진은 불과를 얻기 위한 공덕의 축적과 지혜를 키우는 원인이 된
다. 불퇴전의 정진을 통해 열정적인 선행에 통달한, 찬란히 빛나
는 제4지 보살을 염혜지(焰慧地)라 한다.

정진은 힘 또는 에너지라는 의미가 있고, 여기에 발원, 가행
(加行), 끝없는 노력이라는 세 가지 특성이 포함된다. 전쟁터에 나
가 싸우는 군인의 예를 들자면 ① 갑옷을 입음 ② 전쟁터에서의
싸움 ③ 적을 모두 없앨 때까지 싸움, 이 세 가지가 모두 해당된다.
첫째는 선행하기 전에 선행에 대한 세부 계획을 짜고 발원하는 것
이다. 이것은 전쟁터에 나가기 전에 갑옷을 입는 것과 같다. 둘째
는 선행에 대한 가행의 노력이다. 이것은 군인이 전쟁터에 나가
싸우듯이 선행을 직접 실천하는 것이다. 셋째는 끝없는 노력이다.

이것은 전쟁터에서 적을 모두 없앨 때까지 싸우듯이 불과(佛果)를 얻기 전까지 공덕 쌓는 것을 포기하지 않는 것이다. 일반적으로 물질이나 견해에 대해서는 탐욕을 부리거나 집착해서는 안 되지만, 공덕에 대해서는 불과를 얻기 전까지 그 집념을 놓아서는 안 된다. 불과를 얻기 위한 모든 공덕은 정진에 달려 있기 때문이다. 그런 의미에서 부처님을 노력론자라고도 한다.

이 제4지 보살을 '염혜지(arciṣmatī)'라 부르는 이유는 훨훨 타는 빛(arciṣ)의 지혜(matī)를 갖고 있기 때문이다. 그리고 여명지보다 더 뛰어난 이유는 삼십칠보리분법을 수행해서 마음이 더 맑아지기 때문이다. 몸과 마음에서 빛이 나는 데는 두 가지 이유가 있다. 하나는 인간이 본래 빛으로 충만한 색계 사선천에서 내려왔기 때문이고, 다른 하나는 모든 물질이 빛으로 이루어졌기 때문이다. 다만 분별 망상의 번뇌가 이 빛을 차단해서 마음이 어두워지는 것이다. 제3지 보살, 제4지 보살, 제5지 보살에서는 선정이 더욱 깊어져 본래의 빛이 점점 회복되어 드러나기에 염혜지라 하는 것이다.

인욕바라밀과 삼매바라밀을 닦아 여명지에 든 보살이 윗단계로 나아가기 위해서는 욕계·색계·무색계와 그 안의 중생을 알아차리고 관찰해야만 한다. 삼십칠조도품(三十七助道品)은 깨달음을 도와주는 서른일곱 가지 요소인데, 사념처(四念處)·사정근(四正勤)·사여의족(四如意足)·오근(五根)·오력(五力)·칠각지(七覺支)·팔정도(八正道)의 일곱 가지 수행으로 구성되어 있고, 이러한 수행

　　　　　　　　　제2부 대승의 수행론

방법을 통해 깨달음을 성취할 수 있다.

이 세상 대부분의 기쁨이나 괴로움은 물질에 의지한다. 그러므로 물질에 대한 바른 자세가 중요한데, 유식에서는 물질을 기억과 습관들이 투사된 영상으로 본다. 그러므로 물질은 곧 마음이고, 물질을 다스리려면 마음을 다스려야 한다.

물질이 마음의 습관적 투영이라는 것을 알아도 무시이래(無始以來)의 습관 때문에 인간은 다시 물질의 실재를 믿으며, 물질에 의해 감정이 일어난다. 이러한 상태에서 오직 마음만이 존재하고 물질은 마음의 비추어진 영상이라는 것을 지속적으로 관찰하면, 이미 생겨났거나 앞으로 생겨날 불선을 다스릴 수 있고, 이미 생겨났거나 앞으로 생겨날 선은 더욱 증장시킬 수 있다.

(2) 신통의 네 가지 구성 요소

마음이 물질에 휘둘리지 않고 한곳에 집중하면 점차 마음의 힘이 강해져 네 가지 신통의 조건들인 사의여족(四如意足)이 생겨난다. 선정에 대한 열망과 노력, 그리고 선정의 유무를 아는 알아차림의 마음과 선정이 오지 않았을 때 그 원인을 분석하는 지혜의 네 가지 힘으로 선정을 성취해서 신통에 자재하게 되는 것이다.

신통의 네 가지 구성 요소인 사의여족은 선정이기에 선정을 방해하는 다섯 가지 요소를 또한 잘 알아야 한다. 명상하기를 게을리하는 마음, 마음이 멍하거나[惛沈] 동요가 일어남[掉擧], 혼침

(惛沈)과 도거(掉擧)가 일어났는데도 대치법을 사용하지 않음, 번뇌가 생겨나지 않았는데도 대치법을 사용함 등이 그것이다. 이러한 다섯 가지 장애를 다스리는 여덟 가지 법은 선정에 대한 신심과 열망, 선정을 얻기 위한 서원과 정진, 마음을 한곳에 집중할 수 있는 육체적·정신적 상태와 알아차림, 의식이 항상 내면을 관찰함과 번뇌가 생겨났을 때 대치법을 적절하게 사용함, 고(苦)·락(樂)·희(喜)·우(憂)를 여읜 평정심 등이다.

마음에 장애가 되는 번뇌들이 바른 대치법을 통해 모두 사라졌을 때 믿음·정진·알아차림·선정·지혜라는 오근(五根)이 점차 생겨난다. 오근은 팔정도의 수행을 바르게 잘하는지, 모자라거나 지나침이 있는지를 관찰하는 기능이다. 믿음이 지나치면 지혜가 부족해져 맹신에 떨어지기 쉽고, 지혜가 지나치면 믿음이 부족해져 경험하지 않은 성인의 가르침을 의심한다. 또한 정진이 지나치면 들뜸이 일어나 마음이 산란하거나 쾌락에 빠지기 쉽고, 삼매가 지나치면 법을 배우거나 다른 일을 하는 데 게을러지기 쉽다. 그러므로 알아차림의 기능 중 하나는 이들 네 가지 반대되는 성질을 바르게 알아서 균형을 유지하는 것이다. 또한 오근은 중생의 근기이다. 사람들의 성향에는 신심형과 지혜형, 노력형과 무관심형, 좀처럼 삶에 감정 이입이 안 되는 알아차림형, 이렇게 다섯 가지가 있고, 이에 맞추어 적절한 수행 방법을 택해야 한다.

한편 오력(五力)은 진리를 깨달을 수 있도록 도울 뿐만 아니라 장애 등에 압도당하지 않도록 도와준다. 신심이 자라는 상태, 즉

제2부 대승의 수행론

장애가 오면 흔들리는 불완전한 상태가 오근이고, 신심이 온전히 자라서 어떠한 장애에도 흔들리지 않는 상태가 오력이다. 오력은 오근이 향상된 것이다. 오력은 또한 오근의 반대되는 번뇌들을 다스리는 능력이다. 부처님에 대한 믿음으로 불신을, 불퇴전의 정진으로 게으름을, 알아차림으로 부주의함을, 삼매로 들뜸을, 지혜로 어리석음을 각각 다스리는 것이기에 다섯 가지 힘이라 한 것이다. 오근과 오력은 자량위에서 보살 제10지에 이르기까지 필요한 수행이다. 오근의 힘으로 견도위, 즉 초지 보살의 깨달음이 쉬워지고, 제4지 염혜지에 이르러 칠각지가 절정에 이른다.

칠각지(七覺支)란 무엇인가?

① 마음을 밖의 대상으로부터 안으로 되돌리는 알아차림. 홀로 있으면서 대상에 대한 탐욕을 없애 몸과 마음 그 무엇에도 걸림이 없고, 나도 대상도 본래 없는 근원을 향한 해탈을 염원하며 마음을 챙기는 것[念]

② 순간순간 마음이 밖으로 향할 때마다 외부 대상은 마음속 기억의 투사일 뿐 실체가 없다는 것을 깨달아 안으로 되돌리는 택법(擇法)

③ 마음이 밖의 대상으로부터 완전히 안으로 돌아올 때까지 쉬지 않고 노력하는 정진

④ 이 세 가지 수행을 구족했을 때 마음에 일어나는 희열(喜悅)

⑤ 몸이 편안해지는 경안(輕安)

⑥ 희열·경안과 함께 마음이 집중된 상태인 사마디[定]

⑦ 고·락·희·우로부터 자유로워진 평정 상태[捨]

이렇게 청정해진 마음의 상태라야 해탈을 경험할 수 있다.

9

난승지의 수행

(1) 난승지에 들어가기 위한 열 가지 마음가짐

삼십칠보리분법(三十七菩提分法)은 모두 팔정도(八正道) 안에 배대된다. 사정근(四正勤)은 정정진(正精進)의 구체적인 수행이며, 사념처(四念處)는 정념(正念)을 수행하는 구체적 방법론이다. 칠각지(七覺支)는 사념처(四念處)를 수행해서 깨달음을 얻는 일곱 가지 단계이다. 사여의족(四如意足)은 정정(正定)을 성취하는 방법론이다. 오근(五根)과 오력(五力)은 팔정도를 바르게 인도한다. 이처럼 염혜지의 보살은 삼십칠보리분법을 깊이 닦으며 사섭법(四攝法) 가운데 동사섭(同事攝), 바라밀 가운데는 정진바라밀(精進波羅蜜)에 능통하게 된다.

이처럼 삼십칠보리분법을 실천해서 제4지 염혜지의 수행이 원만하게 성취되면 제5지 난승지(難勝地)에 들어간다. 난승지에 들어가기 위해서는 다음의 열 가지 마음가짐을 갖추어야 한다.

① 과거의 모든 부처님의 가르침에 대해 청정하고 평온한 마

음을 가져야 한다.

② 현재의 모든 부처님의 가르침에 대해 청정하고 평온한 마음을 가져야 한다.

③ 미래의 부처님의 가르침에 대해 청정하고 평온한 마음을 가져야 한다.

④ 계율을 청정하고 평온하게 해야 한다.

⑤ 선정을 청정하고 평온하게 해야 한다.

⑥ 견해와 의혹을 제거함으로써 마음을 청정하고 평온하게 해야 한다.

⑦ 도와 도가 아님을 아는 지혜로 마음을 청정하고 평온하게 해야 한다.

⑧ 바른 정진을 통한 수행 단계에 대해 앎의 지혜를 청정하고 평온하게 해야 한다.

⑨ 일체 보리분법의 도를 차례대로 닦아 마음을 청정하고 평온하게 해야 한다.

⑩ 일체중생을 성숙시키기 위해 마음을 청정하고 평온하게 가져야 한다.

왜 제5지를 난승지라고 하는가? 세상의 어떤 마군(魔軍)도 제5지에 머무는 보살을 이길 수 없기 때문이다. 그렇다고 해서 제5지 이하의 보살들이 마군들에게 패배한다는 것은 아니다. 다만 난승지에 머무는 보살은 십바라밀 중 선정바라밀(禪定波羅蜜)에 통달해 제4선의 평온하고 적적성성한 상태에서 사성제의 미묘한 본질을 깨달아 법의 본질에 대해 미혹하지 않기에 마군들에게 틈을 주지 않는 것뿐이다. 제5지는 제4선의 청정함과 평온함이 기본이 되는 것이고, 제4선이 중요한 이유는 그 선정에서 진리를 있는 그대로 바라볼 수 있기 때문이다.

이 열 가지 마음의 상태는 『청정도론』의 칠청정에 대비된다. 1에서 3은 불법에 대한 문혜(聞慧)와 사혜(思慧)를 말한다. 4는 계의 청정[戒淸淨]이고 5는 삼매의 청정이다[心淸淨]. 6에서 10까지는 수혜(修慧)의 청정이다. 6은 견청정(見淸淨)과 의심을 극복함의 청정[渡疑淸淨]이다. 7은 도와 도 아님에 대한 지와 견의 청정[道非道知見淸淨]이다. 8은 도 닦음에 대한 지와 견의 청정[行道知見淸淨]이다. 9는 지와 견의 청정[知見淸淨]이다. 10은 보살의 마음가짐을 말한다.

제5지 보살은 십바라밀 중 선정바라밀(禪定波羅蜜)에 능통하다. 선정은 원어로 'dhyāna' 또는 'jhāna'인데, 마음의 집중을 통해 번뇌를 소멸한다는 의미가 있다. 또한 선정이란 불과를 얻기 위해 마음이 온전히 집중되어 있는 상태를 뜻한다. 선정에는 크게 세 가지가 있다. 첫째는 지금 현재 평화를 얻기 위한 선정이다. 여기서는 명상의 기쁨에 대한 애착이 있다. 둘째는 공덕을 얻기 위한 선정이다. 이것은 숙명통 등과 같은 신통을 얻는 것이다. 셋째는 중생에게 이익을 주기 위한 선정이다. 이것은 허공보(虛空寶)에 관한 명상을 통해 이익을 주는 것이다. 또한 선정은 세속적 선정과 초세간적 선정으로 나누기도 한다. 세속적 선정은 초선으로부터 미세한 상태인 제8 유정천(有頂天)까지를 말하고, 초세간적 선정은 무아에 대한 깨달음이 있는 선정을 말한다. 이러한 선정은 해탈할 수 있는 힘이 있기에 선정바라밀이라 한다. 반면 세간적 선정은 공성 또는 무아에 기반하지 않은 선정으로, 이 선정으로는 해탈을 얻지 못한다. 하지만 세간적 선정으로 평정과 고요가 생기며, 그것으로 인해 번뇌가 일시적으로 사라지고 통찰력 등이 생긴다. 그중 제4선의 상태에서 평온을 성취하게 되면 사성제의 진리를 있는 그대로 볼 수 있게 된다. 그러나 최종적으로는 공성(空性)에 대한 깨달음을 통해서만 불과(佛果)를 증득할 수 있다.

(2) 여래지에 이르기 위한 열 가지 진리

제4선의 상태에서 알아차림과 지혜를 갖춘 보살이 육도윤회 하는 현상계를 쉼 없는 노력으로 관찰하면 괴로움, 괴로움의 원인, 괴로움의 소멸, 괴로움을 소멸시키는 방법이라는 네 가지 성스러운 진리를 있는 그대로 볼 수 있게 된다.

또한 난승지의 보살은 여래지에 이르기 위한 열 가지 진리를 분명하게 안다. 무엇이 열 가지인가?

① 세속적 진리인 속제(俗諦)를 잘 알기에 다른 중생의 성향을 잘 헤아려 도움을 준다.

제2부 대승의 수행론

② 절대적 진리인 진제(眞諦)를 분명히 알기에 만법이 하나로 돌아감을 안다.

③ 법상의 진리를 분명히 아는 까닭에 법의 자상(自相)과 공상(共相)을 잘 깨우친다.

④ 차별의 진리를 분명히 알기에 법의 개체를 잘 안다.

⑤ 시설(施設), 즉 펼쳐짐의 진리를 분명히 알기에 온(蘊)·처(處)·계(界)를 잘 이해한다.

⑥ 사물의 진리를 잘 알기에 몸과 마음이 무상에 의해 무너지는 것을 잘 안다.

⑦ 태어남의 진리를 분명히 알기에 중생들이 업의 상속에 의해 6취에 묶여 있음을 잘 안다.

⑧ 일체의 번뇌를 꺼버린 까닭에 지멸무생(止滅無生)의 진리를 분명히 안다.

⑨ 불이무생(不二無生)을 성취하는 까닭에 깨달음에 들어가는 길인 도지(道智)의 진리를 분명히 안다.

⑩ 일체의 행상을 바르고 원만히 깨달은 까닭에 일체 보살지를 차례대로 성취해 여래지에 이르기까지의 진리를 잘 안다.

보살은 이처럼 진리에 능숙한 지혜를 갖추고 있어서 과거·현재·미래의 모든 형성된 것은 허망하며 어리석은 자를 미혹시키는 것이라고 있는 그대로 분명히 안다. 즉, 과거와 미래의 무명과 존재에 대한 갈애로부터 생겨난 중생이 윤회에 휩쓸려 오온에 대한 집착으로 괴로움이 늘어나도 '나'와 '나의 것'이라는 실체는 존재하지 않는다는 것을 있는 그대로 분명히 안다.

보살은 또한 이렇게 관찰한다. '무지에 빠진 어리석은 중생들은 그 헤아릴 수 없는 몸들이 이미 괴멸했고 괴멸하는 중이고 앞으로도 괴멸할 것이다. 부서져 사라져 버리는 이러한 몸들을 역겨워하지 않을 뿐만 아니라, 오히려 족쇄를 더욱 키우고, 윤회의 흐름이라는 큰 두려움에서 빠져나오지 못한다. 오온에 대한 집착을 버리지 못하고, 사대라는 독사에서 떠나지 못한다. 쾌락을 즐기기 위해 삼계에 배회하는 마음을 깨닫지 못하고, 육근과 육경이라는 텅 빈 마을을 보지 못한다. 나와 나의 것에 집착하는 잠재적 번뇌를 알지 못하고, 교만과 견해라는 화살촉을 뽑지 못한다. 탐욕·성냄·어리석음의 불꽃을 끄지 못하고, 무명과 우치의 어둠을 몰아내지 못한다. 갈애의 바다를 말려 버리지 못하고, 십력(十力)을 갖춘 스승을 찾지 못한다. 마라의 정글에 들어가 윤회의 바다에서 여러 가지 착하지 못한 생각이라는 악어의 무리 가운데 표류하는 자들은 의지할 곳도 없이 많은 고뇌에 짓눌려서, 태어남·늙음·병듦·죽음·슬픔·비탄·고통·우울·절망과 같은 괴로움을 경험한다.'

이처럼 중생들이 괴로움에 핍박되어 이끄는 자도 없고, 의지할 곳도 귀의처도 없으며, 캄캄한 무명의 껍질에 완전히 둘러싸여 있음을 본 보살은 크나큰 연민과 자애의 광명을 일으킨다. 보살은 일체중생에 대한 연민으로 부처님의 지혜를 구하며, 무릇 중생에게 이익이 되는 지식을 남김없이 배워 그들의 이익을 위해 힘쓰고, 공덕과 지혜의 자량을 모은 힘으로 저들 중생이 점차 지혜의 완성에 도달할 수 있도록 서원하며 노력한다.

보살은 어떠한 선근(善根)을 닦더라도 일체중생의 이익과 행복을 위해서이고, 일체중생이 완전한 열반을 얻게 하기 위해서이다. 이와 같이 난승지의 보살은 보시와 애어(愛語)로 중생들을 성숙시키고, 이로운 행위와 동사섭으로 중생들을 성숙시키고, 나아가 여러 가지 방편으로 중생들을 성숙시킨다. 그러나 이것들은 그가 수승한 믿음에 의지해 지혜를 얻은 것일 뿐 아직 스스로 아는 지혜를 온전히 갖춘 것은 아니다.

10

현전지의 수행

(1) 열 가지 평등성

'분별'은 사물을 인식할 때 필요한 도구이기는 하지만, 분별 때문에 다시 이 세계는 본래의 평등성을 잃어버리고 차별의 세계로 드러나게 된다. 마음이 개념 사이를 헤엄쳐 다니다가 선정에 들어 개념에서 자유로워지면 모든 법이 본래 평등함을 본다. 그러므로 '분별 있음'의 상태에서 '분별 이전'의 사물을 있는 그대로 보면, 분별의 세계는 사라지고 본래의 청정한 상태가 드러난다. 분별 이전의 세계는 제4선 이후에 경험한다. 이것을 평등성이라 하는데, 열 가지 평등성이 보이면 난승지의 보살은 제6지 보살의 수행에 들어간다.

제5 난승지의 도를 원만히 닦은 보살은 적멸 속에서 현상계가 본래 열 가지로 평등함을 보며 제6지에 든다. 현상계는 무자성이라서 여러 조건을 만나면 생(生)이라 하고, 조건이 흩어지면 멸(滅)이라 하나, 본래의 상태에서는 만들어진 적도 소멸한 적도 없다. 그러므로 현상계의 본질은 본래 형상도 자상(自相)도 생겨난 적 없고, 생겨난 적이 없으므로 의존할 바 없으며, 본래 청정하고 분별 이전의 것이므로 한 법도 취사할 것이 없고, 환영과 같아서 있음과 없음의 이원성에서 떠나 있음을 보는 것이 바로 법의 열 가지 평등함을 보는 것이다. 보살은 예리한 관찰력으로 일체법의 이러한 자성을 보지만, 아직 일체법이 본래 생겨난 것이 없다는 체득, 즉 무생법인(無生法忍)에는 도달하지 못한 상태이다. 무생법 인은 오직 제8지 이상에서만 성취할 수 있기 때문이다.

　　보살은 일체법의 이러한 자성을 알기에 크나큰 연민으로 세상 을 관찰한다. 무엇을 관찰하는가? 세상의 생성과 소멸은 모두 '나' 에 대한 애착에서 생겨나고 나에 대한 애착을 제거하면 세상에서 인연 따라 생겨나는 것은 존재하지 않는다는 것을 본다. 또한 중생 들의 마음이 나에 대한 집착으로 무지의 암흑에 뒤덮여 사랑하지 않아야 할 것을 사랑하고 미워하지 않아야 할 것을 미워하기에 행 복과는 반대의 길로 가면서 선·악·무기의 행위를 반복하며, 이러 한 행위로 인해 뿌리내린 마음의 종자가 집착과 함께 태어남·늙음 ·죽음과 다음 생을 초래함으로써 생사에 유전하게 되는 것을 본다.

　　즉, 업(業)이라는 땅의 바탕 위, 무명(無明)의 어둠 위에 갈애 (渴愛)의 물을 적셔 주고, '내가 있다'는 아만(我慢)의 물길을 대어 주어서, 견해의 그물인 잔뿌리가 성장하는 까닭에 명색(名色)이 싹 을 틔운다. 명색의 싹이 자라면 여섯 가지 감각 기관인 육근(六根) 이 작용을 일으키고, 감각 기관의 작용이 대상과 서로 부딪치는 까닭에 접촉[觸]이 생겨나고, 접촉에 의해 느낌[受]이 일어난다. 다 시 느낌에 의해 기쁨이 일어나고, 기쁨에 대한 갈애(渴愛)에서 집착[取]이 늘어나고, 집착이 늘어나면 존재[有]가 발생하고, 존재로 인해 오온(五蘊)이 발생한다. 발생한 오온은 다섯 가지 길[五趣]을 따라서 점차 쇠퇴해지고, 쇠퇴해진 것은 소멸한다.

쇠퇴와 소멸에서 고뇌의 번열이 일어나고, 고뇌의 번열을 원인으로 일체의 슬픔·비탄·고통·우울·절망이 생겨난다. 그러나 그것들 가운데 발생하게 하는 어떠한 자도 없고, 스스로 성질에 의해 저절로 소멸하지만, 또한 그것들 가운데 소멸하게 하는 어떠한 자도 없는 연기(緣起)를 고찰하면서 진리를 깨닫게 된다.

보살은 또한 '행위자에 의해 행위가 알려지리라, 그러나 행위자가 없으므로 궁극적으로 행위(작용) 역시 얻을 수 없다'라고 생각한다. 이처럼 행위자뿐만 아니라 행위자의 작용 또한 얻을 수 없으므로 일체의 작용이 쉬어진 적멸이 현전하므로 '현전지(現前地)'라 한다.

(2) 연기를 관찰하는 열 가지 형태

현전지에 머무르는 보살은 삼계가 오직 마음[100]임을 깨닫는다. 왜냐하면 의식이 없으면 대상을 인식할 수 없고, 인식할 수 없는 대상은 없는 것과 다르지 않기 때문이다. 또한 대상을 인식하는 행위 자체가 십이연기 가운데 행(行)이며, 인식의 대상이 인식 주체

100_ traidhātukam cittamātram

를 떠나 스스로 존재한다고 믿는 것이 무명(無明)이다.

이 무명 또한 마음과 함께 발생하므로 무명과 함께한 마음이 작용할 때 명색(名色)이 드러난다. 다시 말하면 대상에 미혹한 것이 발전하면 명색이 되는 것이다. 명색이 증장된 것이 여섯 감각 기관인 육입(六入)이고, 여섯 감각 기관이 있으므로 접촉[觸]이 발생한다. 접촉과 함께 세 가지 느낌[受]이 발생하며, 대상에 대한 느낌을 받고 나서 그리워하는 것이 갈애(渴愛)이다. 갈애로 고통스러운 자가 모은 느낌들을 버리지 않는 것이 취착[取]이고, 이들 연기의 요소들이 존재[有]이며, 존재가 생겨난 것이 태어남[生]이며, 태어남이 성숙된 것이 늙음[老], 늙음에 의해 무너진 것이 죽음[死]인 것이다.

현전지의 보살은 다음의 열 가지 형태로 연기를 관찰한다.

① 연기의 부분들이 상속되어 이어지는 형태로 연기를 관찰한다.

② 한마음에 포섭되어지는 형태로 연기를 관찰한다.

③ 업의 성숙이라는 형태로 연기를 관찰한다.

④ 연기를 역관할 때 모든 조건이 해체되어 고를 여의는 형태로 연기를 관찰한다.

⑤ 번뇌가 업의 원인이고, 업이 고의 원인이라는 세 갈래 길을 따르는 형태로 연기를 관찰한다.

⑥ 과거가 현재의 원인이고 현재가 미래의 원인이 되는 연기라는 형태로 관찰한다.

⑦ 고고(苦苦)·변화고(變化苦)·행고(行苦)라는 세 가지 괴로움의 발생이라는 형태로 연기를 관찰한다.

⑧ 원인과 조건에 의한 발생이라는 형태로 연기를 관찰한다.

⑨ 생성과 소멸의 속박, 즉 연박연기(連縛緣起)라는 형태로 연기를 관찰한다.

⑩ 생성과 소멸을 관찰하는 형태로 연기를 관찰한다.

보살은 이처럼 열 가지 형태로 연기를 관찰함으로써 나도 중생도 없고, 짓는 이도 받는 이도 없으며, 모든 현상계는 다만 원인과 조건에 의해 나타난 자성 없는 공적한 것임을 깨닫는다. 그리하여 보살은 공해탈(空解脫)[101]을 체득한다. 이와 같이 모든 연기의 자성이 멸하여 구경의 해탈에 안착할 때, 보살에게는 어떠한 법에 대한 표상도 일어나지 않는다. 그래서 그에게 무상해탈(無相解脫)[102]이 생겨난다. 이와 같이 공해탈과 무상해탈에 든 보살에게는 오로지 중생을 교화하여 성숙시키는 것 이외에 어떠한 욕구도 일어나지 않으므로 욕구의 여읨에 의한 해탈, 즉 무원해탈(無願解脫)[103]이 생겨난다.

이때 보살은 "형성된 것들은 결합하면 발생하지만 해체하면

101_ śūnyatā-vimokṣa

102_ ānimitta-vimokṣa

103_ apraṇihita-vimokṣa

발생하지 않는다. 모여서 하나 되면 발생하지만 분리하면 발생하지 않는다"는 것을 깨닫고, 이처럼 많은 악과 허물이 있는 형성된 것들의 결합과 모임을 끊어야만 한다고 생각한다. 그러나 "모든 중생을 교화하기 위해서 일체의 형성된 것들을 멸하는 구경적멸(究竟寂滅)에 들지 않으리라"라고 또한 서원한다. 현전지의 보살은 지혜로는 아라한의 상태와 같다. 왜냐하면 이와 같은 삼해탈(三解脫)은 초기 경전 곳곳에서 모든 아라한이 즐기는 대인삼매(大人三昧)라 일컬어지기 때문이다. 그러나 아라한과 다른 점도 있는데, 그것은 원력과 자비심으로 적멸에 들지 않는 것이다.

　이와 같이 형성된 것들은 많은 악과 허물이 있고 자성이 없으며 본래 불생불멸(不生不滅)인 것을 관찰할 때, 보살은 크나큰 연민을 성취해 중생을 이롭게 하는 행을 버리지 않는다. 그래서 '집착을 여읜 지혜의 현전[無著智現前]'이라는 지혜바라밀(智慧波羅蜜)의 광명이 삶과 함께 드러난다. 보살이 이 현전지에 머물 때 지혜바라밀이 가장 수승하며, 또한 보살 제3지에서 강조하는 인욕바라밀 역시 특별히 닦는다. 현전지의 보살은 불퇴전의 정진을 성취해 일체 외도의 이론에 흔들리지 않고, 수순함을 성취해 여러 신통지의 지위에 들어간다. 또한 성문과 벽지불의 지위를 떠나서 한결같이 부처님의 지혜[智, jñāna]로 향한다.

11

원행지의 수행

(1) 열 가지 방편 지혜를 갖추다

십이연기를 열 가지의 형태로 관해서 제법의 실체가 모양을 여의었고, 자성이 없으며, 구할 가치가 없음을 증득한 제6지 보살은 열 가지 방편 지혜를 구족함으로써 제7 보살지인 원행지(遠行地)에 들어간다.

원행지의 열 가지 방편 지혜는 다음과 같다.

① 이 세상의 모든 것은 자성이 공하고, 형상이 없으며, 아무것도 구할 바 없다는 해탈을 증득했음에도 복덕과 지혜의 자량을 모은다.
② 일체중생들이 자성 없음을 깨달았음에도 가없는 중생을 제도하겠다는 사무량심을 버리지 않는다.
③ 한 법도 집착하지 않는 경지를 체득했으면서도 쉬지 않고 바라밀을 닦는다.
④ 삼계의 어디에도 집착하지 않으면서도 삼계를 아름답게

장엄하기를 쉬지 않는다.

⑤ 스스로는 탐·진·치의 불이 꺼졌으면서도 탐·진·치로 가득 찬 중생들을 가엾이 여겨 가까이한다.

⑥ 일체의 존재가 환(幻)이며 꿈임을 알면서도 차별의 세계를 알기 위한 노력을 멈추지 않는다.

⑦ 일체의 국토가 허공과 같음을 알면서도 중생들을 위해 불국토의 장엄을 성취한다.

⑧ 법신이 모양과 형상을 떠나 있음을 증득했음에도 중생들을 위해 32상 82종호를 갖춘다.

⑨ 여래는 모양과 소리를 떠나 있음을 알지라도 중생들을 섭수하기 위해 모든 깊고 아름답고 장엄한 소리를 성취한다.

⑩ 부처의 경지를 찰나에 증득할 수 있을지라도 모든 중생을 섭수하기 위해 수많은 겁을 닦아 나가는 점오의 법을 섭수한다.

'원행지(遠行地, duraṃgamā)'는 '멀리(dura) 감(gamā)'이라는 의미인데, 아라한과 벽지불의 깨달음으로부터 멀리 더 나아갔다는 뜻이다. 제6지 보살은 아라한·벽지불과 같지만, 제7지 이후부터는 그들의 깨달음을 넘어서기 때문에 멀리 갔다고 하는 것이다. 제7 원행지에 머무르는 보살은 이러한 방편과 지혜로 삼매를 얻고 대비의 힘을 얻는 까닭에 성문과 벽지불의 지위를 뛰어넘어 보살의 반야지를 성취한다.

이때 보살은 한순간도 도의 성취에서 마음이 떠나지 않으며, 한 생각이 일어날 때마다 십바라밀을 성취한다. 불지를 추구하면서 닦은 선근을 일체중생에게 회향하기에 보시바라밀(布施波羅蜜)을 성취하고, 번뇌의 불꽃을 소멸하기에 지계바라밀(持戒波羅蜜)을 성취한다. 자애로써 중생의 허물을 참아주기에 인욕바라밀(忍辱波羅蜜)을, 행위마다 작은 선법을 모으는 것에 만족하지 않기에 정진바라밀(精進波羅蜜)을 성취한다. 마음이 항상 일체종지(一切種智)의 지혜를 향하기에 선정바라밀(禪定波羅蜜)을, 일체법의 생겨남이 없음을 알기에 지혜바라밀(智慧波羅蜜)을 성취한다. 지혜를 현상의 삶에 실천하기에 방편바라밀(方便波羅蜜)을, 최상의 지혜를 희구하기에 원바라밀(願波羅蜜)을 성취한다. 일체 외도에 흔들리지 않기에 역바라밀(力波羅蜜)을, 일체 현상계를 알기에 지바라밀(智波羅蜜)을 성취한다.

원행지에 머무르는 보살은 이처럼 십바라밀이 찰나찰나 원만해질 뿐만 아니라 사섭법 역시 찰나찰나 원만해지며, 삼십칠보리분법과 삼해탈문도 찰나찰나 원만해진다. 제6지의 보살 역시 십바라밀·사섭법·삼십칠보리분법을 닦지 않는 것은 아니지만, 부분적으로 닦는 것이지 찰나마다 두루두루 원만해지는 것은 아니다.

또한 초지(初地)에서는 일체중생을 제도하겠다는 서원을 일으킴으로써 깨달음의 각지가 찰나마다 원만하게 되고, 제2지에서는 마음의 불선한 때가 제거되기 때문에, 제3지에서는 서원이 더욱 증장해 법의 광명을 얻으므로, 제4지에서는 도(道)에 들어감으로써, 제5지에서는 세간의 법에 수순하기 위해 세간 일에 능통함으로써, 제6지에서는 열반의 문에 들어감으로써 깨달음의 각지가 원만해진다. 그러나 제7 원행지에서는 부처님의 모든 가르침을 동시에 실천함으로써 일체 깨달음의 각지가 찰나마다 원만해진다. 환희지에서 제7지에 이르기까지는 가행에 의한 지혜를 성취하는 각지가 근본이고, 제8지에서 구경의 단계에 이르기까지는 노력하지 않아도 저절로 실천되는 무공용(無功用)의 행을 성취하며, 선근의 과보를 바라지 않는다.

(2) 방편바라밀에 능숙하다

제7 원행지에 머무르는 보살은 모든 감정적 번뇌가 끊어졌기 때문에 번뇌가 있다고 말할 수 없다. 하지만 여래의 지혜를 추구하는 마음은 쉬지 않으므로 지성적 번뇌가 전혀 없는 것은 아니다.

초지로부터 제6지까지의 보살이 성문과 연각의 행을 뛰어넘는 것은 부처님의 가르침을 따르는 위력과 원력에 의한 것이다. 하지만 제7지부터는 스스로의 지혜로 성문과 연각의 행을 뛰어넘는다. 예를 들어 왕자는 태어나자마자 모든 대신을 능가하지만 자신의 지혜와 성찰에 의한 것은 아니다. 그러나 그가 성장해서 왕이 된 이후에도 대신들보다 뛰어나려면 스스로의 지혜와 성찰이 있어야만 한다. 이와 마찬가지로 제6지 이하의 보살은 발보리심과 고귀한 원력에 의해서 성문과 벽지불을 뛰어넘은 것이지 스스로의 지혜와 성찰에 의한 것은 아니다.

세상을 알지 못하는 아이는 순수하다. 그러나 세상을 많이 경험한 사람은 지혜와 함께 마음의 생채기도 늘어난다. 그러므로 마음을 아이처럼 청정하게 하면서도 세상일에 능숙하기는 쉽지 않다. 왜냐하면 보살이 함께해야 할 중생들은 자기중심적이고 상처와 한이 많으며 의심도 많아서 은혜를 배신으로 갚는 경우가 많기 때문이다. 원행지에 머무르는 보살이 그러한 중생들의 괴로움과 번뇌에 상처받지 않으면서 보살행을 할 수 있는 것은 불보살의 원력과 가피의 힘 때문이다. 그러나 제8지 보살이 되면 스스로의 힘으로 중생과 세상의 오염 속에서 상처받지 않고 진흙 속의 연꽃처럼 청정함을 유지할 수 있다. 그 이유는 노력함 없는 무위의 삶을 살기 때문이고, 일절 과보를 바라지 않기 때문이다.

원행지에 머무르는 보살은 여래가 꾸짖으신 열 가지 불선행을 모두 버렸으며, 여래가 찬탄하신 열 가지 선행을 항상 따른다. 또한 제5지에서 성취되는 세상의 모든 기술과 공예들이 그에게 노력 없이 자연스럽게 성취된다. 여래와 제8지 이상의 보살을 제외하고는 아무도 원력과 실천행에서 제7지 보살과 동등한 자가 없지만, 아직 제8지 보살처럼 온전히 수행의 힘으로 도를 성취한 것은 아니다. 원행지의 보살은 상(相)에 머물지 않고 보살행을 지극히 청정하게 함으로써, 일체법이 본래 생겨난 것이 없음에 대한 깨달음인 무생법인(無生法忍)의 광명을 얻게 된다.

또한 제7지에 머무르는 보살은 집착 없고 움직임 없는 신(身) ·구(口)·의(意) 삼행을 성취했지만 더욱 수승한 행을 구하는 정진을 버리지 않는다. 이러한 정진으로 멸진(滅盡)에 들더라도 멸진에 머물지 않는다. 제6지부터 보살은 멸진을 경험하지만, 이 원행지에 머무르는 보살은 마음의 찰나마다 멸진을 경험하고 멸진에 들 때마다 원력의 힘으로 다시 멸진에서 나와 멸진에 머물지 않는다. 제7지에 머무르는 보살은 일체지자의 지혜의 큰 바다에 들어 바라밀이라는 큰 배를 타고 삶의 끝인 해탈을 성취하지만 구경적멸을 구현하지는 않는다.

원행지에 머무르는 보살은 지혜와 방편의 힘으로 중생에게 윤회의 모습을 보여 주지만 마음은 항상 열반에 머물러 있다. 비록 많은 권속에 둘러싸여 있으나 마음은 항상 이들을 멀리 여의어 적정하다. 또한 원력의 힘으로 중생을 교화시키기 위해 삼계에 태어나지만 세상의 번뇌에 오염되지 않으며, 마음은 고요하고 적멸할지라도 방편으로 항상 중생에게 불타오르는 모습을 보여 주고, 방편에 의해 불타오르더라도 스스로의 마음은 번뇌에 불타지 않는다. 또한 이 보살은 부처님의 지혜를 닦으면서도 짐짓 성문과 연각의 경계를 보여 주기도 하고, 일체 세간사를 따르는 모습을 보이더라도 마음은 늘 출세간의 법에 머물러 있으며, 열 가지 바라밀 가운데 방편바라밀을 닦는 데 능숙하다.

12

부동지의 수행

(1) 열 가지 분별 없는 지혜를 갖추다

제7지를 원만히 성취한 보살은 제8 부동지(不動地)에 들어간다. 부동지에 들어가는 보살은 다음의 열 가지 분별 없는 지혜를 갖춘다.

① 일체법의 일어남 없음을 아는 불기성(不起性)의 지혜
② 일체법의 태어남 없음을 아는 불생성(不生性)의 지혜
③ 일체법의 모양 없음을 아는 무상성(無相性)의 지혜
④ 일체법의 생성되지 않음을 아는 불성성(不成性)의 지혜
⑤ 일체법의 무너지지 않음을 아는 불괴성(不壞性)의 지혜
⑥ 일체법의 다함 없음을 아는 무진성(無盡性)의 지혜
⑦ 일체법의 움직임 없음을 아는 무전성(無轉性)의 지혜
⑧ 일체법의 물러남 없음을 아는 무퇴성(無退性)의 지혜
⑨ 일체법의 자성 없음을 아는 무자성성(無自性性)의 지혜
⑩ 일체법의 시작과 중간과 끝이 평등함을 아는 평등성(平等性)의 지혜

제2부 대승의 수행론

부동지는 산스크리트어로 'acala bhūmi'이다. 'cala'는 움직임 또는 동요, 'a'는 부정 접두어이다. 그러므로 'acala bhūmi'는 '움직임 없는 지위', 즉 부동지이다. 왜 부동인가? 파괴할 수 없기에 부동이고, 결코 물러남이 없는 불퇴전이기에 부동이다. 제6지, 제7지의 열반에 들려는 강한 유혹으로부터 불지를 서원하는 마음이 움직이지 않기에 부동인 것이다.

이 보살은 모든 심(心)·의(意)·식(識)과 분별 사량을 떠나, 집착 없는 허공의 성품에 들어가서 '일체법이 본래 생겨난 것 없음을 확인함'이라는 무생법인(無生法忍)을 얻는다. 무생법인을 성취하면 일체의 형상, 생각과 일체의 집착을 떠나 헤아릴 수 없고, 또한 신통을 구족해서 차제로 멸진정에 들어 일체 마음과 생각의 움직임을 떠나게 된다.

이처럼 제8 부동지에 머무르는 보살은 일체의 의도적인 신체적·언어적·정신적 노력을 떠나 기억과 상념을 여의고 무공용(無功用)[104]의 법을 얻어, 일체의 움직임을 떠나기를 마치 꿈속에서 커다란 거센 물결을 만난 사람과 같이 한다. 물에 빠진 사람이 물결의 소용돌이에서 벗어나기 위한 크나큰 정진과 노력으로 강물을 벗어나려다 홀연히 잠을 깬 후에 그 모든 노력을 즉시 멈추는 것처럼, 보살은 중생의 몸이 네 가지 거센 강물의 흐름(욕루·유루·

104_ anābhoga dharmatā. 무공용(無功用)은 한역권에서 무위(無爲)로 많이 번역된다. 직역하면 '과보를 바라지 않고 행위를 하는 것'을 말한다.

견루·무명루)에 든 것을 알고, 그들을 건네주려는 의도로 먼저 일체종지의 지혜를 깨우치려는 크나큰 정진과 노력을 일으킨다. 그 정진과 노력으로 부동의 보살지에 이르게 되면, 일체의 의도적 노력을 여의어 순경계(順境界)를 쫓고 불순경계(不順境界)를 멀리하는 것 같은 좋고 싫음의 마음이 일어나지 않는다. 마치 범천의 세계에 머무르는 보살에게 감각적 쾌락이라는 욕계의 번뇌가 전혀 일어나지 않는 것처럼, 부동지에 머무르는 보살에게도 일체 심(心)·의(意)·식(識)의 움직임이나 일체의 깨달음, 보살, 연각, 아라한, 세상의 일들마저도 일어나지 않는다.

그런데도 부동지에 도달한 보살이 세상에 머무르는 것은 과거의 서원력(誓願力)[105]에 의지하기 때문이다. 이들 보살이 무생법인(無生法忍)을 성취했을지라도 부처님의 십력과 네 가지 두려움 없음, 열여덟 가지 부처님의 고유한 성품 등의 뛰어난 성취를 갖출 때까지 정진해야 하는데, 이는 부처님의 인도를 받아야만 가능한 일이다. 왜냐하면 유위의 노력을 떠난 이 보살은 가행정진의 마음을 내지 않기 때문이다. 이때 보살은 첫째, 갖가지 번뇌 때문에 고통받는 중생들을 보고 연민심을 내어야만 하며, 둘째, 본래 세운 서원을 기억하여 중생들을 위해 여래들의 한량없는 몸과 지혜, 한량없는 신통지의 성취를 일으켜야 하며, 셋째, 시방의 한량없는 국토와 중생, 한량없는 법의 차별을 보고, 그 모든 것을 여실

105_ 본원력이라고도 한다.

하게 통달하려는 마음을 일으켜야 한다.

만약 불·세존들이 이 보살에게 이와 같은 일체지자의 지혜를 일으키는 문을 보여 주지 않았더라면 이 보살은 제8지에서 구경의 열반에 들어 일체중생을 이롭게 하는 행위로 나아가지 않겠지만, 부처님들께서 이 보살에게 한량없는 지혜의 길을 보여 주었으므로 애씀 없는 정진의 길로 나아가는 것이다. 이를 보살행의 '함이 없는 함[無爲以爲]'이라고 한다.

(2) 원바라밀에 가장 탁월하다

부동지에서 한 찰나에 일으킨 지혜와 선행은 처음 발심한 이후 제7지에 이르기까지 성취한 선행으로는 비교도 할 수 없을 만큼 무량하다. 그 이유는 제7지까지의 보살들은 한 몸으로 보살행을 닦았지만, 제8지의 보살은 의성신(意成身)에 의지해 한량없는 몸과 지혜로 한량없는 신통지, 국토의 청정, 신·구·의 삼업의 보살행을 닦기 때문이다.

이것은 마치 바다를 항해하는 배가 큰 바다에 도착할 때까지는 큰 힘을 들여 노를 저어야 하지만, 큰 바다에 도착하게 되면 바람의 힘으로 저절로 항해하는 것과 같다. 이처럼 부동지의 보살이 광대한 선근의 자량을 잘 모아 대승의 배를 타고 잠깐 사이에 저절로 일어나는 무위의 지혜로서 일체지(一切智)에 들어간다. 그러나 애를 써야만 일어나는 유위의 지혜로는 십만 겁이 지나도 일체지에 들어갈 수 없다.

제8지에 도달한 보살은 큰 선교방편의 지혜로 성취한 무위(무공용)의 깨달음을 통해 세계의 생성과 소멸을 안다. 또한 어떠한 업들이 쌓여 세계를 이루거나 무너트리는지도 알며, 생성된 세계와 무너진 세계의 머무름을 분명히 안다. 지·수·화·풍을 구성하고 있는 한량없는 미립자의 차별된 모습을 분명히 알 뿐만 아니라, 천상에서 지옥까지 육도 중생의 몸을 구성하는 미립자들도 분명히 안다. 보살은 이와 같이 다양한 미립자를 분별하는 지혜에 들어 욕계·색계·무색계의 생성과 무너짐을 알고, 욕계·색계·무색계의 미세함, 광대함과 차별된 모습을 안다. 또한 삼계를 관찰하는 지혜로 여러 중생과 국토의 차별 및 다양함을 잘 알아서, 그 중생들이 태어나는 각각의 처소에 몸을 나투어 깨달음을 준다.

보살은 중생들의 피부색·성별·형상·키·체중 등 몸의 차별과 수승한 믿음, 의향의 차별에 따라 불국토의 대중뿐 아니라 삼천대천세계에 이르기까지 몸을 두루 나투어 중생의 여러 가지 믿음에 적정한 태어남을 성취한다. 보살은 이와 같은 지혜를 갖추고 헤아릴 수 없이 많은 불국토에서 두루 자신의 몸을 나타내어 여래를 친견한다.

부동지의 보살은 상(相)에 대한 모든 분별을 떠나 몸의 모양이 평등함을 얻었지만, 중생을 효율적으로 교화하고 인도하기 위해 그의 몸을 여러 가지로 나투어서 교화를 성취한다. 보살은 중생의 마음속 깊이 원하고 뜻하는 바를 잘 알아서 때에 따라 교화하고 인도할 뜻을 성취하기 위해 중생의 몸으로, 국토의 몸으로, 업보의 몸으로, 성문의 몸으로, 연각의 몸으로, 보살의 몸으로, 여래의 몸으로, 지혜의 몸으로, 진리의 몸으로, 허공의 몸으로 자신의 몸을 원하는 대로 보여 준다. 보살은 또한 여래의 몸은 원력의 몸, 32상과 80종호로 장엄된 몸, 공덕의 몸, 지혜의 몸, 법신인 것을 꿰뚫어 안다. 보살은 이와 같이 몸에 관한 신통지를 얻어 일체중생 가운데 자재자가 된다.

보살은 수명과 마음, 물질, 업, 태어남, 수승한 믿음, 서원, 신통 변화, 법과 신통 지혜의 자재함을 얻는다. 이러한 열 가지 자재함을 얻은 보살은 지극히 허물없는 신·구·의 삼업을 일으킨다. 이 보살이 일으킨 큰 지혜지의 광명은 일체중생이 지닌 번뇌의 어둠을 사라지게 한다. 예를 들면 대범천이 일천 세계를 자애로 가득 채우고 광명으로 빛나는 것처럼, 이 부동지에 사는 보살은 백만 불국토의 미립자와도 같은 세계에 이르기까지 크나큰 자애의 빛을 가득 채워 일체중생의 번뇌를 차례대로 소멸시키고 신체를 청량하게 한다. 그는 사섭법(四攝法), 즉 보시섭(布施攝)·애어섭(愛語攝)·이행섭(利行攝)·동사섭(同事攝)을 동시에 실천한다. 그는 열 가지 바라밀 가운데 원바라밀이 가장 탁월하다.

13

선혜지의 수행

(1) 수승한 지혜로 중생의 마음을 꿰뚫다

제8지 보살은 더 수승하고 적정한 해탈을 구하기 위해 여래의 지혜를 관찰하고, 여래의 밀법에 들어가 사량할 수 없는 대인의 지혜를 터득한다. 다라니 삼매로 광대한 신통 지혜를 일으켜 세간의 차별상을 잘 알고, 여래의 힘, 두려움 없음, 비교할 수 없는 법, 불괴성을 두루 닦아 여래의 법륜을 굴리고, 크나큰 연민의 가피를 성취하는 것을 버리지 않을 때 아홉 번째 깨달음인 선혜지(善慧地)에 든다.

선혜지는 산스크리트어로 'sādhumatī bhūmi'이며, 'sādhu'는 훌륭한, 'matī'는 지혜라는 뜻이다. 즉, 훌륭한 지혜를 지닌 보살의 경지라는 의미이다. 이 보살은 선·악·무기와 유루·무루법, 세간과 출세간법, 사량할 수 있는 법과 사량할 수 없는 법, 결정된 법과 결정되지 않은 법, 성문·연각·보살·여래지의 법, 유위법·무위법 등이 어떠한 인연으로 형성되는지를 여실하게 안다.

이러한 깨달음으로 복잡하게 얽혀 있는 중생들의 마음의 작용, 번뇌와 업의 작용, 근기와 믿음의 작용, 의식과 잠재의식의 작용, 재생과 훈습이 현재에 미치는 작용을 있는 그대로 꿰뚫어 안다. 더불어 삼취(三聚)의 차별 작용도 있는 그대로 안다. 삼취란 첫째, 부처님의 가르침을 만나더라도 법을 얻지 못하는 사람[邪定聚], 둘째, 부처님의 가르침을 얻지 못하더라도 법에 들어가는 사람[正定聚], 셋째, 부처님의 가르침을 만나면 법을 얻고, 가르침을 만나지 못하면 법을 얻지 못하는 사람[不定聚]들이다.

제9지 보살은 중생의 다양하고 차별되는 마음의 특성에도 통달한다. 찰나에 변하는 성질, 일체에 두루 하는 특성, 번뇌와 함께 하거나 함께하지 않는 특성, 속박과 해탈의 특성, 환술처럼 변화하는 특성 등 존재의 종류에 따라 일어나는 마음의 특성을 있는 그대로 꿰뚫어 안다. 또한 번뇌의 여러 가지 특성을 잘 알게 된다. 잠재적 번뇌와 현행의 번뇌가 동일한 대상과 함께하는 것, 마음과 상응하고 상응하지 않는 번뇌, 번뇌로 인해 태에 들어가서 다섯 갈래 존재로 태어나는 특성, 번뇌로 인해 일어나는 삼계의 차별적인 특성, 번뇌가 선·악과 무기의 업으로 인해 끊어지지 않는 특성 등 팔만사천에 이르는 다양한 번뇌 작용을 있는 그대로 분명히 안다.

또한 모든 근기에 관해 둔하거나 예리한 특성, 중생의 믿음이 무디거나 예리한 특성, 무시이래(無始以來)로부터 잠재된 상태로 있는 잠재된 번뇌의 특성, 잠재된 번뇌가 일체의 선정·해탈·삼매·성취·신통에 의해 파괴되지 않는 특성과 삼계의 상속에 의해 결박된 특성, 잠재된 번뇌가 감관의 문을 통해 일어나는 특성과 대치법을 얻어서 여의게 되는 특성, 오직 성스러운 도에 의해서만 제거되는 특성을 있는 그대로 분명히 안다.

보살은 여러 종류의 태어남에 대해서도 있는 그대로 꿰뚫어 안다. 지옥·축생·아귀·아수라·인간·천상에 태어나게 하는 특성, 색계와 무색계에 태어나게 하는 특성, 삼계에 탐착하는 상(相)을 불러일으키는 특성을 있는 그대로 분명히 안다. 그는 습(習)에 영향을 받아 존재의 길에 묶이는 특성, 다시 태어남에 의해 훈습(熏習)되는 특성, 변화해도 제거되지 않고 훈습되는 번뇌의 특성, 물질과 비물질에 의해 훈습되는 특성, 성문·연각·보살·여래를 친견하고 배우고 섬김으로써 훈습되는 특성 등을 있는 그대로 분명히 안다.

그는 중생들의 마음, 잠재된 번뇌, 근(根), 믿음 등에 대한 모든 지혜를 얻은 후 윤회의 길에 따라 생겨나는 번뇌와 업의 훈습, 삼취(三聚), 삼승(三乘)의 믿음에 따라 해탈을 성취시키기 위해 가없는 형상을 지닌 색신으로 나투기도 하고, 쾌적한 음성과 일체 생명의 언어를 두루 이해하고 일체의 분석적인 앎 등으로 능숙하게 결택해서 가르침을 설한다. 이와 같은 지혜를 통해 사무애(四無礙)의 법을 훌륭하게 설하기에 선혜지라 하는 것이다.

(2) 네 가지 분석지에 밝다

선혜지 보살은 네 가지 분석지에 밝아 한량없는 지혜로 가르침을 설한다. 네 가지 분석지는 다음과 같다.

① 법에 대한 분석지[法無礙解]
② 의미에 대한 분석지[義無礙解]
③ 언어에 대한 분석지[詞無礙解]
④ 변재에 대한 분석지[辯說無礙解]

보살은 법에 대한 분석지로 모든 법의 자성을 꿰뚫어 알고, 의미에 대한 분석지로 모든 법의 차별을 꿰뚫어 알며, 언어에 대한 분석지로 명확한 가르침을 꿰뚫어 알고, 변재지로 현상계의 모든 법이 서로 연결되어 있음을 꿰뚫어 안다.

보살은 또한 법에 대한 걸림 없는 분석지로 모든 법의 체성(體性)이 없음을 꿰뚫어 알고, 의미에 대한 걸림 없는 분석지로 모든 법의 생멸을 꿰뚫어 알며, 언어에 대한 걸림 없는 분석지로 일체법이 거짓 이름임을 알아도 거짓 이름을 빌려 법을 끊임없이 설하고, 걸림 없는 변재지로 거짓 이름을 무너트리지 않고 가없는 법을 설한다.

또한 보살은 법에 대한 분석지로 법의 차별과 방편을 잘 꿰뚫어 알고, 의미에 대한 분석지로 추론지[類智]에 의해 진여(眞如)의 확립을 꿰뚫어 알고, 언어에 대한 분석지로 세속지(世俗智)를 혼란 없이 바르게 알아 보여 주고, 변재지로 승의지(勝義智)를 능숙하게 가르친다.

보살은 또한 법에 대한 분석지로 모든 법이 하나로 돌아가서 움직이지 않음을 꿰뚫어 알고, 의미에 대한 분석지로 온(蘊)·처(處)·계(界)·연(緣)·제(諦)에 대한 능숙한 앎에 들어가고, 언어에 대한 분석지로 일체 세간이 좋아하는 아름답고 부드러운 음성으로 가르치고, 변재지로 더욱더 가없는 법의 광명으로 설법한다.

또한 보살은 법에 대한 분석지로 일승(一乘)으로 돌아가는 삼승(三乘)의 모습을 꿰뚫어 알고, 의미에 대한 분석지로 삼승의 차별성을 꿰뚫어 알고, 언어에 대한 분석지로 삼승의 섞이지 않은 분명함을 보여 주고, 변재지로 하나하나의 승에 대해 밝게 설법한다.

이와 같은 다양한 분석지를 잘 성취한 보살이 여래의 법장(法藏)을 얻고 대법사가 되면 유익함과 법·빛·재물·광명·지혜 등을 얻는 신통 다라니를 얻는다. 보살은 한량없는 여래 앞에서 헤아릴 수 없는 다라니문을 통해 법을 듣는데, 단지 서원하는 것만으로도 많은 여래 앞에서 법에 들어가는 광명을 받는다. 이는 성문이나 연각이 십만 겁 동안 닦아도 결코 얻지 못하는 것이다.

이와 같이 다라니와 변재를 얻은 보살이 삼천대천세계의 법좌에 앉아서 중생의 성향 따라 가르침을 설할 때 한 음성을 내어서 일체중생에게 다양한 음성으로 듣게 하고, 이해하게 한다. 이 보살은 원하는 대로 빛무리를 일으켜서 법문을 설하고, 일체의 모공에서 음성을 발하며 모든 형태의 빛으로 법문한다. 또한 하나의 음성으로 일체 법계에 알리기도 하고, 노래나 악기로도 법음을 내

제2부 대승의 수행론

며, 한량없는 세계에 있는 지·수·화·풍과 그 각각을 구성하는 지극히 작은 원자로부터도 불가설의 법문을 설한다.

삼천대천세계의 일체중생이 같은 시간에 다른 음성으로 각각 다른 질문을 하더라도, 선혜지에 머무르는 이 보살은 한 찰나 사이에 단지 하나의 음성만으로도 모든 중생을 알아듣게 한다. 더 나아가서 이루 말할 수 없는 세계에 몸을 나투어 일체중생의 성향과 근기와 믿음에 따라 가르침을 설한다.

이러한 지혜를 갖춘 보살도 삼매에 들어 시방세계에 계신 여러 부처님을 널리 친견하는 것을 소홀히 하지 않으며, 공양을 올리면서 질문하고, 다라니를 얻어 그것을 다시 해설한다. 이 선혜지에 머무는 보살은 선근 광명으로도 중생들의 번뇌와 마음의 정글을 두루 비춘다. 그는 열 가지 바라밀 가운데 역바라밀(力波羅密)이 가장 탁월해 외도들을 능히 굴복시킨다.

14

법운지의 수행

(1) 일체종지의 지혜인 관정에 도달하다

보살이 제9지에 이르기까지의 한량없는 앎과 관찰하는 지혜로 선법(善法)을 원만히 하며, 헤아릴 수 없는 복덕과 지혜의 자량을 잘 모으고, 광대하고 위대한 연민을 실천하며, 세계의 다양성과 차별성을 잘 알고, 중생계의 삶이 인연 따라 숲처럼 엉켜 있음을 잘 알며, 여래의 경계에 들어가기를 마음 모아 염원하고, 여래십력·사무소외·십팔불공법을 갖추면 일체종지(一切種智)의 지혜인 관정지(灌頂地)에 이르게 된다.

　보살이 관정지에 도달할 때 해인삼매(海印三昧) 등의 백천삼매와 일체지자의 지혜에 의한 수승한 관정이라는 보살의 삼매가 현전하며, 삼천세계의 끝까지 이르는 광대한 보배 연꽃 왕좌가 나타난다. 이 보살이 그 광대한 보배 연꽃의 왕좌 위에 앉자마자 그 연꽃들 수만큼의 보살들이 시방세계에서 와서 저마다 백천삼매에 들 때 일체의 세계가 크게 진동한다. 그 찰나 동안 모든 악도가 쉬게 되며, 광명이 일체 법계를 두루 비추어 세계가 청정해진다.

관정지의 보살이 그 광대한 연화 위에 앉자마자 두 발바닥 아래에서 광명이 나와 시방에 있는 지옥 중생들의 괴로움을 모두 소멸시키고, 양 무릎에서 광명이 나와 시방에 있는 모든 축생의 괴로움을 소멸시킨다. 또한 배꼽에서 나온 광명은 모든 야마 세계의 괴로움을 소멸시키고, 좌우의 양 옆구리와 양 손바닥에서 나온 광명은 신들과 아수라들의 모든 괴로움을 소멸시킨다. 양쪽 어깨에서 나온 광명은 시방에 있는 모든 성문의 몸을 비추어 법에 들어가는 문을 보여 주고, 등·목·얼굴에서 나온 광명은 초발심에서 제9지까지의 모든 보살을 비추어 지혜와 방편에 능숙함을 보여 준다. 미간의 백호에서 나온 광명은 시방세계 모든 마라가 머무르고 있는 곳을 비추어 가리고, 또한 관정지에 이른 다른 보살들을 비추어 그들의 몸 안으로 들어간다. 정수리 위로 나온 광명은 허공계에 있는 여래의 회중을 비추어서 큰 공양과 공경을 올린다.

이 광대한 빛의 오로라는 시방세계의 그 어떤 보배보다 뛰어나며, 모든 공덕을 갖춘 보배 비가 여래의 회상 위에 내린다. 여기에 모인 보살들은 모두 위없이 바르고 원만한 깨달음을 얻게 되고, 그들 광명이 다시 여래의 발아래에서 사라지며 시방의 한량없는 보살들과 제9지에 이른 보살들이 이 보살을 쳐다볼 때 각각 백만의 삼매를 얻게 된다. 또한 관정지를 성취한 보살의 몸에서 백만 아승지 광명의 다발이 시방을 비추어 모든 마라의 적을 정복하고, 다시 보살의 몸으로 들어온다.

이때 여래의 백호에서 모든 지혜와 신통을 갖춘 헤아릴 수 없는 광명이 나온다. 그 광명이 시방의 모든 세계를 비추어 열 가지 형태의 빛으로 십만억 나유타의 많은 보살을 깨우치고, 모든 불국토를 여섯 가지로 진동시키며, 사후에 일체 악도의 길에 태어날 길을 소멸하고, 일체 마라의 처소를 덮어 버리며, 모든 여래가 깨달음을 얻으신 불좌를 나타내 보이고, 보살들의 회상의 상공을 돌아 이 보살의 정상에 들어가 사라진다. 여분의 광명들도 관정지에 도달한 보살 주변에 모여 앉은 보살들의 정수리 위에 들어가자마자 전에는 얻지 못했던 백만의 삼매를 얻게 된다.

전륜성왕의 상호를 갖춘 아이가 장성해 16세가 되면 사해의 바닷물을 왕자의 정수리 위에 붓는 관정식을 거쳐 태자가 된다. 이처럼 여래의 백호에서 나온 광명들이 보살의 정수리에 들어가 사라질 때를 관정이라고 하며, 이 보살은 십력을 완성한 부처님이라 칭해진다. 이와 같이 관정을 받은 보살은 한량없는 덕과 지혜를 갖추는데, 그것이 마치 구름 떼와 같아서 법운지(法雲地)라고 한다. 그 관정의 지위를 얻기 위해 보살은 수십만의 고행을 실천한 것이다.

(2) 일체법의 차별과 완성을 꿰뚫어 안다

법운지에 머무르는 보살은 법계, 욕계·색계·무색계, 일체 중생계와 의식계, 형성된 세계와 해체된 세계, 허공계, 존재·비존재, 세계의 생성과 소멸을 있는 그대로 꿰뚫어 안다. 또한 성문행·벽지

불행·보살행·여래십력·사무소외·십팔불공법·색신·법신 내지 일체종지와 법륜의 모임을 있는 그대로 꿰뚫어 안다. 요약하자면, 일체법에 깨우쳐 들어가는 차별과 완성됨을 있는 그대로 꿰뚫어 알게 된다.

무량겁이 한 생각 가운데 들어 있고
한 생각 가운데 무량겁이 들어 있네

無量遠劫卽一念
一念卽是無量劫

법운지 보살은 열 가지 바라밀 중 지혜바라밀(智慧波羅蜜)이 가장 탁월하다. 이러한 지혜로 여래의 비밀한 법에 들어가는데, 시간의 초월도 그중 하나이다. 현재가 미래, 미래가 현재로 들어가며, 과거가 미래, 미래가 과거로 들어간다. 찰나의 마음이 삼세로 들어가고, 삼세가 찰나의 마음에 들어가며, 일체의 겁이 인식의 찰나로, 모든 인식의 찰나가 겁으로 들어간다. 이 보살은 여래와 같은 능력으로 어느 곳에라도 들어갈 수 있다. 즉, 털구멍, 극미진, 불국토의 몸, 중생의 몸과 마음, 일체의 장소, 생각할 수 있는 곳과 생각할 수 없는 곳, 성문·연각·보살·여래에게만 인식될 수 있는 곳에 바르고 원만한 깨달음의 상태로 어느 곳에나 들어갈 수 있다.

제10 법운지에 머무르는 보살은 불가사의한 해탈 등 한량없고 헤아릴 수 없는 백천 해탈문을 얻어서 시방세계 여래들의 구름같이 큰 법을 한 찰나에 받아 지닌다. 그래서 법운지라 한다. 보살은 원력으로 커다란 자비의 구름을 일으키고, 큰 법의 비춤으로 이루어진 천둥과 삼명, 육통, 두려움 없음으로 이루어진 번개를 내리치고, 큰 지혜 광명으로 바람을 일게 하고, 큰 공덕과 지혜의 빽빽한 구름 그물을 펼치고, 갖가지 몸의 구름 소용돌이를 일으키고, 큰 법음의 사자후로 마라의 무리를 물리친다. 한 찰나 사이 시방세계에 선근의 큰 비를 내려 중생들의 모든 번뇌의 불씨를 꺼버린다. 그래서 법운지라 부른다.

한 티끌에 시방세계 담겨 있고
일체 티끌에 시방세계 들어 있네

一微塵中含十方
一切塵中亦如是

또한 법운지에 머무르는 보살은 도솔천궁에서 내려와 입태, 모태에 머묾, 탄생, 출가, 깨달음, 범천의 권청, 법륜을 굴림, 광대하고 완전한 열반까지 부처님의 일대기를 나툰다. 보살이 원하면 오염된 세계를 청정한 세계로, 청정한 세계를 오염된 세계로 만들 수 있으며, 좁은 세계를 넓은 세계로, 넓은 세계를 좁은 세계로 만들 수 있다. 보살이 원하면 한 티끌 속에서도 철위산 등의 세계를 보여 줄 수 있으며, 그 티끌은 조금도 커지거나 늘어나지 않으면서 그 세계를 펼쳐 보일 수 있다. 아울러 하나의 가는 티끌 속에서 철위산을 포함하는 일체 불가설 세계를 나투지만, 그 티끌은 전혀 늘어나지 않는다.

보살은 자신의 몸 가운데 시방의 광명에서 일체의 광명에 이르기까지 모든 광명을 나타내 보인다. 또한 한 입김으로 가없는 세계를 위로함으로써 중생의 두려움을 없애며, 원하면 일체중생의 모습을 나타내 보인다. 자신의 몸 가운데 여래의 몸을 나타내 보이고, 여래의 몸 가운데 자신의 몸을 나타내 보인다. 또한 여래의 몸 가운데 자신의 불국토를 나타내 보이고, 자신의 불국토 가운데 여래의 몸을 나타내 보인다. 그때 금강장보살이 현시일체불국체성삼매(顯示一切佛國體性三昧)라는 삼매에 들자마자 일체 보살과 천상의 회중들이 금강장보살의 몸 가운데 들어가 불국토가 이루어지는 것을 체험하게 된다.

15

아라한과 보살 수행의 차이

(1) 발보리심은 보살 수행의 필수 조건이다

불교는 깨달음의 종교이다. 그러면 무엇을 깨닫는가? 형식적으로
는 초기불교와 대승 불교의 깨달음의 내용이 다르다. 초기불교에
서는 깨달음의 단계를 수다원에서 아라한에 이르는 사쌍팔배(四
雙八輩)로 말하고 있고, 대승에서는 깨달음의 단계를 십지(十地)로
설명하고 있다. 그렇다면 초기불교에서 말하는 성자인 아라한의
깨달음과 대승에서 말하는 십지 보살의 깨달음, 그리고 선종에서
말하는 깨달음은 같은 것인지 아니면 각각 다른 것인지가 회통 불
교를 주장하는 한국불교에서 중요한 화두가 아닐 수 없다.

　　오랜 세월 동안 대승 경론 등에서 아라한과 보살의 관계를 정
립시키기 위한 많은 노력이 있어 왔다. 하지만 그 모든 노력이 초
기불교도들에게는 오히려 반감만 불러일으키는 결과를 가져왔
고, 심지어는 대승을 비불설이라 칭하기에 이르렀다. 그것은 대승
논서에서 아라한이 대승으로 전향하기 위해서는 오위(五位) 수행
중 가장 아래 단계인 자량위에서부터 수행을 다시 시작해야 한다

는, 아라한을 폄하하는 듯한 어조 때문이다. 그렇지만 『십지경』에
서는 초지에서 제6지까지 깨달음을 얻어 가는 과정에서 초기불교
의 법수를 순서대로 닦아 나가는 모습을 보여 주고 있다. 즉, 초지
에서 제6지까지의 보살이 수다원에서 아라한까지 수행해야 하는
덕목을 모두 실천하고 있는 것이다. 순수하게 지혜라는 측면에서
본다면 아라한과 제6지 보살이 같다는 것을 알 수 있다. 다만 다른
것이 있다면 어떠한 깨달음에도 중생이라는 화두를 절대 놓지 않
는 원력, 실천행이다.

  그렇다면 초지인 환희지 보살이 되기 위해 성취해야 하는 깨
달음과 수다원의 깨달음은 같은 것인가 다른 것인가? 초지 보살
이 되기 위해 공성을 깨닫는 것[五蘊自性皆空]이 필수 조건이라면,
수다원이 되기 위해서는 유신견(有身見), 즉, 오온(五蘊)이 '나'라는
견해를 깨트려야 한다. 오온무아(五蘊無我)는 오온에 참나가 실재
하지 않는다는 의미의 비아(非我)와 오온에 자성이 없다는 무자
성의 두 가지 해석이 가능하다. 무자성이기에 모든 존재는 연기
적으로만 존재한다는 것이 바로 무자성 공(空)인 것이다. 초기 경
전에서 '나'는 오온 혹은 사념처(四念處)로 구성된다. 사념처는 몸
과 그 대상인 느낌, 마음과 그 대상인 법이다. 그 네 가지가 무상
하며, 집착하면 고이고, 무자성이라는 것이 오온무아의 핵심이다.
대승에서의 오온자성개공은 오온무아와 정확히 일치하는 개념
이다.

  공성(空性)은 과연 사유를 통해서도 깨달을 수 있는 것인지,

아니면 순전한 체험인 것인지는 불교 논리학의 용어로 현량(現量)과 비량(比量)이라고 한다. 초지의 깨달음은 오위의 수행 중 제3 통달위(通達位)에 해당한다. 이때는 공성을 마음으로 직접 보게 되며 현량이라 한다. 즉, 선정의 상태에서 공성을 직접 보기에 현량은 수혜(修慧)이다. 그러나 초지 이전인 자량위(資糧位)와 가행위(加行位)에서는 문혜(聞慧)와 사혜(思慧)를 활용해 공성을 이해하기에 비량이라고 한다. 그러므로 비량 수행은 초지 이전에, 현량은 초지 이후에 닦는 것이라고 말할 수 있다. 그렇다고 해서 비량이 초지 이후의 보살들에게 활용되지 않는다는 것은 아니다. 선정 중에는 현량 수행을 하고, 일상생활 중에는 비량 수행을 하는 것을 제6지 이사무애의 경지에 이르기까지 하는 것이다.

『십지경론』이나 중관학파에 의거하면 오온개공만을 증득한 수다원과 초지 보살의 경지는 다르다. 오온의 자성이 공한 것을 증득한 수행자가 연민심을 내어서 보리심을 일으켜야만 초지 보살이 되는 것이다. 발보리심이라는 것은 가엾는 중생들을 고통에서 벗어나게 하기 위해 부처가 되기를 서원하는 것이다. 여기에서 수다원과 보살의 길이 달라진다. 수다원은 중생에 대한 연민심이나 발보리심이 필수 조건이 아니지만, 보살에게는 그 둘이 필수적이다. 부처는 공성을 증득한 지혜만으로는 성취되지 않는다. 십바라밀을 닦아서 십팔불공법·사무소외 등 일체종지를 증득해야만 부처가 되는 것이다.

(2) 십대 서원

초지 보살이 십대 서원을 일으키는 것을 발보리심이라 한다. 무엇이 십대 서원인가?

① 모든 부처님께 큰 공양물을 보시하는 것
② 모든 부처님의 가르침을 따르는 것
③ 모든 부처님의 태생부터 대열반을 이루는 곳까지 친견하는 것
④ 바른 실천 수행으로써 보리심을 이루는 것
⑤ 모든 중생을 교화하는 것
⑥ 세간의 차별적 지혜를 모두 얻는 것
⑦ 수많은 불국토를 정화하는 것
⑧ 바른 실천 수행으로 대승을 깨우쳐 들어가는 것
⑨ 바른 실천 수행을 실천함에 피곤해 하지 않는 것
⑩ 광대한 지혜와 일체종지를 성취하는 것.

하지만 성문·연각에게는 위와 같이 구체적이고 모든 중생을 위하는 서원이 없다. 초지 보살은 오온의 성질이 공함을 통달함으로써 이무애(理無礙)를 얻고, 제2지 보살은 십악인 신·구·의 삼업으로부터 완전히 청정해진다. 제3지에서 제5지까지는 지계·인욕·정진의 보살행과 선정, 삼십칠조도품을 닦음으로써 일체 세간

일에 능숙한 사무애(事無礙)를 통달하고, 제6지 보살은 무집착의 지혜바라밀로 세 가지 해탈과 이사무애(理事無礙)를 성취한다. 이 무애가 삼매 상태에서 공성을 체득하는 것이라고 한다면, 이사무애는 동중에서도 무집착의 공성이 실천되는 것을 말한다. 즉, 탐·진·치에 대한 집착 없음이 일상생활에서도 실천되기에 이사무애인 것이다.

제6지에서 보살은 '삼계에 속한 그 어떠한 것이든 오직 마음뿐임[三界唯心]'[106]을 깨닫는다. 많은 사람이 삼계유심(三界唯心)을 '마음이 세상을 만든다'로 이해하고 있다. 그것도 아주 틀린 말은 아니지만, 『십지경』의 삼계유심은 인식을 떠나서 앎이 존재하지 않는다는 것을 말한다. 이것은 다음 구절을 보면 분명해진다.

여래께서 설하신 이 열두 가지 연기도 역시 모두 한마음에 의지한 것이다. 왜냐하면 대상에 대해 탐욕과 함께한 마음이 일어날 때, 그 마음이 의식이고, 사물은 형성이고, 형성된 사물에 미혹한 것이 무명이다. 무명이 마음과 함께 발생한 것이 명색(名色)이고 또한 대상을 인식하는 행위 자체가 십이연기 가운데 행(行)이며, 인식의 대상이 인식 주체를 떠나 스스로 존재한다고 믿는 것이 어리석음, 즉 무명(無明)이다.

106_ cittamātram idaṃ yadidaṃ traidhātukam

이것이 유식과 『십지경』에서 바라보는 삼계유심이다. 즉, 마음이 삼계를 만든다는 존재론적 유심이라기보다는 마음이 없으면 대상을 인식할 수 없다는 인식론적 유심이다. '현전지의 보살이 삼계는 오직 마음임을 깨닫는다'라는 것은 인식이 마음을 떠나 존재할 수 없다는 마음에 의지한 십이연기를 말하는 것이다. 왜냐하면 의식이 없으면 대상을 인식할 수 없고, 인식할 수 없는 대상은 없는 것과 다르지 않기 때문이다. 마음은 깨끗한 거울에 비유할 수 있다. 이 마음이라는 거울이 없으면 거울에 비치는 대상이 있을 수 없고, 인식하지 못한 삼계는 나에게 존재하지 않는 것과 같다. 그러므로 마음의 청정은 아주 중요하며, 제6지에서 대상과 분리된 청정한 마음을 성취한다.

아라한의 지혜와 제6지 보살의 지혜를 동등하게 여기는 것은 『십지경』의 여러 구절 등에서 확인할 수 있다.

제6 현전지의 보살은 공해탈(空解脫)·무상해탈(無相解脫)·무원해탈(無願解脫)을 증득했기에 많은 악과 허물이 있는 형성된 것들로부터 해탈했지만, 모든 중생을 교화하기 위해 구경적멸(究竟寂滅)에는 들지 않으리라고 서원한다,

깨달음이라는 측면에서만 보면 제6지 보살이 아라한·벽지불과 동일하지만 제7 원행지(duraṃgamā) 이후부터는 그들의 깨달음을 넘어섰기 때문에 멀리(dura) 갔다고(gamā) 말한다.

그러므로 초지부터 제6지까지의 보살이 성문과 연각을 뛰어넘는 이유는 부처님의 위신력과 보살의 원력에 의한 것이지 지혜 자체가 아라한보다 수승하기 때문은 아니다. 이것은 "제7지부터는 스스로의 지혜로 성문과 연각을 뛰어넘으며, 깨달음의 각지가 찰나마다 원만하게 된다"라는 구절로도 알 수 있다.

(3) 보살의 위대함은 방편·힘·포용성에 있다

제7 원행지에 머무르는 보살은 모든 감정적 번뇌가 끊어졌기 때문에 번뇌가 있다고 말할 수 없다. 하지만 여래의 지혜를 추구하는 마음이 쉬지 않기 때문에 번뇌가 전혀 없다고도 말할 수 없다. 이 보살은 마음의 찰나 찰나에 멸진을 경험하지만 원력의 힘 때문에 멸진에 머물지는 않는다. 이 보살이 중생들의 괴로움과 번뇌에 상처받지 않으면서 보살행을 할 수 있는 것은 불보살의 원력과 가피의 힘 때문이다. 그러나 제8지 보살이 되면 스스로의 힘으로 중생과 세상의 오염 속에서 상처받지 않고 진흙 속의 연꽃처럼 청정함을 유지할 수 있다. 그 이유는 노력함 없는 무위의 삶을 살기 때문이고, 과보를 바라지 않기 때문이다.

환희지에서 제7지에 이르기까지는 가행의 노력으로 지혜를 성취한다. 하지만 제8지부터는 노력하지 않아도 저절로 성취되는 무공용(無功用)을 행하며, 이때부터는 선근의 과보를 바라지 않는다. 열반에 들려는 강한 유혹과 견인력이 있는 제6지·제7지와는 달리 불지를 서원하는 마음이 강해서 요동함이 없으므로 제8지를 부동지라 한다. 이 보살은 모든 심(心)·의(意)·식(識)과 분별 사량을 떠났기에 '일체법이 본래 생겨난 것 없음'이라는 무생법인(無生法忍)을 얻는다. 무생법인을 성취하면 일체의 형상과 생각과 집착을 떠나 헤아릴 수 없는 경지에 이른다. 그럼에도 불구하고 부동지의 보살이 세상에 머무르는 것은 과거의 서원력[107]에 의지해서 중생들을 위해 여래들의 한량없는 지혜와 신통지를 성취하는 원을 일으키기 때문이다.

제9지의 보살은 역바라밀(力波羅蜜) 수행으로 네 가지 분석지에 능통하다. 네 가지 분석지는 법에 대한 차별지·추론지·세속지·승의지[108]이며, 하나하나의 승에 대해 삼승(三乘)의 차별성을 밝히는 지혜이고, 삼승이 분명하여 섞이지 않음과 일승으로 돌아가는 삼승의 모습을 밝게 설법함이다. 이처럼 네 가지 걸림 없는 분석지로 진제와 속제의 차별성을 설명함에 능숙하기에 선혜지라 한다. 반면에 아라한은 성문승과 오직 인연 있는 불자들을 섭수할 수 있으며, 속제에 대한 앎을 갖추는 것이 아라한이 되는 데 필수적인 것은 아니다.

제10지 보살은 지바라밀(智波羅蜜) 수행으로 사사무애(事事無礙)의 경지에 이른다. 사사무애의 경지에 이른 보살은 시간·공간

107_ 원문에는 본원력(本願力)으로 되어 있다.

108_ 승의지(勝義智)는 'paramārtha jñāna', 절대적 진리에 대한 지혜이다.

·십계[109]에 대한 장애를 모두 뛰어넘는다. 이 말은 과거와 미래를 자유로이 넘나들 수 있고, 마음만 먹으면 어디든지 나타날 수 있고, 인간계에 있으면서도 지옥이나 불계를 장애 받지 않고 넘나들 수 있다는 뜻이다. 제6지의 혜바라밀(慧波羅蜜)과 제10지인 지바라밀에는 분명한 차이가 있다. 전자는 적멸을 체험하여 온갖 분별이 끊긴 상태인 반면, 후자는 온갖 분별이 끊긴 경지에 이른 후에 삶 속에서 다시 차별 현상을 있는 그대로 알고 실천하면서 중생을 깨달음으로 인도하는 지혜이다. 후자를 유식학에서는 무분별지(無分別智)에 이른 후에 얻는 지혜라고 해서 무분별후득지(無分別後得智)라고 한다.

　이러한 『십지경』에 대한 이해를 바탕으로 아라한을 지혜의 측면에서만 볼 때는 제6지 보살과 동등하다고 할 수 있으나, 제7지 보살에서 제10지 보살까지의 방편과 원·력·신통지는 오직 보살도의 경지에서만 존재하는 것이다. 이러한 방편과 원·력·신통지는 사회가 발달하면 할수록 더욱 절실히 요구되는 것이라서 중생들이 보살을 아라한보다 더욱 우러르는 것은 어찌 보면 당연하다 할 수 있다. 그러나 성문의 성향을 가진 사람 역시 보살도에 친근하지 않은 것 또한 당연한 일이다. 『십지경』은 『법화경』과 달리 성문과 연각들이 반드시 대승으로 돌아가야만 한다고 강요하지 않는다. 그러면서도 원하는 자에게는 일불승으로 가는 방편도 마

---

109 육도 세계와 성문·연각·보살·불 세계를 더해 십계(十界)이다.

련하고 있다. 보살의 위대함은 성문의 근기를 만나면 성문의 모습으로, 연각의 근기를 만나면 연각의 모습으로, 보살의 근기를 만나면 보살도를 가르칠 수 있는 방편과 힘, 그리고 포용성에 있는 것이다.

제3부

선종의 수행론

제1장

『능가경』의 수행론

1

달마선과 『능가경』

(1) 욕망을 제대로 알아야 마음을 다스릴 수 있다

무엇을 수행이라 하는가? 초기불교에서 수행에 해당하는 단어는 계발(啓發, bhāvanā)이다. 그러면 무엇을 계발해야 하는가? 신·구·의 삼업을 계발해야 한다. 몸과 입으로 짓는 칠악을 칠선으로 계발하고, 칠선이 충족되면 다시 마음의 업을 청정하게 하는 것, 그 것이 수행이다.

일반적으로 수행은 마음을 닦는 것으로 알려져 있다. 그러면 마음은 무엇인가? 마음은 보통 느끼고 생각하고 욕구하는 작용을 말한다. 무엇을 느끼고 생각하고 욕구하는가? 우리 몸의 다섯 가지 감각 기관에 의해 받은 표상을 느끼고 생각하고 욕구하는 것이다. 이와 관련해 독일의 현상학자 에드문트 후설은 마음은 지향성을 가지고 있다고 주장한다. 무엇을 지향하는가? 대상 또는 표상을 지향한다. 그 대상 혹은 표상은 나의 몸 밖에 있는 물질들을 다섯 가지 감각 기관을 통해 받은 이미지이다. 몸 밖에 있는 물질들이 마음에 의해 비추어진 표상들이라서 순수한 마음 그 자체는 아니다. 그러나 마음[心]에 속해 있기에 심소(心所)라 한다. 그것을 지켜보는 것이 마음이고 그것은 순수하다.

흔히 '마음을 다스린다'라는 말은 욕망이라는 심소를 다스리는 것을 의미한다. 인간 세상의 불행은 대부분 잘못된 욕망에서 생겨나기 때문이다. 욕망이라고 하는 것은 좋아하는 욕망과 싫어하는 욕망이다. 이 욕망은 삶과 인간관계에 고통이라는 결과를 가져다주기에 반드시 다스려야 한다. 마음을 다스린다는 것은 좋아하고 싫어하는 욕망에 감정이 동요되지 않는 것을 말한다. 마음을 다스리는 방법에는 크게 두 가지가 있다. 하나는 좋아할 만한 것도 본래 없고, 싫어할 만한 것도 본래 없다는 것을 깨닫는 것이다. 두 번째는 좋아하고 싫어하는 것을 단지 참아 내는 것이다. 하지만 단지 참기만 하는 것은 참된 수행 방법이 아니다. 이 세상에는 좋아하고 싫어할 만한 그 어떤 실체도 없다는 것을 알고 보아서 '좋다', '싫다'라는 감정에서 자유로워지는 것, 그것이 마음을 다스리는 올바른 방법이다.

욕망을 다스리는 데 있어서 가장 중요한 것은 욕망이 무엇 때문에 생겨나는지 제대로 아는 것이다. 다시 말해, 욕망의 구성 요소를 제대로 알아야 욕망을 다스릴 수 있는 것이다. 욕망의 구성 요소는 어떤 사물에 대해 '옳다', '그르다'라는 생각에 집착해서 그 대상을 '유익하다', '해롭다'라고 판단하는, 이해와 시비라는 두 가지 판단 작용이다. 사람들은 '옳다'라는 믿음 때문에, 또는 '나에게 이롭다'라는 판단 작용 때문에 그 대상에 집착한다. 그러므로 마음을 다스린다는 것은 생각이라는 심소를 다스리는 것이다. 생각을 어떻게 다스리는가? 옳고 그름에 대한 집착은 옳고 그름이 본래 없음을 앎으로써, 이로움과 해로움에 대한 집착은 자타불이(自他不二)를 이해함으로써 다스릴 수 있다.

이 세상에 절대적 선(善)은 존재하지 않는다. 그것은 수학적 공리에만 존재할 뿐이다. 경험 세계에서 인간은 끊임없이 실수를 하지만 그럼에도 끊임없이 선해지려고 노력한다. 인생을 살다 보면 지금 현재 내게 이로운 것이 나중에는 해롭고, 지금 현재 해로운 것이 나중에는 이로운 것을 직간접적으로 종종 경험하게 된다. 가난함이 근면 성실함을 키우고, 풍족함이 오히려 나태함을 키우는 원인이 되기도 한다. 생각을 바르게 하는 것만으로도 얼마든지 불행을 행복으로 바꿀 수 있다. 그러므로 생각을 다스리는 것이 곧 마음을 다스리는 것이라고 말할 수 있다.

그러나 생각만 다스린다고 욕망이 다스려지는 것은 아니다. 생각과는 별개로 작동하는 다른 범주의 욕망도 있기 때문이다. 좋은 느낌은 욕구하고 싫은 느낌은 밀쳐 내 버리는 느낌에 대한 호오(好惡)가 바로 그것이다. 이런 경우에는 느낌을 다스려야 욕망을 다스릴 수 있다. 흔히 좋은 느낌은 끌어당기고 싫은 느낌은 밀쳐 내는데, 그것 자체가 괴로움이다. 왜냐하면 원하는 것을 얻을 수 없는 것도 괴로움이지만, 원하는 상태 그 자체도 불만족이라는 괴로움의 형태이기 때문이다.

(2) 느낌·생각·욕구라는 세 가지 마음 작용

욕망[行]을 자세히 관찰하면, 즐겁고 괴롭다는 느낌[苦樂受]과 이롭고 해롭다는 생각[想]의 두 가지 결합이 긍정적일 때 욕망이 생겨난다는 것을 알 수 있다. 그러므로 내게 이롭다고 생각되는 것과 즐겁다고 느껴지는 것, 이 두 가지 구성 요소를 다스리지 않으면 욕망을 다스릴 수 없다.

이러한 욕망의 구성 요소에는 세 가지가 있다. 첫째는 즐겁고 괴로운 느낌, 둘째는 옳고 그르다는 판단 작용, 셋째는 유익하고 이롭다는 이해 작용이다. 이 세 가지는 서로 의지하며 작용한다.

행복한 인생을 살기 위해선 불행으로 이끄는 욕망을 잘 다스려서 행복으로 이끄는 욕망으로 바꾸어야 한다. 그런데 이 욕망은 단지 참는다고 해서 다스려지는 것이 아니다. 참기만 하면 '작용 반작용의 법칙'으로 인해 나중에는 그동안 참았던 욕망에 다른 욕망들까지 더해져 걷잡을 수 없는 상태가 될 수 있기 때문이다.

인간의 모든 욕망은 생각에 의지한다. 그러므로 욕망을 다스리려면 먼저 생각을 다스려야 한다. 그리고 생각을 다스리려면 느낌도 다스려야 한다. 왜냐하면 좋은 느낌은 유익하며, 일반적으로 유익함은 옳은 것이라고 생각하기 때문이다.

예를 들어, 게임에 탐착하는 한 소년이 게임만이 최고의 즐거움이라고 굳게 믿거나, 마약을 즐기는 사람이 마약에 취하는 것만이 최상의 즐거움이라고 굳게 믿고 있으면 그것들로부터 빠져나

오기가 무척 어렵다. 하지만 아무리 큰 즐거움도 그 순간이 지나면 무상함과 허망함, 그리고 그것들을 즐기느라 소모한 경제적인 해로움 등이 뒤따라오게 된다. 이러한 감정들을 자세히 관찰해 보면, 그 욕망들이 사실은 유익하지 않으며 괴로운 결과를 가져다줄 뿐이라는 것을 어렵지 않게 알 수 있다. 이처럼 욕망 충족의 결과가 심성의 피폐, 경제적인 손해 등 여러 부작용을 초래한다는 것을 알게 되면 더 이상 그러한 욕망에 집착하지 않게 된다. 그리고 그러한 욕망에 집착하지 않게 되었을 때, 비로소 그 대상에 대한 욕구를 다스릴 수 있게 된다.

어떤 이가 어떠한 특정 대상을 좋아하는 이유는 그 대상이 자신에게 유익하거나 옳다고 믿는 판단 작용 때문이다. 하지만 지금 좋은 것이 항상 유익한 것이 아니라는 것을 관찰하게 되면 그러한 감정에서 자유로워질 수 있다.

필자는 오렌지 주스를 무척 좋아한다. 아마도 열대 지방에 오래 살았기 때문일 것이다. 태국의 한 대학에서 강의할 때의 일이다. 첫 강의료를 받고 학생들과 함께 대형 마트에 가서 오렌지 주스를 마시고 돌아오는데, 차 안에서 한 학생이 다음과 같은 이야기를 들려줬다. "호주의 한 방송에서 오렌지 주스를 만드는 과정을 촬영해서 보도했는데, 오렌지에 묻어 있는 하얀 농약 가루를 제대로 씻지도 않고, 오렌지를 담은 큰 통에 사람들이 장화를 신고 들어가서 밟아 대더라." 그 학생은 그 방송을 시청한 이후 오렌지 주스는 몸에 매우 해롭다는 믿음을 갖게 되었다고 했고, 많은 학생이 그 말에 공감했다.

　이처럼 본인에게 해로우면 즐거운 대상일지라도 싫어하게 된다. 그렇지만 달리 생각하면, 이 세상에 약이 안 되는 음식이 없듯이 독이 없는 음식도 없다. 다만 내 몸이 그것을 얼마나 필요로 하는가와 그 대상이 내게 얼마나 이로운가를 판단할 뿐인 것이다.

　이후 필자가 태국에서 한국으로 돌아온 것은 2월, 한창 추울 때였다. 그때 마침 지인이 오렌지 주스 한 박스를 보내왔다. 하지만 태국에서와는 달리 도무지 마시고 싶은 마음이 들지 않았다. 무더운 열대 지방에서야 매일 땀을 흘리니 시원한 오렌지 주스를 좋아했지만, 한국의 겨울 날씨는 너무 추워서 마시고 싶은 욕구가 생겨나지 않았던 것이다. 그때 필자는 중요한 사실 한 가지를 알게 되었다. 오렌지 주스를 좋아한다는 것은 온도와 기후 등 여러 조건에 의존되어 있으며, 그러한 조건들을 떠나서 오렌지 주스 자체가 좋은 것은 아니라는 것이다. 다시 말해, 느낌은 조건에 의지해서 생겨나며, 의지하던 조건이 사라지면 좋고 나쁠 것이 본래 없다는 것, 즉 좋고 나쁜 느낌[受]에 자성이 없다는 것을 알게 된 것이다.

　이처럼 욕망은 이롭고 해롭다는 생각과 좋고 나쁜 느낌에 의존되어 있으며, 이해의 상(想)과 호오(好惡)의 수(受)에 자성이 없음을 알아 욕망을 다스리는 것이 바로 마음 다스리기이다.

(3) 유식과 선종은 마음의 회복을 중시한다

앞서 마음의 작용을 느낌·생각·욕구라는 세 가지 측면에서 살펴보았다. 그러나 이러한 마음의 작용들은 엄격하게 말하자면 마음이 아니다. 정확히 표현하자면 마음에 의지해서 생겨나는 개념들, 즉 심소(心所)이다. 마음이 순수한 앎이라고 한다면, 마음에 의지해서 생겨나는 심소는 다분히 물질적이다. 그것들은 물질을 반영하는 이미지 또는 개념이며 마음으로 경험되어지는 대상이다. 그러므로 수(受)·상(想)·행(行)의 세 가지 심소는 물질을 반영하기에 반물질이다. 순수한 마음이 아니기에 참나가 아닌 것이다. 거울처럼 모든 것을 비추지만 그 대상들에 물들지 않아야 참나에 가까운 것이다.

유식과 선종에서는 이러한 마음의 회복을 중시한다. '이 세계는 참마음에 반영된 물질'이라는 것이 상크야 학파의 핵심 이론이다. 상크야 이론에 의하면 참되고 청정한 마음이 물질이라는 대상에서 분리되어 홀로 존재하면 그것이 곧 해탈이다. 이 수행법은 웃다카 라마뿟따에 의해 전해졌으며, 위빳사나와 유식의 수행론에도 영향을 준 것으로 알려진다. 마음을 반물질적 마음인 심소로부터 구별해 분리하는 것이 유식의 해탈이고, 그것을 보는 것이 바로 견성이다. 이것은 대상으로부터 알아차림을 분리함으로써 발생한다. 즉, 식(識)과 수(受)·상(想)·행(行)을 분리하고, 심(心)을 심소(心所)로부터 분리하는 것이다.

사실 남음이 없는 열반, 무여열반(無餘涅槃)에 들지 않는 한 식을 대상으로부터 완전히 분리할 수는 없다. 다만 심을 심소와 구별해서 식에 마음을 오롯이 집중할 뿐이다. 마치 활을 쏘는 자가 목표물 외에 다른 것을 보지 않는 것과 같다.

　　달마 대사는 『관심론』에서 "마음을 관하는 하나의 법이 모든 수행을 아우른다"라고 말한다. 이러한 마음의 성품을 보는 것을 견성(見性)이라고 한다. 그러면 어떠한 마음을 어떻게 보는 것이 견성인가? 초기불교, 구사, 중관, 유식의 가르침 모두 수·상·행·식을 떠나서 마음을 말하지 못한다. 그러므로 '마음을 본다'라고 하는 것은 수·상·행·식 중의 하나를 보는 것이다.

　　수·상·행은 고락(苦樂)의 느낌[受]과 시비(是非)의 상(想), 호오(好惡)의 행(行)이다. 이것들을 인식해서 집착하면 괴로움이 생겨난다. 이것들은 아비담마에서 심소(心所)라 하며 통제하고 닦아야 하는 대상이다. 식(識)은 아는 작용이다. 식은 수·상·행과 함께 발생하지만 수·상·행은 아니다. 수·상·행은 알려진 내용물이고, 식은 그것들을 아는 상태이기에 닦아야 하는 대상이 아니다. 식은 단지 아는 작용일 뿐이다. 그러므로 식은 수·상·행과 함께하지만 수·상·행과는 구별된다. 오직 '앎'만이 오롯해서 수·상·행의 번뇌 작용과 분리되었을 때, 이때를 『관심론』에서는 깨달음, 곧 견성(見性)이라 한다. 일상생활에서 식만 오롯하고 수·상·행이 분리되었다는 것은 무엇을 말하는가? 『관심론』에서는 정심(淨心)과 염심(染心)의 두 가지 마음을 말한다. 정심은 오염되지 않은 마음이고,

염심은 오염된 마음이다. 이 둘은 동시에 발생하지만 서로 원인이 되지는 않는다.

이것은 아비담마의 심과 심소를 말하는 것이다. 심은 의식이고, 의식은 근과 경이 접촉했을 때 생겨난다. 또한 의식은 심과 심소의 결합이다. 예를 들어, 사과에 대한 의식은 사과를 아는 마음과 사과에 대한 이미지의 결합이다. 아는 마음인 심(心)은 견분(見分)이고, 알려진 내용물인 심소(心所)는 상분(相分)이다.

선종에서는 아는 마음을 정심 또는 진여심(眞如心)이라 하고, 알려진 내용물은 곧바로 느낌과 판단, 욕망으로 진화하기에 염심 또는 생멸심(生滅心)이라 한다. 그러므로 『관심론』의 수행은 다시 수·상·행·식의 수행으로 귀결된다. 식을 뚜렷이 구별해서 분리함이 오(悟), 수·상·행의 번뇌를 닦아 나가는 것이 수(修)이다. 또 식을 보는 것을 혜(慧), 괴롭거나 즐거운 느낌[受]과 옳거나 그르다는 판단[想]과 좋거나 싫다는 욕망[行]을 닦아 나가는 것이 선정(禪定)이다. 그러므로 수·상·행·식의 수행은 정혜쌍수(定慧雙修)의 수행이다.

(4) 알아차림이 지극해지면 사물의 본성을 본다

마음은 모든 것을 알고 모든 것을 비추어 볼 수 있다. 수·상·행의 심소가 탐·진·치에 의지해서 사물을 바라보는 것이라고 한다면, 심왕(心王)인 마음은 수·상·행이라는 표상을 알고 비추어 보는 기능을 한다. 또한 마음은 수·상·행과 같은 감각 기관에 의지해서 같은 대상을 본 후에 사라지지만, 수·상·행 뒤에 숨겨져 있다. 이렇게 수·상·행 뒤에 숨겨져 있는 마음을 보는 것을 견심(見心)이라 한다.

달마 대사는 『관심론』에서 "아침부터 날이 저물 때까지 24시 가운데 보고 들으며 웃고 말하며 혹 화내고 즐거워하며 혹 시비하여 가지가지 베풀며 운전하나니, 그 누가 능히 이렇듯이 운전시위하는가?"라고 이 마음을 설명한다. 여기서 이 마음은 정심(淨心)이며 오온 중의 식이고 아는 마음이다.

보고 듣는 것은 누가 하는가? 이에 대해 유신론자들은 '참나'라고 말하고, 유물론자들은 다섯 가지 감각 기관의 화학 작용일 뿐이라고 말한다. 그러면 불교의 대답은 무엇인가? 안·이·비·설·신은 스스로 알고 보는 능력이 없다. 만일 안·이·비·설·신이 스스로 알고 보는 능력이 있다면 시체도 보고 들을 수 있어야 한다. 그러므로 『관심론』에서 "만일 색신이 운전한다고 말한다면 무슨 까닭으로 어떤 이가 죽음에 이르러 몸이 아직 썩어 무너지지 아니하였는데, 눈이 스스로 보지 못하고 귀로 능히 듣지 못하며 코가 향 냄새를 분별하지 못하는가? 이것은 능히 보고 듣는 화학 작용이 본래 마음에 있음을 알 것이다"라고 설명한다. 그러므로 달마선에서는 몸을 움직이기도 하며, 수·상·행의 바탕이 되는 '그 마음'을 보는 것을 중시한다.

달마 대사의 『혈맥론』에서는 "그대가 나에게 묻는 것이 곧 그

대의 마음이요, 내가 그대에게 대답하는 것이 곧 나의 마음이다. 끝없이 광대한 겁부터 온갖 움직이고 행동하는 일체의 시간과 장소가 모두 그대의 본래 마음이며, 모두가 그대의 본래 부처이다. 마음 그대로가 곧 부처라 함도 또한 이와 같다"라고 표현한다. 이는『관심론』의 '일체시(一切時)의 행주좌와 어묵동정에서 항상 작용하는 마음을 보는 것이 곧 견성(見性)'이라는 표현과 같은 의미이다. 그리고 이 행위 속에서 작용하는 마음을 놓치지 않고 항상 관하는 것, 그것이 바로『대념처경』에서 말하는 심념처 수행이다.

그러나 아비담마 불교에서 말하는 심(心) 혹은 유식에서 말하는 견분(見分), 초기불교에서 말하는 식(識), 이 모두는 '동시생 동시멸'하는 무상한 마음이다. 이 마음은 대상과 함께 일어나고 대상과 함께 소멸한다. 이러한 마음의 생멸을 바라볼 때 마음 역시 무상하며 무자성이라는 것을 알게 된다. 이러한 마음의 자성을 보는 것을 견심성(見心性) 또는 견성(見性)이라고 한다.

알아차림이 현전하면 심과 심소 모두 자성이 없음을 경험하게 되고, 그 안에 참나가 없음을 체득하게 되는데, 이러한 과정을 견성(見性)이라 한다. 그러한 연후에도 남아 있는 습관적·감성적 집착을 소멸해 가는 과정을 수도(修道)라고 한다. 그러므로 선가에서 말하는 '선오후수(先悟後修)'에서 '선오'는 견성이고 '후수'는 수도에 해당한다.『구사론』에서는 이를 다음과 같이 보다 상세하게 설명한다.

먼저 깨달은[先悟] 후에 감성적 집착을 닦으면[後修] 수다원이고, 먼저 감성적 집착을 닦은[先修] 후에 마음의 본성을 보면 [後悟] 아나함 또는 아라한이다.

그러므로 깨달음에는 두 가지 양태가 있다. 하나는 일체시의 모든 행위와 함께하는 '마음'을 보는 것으로, 이는 심념처의 수행이며 달마 대사의 『혈맥론』에서 말하는 견성이다. 또 다른 하나는 마음의 생멸을 본 후에 마음의 무상함과 무자성을 깨닫는 것으로, 이는 견심성이다.

이런 의미에서 『혈맥론』은 남방 사띠 수행의 중국적 표현이라고 할 수 있다. 이때 알아차림이 지극해지면 마음의 흐름이 멈춰지고, 마음의 상속 작용이 멈춰지면 사물의 본성을 볼 수 있게 된다.

(5) 선종에 지대한 영향을 끼친 『능가경』

앞서 언급한 견심(見心)과 견심성(見心性)의 원리는 달마 대사의 『혈맥론』과 『관심론』의 논지에 부합할 뿐만 아니라, 중관의 수행 논리에도 정확히 일치한다. 달마 대사는 이와 같이 마음의 자성을 보는 것을 중시했다. 하지만 그 마음의 자성에 대한 해석은 중관과 유식학파가 각각 다르다. 그리고 같은 유식 계열이라도 유상유식(有相唯識)과 무상유식(無相唯識)의 해석이 각기 다르다. 또한

『혈맥론』과 『관심론』이 달마 대사의 저술이 아니라 신수 대사의 작품이라고 보는 일부 학자의 입장까지 고려한다면, 『능가경』에서 말하는 마음의 본질이 무엇인가는 무척 중요하다. 왜냐하면 달마 대사가 의지한 소의 경전이 『능가경』이기에, 『능가경』이 바로 달마 대사의 견성에 대한 관점을 표현한다고 볼 수 있기 때문이다. 만일 『능가경』에서도 견심과 견심성의 원리를 찾을 수 있다면 두말할 것도 없이 달마선으로 인정할 수 있을 것이다.

『능가경』은 선종의 사상을 형성하는 데 매우 중요한 경전이다. 그러므로 선종에서 말하는 깨달음을 올바르게 이해하려면 『능가경』에 대한 이해가 필수이다. 『능가경』에서 최초로 여래선(如來禪)이라는 개념이 언급되었다. 위앙종의 앙산 스님이 향엄 스님과 문답할 때 "그대는 여래선은 알았으나 조사선(祖師禪)은 모른다"라는 말로 조사선과 여래선의 위치를 정립했다. 이 대화는 후대 선종에 여래선의 위치를 정립하는 데 기여했으므로, 그것이 과연 『능가경』에서 설명한 여래선인지에 대해서 고찰해 볼 필요가 있다. 또한 돈오돈수와 돈오점수의 문제는 『대비사사론』에서 『능가경』에 이르기까지 여러 학파가 다룬 주요 개념이다.

『능가경』은 현재 세 가지 번역본이 유통되고 있다. 달마 대사가 중국에 도착했을 때는 이미 4권과 10권짜리 『능가경』이 유통되고 있었다. 달마 대사는 그중 4권짜리를 혜가에게 전수했는데, 4권짜리가 군더더기 없이 직설적이기 때문으로 추정된다. 후에 측천무후는 번역의 난삽함 때문에 가독성이 떨어지는 7권짜리

『능가경』을 식샤난다 스님에게 번역하게 한다. 필자가 의지한 산스크리트 『능가경』은 7권짜리이다.

『능가경』을 설한 장소는 스리랑카의 마라야 산정이다. 이곳은 스리랑카 동남부에 위치한 아담스피크로 알려져 있다. 『능가경』에 등장하는 청중은 랑카섬의 라와나왕과 그 권속들이고, 라와나왕이 대혜보살에게 부처님께 질문하도록 권청하는 것으로 경의 서분이 시작된다. 세존께서는 라와나왕과 여러 야차 대중에게 보이는 현상계가 마음에서 투사된 세계라는 것을 신통으로 보여 주신다.

> 세존께서 한량없는 보배산을 만들어 백천만의 미묘한 보배로 장엄하시니, 하나하나의 산 위에 부처님의 몸이 나투셨고, 하나하나의 부처님 앞에는 나바나왕과 그 대중이 모여 있었으며, 시방의 일체 국토가 모두 그 가운데 나타났다. 하나하나의 국토 가운데는 다시 여래가 계시고, 하나하나의 여래 앞에는 나바나왕과 그 권속들이 있었으며, 능가성의 아쇼카 동산도 이와 같이 장엄하여 다른 차이가 없었다. 그리고 그 하나하나의 국토에는 대혜보살이 있어, 보살이 일어나 부처님께 대승의 일심법문을 청했다. 그때 각각의 산에 있는 부처님께서 '이 세계가 모두 마음에 의해 만들어진 것일 뿐'이라고 법을 설하시고 순식간에 그 모든 세계와 함께 사라지셨다.

이것을 본 라와나왕과 그 권속들이 모두 놀라면서 지금까지 보았던 것들이 꿈인지 환상인지를 의심하게 된다. 그러나 선근이 깊은 라와나왕은 이 법회에서 바로 '모든 세계가 오직 마음의 분별된 상태'라는 것을 깨닫게 된다. 마음의 분별, 즉 심(心)·의(意)·식(識)에 의해 세계가 인식되어진다는 것과 그 심·의·식의 모든 식이 사라진 상태가 불성이라는 것이 『능가경』의 핵심 가르침이다. 이 가르침 속에서 달마선이 강조하는 마음의 근원을 찾아볼 수 있다.

2

라와나왕 권청품

(1) 부처님의 법문조차 마음속 분별일 뿐

라와나왕은 삶 속에서 경험했던 그 모든 세계가 '스스로 마음이 분별하여 만들어낸 것일 뿐'[110]이라는 것을 부처님의 신통력에 의지해서 깨달았다. 또한 부처님 회상에서 보았던 모든 경계와 청중들, 심지어는 방금 들었던 부처님의 법문까지도 '오직 마음속의 분별일 뿐'이라는 것을 깨달았다.

그런 그에게 보이는 대상이 사라지니 보는 주체도 사라지고, 설하는 대상이 없으니 설하는 자도 없어졌다. '부처님을 보고 법문을 들은 자' 역시 모두 마음속의 분별이었던 것이다. '부처의 색신(色身, 보이는 것)을 보았다면 참 부처를 본 것이 아니요, 부처의 색신을 보지 않는 것이 바로 참 부처를 보는 것'이라는 『금강경』의 가르침인 "약견제상비상 즉견여래(若見諸相非相 卽見如來)"를 랑카왕 라와나는 순식간에 체득한 것이다.

110_ parāvṛttāśraye svacittadṛśya

이처럼 한순간에 모든 분별을 여의게 된 그는 보살의 각지를 순서대로 깨닫고, 마침내 무생법인(無生法忍)이라는 보살 제8지를 성취한다. 무생법인을 얻으니 제8식인 심(心)과 제7식인 의(意), 제6식이 순식간에 멈춰지고, 윤회를 일으키는 업 상속인 업상상속(業相相續), 업의 바뀜 상속인 전상상속(轉相相續), 업의 나타남 상속인 현상상속(現相相續)이 모두 끊어져 불지로 나아가게 된다.

이와 같은 경지를 라와나왕이 하나하나 증득할 때마다 허공에서 문득 여래의 소리가 들려와 그의 깨달음을 다음과 같이 칭찬한다.

그대가 보았던 것처럼 여래도 똑같이 보고, 일체의 수행자도 마땅히 이와 같이 보아야 하느니라. 만일 이와 다르게 보면 단견이나니, 수행자는 마땅히 심(心)·의(意)·식(識)을 떠나 이승(二乘)과 외도의 가르침에 떨어지지 않아야 한다.

더 나아가서 다음과 같은 가르침까지 받는다.

세상의 잡사를 떠나 왕위와 외도의 아(我)가 있다는 견해와 식의 여러 가지 모양을 단절하고, 자심의 삼매에 더욱 깊이 들어가 이승(二乘)의 경계를 초월해야 한다.

그러면 외도의 허물은 무엇인가? 아(我)에 집착하는 것이다.

베단타 등의 6파 철학은 아예 실체(dravya)와 속성(guṇa)이 있다고 집착했는데, 승론과 느야야 학파가 특히 심했다.

그러면 이승(二乘)의 허물은 무엇인가? 이승의 허물은 무명에서 십이연기가 생겨난다고 믿는 허물이다. 『능가경』은 이 우주와 세계를 여러 생명이 동시에 느끼고 만질 수 있는 마음의 환영으로 보았다. 외연이 실재하지 않는다면, 모든 현상이 무명에서 생겨난다는 십이연기 자체가 성립하지 않는다. 그러기에 이 가르침은 무명과 식의 전변을 멸한다고 하는 것이다.

무엇이 식성(識性)의 이의(二義)에 집착함에서 떠난다는 것인가? 불이(不二)의 웨단타는 아트마라는 식이 실제로 존재한다[實有]고 믿는다. 그리고 색이라는 세계는 식의 드러나는 것, 즉 식소현(識所現)이기에 역시 실유이다. 식이 실체로서의 실유라면 색은 속성으로서의 실유이다. 그렇기에 색과 식의 두 가지, 식성(識性)의 이의(二義)가 식의 성품이라 하는 것이다. 그러나 『능가경』의 관점에서 보면 색이라는 세계는 오직 식의 파도일 뿐이며, 그 파도라는 세계가 사라지면 식 자체도 소멸한다. 이것을 깨닫는 것이 아(我)와 법(法)의 두 가지 공(空)을 깨닫는다고 하는 것이다. 라와나왕이 찬탄받는 이유는 이 두 가지 법 역시 공함을 증득한 데 있다.

사람은 잠을 자는 한 꿈을 꾼다. 꿈의 관점에서 보면 꿈을 꾸는 것이 생이고, 꿈에서 깨어난 인간 세계는 죽음과 같다. 그리고 또 다른 꿈을 꾸다가 깨면, 다른 생을 받고 죽는 것이다. 하지만 현

　　　　　　　　　　　　제3부 선종의 수행론

실 세계의 관점에서 보면 전혀 다르다. 꿈에서 경험하는 것이 제아무리 역력하다 해도 그것은 생도 사도 아닌 마음의 환영일 뿐이다. 만일 죽음으로부터 온전히 벗어나려면 다만 꿈을 꾸지 않아야 하며, 꿈을 꾸지 않으려면 잠을 자지 않아야 한다. 『능가경』에 따르면 잠을 자지 않는다는 것은 심(心)·의(意)·식(識)이라는 6·7·8 식의 의식 작용이 소멸하는 것이며, 이때 이르러서야 비로소 생사에 자재하게 된다.

(2) 법과 비법의 의미

라와나왕은 스스로의 깨달음을 더욱 확고히 하기 위해, 또한 깨닫지 못한 자에 대한 연민심으로, 방금 보여 줬던 신통을 다시 보여 주시기를 세존께 요청했다. 세존께서는 왕이 보살 제8지인 일체 법의 생함 없음, 즉 무생법인(無生法忍)을 성취했음을 아시고, 그의 깨달음을 증장시켜 주기 위해 다시 신통을 보이셨다. 이때 라와나왕은 이전에 본 바를 다시 보게 되었으니, 수없는 산성이 보배로 장엄되어 있고, 그 하나하나의 성 가운데 32상으로 장엄된 여래께서 계셨다. 그리고 그 각각의 여래께서 모두 대혜보살과 라와나왕의 백성들에게 둘러싸여 법을 설하시고, 시방의 불국토에서도 모두 그러했다.

 그때 세존께서는 대중의 모임을 두루 혜안으로 살펴보시고 큰소리로 웃으시니, 미간의 털과 하나하나의 모공에서 무량한 묘

색광명이 무지개와 같이 빛나고 솟아오르는 태양같이 맹렬했다. 대혜보살은 모든 식을 여읜 세존께서 어떤 연고로 웃으시는지 의아했다. 부처님은 그의 마음을 타심통으로 아시고 대혜보살에게 이렇게 말씀하셨다.

능가왕은 과거 부처님 회상에서도 법(法)과 비법(非法)의 가르침을 물은 바 있다. 이 두 법의 차별상은 외도와 이승이 가히 짐작할 수 없는 가르침이다.

이때 능가왕은 종종 색색의 향과 악기로 부처님께 공양을 올리며『금강경』의 핵심 가르침이기도 한 '법'과 '비법'에 대해 다음과 같이 질문했다.

여래께서 항상 설하시기를 '법도 오히려 버려야 하거늘 하물며 법 아닌 것이랴'라고 하셨는데 어떻게 이 두 가지 법을 버리옵니까? 무엇이 법이며 무엇이 비법입니까?

이것은 첫째, 법과 비법의 정확한 의미와, 둘째, 이 두 가지 법을 어떻게 하면 버릴 수 있는지에 대한『능가경』의 핵심적인 수행론과 관련된 질문이다. 이 두 가지 질문에 대해 좀 더 구체적으로 살펴보자.

첫째, 법은 무엇인가? 법은 우리가 살면서 경험하는 세상의 모든 것을 말한다. 그렇다면 이러한 법이 실체가 있는가? 혹은 실체가 있다면 그것의 구성 요소 역시 실체인가? 여기에 대해 가능한 대답은 두 가지이다. 하나는 법이 실체가 있으며 구성 요소 역시 실체라는 것과 또 다른 하나는 구성 요소가 실체가 아니므로 법 역시 실체가 아니고 마음의 투사물이라는 것이다.

설일체유부와 승론학파는 세상은 실체라는 학설을 지지하고, 그 이유로 그것들의 구성 요소인 원자가 실재하기 때문이라고 말한다. 구성 요소가 실제로 존재하기에, 그것들의 결합인 세상 만물도 실재라는 것이다. 변하지 않아야 할 실체가 변하는 것으로 경험되는 이유에 대해서는 실체의 속성인 성질 때문이라고 답한다. 변하는 것은 성질의 속성이고, 실체는 변하지 않는다는 것이다. 이것이 바로 외도와 이승에서 말하는 세상의 실체에 대한 가르침이다. 그러므로 여래는 "이승과 모든 외도는 허망한 분별을 하여 실체와 성질이 모든 현상[法]의 원인이 되므로, 이와 같은 법은 마땅히 버리고 떠나야 한다"라고 능가경에서 말하고 있다.

둘째, 그러면 법을 어떻게 보아야 바르게 보는 것인가? 경험되어지는 모든 현상 세계는 마음의 투사물이라고 보는 것이 법을 바르게 보는 것이다. 실재하는 것은 오직 마음뿐이고, 경험되어지는 대상들은 마음의 투사물이기에 그 대상들에 대해 시비 취사를 하지 않아야 한다. 예를 들어, 물병 등의 모든 사물은 범부가 마음의 그림자에 미혹되어 실재한다고 집착하는 것일 뿐, 그 대상의 실체는 얻을 수 없는 것이다.

그러므로 위빳사나 수행을 통해 보이는 현상계는 다만 잠재의식의 투사물이라는 것을 보고, 식의 드러남이 바로 대상이고 세간이라는 것을 알면 의식을 떠나서 따로 바깥 대상이 존재하지 않는다는 것을 알게 된다. 그러면 대상, 즉 상분(相分) 없이는 주관[見分] 역시 일어날 수 없다는 것을 알아 의식 자체도 실재하지 않는다는 것을 보게 된다. 이렇게 인식 주체와 인식 대상인 견분과 상분이 따로 존재하지 않고, 그것들은 서로 의지해서 일어나는 의타기성(依他起性)과 분별된 양태인 변계소집성(遍計所執性)이라는 것을 알아 모든 법의 한 모양도 얻을 수 없다는 것을 알 때, 비로소 일체의 법을 버린다고 한다.

(3) 『물뱀 비유 경』의 비법 비유

초기 경전인 『맛지마 니까야』의 『물뱀 비유 경』에 나타나는 비법(非法)은 다음과 같다.

첫째, 부처님께서 꾸짖으신 모든 감각적 쾌락의 욕망과 짝하는 생각들이다. 수행자가 이러한 감각적 쾌락의 욕망에 사로잡히는 것이 바로 비법이다.

둘째, 바르지 못하게 잡은 법, 즉 잘못 의지해서 집착하는 법이다. 마치 뱀의 머리를 잡지 않고 꼬리를 잡으면 뱀의 머리가 손과 팔을 무는 것처럼, 부처님의 가르침을 잘못된 의도로 듣고 배우는 경우를 말한다. 여기서 잘못된 의도란 남보다 잘난 체하기 위해, 남의 허물을 찾아내기 위해, 또는 논쟁에서 이기기 위해 등의 이유로 법을 배우는 것을 말한다.

셋째, 오온 중의 하나 혹은 오온의 결합을 '나' 혹은 '나의 것'이라고 생각하고 집착하는 것을 말한다. 대부분의 사람들은 누군가 자신의 몸을 다치게 하거나 자신의 견해와 욕망 등을 거스르면 죽일 듯이 달려든다. 그 이유는 오온을 자신과 동일시하거나 자신의 것이라고 집착하기 때문이다. 이러한 잘못된 견해, 즉 아상(我相)이 세 번째 의미의 비법이다.

이러한 세 가지 비법은 사람들을 고통으로 이끄는 것이기에 집착하지 않아야 한다는 것이 초기불교의 가르침이다.

그렇다면 『능가경』의 비법은 무엇인가? 여기에는 두 가지가 있는데, 하나는 '모든 현상계가 자성 없음'이며, 이것은 법무아(法無我)를 말한다. 또 다른 비법은 토끼의 뿔이나 동정녀의 아이처럼 언어와 개념에서는 존재하지만 실제로는 존재하지 않는 것을 말한다. 전자의 비법은 현상계에서는 존재하지만 본래는 존재하지 않는 것을 말하고, 후자의 비법은 현상과 본래 모두 존재하지 않는 환(幻)을 말한다. 『능가경』은 이러한 두 가지 비법을 모두 버려야 한다고 말하고 있다.

결론적으로 초기 경전에서의 비법은 감각적 욕망, 삿된 의도, 아상에 대한 집착 등이고, 이 모두는 괴로움으로 이끄는 것이기에 버려야만 한다. 반면 『능가경』에서의 비법은 실체가 아니기에 버려야만 하는 것이다. 이렇게 볼 때 『능가경』은 삼법인 중 제법무아

(諸法無我), 무자성(無自性)의 측면을 더욱 강조한 것으로 볼 수 있다.

초기 경전에서의 법은 무엇인가? 같은 경에 "비구들이여, 참으로 뗏목의 비유를 아는 그대들은 가르침[法]마저 버려야 하거늘 하물며 가르침이 아닌 것[非法]이랴"라고 말한다. 여기에서 법(法)은 부처님의 가르침, 즉 모든 경전의 가르침을 말한다. 열반으로 인도하기 위해 설한 여러 가르침에 대한 집착이 없어야 한다는 것이다. 왜 법에 집착하지 않아야 하는가? 부처님의 법은 중생의 근기에 맞추어서 설하신 것이기에 사람마다 필요한 법이 각각 다르다. 그러나 한 법에만 집착하게 되면 다른 법은 모두 그르다고 여겨 다른 근기를 가진 중생들을 싫어하게 된다. 그러므로 법에 집착하지 말아야 한다는 것이다. 또한 진리를 보게 하고, 해체와 해탈로 인도하기 위해 설하신 가르침이 법이다. 이 법들은 해탈을 위한 도구이기에 이미 해탈한 이들에게는 저 언덕에 건너간 자의 뗏목처럼 더 이상 필요하지 않게 된다. 법에도 집착하지 않아야 하는데 하물며 삿된 욕망의 비법에 집착하는 것은 더더욱 옳지 않다는 것이 이 가르침의 요점이다.

『능가경』에서 말하는 법은 우리가 살면서 경험하는 세상의 모든 것을 말한다. 이 현상계를 구성하는 요소에 원자와 같은 실체(dravya)와 성질(guṇa)이 있다고 보는 것을 법 실재론이라 한다. 즉, 거시계의 물질과 그것을 구성하는 요소인 미시계의 원자도 실체가 있어서 영원히 존재한다는 것이다. 이러한 실체는 물실체인 승론의 원자론과 심실체의 웨단따, 두 가지 실체설이 있고 이 모두가 버려야만 할 것으로 말하고 있다.

그러면 법과 비법의 차이는 무엇인가?『능가경』에서는 법과 비법이 '다만 허망한 갖가지 상에 떨어져 있는 범부의 분별일 뿐' 실제로 법과 비법의 차이는 없다. 전자는 현상으로서 존재하지만 본래 존재하지 않기 때문이고, 후자는 현상과 본래 모두 존재하지 않기 때문에 본래의 입장에서 보면 둘 다 모두 존재하지 않는 것이다. 그러므로 존재하지 않는 것의 차별은 의미가 없다는 것이 『능가경』의 관점이다.

(4) 왜 법도 비법도 버려야 하는가

부처님께서는 라와나왕에게 "법(法)과 비법(非法)은 마음에 의해 투사된 대상에 대한 분별일 뿐이다"라고 말씀하셨다. 그렇다면 '법'과 '비법'에 대한 집착을 왜 버려야 하는가? 버리면 어떠한 이로움이 있고, 버리지 않으면 어떠한 허물이 있는가? 결론적으로 법에 집착하면 종파적 싸움과 시비가 끊임없이 일어나고, 비법에 집착하면 윤회의 원인으로부터 자유롭지 못하기 때문이다.

왜 법과 선에 집착하면 허물이 되는가? 이 세상에는 절대적인 법도 절대적인 선도 없기 때문이다. 왜 절대적인 법이나 선이 없는가? 이 현상계는 계속 움직이는 무상(無常)한 곳으로, 존재의 가치와 위치가 계속 변하기 때문에 상대적인 선만 존재한다. 절대적인 선은 오직 모든 것이 해체된 적멸일 뿐이다. 법·비법과 함께 시간·여래·열반에 대한 정의는 모든 대승 경전 특히 『금강경』과 『능가경』에서 중요하게 다뤄지는 개념들이다. 시간 역시 마음에 의해 투사된 공간을 순서대로 나열한 것일 뿐이다. 그래서 부처님께서는 능가왕에게 "그대가 말한 과거는 단지 분별일 뿐이요, 미래도 또한 그러하며 나도 또한 그와 같다. …… 모든 부처님 법은 분별을 떠나게 하고, 색상(色相)을 떠난 지혜를 증득하게 하여 중생을 안락하게 하기 위함이다"라고 하신 것이다.

그렇다면 여래는 무엇인가? 『금강경』에서 "약견제상비상 즉견여래(若見諸相非相 卽見如來)"라고 말한다. 즉, 모든 모양과 표상이 조건에 의해 드러나는 것일 뿐임을 보면 여래를 보는 것이다. 여래는 지혜로 세상 만물의 무상함과 무자성, 그리고 한 법도 생함이 없음인 무생법인(無生法忍)을 본다. 여래는 모양이 없고, 모양없음이 지혜이기에 분별할 수 없고, 분별의 대상도 되지 않는다. 그러므로 "여래는 지혜로 본체를 삼고 지혜가 몸이 되므로, 분별할 수 없고 분별의 대상도 될 수 없다. 아상·인상·중생상으로도 분별할 수 없다"라고 경은 말하고 있다.

무슨 까닭으로 분별하지 못하는가? 이 세계는 '오직 마음'이기에 마음이 경계와 대상의 원인이 된다. 그 마음은 다시 색의 형상을 취한 것이기에 모든 형상은 또한 마음의 그림자이다. 마음만이 실재하기에 그림자인 세계에 대한 시비분별은 의미가 없게 된다. 비유하자면 그림 속의 중생들이 대상을 보고 알지 못하는 것

　　　　　　　　제3부 선종의 수행론

처럼, 세간의 중생도 알고 보지 못한다. 부처님의 가르침도 그와 같아서 들은 법도 없고 설한 자도 없다.

그러므로 『능가경』에 이르기를 "능가왕이여, 물과 거울 속에 비친 자신의 모습에 놀라는 사람처럼, 등불과 달빛에 비친 자신의 그림자를 타인으로 오해하는 것처럼, 산골짜기에서 들리는 메아리에 분별하는 마음을 내어 집착을 일으키는 것처럼, 법과 비법은 마음의 투사물일 뿐이고 오직 분별일 뿐이다. 분별하기 때문에 능히 버리지 못하고, 오직 일체의 허망한 생각으로 증폭되어 적멸을 얻지 못한다. …… 이와 같이 보는 것이 정견이고 만일 다르게 보면 분별견이니, 분별 때문에 능소나 법·비법이 발생한다"라고 하는 것이다.

이처럼 마음에 떠오른 색과 형상들은 모두 의식에 의지한 의타성(依他性)의 것이다. 색과 형상들이 의식과 경계가 연기한 연기성(緣起性)인 까닭에 그림자와 같고 환상과 같다는 것을 알고 보면 분별로부터 떠날 수 있다. 의식은 보통 경계를 취해 허망한 분별에 떨어지지만, 의식이 경계를 대할 때마다 깨어 있어서 경계를 취하지 않는다면 분별에 떨어지지 않는다.

무엇이 적멸해탈(寂滅解脫)인가? 적멸이란 '한 가지 수승함' 또는 '절대적 수승함[一緣, ekāgra]'[111]이다. '한 가지 수승함'이란 위

111_ '일연(一緣)'으로 한역되어 있지만 뜻이 모호하다. ekāgra를 직역하면 절대적 수승함이다.

없는 삼매이니, 경계를 대할 때 대상의 모양을 취하지 않고 자신의 마음으로 돌아가는 것이다. 이때 모양 없는 삼매, 즉 무상삼매(無相三昧)를 경험하고, 이것으로부터 스스로 깨달은 바른 지혜인 자증성지(自證聖智)가 생기니 이를 여래장(如來藏)이라 한다. 무상(無相)이 바로 여래장인 것이다. 형상 없음을 굳이 여래장이라고 하는 것은 무(無)에 빠지는 것을 방지하기 위해서다.

3

집일체법품

(1) 법과 비법 모두 환상일 뿐이다

법(法)과 비법(非法)은 의식이라는 거울에 비친 다른 모양일 뿐이다. 오두막집이 타면서 발생하는 불과 거대한 숲이 타면서 발생하는 불의 성품은 하나이지만 불꽃의 크기는 다르다. 마찬가지로 법과 비법은 의식의 대상이라는 측면에서는 같은 성질이기에 깨달은 성자에게 둘은 차이가 없다. 왜냐하면 깨달은 성자는 법과 비법 모두 환(幻)이나 알라야식의 투사물로 보기 때문이다. 법과 비법은 『능가경』뿐만 아니라 『금강경』과 초기 경전에서도 강조하는 중요한 개념이다. 그러므로 『능가경』의 법과 비법이 초기 경전 또는 『금강경』의 가르침과 일치하는지 비교해 볼 필요가 있다.

7권짜리 『능가경』 게송 품에서는 대혜보살이 과거불인 이진구불에게서 수기를 받고, 이 법을 달마 대사에게 부촉하는 것으로 기록되어 있다. 그러므로 이 경을 설한 부처님은 현생불이 아닌 과거불인 이진구불이다. 그러나 달마 대사가 혜가에게 전한 『능가경』은 4권짜리이기에 이러한 내용이 기록되어 있지 않다. 또한 상주불과 상주법신을 표방하고 있는 대승에서는 역사적 사건을 떠나서 불법이 종종 인간의 이해를 넘어선 방식으로 전해지기도 한다.

예를 들어, 용궁은 대승 경전들과 깊은 관계가 있다. 용수 보살은 용궁에서 『화엄경』을 가져왔다고 하고, 『능가경』 역시 부처님께서 용궁에서 칠일 설법을 마치신 후 랑카섬의 마라야 산정에 가서 설한 가르침으로 알려져 있다. 4세기 당시 스리랑카는 대사(大寺)의 초기불교 가르침과 무외산사(無畏山寺)의 방등부 가르침이 첨예하게 대립하고 있던 현장이었다. 이러한 대립 관계는 서기 11세기까지 이어져 왔다. 당연히 초기 경전의 가르침만을 정법이라고 믿어 왔던 대사의 불교도들에게는 『능가경』의 새로운 가르침이 비법으로 보였을 것이다. 그들의 정법에 대한 자부심과 비법에 대한 배척은 무외산사 대중들에게 분별된 집착으로 보였을 것이고, 이 때문에 대승의 가르침에 대한 의혹을 해소하기 위한 목적으로 법과 비법에 대한 논의가 『능가경』 서두에 나왔으리라고 학자들은 추측하고 있다.

사실 이 대승 불교도들에게는 법과 비법이라는 개념들보다는 자비의 실천이나 경전들의 조화가 더 중요했다. 그러므로 『금강경』 6장에서는 "그대 비구들은 나의 설법을 뗏목의 비유처럼 알라. 옳은 법(法)도 반드시 버려야 하거늘, 하물며 비법(非法)이겠는가?"라고 말씀하시는 것이다. 또한 『능가경』에서의 법은 의식에서 경험되어지는 대상이다. 이러한 관점에서 대상들의 사실 여부

보다는 의식에서 투사되고 의식에서 경험되어지는 모든 것을 법과 비법으로 바라본 것이고, 투사물의 그 어떠한 대상에도 집착할 필요가 없음을 강조한 것이다. 존재들뿐만 아니라 비존재들마저도 의식의 대상이기 때문이다. 심지어는 욕계·색계·무색계의 그 어떤 대상에 대해서도 분별, 집착할 필요가 없는 것이다.

불교에서 가장 중요한 것은 현상계에 대한 바른 이해이다. 그러므로 현상계의 대상이 사실적 존재인지 아닌지는 초기불교에서 중요하다. 그러나 『능가경』에서 그것보다 중요한 것은 그 현상계의 대상이 마음의 투사물인지, 존재하는 인식 대상인지의 여부이다. 『능가경』에서는 모든 현상계를 마음의 투사물이라고 보고 있다. 그러므로 그 대상이 인식의 대상이건 마음의 투사물이건 간에 둘은 같은 가치를 지닌다. 마치 다이아몬드가 제아무리 값비싸고 아름답다고 할지라도 눈에 들어가면 고통을 주는 것처럼, 법도 집착하면 고통이 발생하므로 집착하지 말아야 하는 것이다.

『십지경』에 보면 공을 성취한 보살이 동사섭을 실천하기 위해 여러 가지 다른 모습으로 중생을 제도하는 것을 볼 수 있다. 그것은 욕망의 공함을 터득한 후 집착에서 벗어난 보살들이 중생들의 이익을 실천하기 위해 계율에 연연하지 않는 모습이다. 그러나 오욕락에서 아직 벗어나지 못한 수행자들이나 명예욕 등의 삿된 의도와 비법에 사로잡혀 있는 사람들이 법에 대한 집착을 놓아 버리는 것은 무모하고 어리석다. 그것은 적어도 눈에 보이는 현상계를 마음의 환상으로 인식하라는 『능가경』의 가르침은 아니다.

(2) 아바타와 관찰자

또한 대혜여! 보이는 모든 경계가 환상이며 자신의 마음을 보
는 것임을 알면, 허망한 분별과 욕계·색계·무색계의 괴로움,
그리고 무명·갈애·업의 인연이 모두 소멸하리라.

이것이 능가선의 핵심 키워드이다. 보이는 경계가 있으므로
'대상에 대한 분별식'이 발생한다. 그러나 이 보이는 경계는 알라
야식 또는 요별식[112]이 투사되어 만들어진 경계, 즉 가상 세계라
는 것이다. 요컨대 이 삶에서 경험하는 괴로움과 즐거움, 사랑과
미움, 선한 사람과 악한 사람의 만남이 모두 마음에 형성된 프로
그램의 투사물이며 가상 세계라는 것을 깨달으면, 일체의 분별을
쉴 수 있고 더 나아가 삼계의 모든 괴로움과 연기가 소멸한다는
것이다.

이 형성된 프로그램을 '알라야식' 또는 '요별식'이라고 하며,
상분(相分)을 보는 견분(見分)이라고도 한다. 또 다른 말로 '아바타
르(avatāra)'라고도 한다. 아바타르는 분신 또는 화신을 말한다. 경
험되는 모든 세계나 자아가 알라야식의 분신 또는 화신이기에, 세
계와 나는 환상이라는 것이다. 즉, 내가 괴롭거나 즐거운 것이 아
니고, 아바타가 괴롭거나 즐거운 것이다. 그리고 그 모든 과정에

112_ khyātivijñāna

서 그것들을 자각하는 상태, 즉 관찰자인 견분만이 실재한다.

비록 경계가 가상 세계라 할지라도 그것을 경험할 때 전오식이 발생한다. 그 전오식이 마음에 의해 인식되고 분별되면 제6식이고, 분별한 내용물을 나의 것으로 집착하면 제7 아애식(我愛識)이다. 이 모두를 '대상을 분별하는 식'이라 한다. 대상을 분별하는 식은 경계에 대한 분별과 과거로부터 차곡차곡 쌓여온 망상의 습기가 원인이 된다. 이 대상을 분별하는 식들은 분별이 끝나면 모두 잠재의식에 떨어진다. 그렇게 떨어져 모인 식들이 자체적으로 프로그램을 만들어 대상들을 투사시키며 대상을 요별하는 관찰자인 견분이 되는데, 이를 요별식 또는 제8 알라야식이라 한다. 마치 깨끗한 거울 속에 모든 사물이 비치듯이 요별식 또한 모든 상을 보는 능력이 있다.

여기서 한 가지 유념해야 할 점은 '대상을 분별하는 식'과 '요별식'은 다르다는 것이다. 그것은 수·상·행과 식의 차이이다. 전자는 느낌·판단·욕망과 같이하는 것이고, 후자는 단지 아는 작용만을 하는 것이기에 요별식 또는 견분이라 한다. 전오식은 표상을 받고 제6식은 판단 작용을 하므로 모두 상(想)에 포함된다. 견분을 '나'라고 집착하는 것이 아애식이므로, 제7식은 행(行)의 분류에 들어간다. 그 요별식은 시작을 알 수 없는 먼 과거로부터 대상을 분별하는 전오식과 제6, 제7식이 기억 속에서 변하고 훈습한 것들이 원인이 되어 발생한다. 이 시리얼이 계속 반복되는 것을 윤회라 한다.

이처럼 식은 크게 '대상을 분별하는 식'과 '요별식'의 두 가지로 볼 수 있다. 인식이 발생할 때 전자는 상분으로, 후자는 견분으로 나누어진다. 이를 전상(轉相)이라 한다. 전상이란 업상(業相)에 의지해 전변하며 관찰자[見分]와 대상[相分]을 이루어 전상의 견분을 '나[我]'로 인지하는 칠전식(七轉識)이 만들어지는 것을 말한다. 업상이란 알라야식의 프로그램이 작동하기 시작할 때를 말한다. 이에 대해 『능가경』은 다음과 같이 말한다.

업상이란 근본 무명의 바람이 고요함에서 움직임을 일으키는데, 이 움직임이 곧 업상으로서 아뢰야식의 극미세상(極微細相)이다.

이 세 가지, 즉 업상(業相)·전상(轉相)·진상(眞相)을 합해 알라야식의 삼세(三細) 작용이라고 하고, 제8 알라야식의 프로그램이 깨끗하게 제거된 바탕을 여래장이라고 한다. 그 여래장이 따로 실체가 있는 것은 아니지만 허무주의에 빠질 것을 우려해 여래장이라 부르며, 이것을 진상(眞相)이라 한다. 진상, 즉 참된 모양이라 하는 이유는 그 상태가 부증불감(不增不減)으로 변화가 없기 때문이다. 이것을 따로이 존재하는 참된 진아로 이해하면 대승의 가르침을 오해한 것이 된다. 그러므로 경은 다음과 같이 말한다.

진상이란 여래장심이 일체처에 있으면서 물들지 않고 그 성

(性)이 스스로 자재신해(自在神解)함이며 ······

(3) 알라야식의 세 가지 작용

원효의 『대승기신론소』에 의하면 알라야식은 두 가지 양태로 발생하는데, 바로 전식(轉識)이다. 하나는 무명(無明) 업식(業識)의 힘으로 인해 식이 움직이는 순간에 관찰자가 발생하는 것이고, 두번째는 알라야식에 의해 발생한 가상의 세계를 보는 관찰자로서 제7 아애식(我愛識)이다. 이처럼 견분의 두 가지 양태, 즉 무명 업식과 가상의 세계로 인해 발생한 관찰자는 모두가 알라야식의 움직임일 뿐이다. 또한 삼상(三相), 즉 세 가지 모습이 이름은 다르나 모두가 하나의 알라야식이 변하는 측면과 불변의 측면을 다루는 것이다. 진심이 변하지 않는 상태로 인연을 따르는 모양이 전상(轉相)과 업상(業相)이고, 인연을 따르는 와중에도 불변하는 것이 바로 진상(眞相)이다.

인간은 현상계의 좋고 나쁨에 따라 즐거움과 괴로움을 경험한다. 즐거움의 대상이 있으면 그 대상이 사라질 때 반드시 괴로움을 경험하지만, 그 대상이 가상의 실재라면 고통에 빠질 이유가 없다. 하지만 대상을 무조건 가상의 실재라고 말하기에는 경험되어지는 대상이 너무 생생하다. 그 대상이 실재하지 않는다는 것을 경험적으로 인식해야만 확실하게 가상의 존재라고 말할 수 있다. 인간에게 일어나는 모든 번뇌는 보이는 대상 때문이라고 말해도 과언이 아니다. 아름다운 대상이 있으면 혹하고 추한 대상이 있으면 멀리한다. 소리를 들을 때도 듣기 좋으면 가까이하고 듣기 싫으면 멀리한다. 혀에서 맛을 느낄 때도 맛이 있는 것은 집착하고 맛이 없는 것은 싫어한다. 이렇듯 사랑하고 미워하고 좋아하고 싫어하는 마음의 모든 시시비비가 감각 기관에 접촉되는 감각 대상들에 의존되어 있다.

여기에서 두 가지 중요한 사실이 있다. 하나는 나의 뜻에 맞거나 맞지 않는 대상들이 실존하는가의 문제이고, 둘째는 나의 뜻이라고 하는 주관적 기준이다. 경에서는 나의 뜻에 맞고 맞지 않는 이 모든 대상이 실체가 아니고 잠재의식의 투사물이라고 말한다. 만일 나를 행복하거나 불행하게 만드는 이 모든 대상이 잠재의식의 투사물이라면 그것 때문에 사랑하고 미워하고 기뻐하고 슬퍼할 까닭이 있겠는가.

그러나 그것만으로 즐거움과 괴로움, 옳고 그름에서 완전히 벗어날 수는 없다. 왜냐하면 현존의 대상이 실재하지 않는다는 것이지, 그 대상을 끊임없이 발생시키는 근원인 알라야식은 여전히 존재하기 때문이다. 잠재적 의식인 알라야식은 끊임없이 대상들을 만들어 낸다. 그러한 대상들을 만들어 내는 잠재의식의 구성 요소는 무엇이고, 그 요소들은 어떻게 작용해서 대상들을 만들어 내는가? 이 둘을 업식(業識)과 전식(轉識)이라고 한다.

업식의 기본적인 구성 요소는 여섯 가지 감각 기관에서 경험했던 내용들이 낙사해서 떨어진 정보들이다. 그렇다면 업식이 발생하기 이전에 그 바탕이 되는 것은 무엇인가? 그에 대한 대답이 진식(眞識)이고, 그 업식이 작동하는 원리는 무명(無明)이다. 설사 업이 있다 할지라도 그것이 어떤 형태로 드러나기 위해서는 무명 이라는 어리석음의 물을 대 줘야 한다. 그래야 싹을 틔우기 때문 이다. 경계가 마음의 투사물이라는 것을 알지 못하는 무지[無明]가 바로 업식을 굴러 일으키는 것이다

그러므로 『능가경』에서 "대혜여, 아뢰야식의 허망하게 분별 하는 갖가지 습기가 멸하면 곧 모든 근(根)과 식(識)이 멸한다. 이 것을 상멸(相滅)이라고 한다. 대혜여, 상속하여 멸한다고 하는 것 은 이른바 의지하고 있는 원인이 멸하고 반연하는 것이 멸하는 것 으로, 이를 곧 상속멸(相續滅)이라고 한다. 의지하고 있는 원인이 란 먼 과거로부터의 희론과 허망한 습기이고, 반연하는 것이란 자 기 마음에 보이는 분별경계를 말한다"라고 한 것이다.

허망한 분별 습관이 사라지게 되면 감각 기관과 의식이라는 가상의 세계가 홀연히 사라진다. 분별 습관의 원인과 분별 경계라 는 조건이 사라지면 의식과 상속하는 식이 사라지고, 그때 비로소 고통으로부터 자유로워진다.

(4) 진상은 멸하지 않는다

초기불교, 설일체유부, 중관학파, 경량부 등 모든 불교 학파가 참 나[眞我]의 존재를 부정한다. 하지만 『능가경』에서는 "대혜여, 식

(識)의 진상(眞相)은 멸하지 아니하고 다만 업상(業相)이 멸한다. 만약 진상이 멸한다면 장식(藏識)도 마땅히 멸할 것이다. 만약 장식이 멸한다면 곧 외도의 단멸론(斷滅論)과 다르지 않다. 대혜여, 저 모든 외도는 '경계를 취하는 상속식(相續識)이 멸하는 것을 곧 먼 과거로부터의 상속식이 멸한다'라고 [오해]한다"라고 말한다.

장식(藏識)과 전식(轉識)의 관계는 마치 원자와 원자로 이루어진 흙덩어리 같고, 금과 금사자의 관계와 같아서 같지도 다르지도 않다. 만일 다르다면 흙의 구성 요소가 원자임을 말할 수 없고, 같다면 원자와 흙덩어리가 같다는 모순이 발생한다. 장식과 전식의 관계도 마찬가지여서 다르다면 장식은 전식의 원인이 될 수 없고, 같다면 전식이 소멸할 때 장식도 함께 소멸하기에 외도의 단멸론과 같아진다. 그러므로 장식은 소멸하지 않아야 한다는 것이 『능가경』의 논리이다. 요컨대 진식(眞識)이 소멸하는 존재가 아니기 때문에 장식이 소멸하지 않는다는 것이다.

그러나 진식이 소멸하면 단멸론이 되기 때문에 진식이 있어야 한다는 것은 논리적 추론이지 참나의 실재를 주장하는 것은 아니다. 무(無)라고 말하면 단멸론에 떨어진다는 것인데, 이는 깨달음의 상태는 유무의 분별을 초월해야 한다는 것을 말하는 것이다. 이처럼 여래장이 외도의 참나와 같지 않다고 하면서도 여래장을 굳이 말하는 이유는 『능가경』의 가르침이 단멸론이 아니라는 것을 증명하기 위해서다.

『능가경』에서 일곱 가지 자성을 말하지만 이 또한 실유는 아니다. 일곱 가지 자성은 무엇인가?

① 집자성(集自性) : 선·악 등 업의 모음을 말한다.

② 성자성(性自性) : 원인이 있으면 반드시 미래의 과보라는
  성질이 있음을 말한다.

③ 상자성(相自性) : 과보를 받으면 형상으로 나타나는 것을
  말한다.

④ 다종자성(大種自性) : 형상이 있는 모든 것은 사대(四大)로
  이루어졌음을 말한다.

⑤, ⑥ 인자성(因自性)·연자성(緣自性) : 사대가 있으면 곧 인연
  의 법칙을 따르게 마련이라는 것을 말한다.

⑦ 성자성(成自性) : 인연의 결과를 말한다.

이와 같이 일곱 가지의 자성은 모두 식(識)이 생멸하는 모양
이라서 어떤 실체가 있는 것이 아니다.

또한 『능가경』은 제일의제를 일곱 단계로 설한다. 초발심 수
행자가 여래장에 신심을 일으키면 심소행(心所行, cittagocaro)이라
한다. 'citta'는 마음, 'gocaro'는 '소행(所行)' 또는 '경계(境界)'이므
로, '마음의 소행' 또는 '마음의 경계'라는 뜻이다. 그러므로 심소행
은 초발심 수행자의 마음의 경계이다. 십주(十住)·십행(十行)·십
회향(十廻向)의 보살이 각기 열 가지 지혜를 일으켜 진여에 부합하
면 지소행(智所行), 초지 보살이 진여를 증득해서 이종무아(二種無

我)를 본 까닭에 이견소행(二見所行)이고, 제8지 보살은 이승(二乘)에서 제7지까지를 뛰어넘는 까닭에 초이견소행(超二見所行)이며, 제10지는 제9지를 뛰어넘기 때문에 초자지소행(超子地所行), 여래소행과 여래자증성지소행(如來自證聖智所行)은 불지의 소행이다. 공성의 깨달음 자체는 다르지 않지만 증득한 자의 실천에 우열이 있기에 이와 같은 구분이 있게 된다.

보살 초지에서 현행하는 분별이집(分別二執)은 끊어지지만, 한량없는 세월을 쌓아온 구생이집(具生二執)은 여전히 존재한다. 구생이집은 잠복하고 있다가 분별이집이 소멸한 이후에 출현한다. 구생이집은 제7 아애식으로부터 비롯되는데, 제7식 자체는 미혹을 끊을 힘이 없어서 제6식에 의지해서 닦는다. 이렇게 닦아 등각에서 주관과 객관이 모두 사라지면 비로소 구생이집(具生二執)이 사라지게 된다. 이때도 현행의 구생이집은 사라졌으나 종자로서의 구생이집은 여전히 남아 있는데, 이 종자는 등각보살이 금강정(金剛定)에서 나오면서 완전히 사라진다. 이때 부처를 성취한다.

(5) 성문승종성

『능가경』에서는 깨달음을 추구하는 수행자를 다섯 가지로 분류하는데, 이를 '오종성(五種性)'이라 칭한다. 오종성은 성문승·연각승·여래승·부정(不定)·무종성(無種性)인데, 다섯 가지 성향의 수행자 정도로 풀이할 수 있다. 만약 오온·십이처·십팔계의 자상(自相)·공상(共相)을 설하는 것을 듣고 기쁜 마음으로 열심히 닦고 익히기를 좋아하지만 자연의 사물을 보고 연기(緣起相)를 관찰하는 것을 즐기지 않으면, 성문승의 깨달음을 좋아하는 성향[聲聞乘種性]이라 한다.

여기서 성문승은 누구인가? 인무아(人無我)를 증득하고, 번뇌의 장애를 모두 끊었으며, 범행(梵行)을 이미 이루고 해야 할 일을 이미 다 마쳐서 이제 더 이상 윤회를 받지 않음을 확신하는 사람을 성문승이라 한다. 성문승이란 성문 승가 중 최고의 위치인 아라한 위를 말한다.

번뇌를 끊은 관점에서만 본다면 아라한은 번뇌장을 소멸했기에 대승의 제6지 보살 위에 해당한다. 하지만 단지 삼계의 현행하는 번뇌만 끊었을 뿐 잠재된 채 아직 현행하지 않은 번뇌와 소지장(所知障)[113]은 끊지 못했고, 생사를 마음대로 넘나드는 부사의 변역생사(不思議變易生死)를 넘지는 못했다. 성문승의 관점에서는 인무아(人無我)를 깨달은 아라한은 열반을 증득했다고 본다. 하지만 대승에서 이 아라한의 경지를 참다운 해탈이라고 보지 않는 이유는 법무아(法無我)를 증득하지 못했기 때문이다. 이것이 『능가경』에서 성문승이 참으로 생사를 벗어나지 못했다고 보는 이유이다. 성문승에는 2종의 차별상이 있는데, 자심에서 증득하는 성스

113_ 소지장(所知障)은 부처의 일체종지(一切種智)를 장애함을 말한다.

러운 지혜의 뛰어난 상인 자증성지경계상(自證聖智境界相)과 분별집착자성상(分別執着自性相)이다.

　오온·십이처·십팔계가 각각의 자성으로는 존재한다고 믿는 성문은 이 법들이 무상하고, 무상한 것들에 대한 집착은 괴로움으로 이끌기에 무아이며, 공하다고 보아 오온·십이처·십팔계를 멀리 여읜다. 그러나 이들은 단지 현행하는 번뇌만을 끊었을 뿐 아직 습기로 쌓인 번뇌는 남아 있다. 그래서 분단생사(分段生死)는 떠났지만 부사의변역생사(不思義變易生死)에 이르지 못한 것을 이름해서 자증성지경계상이라 한다. 보살은 이 성스러운 지혜의 경계를 얻었다 할지라도 중생을 불쌍히 여기는 연민심과 중생을 구제하겠다는 오래된 원력, 이 두 가지 이유로 이들이 증득한 적멸문(寂滅門)과 삼매락(三昧樂)에 머물지 않는다.

　무엇을 분별해서 집착하는 자성상, 즉 분별집착자성상이라 하는가. 단단함, 습기, 따뜻함과 푸르고 누렇고 붉고 흰 것 등의 법의 자상과 공상이 실제로 존재한다고 분별해 집착하기에 분별집착자성상이라 한다. 이를 대승에서는 간단하게 법집(法執)이라고 칭하는데, 보살은 이러한 법의 성질이 공함을 알아 법무아(法無我)의 상(相)에 들어가서 보살지의 수행을 점차로 닦아 나간다.

　『능가경』에서의 성문은 생사의 괴로움을 여의기 위해 열반을 구한다. 하지만 생사와 열반이란 마음이 분별한 허망한 경계이며 본래 존재하지 않는다는 이치를 알지 못하기 때문에, 성문은 근(根)과 경(境)이 소멸해야 열반이라고 오해한다. 그들은 스스로 의지하는 바의 장식(藏識)이 정화되어야 진정한 대열반이 성취된다는 이치를 알지 못하는 것이다.

이들에게는 짐짓 삼승의 경계를 설하고, '오직 마음일 뿐'이며 경계 없는 이치는 설하지 않는다. 왜냐하면 그들은 과거·미래·현재의 모든 부처님께서 설하신 '세계는 오직 마음이 분별하여 건립된 것일 뿐'이라는 이치를 들어도 믿지 않기 때문이다.

(6) 여래승종성

대혜여, 또 모든 법이 스스로 성품이 없어 허공의 구름 같고, 빙빙 도는 불 수레바퀴 같고, 건달바성(신기루) 같고, 환(幻) 같고, 불꽃 같고, 물속의 달 같고, 꿈에서 보이는 것 같으며, 자기 마음을 떠나지 않은 것인데, 무시이래의 허망한 견해 때문에 일체법이 밖에 존재한다고 오해한다.

일체법은 생한 적이 없으니 멸하지도 않는다.

이것이 바로 『능가경』의 가장 주된 사상 중 하나이다.

우리가 경험하는 세상은 때로는 행복하고 때로는 괴롭다. 이렇게 이 세상이 생생함에도 불구하고 생겨난 적도 없으니 사라지지도 않는다는 말은 무슨 뜻인가. 그 이유는 보이는 모든 세계가 자성이 없기 때문이다. 자성이 없으므로 우리가 경험하는 존재들은 마음에 나타난 신기루와 같아서 유생(有生)과 무생(無生)을 떠났다는 것이다. 다시 말해 이 세상은 토끼의 뿔이나 말의 뿔과 같이 개념으로만 존재하며 실제로는 존재하지 않는 것인데, 범부들은 스스로 분별해서 자성이 있는 것으로 착각한다. 그러므로 모든 존재가 생성된 적이 없다는 진리는 스스로 깨달아야만 한다. 주관과 객관이 존재한다고 분별하는 범부에게는 이해하기 어려운 개념이기 때문이다.

이것이 보살승과 성문승의 차이점이다. 성문승에서의 유무는 생성하고 소멸하는 유무이다. 그렇지만 보살승에서는 사라지는 유는 참된 유가 아니며, 생성하는 무는 참된 무가 아니다. 유라고 말하기 위해서는 자성으로서 항상 있어야 하며, 한번 존재한 것은 사라지면 안 되는 것이다. 무 역시 자성으로 항상 없어야 하며, 그러므로 다시 발생할 수 없는 것이다. 그것이 보살승에서 말하는 자성적인 유와 무이다. 이것은 유무라는 언어에 대한 철학적이고 논리학적인 해석 방식인데, 이는 불교 제 학파가 승론과 느야야 등의 여러 학파와 수백 년 동안 논쟁하면서 만든 개념이다. 그러므로 성문승에서 말하고자 하는 유무의 개념은 유위의 진제이고, 보살승의 유무 개념은 무위의 진제를 지칭하기에 본질적으로 다르다.

그러므로 보살은 인무아와 법무아의 이무아상(二無我相)을 잘 관찰해야 한다. 온(蘊; 색(色)·수(受)·상(想)·행(行)·식(識)), 계(界; 여섯 감각 기관[六根]과 여섯 대상[六境]이 만나면 여섯 식[六識]이 일어남. 모두 합해 십팔계), 처(處; 여섯 감각 기관과 각각의 대상인 색(色)·성(聲)·향(香)·미(味)·

촉(觸)·법(法))가 아(我)와 아소(我所)를 떠나 있고, 일체 세간은 장식(藏識, 제8 아뢰야식)이 나타난 것으로 찰나 변괴하는 것이며, 허위의 습기가 원인이 되어 끊임없이 유전하는 것임을 잘 알면 이것을 보살승의 인무아지로 본다. 물론 성문승의 인무아지에 비교하면 접근 방식이 약간 다르지만 내용에 있어서는 동일하다.

보살이 만약 분별된 경계가 모두 자기 마음이 나타난 것임을 깨닫고자 한다면 반드시 소란함과 혼침과 수면을 떠나야 한다. 온종일 부지런히 닦고 익혀서, 경계가 밖에 실제로 존재한다는 생각을 멀리 떠나 자기 마음의 분별한 상(相)임을 통달해야 한다. 보살은 자신이 보는 모든 모습이 결국은 마음이 분별한 상임을 알고, 나아가 자기가 본 현상계의 모습들에 대해 세 가지 상을 부지런히 닦고 배워야 한다. 세 가지 상은 무엇인가.

① 영상이 없는 무영상상(無影像相)
② 일체 부처님의 원에 의해 지니는 일체제불원지상(一切諸佛願持相)
③ 스스로 바른 지혜를 깨달아 나아가는 자증소취상(自證所趣相)

이에 대해 좀 더 구체적으로 살펴보자. 첫째, 영상(影像)의 모양(相)이 없다는 것은 일체 외도와 이승(二乘)[114]이 주장하는 분별된 모양이 밖에 존재하지 않으며 자기 마음임을 아는 것을 말한다. 둘째, 일체 제불이 원력으로 지니는 모양이라는 것은 모든 부처님의 본래 원력에 가피를 입어 수행하는 것을 말한다. 셋째, 스스로 바른 지혜, 성지(聖智)를 깨달아 나아가는 모양이란 일체법의 모양을 취하지 않으면서도 환과 같은 모든 삼매를 성취해서 몸이 부처님 경지의 지혜로 나아가는 것이다.

이것을 최상의 바른 지혜의 세 가지 상이라고 한다. 만약 이런 세 가지 상을 얻으면 여래지가 그리 멀지 않다.

(7) 오법자성

인무아를 증득한 보살이 심(心, 제8식)·의(意, 제7식)·식(識, 제6식)과 오법자성(五法自性) 등의 일체법을 관찰해 자성 없음을 증득하는 것을 보살의 법무아지라 한다. 오법자성이란 명(名)·상(相)·망상[妄想分別]·정지(正智)·진여[如如]이다.

삼계가 곧 마음임을 증득한 보살이 상(相)에 대한 집착을 모두 떠나 청정한 마음을 보게 되면 일체 경계가 불생임을 깨닫게 된다. 보살이 법무아의 이치에 들어가면 생사와 열반이 둘이 아니라는 것을 알게 되는데, 그것은 주관인 심(心)·의(意)·식(識)과 객

관인 오법자성이 환(幻)임을 증득했기 때문이다. 환 속에서 생성되거나 소멸하는 것 역시 모두가 환이므로 불생불멸(不生不滅)이라 한다. 그러나 비록 환이지만 보살은 대자비의 마음을 일으켜서 여러 방편을 통해 중생을 도와주는 것을 멈추지 않는다.

이러한 인무아의 지혜와 경계 없음을 얻고 나면 곧바로 환희심이 생겨나며, 점차 보살의 자비행을 닦아 마음의 상을 모두 버린 보살 제8지에 들어도 삼상의 수행 닦기를 버리지 않는다. 그런 다음 마침내 보살 제9지인 선혜지와 보살 제10지인 법운지에 이르러서 소지장(所知障)을 버리며 부처의 모든 행을 다 갖추게 된다. 법운지에 이르면 보배 궁전 연꽃 모양의 자리에 앉아 환성법문(幻性法門)을 닦는다. 환성법문은 외부의 경계와 마음의 생각이 모두 분별이고 환일 뿐이라는 자성 없음을 보는 수행을 말한다. 이때 모든 불세계의 여래께서 손을 펴시어 전륜왕자에게 관정하는 것과 같이 보살에게 관정을 주시면 여래의 자재신(自在身)을 얻어 법무아상을 성취한다. 그 후 보살은 금강유삼매(金剛喩三昧)에 들어 불신(佛身)을 여러 방편으로 장엄하게 꾸미고, 많은 불국토에 노닐면서 심(心)·의(意)·식(識)을 떠나 여래의 몸을 이루기에 여래승이라 한다.

이러한 여래승의 종성을 깨닫는 데는 세 가지 방법이 있다. 이른바 모든 사물의 자성이 무자성임을 깨달아 들어가는 자성무자성법(自性無自性法), 제법이 마음의 소현임을 깨달아 들어가는 내신자증성지법(內身自證聖智法), 부처님 세계의 광대함을 깨달아

들어가는 외제불찰광대법(外諸佛刹廣大法) 세 가지이다. 만약 이
중 하나의 법을 듣거나 자기 마음에 나타난 몸과 재물 등의 기세
간이 아뢰야식의 경계가 나타난 것이라는 말을 듣고도 놀라거나
두려워하거나 겁내지 않으면 이것이 바로 여래승 종성의 특징이
다.

　여래승에서 말하는 대열반은 장식(藏識, 제8 아뢰야식)의 단멸
이 아니라, 장식이 대원경지(大圓鏡智)로 바뀌고 달라지는 것이다.
즉, 오염된 업식이 정화되어 청정무구식으로 변한다. 이 청정무구
한 자리를 오염된 상태의 제8식과 구분해 제9 아마라식이라 칭하
기도 하고 진여일심이라고도 하는데, 이것은 제8식을 떠나 따로
존재하는 것은 아니다. 여기서 대열반이라고 칭하는 것은 성문승
의 열반과 구별하기 위한 것이다.

　다음은 연각승이다. 만약 어떤 이가 연각승의 법문을 듣고 기
뻐 눈물을 흘리면서 온몸의 털이 곤두서고, 시끄러운 연(緣)을 떠
나 물들어 집착함이 없고, 때로 갖가지 몸을 나타내고 혹은 모으
고 혹은 흩어지는 신통 변화와 쌍신변에 대해 말하는 것을 듣고
마음이 움직이면 이는 연각승의 종성이니, 그를 위해서는 연각승
의 법을 설해야 한다.

　부정(不定)의 종성이란 성문·연각·여래종성의 세 가지 중 하
나의 법문을 듣고 따르다가 마침내 여래승으로 돌아오는 것을 말
한다. 처음 닦는 이들에게는 그들의 종성에 따른 법문을 설하여서
후에 그들이 보살 제8지에서 성취되는 영상 없는 지위, 무영상지

(無影像地)에 들어가게 하려고 건립한 것이다. 삼매의 즐거움에 머무는 성문이 만약 능히 스스로 의지하는 식(識)과 법무아(法無我)를 보고 번뇌와 습기를 청정하게 하면 마땅히 여래의 몸을 얻게 된다. 이처럼 비록 성문이나 연각이라 할지라도 두 가지 무아(無我)를 깨닫고, 번뇌장(煩惱藏)과 소지장(所知障)을 없애고, 현행(現行) 번뇌와 무시이래의 습기(習氣) 번뇌를 끊으면 또한 부처를 이룰 수 있다는 일승(一乘)을 『능가경』은 설하고 있다.

(8) 오법과 세 가지 무자성상

변계소집성(遍計所執性)이란 오법자성(五法自性) 가운데 이름(名), 모양(相), 물질(事相) 등이 두루 분별 집착으로 보일 뿐이지 실제로 자성이 없는 것을 말한다. 의타기성이란 모든 생성된 존재는 다른 것에 의지해 생겨난 것이니 자성이 없다는 것이다. 원성자성이란 이름, 모양, 물질의 일체 분별을 떠난 진여이며, 여래장심이다. 오법자성 중 정지(正智)와 진여(如如)가 원성자성에 속한다.

존재하는 세계는 세 가지 관점에서 세 가지 자성으로 말할 수 있다. 첫째, 이 세상에서 경험되는 모든 세계는 오직 알라야식에 저장된 식(識) 또는 프로그램의 투사물일 뿐이기 때문에 보이는 경계는 실제가 아닌 환(幻)이라고 보는 관점이다. 그러나 실제는 아니지만 일상생활에서 경험되는 매트릭스와 같은 대상을 변계소집성(遍計所執性, parikalpita svabhāva)이라 한다. 'parikalpita'라는 단어를 분석해 보면, 'pari'는 '두루'를 뜻하고, 'kalpita'는 '분별된'이란 의미이다. 따라서 '변계소집성'이란 '두루 분별됨'이라는 뜻이다. 이것은 사물의 개념(名)이나 모양(相)이 '두루 분별됨'으로 인해 존재하는 것처럼 보인다는 것이다.

둘째, 이 세상에서 경험하는 대상들은 생각의 투사물로서 비록 환과 같은 속성이 있지만, 서로(para) 의존(tantra)되어 있다. 지금 경험하는 사물들은 전혀 원인 없이 경험되는 것이 아니라 잠재의식의 생각들이 투사되어 대상으로 나타나기에 의타기성(依他起性, paratantra svabhāva)이라 하는 것이다. 비록 꿈속이라 할지라도 밥을 먹으면 배가 부르고, 맞으면 몸이 아프고, 사고가 나서 상처가 생기면 고통스럽다. 이러한 모든 감정과 느낌은 앞의 사건에 의존해서 발생한 것이다. 비록 그 사건과 원인이 자성의 실체가 있는 것은 아닐지라도 사건과 감정 사이의 인과 관계를 경험할 수 있는데, 그 환과 같은 세계에서의 인과 관계를 의타기성이라 한다.

셋째, 변계소집성과 의타기성이라고 하는 것들 역시 잠재의식의 투사물이기에 실제로 존재하지 않는다고 알고서 모든 분별을 놓아 버리는 것을 원성실성이라 한다. 그러므로 명상(名相)·사상(事相)의 일체 분별을 떠나고 '일체가 유심'임을 알고서 대상에 대한 집착을 여의면 원성실성(圓成實性, pariniṣpanna svabhāva)이라 한다.

여기서 중요한 것은 원성실성의 증득이 유에서 무로의 전환이 아니라는 것이다. 인식론적 접근에서는 유무를 말할 수 있다. 그러나 환영론의 입장에서는 유나 무를 말할 수 없다. 왜냐하면 유가 환영이라면 환영의 사라짐도 환영이기 때문에 아예 처음부터 유무는 논의의 대상이 아니다. 변계소집성과 의타기성이 본래 있다가 없어지면 유의 무라고 말하겠지만, 본래부터 환(幻)이라면 없어졌다 해서 무로 사라졌다고 말할 수 없다. 모든 전도된 조건이 사라진 자에게 무라고 칭하는 것은 타당치 않기 때문이다.

문제는 세상이 '오직 분별'일 뿐이라면 분별되는 대상들 사이에 윤리적 인과 관계가 존재하는가이다. 만일 이들의 윤리적 인과 관계를 입증하지 못하면 왜 우리는 선행을 하고 악행을 하지 말아야 하는가에 대한 도덕적 근거를 제시할 수 없게 된다. 이렇게 되면 『능가경』의 가르침은 숙명론이나 도덕 무용론과 다르지 않을 것이다.

『능가경』에서 비록 "인과를 믿으면 이승(二乘)이거나 외도라고 칭하며, 그들은 참된 법을 알지 못하였다"라고 말하지만, 여기서 인과가 없는 법이란 인과를 초월한 열반·해탈의 상태이다. 인과가 없는 이유는 이 세계가 마음에 의해 만들어진 환임을 깨달았기 때문이다.

일반적으로 인과부정론은 윤리적 근거를 상실하기 쉽다. 하지만 『능가경』에서 강조하는 것은 이 세상은 환이나 투사체처럼 실제로 존재하지 않기에 물질에 집착하지 말고 청정한 마음을 유지하라고 강조하는 것이다. 이것이 오법과 세 가지 자성상을 관찰하는 법이다.

(9) 돈점 수행론

『능가경』은 깨달음에 '단박에 깨달음(頓悟)'과 '점진적인 깨달음(漸悟)'의 두 가지가 있다고 말한다. 거울이 단번에 사물을 비추듯이, 해가 뜨면 사물이 한꺼번에 드러나듯이, 깨달음은 순간적이다. 그러나 망고 열매가 점차로 익는 것처럼, 도공이 도자기를 순차적으로 만드는 것처럼, 대지가 초목에 천천히 생기를 불어넣는 것처럼, 깨달음은 점차적이기도 하다. 돈오(頓悟)와 점오(漸悟)는 오랫동안 중국과 한국불교사에서 대치되는 개념으로 인식되어 왔으며, 이 중 점오는 깨달음이 아니라고까지 폄하되어 왔다. 하지만 선종의 소의서인『능가경』에서도 점오의 기원을 볼 수 있으며, 사실 돈오를 깨달음[悟]과 닦음[修]으로 분리해서 보면 이 문제는 쉽게 해결된다.

대승에서는 인간의 번뇌를 크게 세 가지로 나눈다. 보아서 사라지는 번뇌(見惑), 닦아야만 사라지는 번뇌(修惑), 일체종지의 장애인 소지장(所知障)이다. 앞의 두 가지 번뇌가 아라한이 되기 위해서 소멸시켜야 하는 번뇌장(煩惱障)의 두 가지 모습이라면, 소지장은 부처를 이루기 위해서 제7지 이상의 보살이 반드시 닦아야만 하는, 오직 대승에서만 언급되는 장애이다.

『대비바사론』에서는 전생과 금생의 수행을 대비해 돈오와 점수의 관계를 말하고 있다. 만일 어떤 수행자가 전생 혹은 금생에 이미 수혹(修惑)을 다 닦은 후, 견혹(見惑)인 유신견(有身見)을 타파하면 돈오돈수(頓悟頓修)이다. 그러나 만일 전생에 전혀 수혹을 닦지 않은 수행자가 금생에 견혹을 타파해서 견도를 얻으면 이것을 바로 돈오(頓悟) 이후의 점수(漸修)라 한다. 이 돈오점수는 아라한이나 제10지 보살의 입장에서는 점오라고 칭해지는 것이다. 그리고 아라한이 되는 데 장애가 되는 번뇌장이 모두 소멸되었기에 대승에서는 아공(我空)이라 한다.

『대비바사론』에서는 소지장에 대한 언급이 없다. 소지장은 제8지 이상의 보살이 닦아야만 하는 실천 수행이기 때문이다. 『십지경』에서는 제7지에서 제10지까지 무공용(無功用)으로 원력행지의 수행을 통해서 닦아야 하는 것이 소지장이라고 말한다. 유식과 『기신론』에서는 알라야식의 번뇌가 청정해지면 소지장이 소멸하는 것으로 본다. 하지만 알라야식의 번뇌가 사라지기 위해서 반드시 보살행을 닦아야만 하는 것인지, 아니면 좌선만으로 가능한 것인지에 대해서는 정확한 언급이 없어 오해의 소지가 있다.

이러한 해석은 주로 『유식삼십송』에 근간을 두고 있다. 그러나 『유식삼십송』은 두 쪽밖에 안 되는 적은 분량이라서 상세한 수행을 담아내기에는 역부족이다. 세친 자신은 『유식삼십송』에 대한 견해나 주석을 달지 못했고, 안혜 등 십대 논사의 주석이 담긴 『성유식론』에서조차 소지장을 없애는 구체적인 방법이 언급되어 있지 않다. 또한 알라야식의 청정을 주장하는 『기신론』이나 『기신론소』 등에서도 소지장과 알라야식의 원론적인 문제를 언급할 뿐 구체적인 수행 방법론은 다루고 있지 않다.

그런 관점에서 『유식삼십송』의 저자인 세친이 『십지경론』의 저자이기도 하다는 것에 주목해야 한다. 논사들은 경전의 가르침을 이론적으로 정리하는 것이지 새로운 가르침을 만드는 것은 아니다. 『십지경』에서 보살도의 수행이 자세하게 설명되어 있으므로 따로 세친이 보살의 실천행을 언급하지 않은 것으로 보아야 한다. 그러므로 알라야식의 청정은 『십지경』에서 언급한 대로 보살행의 실천을 통해 얻는 것이 정석이라고 볼 수 있다. 아공을 성취한 성자가 보살행을 실천함으로써 알라야식에 남아 있는 잠재적 번뇌를 모두 소멸하면 소지장을 소멸하고 법공을 성취한 것이다.

결론적으로, 과거 전생에 수혹을 닦은 사람이 문득 견혹인 유신견을 깨치면 돈오돈수(頓悟頓修)이고, 금생에 먼저 견혹을 닦고 나서 후에 수혹을 닦아야 한다면 그는 점오가 되는 것이다. 그러므로 점오는 돈오점수(頓悟漸修)이다.

4

무상품

(1) 돈오와 점수의 수행

『능가경』의 가르침은 번뇌장(煩惱障)과 소지장(所知障)이라는 두 가지 장애를 청정하게 함으로써 성문·연각·보살의 각 단계를 잘 분별하려는 데 그 요체가 있다. 지금까지 경에서 고찰한 보살의 네 가지 수행을 요약하면 이렇다. 첫째, 이 세계가 알라야식의 투사물이라는 것을 관찰하는 것[觀察自心所現]이고, 둘째, 세계는 생성된 적도 없고 소멸한 적도 없다는 것[遠離生住滅見]이고, 셋째, 세계가 체성이 없음을 잘 깨달아 아는 것[善知外法無性]이고, 넷째, 세계에 대한 유무의 견해가 사라질 뿐 아니라 알라야식까지 청정해져서 대원경지를 증득하는 것[專求自證聖智]이다.

일체가 자신의 마음[自心]인 알라야식이 드러난 것[所現]이기 때문에 분별된 세계가 불생불멸(不生不滅)인 것이나, 단지 범부가 자신의 마음[自心]에서 제법을 분별해 갖가지 상에 집착하는 것을 경계해야 한다. 요컨대 여래께서 설하시는 것은 오직 마음뿐이고 세계는 무생(無生)인 것이다. 따라서 "무상정등각을 이룬 이후부

터 열반에 들기까지 한 자(字)도 설하지 않았다"라거나 "이미 설해
마친 것도 아니고 또한 설할 수도 없으며, 여래가 설한 것이라 하
지 않는다"라는 등의 세존 말씀은 이런 관점에서 이해해야 한다.

"일체의 모든 현상이 불생이다[一切法不生]"라는 가르침이
『능가경』의 대의이고 요체이지만, 또 이를 근본[宗]으로만 삼아서
는 안 된다. 그 이유는 그 근본이라는 것이 본래 있지 않으며, 그
근본이 원인이 되어 '일체법불생이라는 법'에 집착하면 무생에 스
스로 모순되기 때문이다. 일체법이 마음의 투사물임을 깨달으니,
지혜 역시 그 가운데서 얻을 수 없고, 얻을 바 없는 까닭에 번뇌가
일어나지 않으며, 삼해탈문[空·無相·無願]에 들어 지혜의 바탕[智
體]까지 잊는 것이다. 이러한 의미에서 언설법상(言說法相)을 떠나
종취법상(宗趣法相)에 의지해야 한다고 하는 것이다.

이러한 까닭에 『능가경』은 공에 대한 취착을 크게 경계해 "차
라리 아견(我見)을 수미산처럼 일으킬지언정 공견(空見)을 일으켜
증상만(增上慢)을 품지 말라"고 반복해서 강조한다. 공이란 망령되
이 분별한 것에 대한 부정이므로, 이를 설한 것은 존재가 단멸한
다는 견해와 영원하다는 견해의 두 가지 치우친 생각을 여의는 것
이다.

달마 대사에 의하면 마음에는 정심(淨心)과 염심(染心)의 두
가지가 있다. 그것은 보는 마음인 견분과 보여지는 대상인 상분
이기도 하다. 보는 마음만 구별해서 보면 자증분(自證分) 또는 정
심이고, 정심이 드러나면 그것이 마음의 본성을 본다고 하는 것이

제3부 선종의 수행론

다. 이러한 관점에서 깨달음은 세 가지로 관찰할 수 있다.

첫째, 전생에 이미 닦아야 할 수혹을 다 닦은 사람이 마지막에 견혹마저 타파해서 청정심이 드러나 더 이상 닦을 것이 남아 있지 않으므로 돈오돈수(頓悟頓修)인데, 이것은 규봉 종밀의 점수 돈오(漸修漸悟)에 해당된다.[115]

둘째, 세계는 알라야식의 투사물이고 이러한 여환성의 입장에서 세상은 불생불멸이다. 그러므로 여섯 가지 원인으로 생긴다거나 점생(漸生) 또는 돈생(頓生)으로 보는 것은 모순이다. 세상과 번뇌가 오직 식(識)에서 분별의 견해를 일으킨 것일 따름이니, 생(生)한 것도 멸한 것도 아니다. 따라서 번뇌를 점차적으로 닦거나 한꺼번에 닦는다는 것 자체가 모두 분별에 속하는 것일 뿐이다. 이러한 입장에서 돈오돈수이다.

셋째, 이 세계는 알라야식의 투사물이기에 세계는 실제로 존재한 적도 없고, 존재한 적이 없으니 사라진 적도 없다. 세계가 그러하니 번뇌 역시 생한 적도 멸한 적도 없는 것이다. 그 상태에서는 번뇌의 체가 없기에 한번 몰록 깨달으면 다시 닦거나 깨달을 것이 없다. 그렇다고 실제 생활 속에서 욕망과 진심으로부터 온전히 자유로운 것은 아니다. 이때 돈오돈수는 무공용(無功用)과 무위(無爲)의 행을 말한다. 애쓰지 않고 수혹을 닦는다는 것이지 전혀 닦지 않는다는 것은 아니다.

115_ 지은, 『규봉종밀의 선사상연구』, 정우서적, 2011, pp.231~232.

이 중 『능가경』은 세 번째 경우를 지지한다. 세상도 번뇌도 환이기에 점오도 돈오도 초월하지만, 무공용과 무위의 행을 실천하는 것이다.

(2) 여래선과 조사선

조사들이 부처의 경지보다 더 뛰어나거나 동등하다고 믿는 사람들이 가끔 있다. 납득하기 어려운 이러한 믿음에는 인도 불교에 대한 중국의 경쟁 의식이 작용한 것임을 이해할 필요가 있다. 현장 법사의 경전 번역 이후 중국은 인도에서 벗어나 독자적 불교를 구축하는 데 힘을 모았다. 그것은 경을 번역한 뒤 산스크리트 원문을 소각한 것으로도 짐작할 수 있다. 티베트에서 경을 번역한 뒤 원본을 탑에 모시는 것과는 대조적이다. 그 때문에 교가에서는 교상판석(敎相判釋)을 통해 인도 불교의 중론과 유식 위에 화엄종을, 선가에서는 여래선보다 조사선을 우위에 두는 현상이 발생한다.

이러한 자세는 깨달음에 대한 정의를 내릴 때도 적잖은 혼란을 야기한다. 첫째, 부처님의 '방편이 아니면 법을 설하지 않겠다'라는 관점과 조사들의 '오직 근본만을 설하고 방편을 설하지 않겠다'는 관점이 서로 대립하게 될 때, 어느 쪽이 옳은지 갈등하게 된다. 양쪽 모두 깨달음에 관한 것인데 왜 서로 모순되는가? 이 문제는 아라한과 부처의 능력 차이를 이해한다면 쉽게 해결된다. 이와 관련해 일화 하나를 들어보자.

부정관 수행을 하던 사리불 존자의 한 제자가 수행에 도무지 진전이 없어 환속하려 하자 사리불은 그를 부처님에게 데려갔다. 부처님은 그의 전생을 살펴보신 후 그가 전생에 금 세공사였음을 아시고 수행 주제를 금빛 연꽃을 관하는 것으로 바꿔 주셨다. 그러자 제자는 수행 주제에 온전히 집중할 수 있었고, 그 아름다운 연꽃이 시들어 가는 모습을 보고 무상과 무아의 이치를 깨달았다.

이 일화에서 보면 부처님의 천안통이 깨달음에 큰 영향을 끼치고 있다. 전생을 세밀하게 꿰뚫어 보는 힘은 보살행과 다양한 삼매 체험에서 나오며, 이것이 바로 아라한과 부처의 차이점이다. 모든 번뇌장을 소멸시킨 제6지 보살은 제7지에 이르러 남아 있는 소지장을 소멸시키기 위한 원만한 방편이 나오고, 제8지에 이르렀을 때 비로소 자유자재로 법을 설할 수 있는 능력이 생긴다. 방편설은 보살 수행을 통해 나오는 것이라서 단순히 번뇌만이 사라진 혜해탈의 아라한이나 조사에게는 그러한 능력이 없다. 이렇듯 여래와 조사는 능력 면에서 큰 차이를 보인다.

두 번째는 부처와 불성은 확연히 다르다는 것이다. 부처는 육도에서 행한 수많은 보살행으로 이루어 낸 '깨달음과 색신(色身)'이고, 불성은 여래가 될 수 있는 가능성이다. 그것은 마치 분자들이 원자로 이루어졌고, 그중 원자핵이 모이는 유형에 따라 백 가지 다른 분자 요소를 구성할 수 있으며, 그러한 분자들에 의해 물질이 드러나는 것과 유사하다. 이때 원자들은 모든 분자가 될 수 있으며, 분자들 또한 모든 물질이 될 수 있다.

마찬가지로 모든 생명 있는 것들은 적절한 원인과 조건을 갖추면 부처가 될 수 있다. 원인이란 측면에서는 부처와 불성이 동등하지만, 불성은 아직 부처를 실현하지 못한 상태이다. 불성은 가능성의 상태이고, 부처는 그 가능성이 실현된 상태이다. 가능성의 측면에서는 조사와 부처가 둘이 아니지만, 이미 이루어졌다는 측면에서는 조사와 부처가 동등하지 않다. 물론 '꿈을 깨면 닦을 자도 없다'라는 측면에서 보면 다르다고 말할 수 없지만, 거기에도 엄연히 십지의 수행이라는 것이 존재한다.

대승 불교의 근본 사상은 '모든 중생을 다 구제하되 한 중생도 구제할 바가 없다'라는 것이다. 이때 '모든 중생'은 현상계이고, '한 중생도 구제할 바 없다'는 것은 본질의 세계이다. 모든 중생을 구제한다는 현상계와 한 중생도 구제할 것이 없다는 본질, 이 양면을 조화롭게 실천하는 것이 중도이다. 본래 성품의 깨달음만 강조하거나 깨달음 없이 이웃에 대한 연민만을 강조하는 것은 중도가 아니다. 그러므로 보살행을 실천하지 않은 깨달음은 중도적 깨달음이라고 말할 수 없다.

제2장

달마선

1

선의 기원

선(禪)의 어원은 빠알리어와 산스크리트어가 각기 다르다. 빠알리어는 'jhāna', 즉 'jhāpeti'에서 유래하며, '태우다'라는 뜻이다. 무엇을 태우는가? 초선에서 탐욕·분노·어리석음·들뜸·혼침이라는 다섯 가지 정신적 장애를 태우고, 제2선에서는 내면과 외면의 대상에 대해 분별·관찰하는 것을 태우고, 제3선에서는 정신적인 기쁨에 대한 기대감을 태우고, 제4선에서는 괴로움과 즐거움이라는 두 가지 느낌을 태워 감정적 균형과 평정 상태를 이루는 것을 말한다.

산스크리트어는 'dhyāna', 즉 'dhyāyati'에서 유래하며, '반복하다', '숙고하다', '명상하다'라는 뜻이다. 한 대상에 대해 반복적으로 집중 명상하는 것을 말하며, 이를 통해 삼매를 얻을 수 있다. 이처럼 선의 의미는 빠알리어 어원에서는 위빳사나의 관법에 가깝고, 산스크리트 어원에서는 삼매와 관련되어 있다. 사마디는 삼매의 요소만 있는 것에 반해, 선은 애초부터 지(智)와 관(觀)의 요소를 동시에 포함하고 있다. 산스크리트 경전을 많이 번역한 중국에서 선을 삼매로 풀이한 것도 이러한 이유에서다.

선종 역시 선을 삼매 또는 지혜로 종파마다 다르게 규정짓고 있다. 유식학파에서는 선을 삼매로, 중관학파에서는 선을 지혜로 이해한다. 선에는 다시 세간선과 출세간선이 있다. 색계 사선을 닦아서 색계 천상에 태어나기를 바라면 이는 세간선이다. 그러나 색계에 집착하거나 머무르지 않고 색계 사선을 닦으면 출세간선이다. 그러므로 선종의 선은 출세간선에 해당된다.

그렇다면 선종의 초조인 달마 대사의 선에 대한 정의를 살펴보자. 달마 대사는 "마음을 관하는 하나의 수행이 모든 수행을 포함한다[觀心一法 摠攝諸行]"라고 『관심론』에서 말한다. 이것은 두 가지 의미로 해석할 수 있다. 첫째, 수행은 마음 상태를 계발하는 것이다. 악도의 마음은 선도로 계발하고, 선도의 마음은 선정으로, 선정의 마음은 출세간도의 마음으로 계발한다. 이렇게 마음을 상위의 상태로 계발하기 때문에 '마음을 관하는 하나의 수행이 모든 수행을 포함한다'라고 하는 것이다.

둘째, 달마 대사가 의지하고 있는 소의 경전인 『능가경』의 사상에 연유한다. 『능가경』은 일체 만물이 모두 마음의 투사물이라는 삼계유심(三界唯心)을 주장한다. 만물은 마음의 투사물이기에 그 근원인 마음을 다스려야 세계가 청정해진다. 아무리 환경을 바꾸어도 근본인 마음이 부정하면 세계는 다시 더러워진다. 그런 의미에서 마음을 관하는 하나의 법이 모든 수행의 근본이라는 것이다. 그렇다면 어떠한 마음을 말하는가. 『관심론』에서 말하는 마음은 정심(淨心)과 염심(染心)의 두 가지가 있으며, 염심을 여의고 정심을 보는 것이 바로 견성이다.

초기불교의 수행은 신(身)·수(受)·심(心)·법(法)을 관하는 것으로 귀결될 수 있다. 설일체유부 역시 가행위에서 심과 법 위주로 관하는데, 이는 심과 심소에 대한 알아차림이다. 여기서 심소는 수(受)와 법(法) 또는 오온 중의 수(受)·상(想)·행(行)이다. 이처럼 신·수·심·법은 심과 법으로 귀결된다. 그러므로 정심과 염심은 바로 설일체유부에서의 심(心)과 심소(心所)이고, 신·수·심·법 사념처 수행에서 심과 법이다. 유식의 가행위에서는 심과 법을 오직 알라야식의 투사로 보기 때문에 마음 밖에 실재로 존재하는 외부 대상을 인정하지 않는다. 따라서 마음을 관하는 것이 수행의 근본이 된다. 이처럼 마음을 관하는 수행은 초기불교에서 시작해 유식을 관통해서 달마 대사까지 내려온 것으로 볼 수 있다.

이때의 마음은 진망화합식(眞妄和合識)이고, 진망화합식은 청정심과 번뇌심의 화합을 말한다. 진망화합식은 아는 마음인 심과 알려진 내용물인 심소이다. 오온으로 보면 식과 수·상·행이고, 사념처에서 보면 심과 수·법이다.

2

『이입사행론』

보리달마는 남인도의 왕자로 태어나서 출가했고, 양무제 원년에 중국에 들어갔다. 그의 법은 혜가를 통해 승찬, 도신 등으로 이어졌다. 그는 혜가에게 『능가경』을 전수하면서 후계의 신표로 삼았고, 그로 인해 초기에는 능가종이라 불렸다.

달마 대사는 『관심론』에서 마음을 관하는 한 법이 모든 수행을 아우른다고 말했지만, 『이입사행론』에서는 이입(理入)과 행입(行入)의 두 가지 방법으로 모든 수행이 귀결된다고 말한다.

이입이란 이치를 통해 깨달음에 들어가는 것을 말한다. 이는 중생들은 모두 참된 마음의 성품인 진성(眞性)을 가지고 있으나 번뇌에 뒤덮여서 그 성품이 드러나지 않는다고 믿는 데서 시작한다. 참마음에는 자타가 없고 성인과 범부가 동일하다. 만일 참마음을 보려면 몸과 마음이 고요하여 굳건한 벽처럼 번뇌와 망상에 전혀 흔들리지 않는 벽관(壁觀)을 해야 한다. 그러면 경전을 읽지 않아도 마음이 흔들림이 없는 경지에 이르게 된다. 이처럼 마음이 성품에 부합해 흔들림 없이 조화를 이루는 것을 이입이라 한다. 하택은 이 참마음의 성품을 지(知)라 정의하고, 청량 징관과 규봉 종밀은 지의 가르침을 더욱 정교하게 발전시킨다. 그러나 이는 홍주종으로부터 '지해종도(知解宗徒)'라는 이름을 얻게 되는 원인이 된다.

행입이란 실천 수행을 통해 진리를 체득하는 것으로, 여기에는 보원행(報怨行)·수연행(隨緣行)·무소구행(無所求行)·칭법행(稱法行)의 네 가지가 있다. 이 네 가지는 일상생활에서 마음을 다스려 성품에 부합하는 수행이다. 진심(眞心)으로 회귀하는 데 장애가 되는 것은 탐과 진이다. 이 참마음인 성품을 드러내기 위해선 먼저 묵은 원한부터 청산해야 한다. 인간은 수많은 생을 살아오면서 알게 모르게 지은 악업이 수없이 많다. 그리고 그 악업의 과보는 고통스러운 환경으로 드러난다. 고통스러운 환경에 부딪혔을 때 우리는 그것이 분열된 자기 내면세계의 투사물이라는 것을 알아야 한다. 그 갈라지고 찢어진 내면세계는 살아오면서 받았던 수많은 상처의 결과물이다. 그것들이 이 외부 세계를 고통스러운 세계로 투사시키는 것이다. 이렇듯 지금의 고통스러운 환경을 전생에 지은 악업의 결과로 기꺼이 받아들이는 것을 보원행이라 한다.

둘째는 수연행이다. 전생에 지은 선행은 좋은 환경이란 과보로 드러난다. 그러나 진성(眞性)은 좋은 환경에 대한 탐착이 발생하면 그 마음이 가려져 어두워지게 된다. 이때 좋은 환경 자체는 실체가 있는 것이 아니고, 전생의 선한 행동이 잠시 과보로 드러난 것임을 알아야 한다. 좋은 환경은 과보가 다하면 무로 돌아가기에 탐착하지 않는 것을 일컬어 수연행이라 한다. 이는 아라한의 무상삼매(無相三昧)와 유사하다.

셋째는 무소구행이다. 무릇 수행이란 밖으로 치달리는 마음을 안으로 돌려 반조(返照)하는 것이다. 지혜로운 자는 중생들이 공덕과 악업의 과보로 나타난 즐거움과 괴로움의 수레바퀴에서 벗어나지 못하는 것을 볼 수 있다. 나아가 삼계가 불타는 집과 같아서 끝없는 괴로움에 시달리는 것도 볼 수 있다. 그렇기에 현상세계를 보는 그 마음에 어떠한 기대도 스며들지 않는 것을 무소구행이라 한다. 이는 무원삼매(無願三昧)와 유사하다.

넷째는 칭법행이다. 청정한 참마음이 바로 법이다. 참마음에는 형상과 탐착이 없고, 이것이 좋다 저것이 좋다 하는 분별도 없다. 이처럼 자아와 법에 자성이 없음을 믿어 모든 것을 보시하되 집착함이 없고, 계를 지키되 상을 내지 않으며, 인욕·정진·선정·지혜바라밀 역시 어떠한 집착 없이 실천하는 것을 칭법행이라 한다. 이는 공삼매(空三昧)와 유사하다.

위에서 살펴본 것처럼 『이입사행론』의 수행은 각각 아라한의 3종 대인삼매(大人三昧)와 배대해서 살펴볼 수 있다.

3

『신심명』의 마음 다스리는 법

지극한 도는 어렵지 않다. 다만 시비분별(是非分別)을 여의고, 좋고 싫음을 버리면 [청정한 마음이] 명백하게 드러난다. 그 [청정한 마음이] 바로 드러나기를 원한다면 순역의 친소를 따르지 않아야 한다.

이 글은 3조 승찬 대사가 쓴 『신심명』의 첫 구절이다. 달마 대사가 『관심론』과 『이입사행론』에서 청정한 참마음을 보는 것을 강조했다면, 승찬 대사는 청정한 마음은 시비(是非)·증애(憎愛)·순역(順逆)만 버리면 저절로 드러난다고 말한다. 시비는 오온(五蘊) 가운데 상온(想蘊)이고, 증애는 행온(行蘊), 순역은 순하고 거슬리는 느낌의 수온(受蘊)이다.

마음은 느끼고 생각하고 욕구하는 작용을 한다. 그러면 무엇을 느끼고 생각하고 욕구하는가? 마음은 다섯 가지 감각 기관에 의해서 받아들인 표상을 느끼고 생각하고 욕구한다. 표상은 물질이 마음에 의해 비쳐진 것으로, 순수한 마음 그 자체는 아니다. 그러나 항상 마음과 함께 작용하기에 심소(心所)라 한다. 그것을 바라보는 것은 순수한 마음이다. 이 순수한 마음은 항상 이러한 심소들과 함께하며, 그것을 염심(染心)이라 한다.

심소는 느끼고[受] 생각하고[想] 욕망하는[行] 작용을 한다. 그러므로 '마음을 다스린다'는 것은 심소를 다스리는 것을 말한다. 인간 세상의 많은 불행은 잘못된 욕망에서 비롯된다. 그리고 이 좋아하고 싫어하는 욕망은 삶과 인간관계에서 고통이라는 결과를 가져다준다. 그러므로 욕망을 다스리는 것이 마음 다스림의 근본이다. 대상에 좋아하고 싫어할 만한 실체가 없는 것을 보아서, 좋고 싫음에 집착하지 않는 것이 욕망을 다스리는 것이다. 이것을 『반야심경』에서는 '행즉시공 공즉시행(行卽是空 空卽是行)'이라 하고, 『신심명』에서는 '단막증애(但莫憎愛)'라 한다.

욕망을 자세히 관찰하면, 욕망이란 즐겁고 괴로운 느낌[苦樂受]과 이롭고 해롭다는 생각[利害想], 이 두 가지 요소가 맞아떨어졌을 때 발생한다. 그러므로 이롭다고 생각되는 것과 즐겁다고 느껴지는 것의 두 가지 구성 요소를 다스리지 않으면 욕망을 다스릴 수 없다. '옳다'라는 믿음과 '이롭다'라는 판단 작용 때문에 사람들은 대상에 집착한다. 그러므로 생각[想]이란 심소를 다스려야 욕망을 다스릴 수 있다. 생각은 어떻게 다스리는가? 옳고 그름이 본래 없음을 앎으로써, 자타불이(自他不二)를 이해함으로써 다스릴 수 있다. 이것을 『반야심경』에서는 '상즉시공 공즉시상(想卽是空 空卽是想)'이라 하고, 『신심명』에서는 '유혐간택(唯嫌揀擇)'이라 한다.

이성과는 별개로 작동하는 욕망들도 있는데, 그것은 느낌에 대한 호오(好惡)이다. 이런 경우에는 느낌을 다스려야 욕망이 다스려진다. 흔히 좋은 느낌은 끌어당기고 싫은 느낌은 밀쳐 내는데, 그것 자체가 바로 괴로움이다. 왜냐하면 원하는 것을 얻을 수 없으면 괴로움이고, 원하는 상태 그 자체가 불만족이라는 괴로움의 한 형태이기 때문이다. 그러나 좋은 느낌은 조건이 바뀌면 싫은 느낌으로 변하고, 싫은 느낌 역시 조건에 의해 다시 좋은 느낌으로 변한다. 이것을 『반야심경』에서는 '수즉시공 공즉시수(受卽是空 空卽是受)'라 하고, 『신심명』에서는 '막존순역(莫存順逆)'이라 한다.

이처럼 욕망을 구성하는 요소인 즐겁고 괴로운 느낌, 옳고 그르다는 판단, 유익하고 해롭다는 생각, 이 세 가지는 서로 의존되어 작용한다. 이것이 바로 『신심명』에서 최상의 도는 증애와 시비, 순역이 없으면 저절로 드러난다고 하는 이유이다. 그리고 "이 몸은 보리수, 마음은 밝은 거울과 같다. 시시로 부지런히 닦아서 티끌과 번뇌가 끼지 않게 하세"라는 가르침으로 신수 대사에게 전수된다.

4

아는 마음과 분별하는 마음

승찬 대사는 느낌·생각·욕구라는 세 가지 측면에서 마음 다스리 기를 강조했다. 그러나 이러한 마음 작용들은 엄격히 말하자면 순수한 마음이 아니다. 마음에 의지해서 발생하는 표상과 개념들인 심소(心所)이다.

마음이 순수한 앎이라고 한다면 마음에 의지해서 발생하는 심소는 다분히 물질적이다. 그것들은 물질을 반영하는 이미지 또는 개념이며 마음으로 경험되어지는 대상이다. 그러므로 수(受)·상(想)·행(行)의 세 가지 심소는 본래 반물질이라고 할 수 있다. 물질을 반영하기 때문이다. 순수한 마음이나 순수 정신이 아니다. 순수 정신은 거울처럼 모든 것을 알며 비추지만 모든 것에 물들지 않는 상태여야만 한다.

오직 '앎'만이 오롯해서 수·상·행의 번뇌 작용과 분리되었을 때, 이때를 『관심론』에서 견성(見性)이라 한다. 식을 뚜렷이 구별해서 분리하는 것을 오(悟)라고 하고, 수·상·행의 번뇌를 닦아 나가는 것을 수(修)라고 하는 것이다. 식과 수·상·행을 분리하는 것에 대해 『관심론』에서는 다음과 같이 말한다.

제3부 선종의 수행론

네가 이제 내게 묻는 것이 고요하고 신령하게 아는 마음인데, 어찌 반조하지 아니하고 오히려 밖으로 찾는가? 아침부터 날이 저물기까지 24시 가운데 보고 듣고 웃고 말하며 혹 화내고 즐거워하며 혹 시비하여 가지가지 베풀며 운전하나니, 필경에 누가 능히 이렇듯이 운전시위 하는가?

이 '아는 마음'이 진여심[淨心]이며, 오온 중의 식(識)이다. '아는 마음'을 강조한 이는 육조 혜능이고, 알려진 내용물인 수·상·행을 닦는 것을 강조한 이는 신수 대사이나, 두 가르침이 향하는 곳은 같을 수밖에 없다.

5

신수와 혜능의 수행론

신수 대사와 육조 혜능의 가르침은 모두 마음을 다스리는 데 있다. 그러나 신수 대사는 마음을 맑은 거울에 비유하며 수시로 닦아야 하는 수·상·행 수행을 강조하고, 육조 혜능은 거울에 비춰질 대상이 없으니 비추는 거울마저도 없는, 마음[識]의 공함을 보는 수행을 강조한다.

안(眼)·이(耳)·비(鼻)·설(舌)·신(身)은 스스로 보고 듣고 아는 능력이 없다. 만일 안·이·비·설·신이 스스로 보고 듣고 아는 능력이 있다면 죽은 시신도 보고 들을 수 있어야 한다. 그런데 죽은 시신은 보고 들을 수 없다. 왜냐하면 마음이 없기 때문이다. 그러므로 『관심론』에서 "만일 색신이 운전한다고 말한다면 무슨 까닭으로 사람이 한 생각 사이에 명을 마침에 [몸이] 아직 흐늘흐늘 썩어 무너지지 아니하였는데, 눈이 스스로 보지 못하고 귀로 듣지 못하며 코가 향기를 분별하지 못하는가. 이것은 능히 보고 듣는 동작이 반드시 너의 본마음이 그런 것임을 알 것이니라"라고 말한 것이다. 최근 중국의 소장 학자들은 『관심론』을 신수 대사의 작품

이라고 추정하기도 한다.[116]

여기에서 마음의 작용은 수·상·행·식 전체의 작용이어야만
한다. 수·상·행이라는 분별 작용과 마음의 아는 작용이 동시에
일어날 때 보고 듣는 행위가 이루어진다. 생각은 탐·진·치와 산
냐(견해)에 의지해서 사물을 바라보는 것이고, 마음은 수·상·행과
같이 작용하면서 사물을 바라본다. 마음은 모든 것을 알고 비추어
볼 수 있는 기능이 있지만, 수·상·행이라는 표상에 대한 집착이
있을 때는 그것이 드러나지 않는다.

다만 초선에서 제4선으로 닦아 나가면서 아는 마음이 점차
명료해진다. 초선에서는 심(尋)·사(伺)와 섞여서 작용하기 때문에
아는 마음이 명료하지 않다. 제2선에서는 비록 심·사는 다스려졌
지만 아직 희열이라는 심소가 섞여 있기 때문에 역시 명료하지 않
다. 제3선에 이르러서 안팎으로 관찰하는 작용인 심·사와 희열이
라는 수·상·행이 떨어져 나갔을 때, 비로소 아는 마음이 명료하
게 드러나기 시작하는 알아차림의 상태가 된다. 제4선에 이르러
서 고(苦)·락(樂)·희(喜)·우(憂)가 가라앉았을 때, 비로소 수·상·
행의 작용이 완전히 가라앉고 아는 마음이 홀로 명료하게 드러나
는데, 이를 적적성성(寂寂惺惺), 즉 '고요한 가운데 맑게 깨어있음'
의 상태라고 한다. 이러한 마음을 볼 수 있으면 견심(見心)의 상태
이다.

116_ 동천, 『조사선』, 운주사, 2000.

아비담마 불교에서는 이를 심(心)이라 부르고, 유식에서는 자증분(自證分), 초기불교에서는 식(識)이라고 부르지만 이 모두는 '동시생 동시멸'하는 무상한 마음일 뿐이다. 이 마음은 대상과 함께 일어나고 대상과 함께 소멸하기 때문이다. 이렇게 마음이 생멸하는 모양을 자세히 보면 마음이란 무상하며 무자성이라는 사실을 알게 된다. 이는 마음의 자성을 본 것으로 견심성(見心性) 또는 견성(見性)이라 한다. 이것이 바로 육조 혜능이 강조한 '닦을 마음이 없음을 본다'라는 돈오돈수의 요지이다.

그러므로 깨달음을 얻는 데는 두 가지 방법이 있다. 하나는 수·상·행을 닦아 나가는 점수법으로, 사념처 중 법념처 수행에 해당되며 신수 대사에 의해 잘 계승되었다. 또 다른 하나는 24시의 모든 행위와 같이하는 '그 마음'을 보는 것으로, 육조 혜능이 강조한 방법이다. 아는 마음을 항상 놓치지 않고 알아차리는 것은 심념처 수행에 해당되는데, 이것이 바로 달마 대사의 『혈맥론』에서 말하는 견성이다. 『혈맥론』은 이렇게 말한다.

그대가 나에게 묻는 것이 곧 그대의 마음이요, 내가 그대에게 대답하는 것이 곧 나의 마음이다. 끝없이 광대한 겁부터 온갖 움직이고 행동하는 일체의 시간과 장소가 모두 그대의 본래 마음이며, 모두가 그대의 본래 부처이다. 마음 그대로 곧 부처라 함도 또한 이와 같다.

이는 『관심론』에서 이미 언급되었던 '일체시(一切時)의 행주좌와 어묵동정에서 항상 작용하는 마음을 체험하는 것이 곧 견성(見性)'이라는 것과 같은 표현이다. 그리고 이 행위 속에서 작용하는 마음을 놓치지 않고 항상 관하는 것, 그것이 바로 남방 불교의 사띠 수행이다.

6

진여심과 조주의 무

『관심론』에서 정심(淨心)을 진여심(眞如心)이라고도 한다. 그러면 진여심은 정확하게 무엇을 말하는 것인가. 영원한 마음인가, 생멸하는 마음인가? 혹은 여래장인가? 열반의 마음인가?

이 질문에 답하기 위해서는 인도 불교에서 존재하거나 인식되는 모든 것은 셋 중의 하나로 분류된다는 것을 알아야 한다. 첫째, 우리가 경험하는 현상계는 마음(citta), 마음의 대상(cetasika), 물질(rūpa), 이 셋 중의 하나에 속하고, 이를 유위(有爲)의 진제(眞諦)라 한다. 유위의 진제는 경험 주체와 객체가 모두 인연 따라 일어나고 인연 따라 사라지기 때문에, 심과 심소 역시 인연 따라 생멸한다. 둘째와 셋째는 열반과 개념이다. 이 둘은 생멸하지 않는 법이다. 열반은 탐·진·치가 소멸했으므로 생멸의 주체가 사라졌기에 이를 무위(無爲)의 진제라 하고, 개념은 인간의 마음에서 만들어진 관념이므로 생멸을 말할 수 없기에 속제(俗諦) 또는 '빤냐티(paññatti)'라 한다.

진여심은 그러므로 이 셋 중 하나이다. 인도 불교에서 마음은 오온(五蘊) 가운데 수·상·행·식 중 하나에 해당되고, 이는 유위의 진제이다. 아비달마에서는 수·상·행을 심소, 식을 심으로 칭하면서 심소를 46개 또는 52개로 자세히 나누지만, 요약하면 심이나 심소일 뿐이다. 그리고 이 둘은 같은 대상을 동시에 인식하며 동시에 사라지기에 진여심도 생멸심일 뿐이다.

『기신론』에서는 마음을 진여심과 생멸심의 이문(二門)으로 나눈다. 여기서 진여심은 생멸심과 대비되기 때문에 논리적으로는 생멸하지 않는 마음을 말한다. 그렇다면 생멸하지 않으면서 존재하는 마음은 과연 무엇인가? 논리적으로 두 가지만 가능하다. 하나는 열반의 마음이고 또 다른 하나는 불성이다. 열반의 마음은 여래의 마음이며, 여래의 마음은 깨달음의 상태이다.『금강경』에서는 여래가 한 법도 깨달은 바가 없으며, 그 이유는 열반은 무위의 진제이고, 모든 형상과 모양, 개념을 떠나 있기 때문이라고 설파했다. 그런 이유로 열반은 유무로 지칭할 수 없다. 반야부 경전은 홀로 존재하며, 생멸을 초월한 진여심을 절대적으로 부정한다. 그렇다면『기신론』에서 말하는 진여심은 불성으로 이해할 수 있는가?

이에 앞서 불성(佛性)이 무엇인지부터 알아보자. 만일 불성을 부처가 될 수 있는 가능성이라는 여래장(如來藏)으로 이해한다면, 이때 불성은 존재적 실체를 말하는 것이 아니고 다만 추상명사일 뿐이다. 이는 논리적 가능성을 말하는 것이기에 조건의 성취 여하에 따라 부처가 될 수도 있고 되지 못할 수도 있다. 그러나 만일 불성을 영원히 소멸하지 않는 진아의 상태로 이해한다면, 불성은 '중생의 본질적 마음'이다. 이러한 불성은 불교를 떠나서 힌두교의 진아론과 유사하게 된다. 심지어 『능가경』에서조차 여래장은 외도의 진아설과 다르다고 분명하게 말하고 있다. 『능가경』에서는 두 가지의 일천제(一闡提) 종성을 이야기한다. 보살 일천제는 보살행을 실천하기 위해 부처가 되기를 거부하는 일천제이고, 두 번째 일천제는 오역죄 등의 악업으로 인해 부처가 되지 못하는 경우이다. 이런 경우 우리는 불성을 부처의 가능성으로 이해할 수 있다. 그리고 이러한 불성은 인간의 노력으로 부처가 되거나 되지 못하거나 할 수 있다.

선종에서는 불성을 중요시한다. 한 수행자가 조주 스님에게 개에게도 불성이 있는지 묻자 조주 스님은 '무(無)'라고 대답한다. 이 대답은 두 가지로 이해할 수 있다. 하나는 불성의 유무에 대한 답으로서 '무'를 이해할 수 있다. 또 다른 하나는 불성 자체에 대한 대답으로서 언어와 유무를 초월한 '무'로 이해할 수 있다. 이 중 후자의 대답이 중관학파의 소의 경전인 『금강경』의 핵심 사상이다. 조주 스님은 불성을 열반심으로 이해한 것이다.

제3장

조사선

1

돈오돈수와 마조의 평상심

(1) 꿈속의 수행은 수행이 아니다

『능가경』에는 다음과 같은 말이 나온다.

> 대혜여, 사람이 꿈에서 강을 건너기 위해 애쓰다가 아직 다
> 건너기도 전에 문득 꿈에서 깨어나면 강을 건너기 위한 노력
> 이 필요 없는 것처럼, 수행자가 깨달음을 얻기 위해 애를 쓰
> 지만 깨닫고 나면 '수행을 해야 한다'거나 '하지 않아야 한다'
> 라고 말하기가 어렵다. 다만 과거에 보고 듣고 깨닫고 안 것
> 을 분별하는 습기가 꿈에 나타나는 것처럼, 삼계 또한 마음의
> 분별일 뿐이기 때문이다.

『능가경』의 영향을 받은 선종에서는 깨달음을 꿈에서 깨는
것으로 비유한다. 깨닫고 나면 더 이상 수행이 필요 없는 '일초직
입여래지(一超直入如來地)'라고 한다. 예를 들어, 꿈에서 강을 건너
저 언덕에 가려고 노력하는 사람이 꿈에서 깨어나면, 더 이상 저

언덕에 가려고 노력할 필요가 없는 것과 같다. 이런 관점에서 보면 깨달음을 얻은 사람이 수행을 한다는 것은 논리적으로 성립될 수 없다. 이것이 돈오돈수의 논리이다. 그러나 깨달음이 꿈에서 깨어난 것이라고 한다면, 정말로 꿈이라는 것을 깨달았는지 아니면 앞선 사람의 말을 믿어 꿈이라 생각하는지에 따라서 돈수와 점수가 갈리게 된다.

사람의 의식은 끊임없이 어떤 대상을 향하고 있으며, 그것은 꿈이나 생시나 마찬가지다. 마음이 대상을 향해 집착한다는 점에서 보면, 꿈과 생시는 근본적으로 차이가 없다. 의식은 항상 어떤 대상을 향해 있으며, 의식이 그 대상에 사로잡혀 있는 한 마음은 대상의 생멸로부터 자유롭지 않다. 마음의 평안과 휴식을 얻기 위해서는 마음이 그것들로부터 벗어나서 자유로워져야 한다. 마치 거울이 거울에 비친 모든 대상으로부터 자유로워지는 것과 같다. 그러기 위해서는 대상은 모두 다 허망하여 실체가 없음을 알아야 한다. 그래야 비로소 아는 마음으로 돌아오게 된다.

그러므로 초지에서 제6지까지의 보살은 삼계와 일체가 오직 마음과 뜻, 의식의 분별일 뿐이라고 관한다. 이 단계에서 수행이란 밖의 법에 대한 시비와 분별을 일으키지 않는 것이다. 보살이 제7지에 이르러서는 눈에 보이고 들리는 이 세계가 바로 심(心)·의(意)·식(識)의 투사물이라고 관하지만, 인무아(人無我)와 법무아(法無我), 자상과 공상을 잘 관찰해 삼매문에서 자재를 얻고 보리분법(삼십칠조도법)을 구족하는 차이점이 있다.

그러나 제8지에 이르러서는 심·의·식의 분별상마저 여의게 된다. 꿈속에서 바라본 세계가 단지 기억과 마음 작용들의 투사물이라는 것을 알 뿐만 아니라, 그 기억과 마음 작용들마저 실체가 없음을 본다. 주관과 객관의 그 어느 것에도 사로잡히지 않은 제8지 보살의 마음은 열반상이다. 그러나 열반에 들지는 않는다. 만일 보살이 열반에 들면 일체중생을 제도할 수 없고 여래지(如來地)를 얻을 수 없을 뿐만 아니라, 여래의 종성을 단절시키기 때문이다. 이러한 까닭에 모든 부처님께서는 여래의 불가사의한 대공덕을 설하셔서 제8지 보살이 끝내 열반에 들지 않도록 권하는 것이다. 모든 보살은 적멸의 삼매를 경험할 때, 초지 보살 때 세운 열 가지 대서원과 본원(本願)의 대비심을 깊이 생각해 바로 열반에 들어가지 않는다. 그러나 이때 성문 연각은 삼매락을 열반으로 오해해 그 가운데서 열반상을 취한다.

깨달음은 멸진정과 동일시된다. 그리고 아라한, 벽지불, 제6지 보살의 깨달음이 동등하다고 『능가경』에서는 말한다. 하지만 성문 연각의 깨달음은 선, 불선, 자상, 공상, 그리고 주관과 객관의 능소가 남아 있는 상태의 멸진정이다. 그에 비해 제7지 보살은 이와 같은 법의 차별이 존재하지 않기 때문에 매 순간 멸진정에 든다.

보살이 제8지에 이르기까지는 삼매락에 취착해 오직 마음이 보는 것임을 잘 깨달아 알지 못하고, 자상과 공상의 습기가 그 마음을 얽매고 덮어서 두 가지 무아(無我)에 집착하니, 열반에 대한 개념과 지성적 사유가 있을 뿐 열반에 대한 체험은 아니다.

(2) 여래장과 평상심

> 마음 밖에 부처가 따로 없고 부처 밖에 다른 마음이 없다. 그
> 대들은 지금 '자신의 마음'이 바로 '부처'임을 믿으라.[117]

삶과 죽음은 의식이 하나의 대상에서 다른 대상을 향해 가는
것에 불과하다. 나타나는 모든 현상, 경험되어지는 모든 세계는
본래 고요하고 적멸하다. 왜냐하면 대상들은 형상, 이름, 분별들
인데 이들은 모두 마음이 만들어낸 것이기 때문이고, 의식이 의미
를 주지 않으면 대상들은 의미가 없기 때문이다.

본래의 법은 모양도 개념도 없기 때문에 수행의 순서나 상속
도 말할 수 없다. 큰 불덩이가 맹렬히 타오를 때 여러 모양과 색깔
이 다채롭게 보이듯이, 삼계(三有)는 모두 마음이 드러난 모양일
뿐이고, 현재나 과거로 투사되어 보이지만 사실은 모두 적멸의 상
태를 벗어난 적이 없다. 적멸의 상태를 여환삼매(如幻三昧)로 여러
모양으로 보여 줄 수 있는 능력이 바로 여래의 마음이다. 적멸한
까닭에 초지와 여래지의 구별이 없다. 이러한 관점에서만 돈오하
면 돈수이고 점수를 더 이상 논할 필요가 없다.

117_ 백련선서간행회, 『마조록·백장록』, 장경각, 1989, p.55.

모든 단계의 경지와 불지(佛地)도 오직 마음일 뿐이어서 영상(影像)이 없으므로 깨달음을 주장하는 어떠한 상태도 용납하지 않으니, 오직 자기 마음뿐임을 보면 곧 시비 분별을 여읜다. 이것이 바로 귀류 논증의 핵심이다. 모든 대상을 경험할 때마다 보는 마음으로 돌아온다면 시비와 취사를 떠나 모든 번뇌로부터 자유로워지니, 보는 마음의 성품은 청정하기 때문이고, 청정한 마음으로 보면 세간은 불생불멸이며 불구부정이기 때문이다.

　　마조가 강조한 이 마음은 그런 의미에서 생멸심이 아니고 여래장의 마음이다. 이 여래장의 마음이란 모든 것을 알지만 모든 것에 물들지 않는 여래의 마음이다. 그러나 여래장을 영원한 것이라고 말할 수 없다. 만약 여래장이 영원하다면 외도의 아트만 설과 같게 되며, 만약 무상이라면 주체와 객체로 나뉘어 결국에는 단멸하여 없어지고 여래의 복과 지혜마저 다 헛된 것이 된다.

　　여래는 다른 의미에서 영원하다. 왜냐하면 현재의 지혜로 영원한 법을 깨달았기 때문이며, 깨달은 지혜는 영원하니 여래 또한 영원하다. 모든 여래가 깨달은 법의 성품[法性]은 여래께서 세간에 나오거나 나오지 않거나 항상 머물러 있어 바뀌지 않으며, 이것이 공하여 없는 것은 아니다. 여래란 청정한 지혜로 법성을 깨달아 그 이름을 얻은 것이지 심(心)·의(意)·식(識)이나 온(蘊)·처(處)·계(界) 등의 무상한 법으로 이름을 얻은 것이 아니기 때문이다.

　　삼계는 모두 허망한 분별이지만 여래마저 허망한 분별인 것은 아니다. 여래는 일체법이 생하지 않음[無生相]을 깨달았기 때문에 상(常)과 무상(無常)을 초월한다. 여래는 상과 무상을 멀리 떠나 있지만 상과 무상을 인연 따라 자유롭게 나툰다. 이와 같이 부처님을 관하면 사견을 여의게 된다.

이러한 여래장의 마음을 바르게 관하는 것을 마조는 평상심(平常心)이라고 보았다. 여래장이 시비분별에 휩싸이면 제8 알라야식으로 드러나고, 시비분별이 사라지면 제8식이 청정해지며, 그 청정해진 마음을 여래장 또는 평상심이라고 본 것이다. 그러므로 마조 선사는 다음과 같이 말한다.

만약 도(道)를 알려고 할진대 평상심이 도이다. 평상심이란 조작이 없는 마음이다. 시비와 취사가 없고 범성(凡聖)과 단상(斷常)이 없다.

2

하택종의 '앎'과 '봄'

(1) 한 물건은 무엇인가

어느 날 혜능이 대중에게 설법했다. '나에게 한 물건이 있으니, 머리도 꼬리도 없고, 이름도 말도 없고, 얼굴도 등도 없다. 그대들은 알겠는가?' 그때 신회가 나서서 대답했다. '그것은 모든 부처의 본원(本源)이요, 신회의 불성(佛性)입니다.' 이에 혜능이 말했다. '조금 전에 이름도 글자도 없다고 했거늘, 그대는 어찌 다시 본원이나 불성이라고 하는가?'

『관심론』의 정심에 관한 이해는 선종사에서 크게 두 개의 학파에 의해 이어졌다. 하나는 마조의 제자인 황기파와 홍주종이고, 또 다른 하나는 하택 신회의 제자인 청량 징관, 규봉 종밀로 이루어진 하택종이다. 마조 도일의 수행을 계승한 홍주종은 돈오돈수를 주장하고, 규봉 종밀의 하택종은 돈오점수를 주장한다.

하택 신회가 강조하는 것은 '앎[知]'과 그 앎에 대한 '봄[見]'이다. 망념이 사라진 마음의 본체에서 반야의 지혜가 나오는데, 이 반야지(般若智)를 신회는 앎이라고 표현한다. 이 앎은 분별을 초월한 절대적인 앎으로 범부와 성인, 선인과 악인에 공통되는 앎이다. 그 본체는 공적하지만 공적한 본체로부터 앎의 작용이 일어나 청·황·적·백 등 세간의 모든 현상을 잘 분별할 수 있다. 그러므로 그 '성품[性]'인 '앎의 상태를 봄'을 견성(見性)이라 한다. 이것을 유식에서는 자증분(自證分)이라 한다. 한 서양 학자는 이 앎을 '알아차림(awareness)'이라고 번역한다.

중요한 것은 마음의 본성인 이 앎은 『능가경』의 수행론에서 설명하는 알라야식의 활동이 멈춰지면 드러나는 여래장이다. 그 마음의 본체인 앎은 『열반경』에서는 '불성'으로 불린다. 신회는 불성의 작용을 다시 앎과 봄으로 나누어 설명하면서, 앎은 분별이 없는 무념의 상태이지만 이 무념체상(無念體上)에서 나온 앎을 보는 작용이 봄이라고 설명하고 있다. 즉, 불성이라는 앎은 마치 집에 마니주라는 보석이 있다고 믿는 것과 같다. 만약 집에 이르러서 그 마니주를 볼 때는 이를 봄이라 한다. 그러므로 앎은 본성이고, 봄은 그 본성을 체득함이다. 이것이 바로 신회가 말하는 견성의 의미이다.

그러면 본성은 실제 삶에서 어떻게 작용하는가? '견문각지(見聞覺知)'하는 중에 작용한다. 그러나 견문각지에는 두 가지가 혼용되어 작용한다. 하나는 앎의 작용이고, 또 다른 하나는 앎에 의거한 견문각지라는 분별 작용이다. 이는 다시 수(受)·상(想)·행(行)과 식(識)의 작용으로 나뉘는데, 식은 앎의 상태이고 수·상·행은 식에 의지한 분별의 상태이다. 그러므로 수행이란 식만 남고 수·상·행을 컨트롤하는 것인데, 선종의 각 학파에서는 이를 각기 다르게 설명하고 있다.

신회의 사상을 이어받은 규봉 종밀은 모든 중생에 대한 불성 [知]을 이해하고 믿는 것을 돈오라고 보았고, 그 불성을 실현하는 봄[見]을 점수로 이해했다. 한 중생도 여래의 지혜를 갖추고 있지 않은 중생이 없건만, 무시이래의 망상이 마음을 가려서 스스로 증득하지 못한다는 것이다. 즉, 중생의 마음이 부처의 마음과 다르지 않으며, 그것은 망상을 여읨으로써 현전하는 것이다.

그러나 종밀은 이 상태에서 '일 없음[無事]'과 '집착 없음[忘情]'을 수행으로 삼는 우두종을 비판하며, '지'를 상징하는 마니주의 비유를 들어 색이나 상은 공하지만 그것들을 비추는 마니주는 공하지 않음을 주장한다. 우두종은 마니주에 나타난 색상과 아울러 마니주 자체까지도 없다는 공의 입장을 취한다. 하지만 이는 공(空)한 가운데 불공(不空)이라는 바탕이 있으며, 각의 성품이 있음을 주장하는 홍주종·하택종과는 상치되는 결론이다.

또한 우두종을 일러 종밀은 "파사는 하지만 현정은 하지 못한다"라고 해서 "심성(心性)이 공적(空寂)한 가운데 불매(不昧)한 영지(靈知)가 있다는 사실을 모른다"라고 비판했다.

(2) 만법귀일 일귀하처

만법은 하나로 돌아가는데, 그 하나는 어디로 돌아가는가?

이것은 널리 알려진 화두 중의 하나이다. 인식론적으로 볼 때
그 하나는 바로 아는 마음이다. 앎이 없으면 존재(만법)는 아무런
의미를 갖지 못하고, 존재는 인식할 때만 그 가치가 있는 것이기
때문이다. 존재론적으로 볼 때 그 하나는 불성, 여래장이다.

그러나 그 하나인 아는 마음 또는 불성은 어디로 가는가? 대
상을 인식할 때 대상에 물들어 번뇌[染心]로 흘러가기도 하고, 또
아는 마음을 돌이켜 보아서 모든 것을 알면서도 유무와 모든 분별
을 여읜 청정심으로 돌아가기도 한다. 이는 모든 것을 여의였지만
모든 것을 아는 상태이다.

신회에게 불성은 '앎[知]'이다. 이 앎에 아무런 시비분별이나
욕망의 작용[受·想·行]이 없는 상태가 불성이다. 그러면 분별 작용
이 없을 때 이 앎은 어떠한 상태인가? 그때에도 앎은 작용하는가?
잠을 자는 동안 사람들은 항상 꿈을 꾼다. 꿈 없이 잠을 잤다고 말
하는 사람들은 대부분 꿈을 기억하지 못할 뿐이다. 마찬가지로 식
이 대상을 향해 작용하지 않는 때는 없다. 잠을 잘 때 식의 작용은
꿈으로 드러나지만, 꿈 없는 잠에서도 식의 대상은 존재한다. 그
것은 기억들이다. 식의 작용이 완전히 멈춰지는 때는 오직 적멸
열반의 상태이다.

제3부 선종의 수행론

앎이 대상을 인식할 때 수·상·행과 같이 작용한다. 수·상·행이 작용할 때 앎[佛性]의 상태는 어떠한가? 수·상·행과 같이 작용하는 앎은 번뇌로 오염되는가(북종의 신수)? 아니면 번뇌에 감춰진 청정한 마음인가(하택종)? 그도 아니면 금사자가 금의 속성을 떠나지 않는 것처럼 앎과 함께 작용하는 수·상·행마저도 불성인가(홍주종)? 마치 화살의 촉과 꼬리가 한 몸이 되어 날아가는 것처럼, 아는 마음인 식과 분별 작용인 수·상·행은 하나가 되어 작용한다. 다만 앎이 대상을 향하는 것은 중생의 인식 작용이라 하고, 인식의 대상에서 아는 마음을 반조하는 것은 사띠 수행이라 한다.

앎 또는 여래장에 실체가 있는가?『구사론』에 의하면 아는 마음의 주체는 의근(意根)이다. 과거에 경험한 여러 식이 모인 것이 의근이고, 아는 마음이다. 반열반에 들기까지 이 마음 작용은 사라지지 않는다.『열반경』에 의하면 빈 병은 병 속에 물이 없는 것이지 병 자체가 없는 상태가 아니다. 즉, 앎 가운데 탐진 등의 분별이 없는 것을 마음이 공하다고 하는 것이지 마음 자체까지 없는 것은 아니다.

이것을 홍주종과 하택종에서는 이렇게 표현한다. 일체의 모든 법이 유(有)이든 공(空)이든 모두 참 성품[眞性]이다. 참 성품의 체는 무위(無爲)여서 그 무엇으로도 한정할 수 없지만, 그 작용은 무엇이든지 가능하다. 여기서 심성(心性) 작용의 이해에 따라 홍주종과 하택종이 갈라진다. 홍주종은 언어 동작과 선악을 짓고 고락을 받는 등의 일상생활 그대로가 모두 불성의 작용이니 이것을 떠나서 따로 깨달음을 구할 필요가 없고, 탐·진·치를 포함한 일체 모두가 불성[一切皆眞]이라고 한다.

그러나 하택종의 규봉 종밀은 탐·진·치마저도 불성이라 하는 것은 마치 거울에 비친 형형색색의 모든 사물까지도 거울이라 하는 것처럼 옳지 못한 것으로 본다. 그것은 모양에 집착하고, 깨달음과 미혹을 구분하지 않는 허물이 있다고 보는 것이다. 북종은 분별 작용하는 모두가 망이라고 하고, 홍주종은 분별 작용 모두가 진이라고 말하니 이 모두가 실은 극단이다.

돈오무수를 주장하는 홍주종과 달리 하택종은 무시이래의 망집으로 인해 망념을 일으켜 왔지만 망념에 가려진 본성을 단박에 깨닫고 그 '지(知)'의 공덕으로 쉼 없이 닦아나가면 마침내 성불한다고 주장한다.

3

아는 마음의 알려진 대상으로부터의 자유

현대인의 삶은 온통 오욕락에 둘러싸여 있다. 아름다운 목소리, 맛있는 음식, 아름다운 경치는 확실히 사람의 마음을 잡아끈다. 대부분의 사람들은 이러한 것들의 유혹 앞에서 도덕적이기 어렵다. 사람들은 이 때문에 선과 도덕을 저버리고 욕망의 길을 간다. 그러므로 불교 각 종파에서는 다섯 가지 감각 기관을 조절해서 감각 대상을 다스리는 수행을 매우 중시한다.

초기불교에서는 인간의 삶을 번뇌에 중독된 삶으로 정의한다. 중독된 사람에게는 당연히 환상이 보이게 된다. 대승 불교에서는 보이는 세상을 모두 환으로 정의한다. 그러므로 수행의 본질은 번뇌의 중독이나 중독된 상태에서 보이는 환을 걷어 내는 것이다. 무엇에 대한 중독인가? 사견의 중독, 대상에 충동적으로 반응하는 욕망의 중독, 자아의 실재를 굳게 믿는 자아에 대한 중독 등이다. 중독에서 벗어난 본질은 어떠한가? 대승 불교에서는 중독에서 벗어난 청정한 마음의 상태를 불성 또는 여래장이라고 한다.

모든 존재는 생각의 연속으로 존재하고, 그 결과는 중독이며, 중독은 오해(무명)를 낳는다. 이미 사라지고 끝난 불쾌한 사건이 계속 잔상(환영)으로 남는 것은 그 연속성 때문이다. 우리는 개념을 통해서 사물을 인식하기에 이 개념이라는 생각의 연속성을 끊어 내면 중독과 환에서 벗어날 수 있다.

이 생각의 연속성을 멈추는 것이 바로 선정이다. 선정을 통해 사고의 흐름을 깨지 않으면 우리는 중독의 소용돌이에서 헤어나지 못하고 환영 속에서 살게 된다. 이는 드라마나 게임에 중독되는 것과 유사하다. 그것이 초기불교의 팔정도가 선정으로 귀결되는 이유이고, 유식의 유가행 역시 선정 닦음[禪定行]을 중요시한다.

부처님의 가르침은 모두 번뇌의 중독(무명)으로부터 해탈하는 것이다. 그러기 위해서는 아는 마음이 인식의 대상으로부터 완전히 자유로워져야 한다. 그것이 수·상·행으로부터의 식의 분리이다. 물리적으로 분리되는 것이 아닌, 아는 마음이 대상에 대한 중독으로부터 벗어나서 아는 마음을 역력히 보는 것이다. 이것을 유식에서는 자증분이라 하고, 『금강경』의 '응무소주 이생기심(應無所主 而生其心)'이며, 팔정도의 바른 선정 중 평온이고, 선종의 적조(寂照)이다.

불교의 여러 종파는 다양한 방법을 통해 아는 마음으로 돌아오게 한다. 초기불교의 팔정도는 견해와 신체적 행위를 바르게 한 후에 사띠를 통해 평정심을 얻고 아는 마음으로 돌아오게 하는 방법이다. 설일체유부의 사념처 수행은 초기불교보다 조금 더 조직적이고 논리적이다. 유식에서는 경계를 환(幻)이라 하여 다 잊게

제3부 선종의 수행론

한다. 『십지경』과 『능가경』에서는 경계를 오직 식의 투사물로 보아, 대상과 식을 다 놓아 버린 후에 아는 마음이 현전하게 되는 것을 설명하고 있다. 그리고 그 방법은 다시 중관학파에서 모든 것에 물들지 않은 마음을 보아, 아는 마음이 저절로 현전하게 한다. 다시 그것이 선종에서는 달마 대사에 의해 마음을 정심과 염심으로 나누면서 정심으로 돌아오는 것으로 강조되었고, 그 정심이 바로 혜능 대사에 의해 머무르지 않는 마음으로 표현되었다.

그러나 여기에서 아라한과 보살의 길은 각각 다르다. 영상을 감각 기관에서 받지 않아 마음의 번뇌가 소멸되었을 뿐만 아니라, 눈과 귀를 열어 중생의 고통을 연민심으로 바라보고, 경계에 들어가서 경계에 물들지 않는 것이 바로 보살의 수행이다.

이때의 일체유심조는 자기의 기억이 자신의 삶을 만든다는 뜻이다. 즉, 건강하지 않은 기억과 괴로운 기억들은 나를 괴로움으로 이끌고, 건강한 기억과 긍정적이고 행복한 기억들은 나를 행복한 삶으로 이끈다는 것이다.

※

맺음말

(1) 선종과 초기불교의 마음

달마 대사의『관심론』에서는 "마음을 관하는 하나의 법이 모든 수
행을 아우른다"라고 했다.

마음의 성품을 보는 것을 견성이라고 한다. 그러면 마음은 무
엇인가? 초기·구사·중관·유식의 가르침 모두 수(受)·상(想)·행
(行)·식(識)을 마음이라 말한다. 그러므로 '마음을 깨친다'라는 것
은 수·상·행·식 중의 하나를 깨친다는 의미이다.

식(識)은 아는 작용이고, 수(受)·상(想)·행(行)은 알려진 내용
물이다. 식은 수·상·행과 함께하지만 수·상·행과는 구별된다. 그
러므로 오직 아는 작용[識]만이 오롯이 독로(獨露)하여 수·상·행
의 번뇌 작용과 분리되었을 때, 이때를『관심론』에서는 바로 깨달
음이라 하고 견성이라 한다. 그래서 식은 뚜렷이 구별해서 분리
하고, 수·상·행의 번뇌는 닦아 나가는 것이다. 이것을 오(悟)와 수
(修)라 한다. 또 식을 보는 것을 혜라 하고, 수·상·행을 닦아 고락
의 느낌과 시비의 판단과 호오의 욕망 등을 다스려 나가는 것을

선정이라고 한다. 그러므로 수·상·행·식의 수행을 정혜쌍수(定慧雙修)라고 하겠다.

달마 대사의 『관심론』에서는 정심과 염오심이라는 두 가지 마음을 말한다. 정심은 오염되지 않은 마음이고, 염오심은 오염된 마음이다. 이 둘은 동시에 생겨나지만, 서로가 서로의 원인이 되지는 않는다. 이것은 아비담마의 심과 심소를 말하는 것이다. 심은 의식이고, 의식은 근과 경이 접촉했을 때 발생한다. 또한 의식은 심과 심소의 결합이다. 예를 들어, 사과에 대한 의식은 사과를 아는 마음과 사과에 대한 이미지의 합이다.

아는 마음, 즉 심(心)은 견분(見分)이고, 심소(心所)는 알려진 내용물, 상분(相分)이다. 선종에서는 이 아는 마음을 진여심이라 하고, 알려진 내용물은 곧바로 느낌과 판단, 욕망으로 진화하기에 생멸심 또는 오염된 마음이라 한다. 그러므로 『관심론』의 수행은 다시 수·상·행·식으로 귀결되는 것이다.

마음은 모든 것을 알고 비추어 볼 수 있는 기능이 있다. 생각은 자기의 탐·진·치에 의지해서 사물을 바라보는 것이고 자기의 견해에 입각해서 사물을 바라보는 것이다. 그렇다면 마음은 번뇌 없이, 수·상·행 없이 무심해졌을 때 모든 것을 비추어 보는 능력을 가지고 있다.

그러나 아비담마 불교에서 말하는 심과 심소 혹은 견분과 상분, 초기불교에서 말하는 식과 수·상·행 이 모두는 동시에 생겨났다가 동시에 사라지는 무상한 마음들이다. 이 마음은 대상과 함께 일어나고 대상과 함께 소멸한다. 이것을 진여심, 유위의 진제라 한다. 인도불교에서는 세 가지 종류의 진리를 말하는데 속제, 유위의 진제, 무위의 진제가 그것이다. 속제는 오직 개념이고, 유위의 진제는 경험적 진리이다. 무위의 진제에는 오직 열반만이 해당되고, 열반은 언어나 마음이 모두 해체된 상태이기 때문에 아는 마음은 이에 해당되지 않는다. 그러므로 진여심은 유위의 진제임을 알아야 한다.

(2) 견도와 견성

깨달음을 얻는 데는 두 가지 방법이 있다. 하나는 24시간 모든 행위를 일으키는 마음을 보는 것이고, 이것은 초기불교의 사띠 수행과 다르지 않다. 아는 마음을 항상 놓치지 않고 알아차리는 심념처를 관하는 것인데, 이것이 바로 달마의 『혈맥론』에서 말하는 깨달음이다. 그리고 '마음의 자성과 본성이 공하다'라는 것을 깨닫는 것, 이것이 바로 두 번째 깨달음이다.

그러나 이 두 가지 깨달음의 실천 수행 방법은 약간 다르다. 첫째는 모든 산냐를 여의고 작용하는 마음을 [직접적으로] 알아차리는 것이고, 둘째는 '마음의 본성이 공하다'라고 하는 것을 산냐를 적극적으로 활용해서 이해하는 것이다.

이 두 가지 수행, 즉 산냐를 여의고 직접 마음을 보는 것과 산냐를 활용해서 공성을 이해하는 것은 불교 인식론에서 참다운 지식을 획득하는 두 가지 인식 방법과 무관하지 않다.

불교 논리학의 대가인 법칭 대사는 사물의 지식을 얻는 데 두 가지 방법이 있다고 주장했다. 첫째는 바로 보아서 아는 직접지인 경험지이고, 둘째는 추론을 통해 지식을 얻는 추론지이다. 경험지는 제4선의 상태에서 사물의 본성을 있는 그대로 보는 것이고, 추론지는 산냐를 통해 진리의 무상·공·무아를 이해하는 것이다. 이와 같이 지식을 획득하는 두 가지 다른 도구가 수행을 하는 두 가지 방법론으로 발달한 것이다.

『혈맥론』에 "앞뒤 모든 부처님이 마음으로 마음을 전하며, 문자를 세우지 않았다"라는 구절이 있다. 여기에서 '불립문자'라는 단어는 오랫동안 교학을 무시하는 풍토를 형성하는 오해의 근원이 되었다. 하지만 불립문자의 본래 뜻은 그렇지가 않다.

『금강경』 7장에서 "부처님의 해탈 열반법은 언어·관계·사물이 모두 해체된 상태이기에, 언설로 표현할 수 없고 체험만으로 가능하다"라고 했는데, 그런 의미에서의 불립문자인 것이다. 그렇지만 해탈 열반 이전의 소식은 모두 언설로 표명하는 것이 가능하고, 초기불교와 설일체유부는 열반에 장애가 되는 번뇌를 관찰하고 다스리는 것을 언설로 잘 시설해 놓은 것이라고 볼 수 있다.

『혈맥론』에서는 마음을 이렇게 표현한다.

그대가 나에게 묻는 것이 곧 그대의 마음이요, 내가 그대에게 대답하는 것이 곧 나의 마음이다. 끝없이 광대한 겁부터 온갖 움직이고 행동하는 일체의 시간과 장소가 모두 그대의 본래 마음이며, 모두가 그대의 본래 부처이다. 마음 그대로가 곧 부처라 함도 또한 이와 같다.

이는 『관심론』에서 이미 표현했던 '일체시의 행주좌와 어묵 동정에서 항상 작용하는 마음을 체험하는 것이 곧 견성'이라는 것과 같은 표현이다. 그리고 이 행위 속에서 작용하는 마음을 놓치지 않고 항상 관하는 것, 그것이 바로 남방 불교의 사띠 수행인 것이다.

이런 의미에서 『혈맥론』은 남방 사띠 수행의 중국적 표현이라 할 수 있다. 이때 마음의 작용 가운데 알아차림이 지극하면 마음의 흐름이 멈춰지고, 마음의 흐름이 멈춰지게 되면 과거심은 현재심으로도, 현재심은 미래심으로도 상속되지 않으므로 '과거심 현재심 미래심 불가득'이라고 하는 것이다. 이때 마음의 상속 작용이 멈춰지게 되면 사물의 본성이 드러나게 된다.

반면에 『초전법륜경』과 구사·중관·유식 등으로 이어지는 견도·수도·무학위의 수행에서 나타나는 견도는 산냐를 적극적으로 활용해서 오온 가운데 '나'가 없음을 깨닫는 법이다. 그러나 이것도 처음에는 산냐를 적극적으로 활용하지만, 나중에는 오온의 생멸을 일체시 중에 계속 알아차려야 한다.

알아차림이 현전해야만 오온의 자성이 없음을 경험하게 되고, 그 안에 참나가 없음을 체득하는 것이며, 이러한 과정을 견성

(見性)이라 하는 것이다. 그러한 연후에 남아 있는 습관적·감성적 집착을 소멸해 가는 과정이 바로 수도(修道)이다. 선오후수(先悟後修)에서 '선오'는 견성이고 '후수'는 수도에 해당한다.『구사론』에서는 다음과 같이 보다 상세하게 설명하고 있다.

> 먼저 깨닫고[先悟] 후에 감성적 집착을 닦으면[後修] 수다원이고, 먼저 감성적 집착을 닦고[先修] 마음의 본성을 후에 보면[後悟] 아나함 또는 아라한이다.

돈오돈수라는 것은 그러므로 감성적 번뇌를 미리 닦은 수행자가 최후에 마음의 본성을 보아 더 이상 닦을 것 없는 상태를 말하는 것이다.

저
자
후
기

아홉 살배기 눈에 비친 생생한 죽음,
그 이후

내가 삶과 죽음과 같은 철학적인 것에 관심을 가지게 된 것은 아홉 살 즈음이었다. 어린아이가 무슨 철학이냐고, 생이지지(生而知之)나 타고난 성인이라도 되냐고 반문할지 모른다. 그런데 나에게 그런 길을 걷게 만든 계기가 있었다. 바로 아버지의 죽음이다. 당시 어린아이였던 나는 죽음을 이해하지 못했다. 어린 나는 사람들이 코와 귀와 입에 솜을 틀어막은 아버지를 관 속으로 집어넣는 것을 울부짖으며 온몸으로 막았다. 그리고 사흘을 울었다. 울다 울다 지쳐 쓰러졌는데, 몸을 떠난 의식은 풍선처럼 구름 위로 두둥실 떠올랐다. 올라갈수록 의식은 무한한 자유로움을 경험했다. 가장 사랑했던 아버지가 의식에서 분리되니 고요와 평화가 온 세상을 가득 채웠다. 의식만 있고 대상이 없는 이 경험이 얼마나 생생했던지 10년을 이 느낌 속에 지냈다.

　어린 날의 이 생생한 경험이 결국 나를 종교로 이끌었다. 삶과 죽음에 대한 호기심으로 서점에서 유교의 사서오경, 기독교의 『성경』, 도교의 『도덕경』과 『장자』, 불교의 우리말 대장경을 읽었다. 아마도 20세까지 매일 네 시간은 읽었던 것 같다. 불교의 사성제와 팔정도가 이해되고, 『중용』의 격물치지(格物致知)가 이해되고, 『장자』의 만물제동(萬物齊同)이 이해되었다.

기독교가 제일 이해하기 힘들었던 것 같다. 그래서 먼저 기독교를 이해해 보려고 6년 동안 공부했다. 하지만 결국 나는 기독교 공부를 그만두었다. 기도를 하려고 하면 기도하는 나와 대상인 신이 사라지는 것이 그 이유였다. 내가 있고 신이 있어야 종교를 믿게 되는데, 나와 남이 본래 없음을 아는 까닭에 그건 의미가 없었다.

그래서 이를 좀 더 알아보기 위해 출가를 결심했고, 근일 스님을 스승으로 모시게 되었다. 그때 나는 초기불교에 심취해 있었다. 대중이 밭에서 농사 울력을 하고 있었는데, 나는 그 일이 계율에 어긋난다고 생각해 참여하지 않았다. 그러자 스님이 물었다. "그럼 대중 스님들이 계율을 어겨 가며 농사지은 것을 너는 왜 거부감 없이 먹는가? 그건 너무 이기적이지 않은가?" 이 반론이 나에게 첫 번째 충격을 주었다.

또 그때 나는 고·집·멸·도 사성제를 사유하면서 '괴로움'이라는 문제를 화두 삼아 수행하고 있었다. 모든 현상의 이면에 괴로움이 도사리고 있다고 관하면서 대상에 대한 집착을 무너트리고 놓아 버리는 수행을 하고 있었다. 그러자 스승이 질책했다. "그것 또한 편견이고 관념이고 집착이다. 괴로움과 즐거움이 한 생각에 있는 것이지 따로 있는 것이 아니다." 그것이 두 번째로 나에게 충격을 주었다.

또 그때 선방에서 좌선 수행을 할 때면 나의 마음은 무한히 고요하고 평화로운 상태에 머물러 있었다. 자아가 깨어나 활동할 때면 알아차리고 관찰하고 부정관으로 무너트렸다. 그러면 다시 고요와 평온이 일어나고 틈 없는 알아차림이 유지되었다. 그런데 스승이 다시 나를 훈계했다. "그건 무기공에 빠져있는 것이다. 그건 살아 있는 공부가 아니다. 활구참선하는 것이 진정한 수행이다." 그런데 스승의 가르침대로 화두를 들면 오히려 고요와 평온이 깨지고 생각이 올라오고 욕망이 일어났다. 나는 무심삼매를 얻어 그것을 보배처럼 여기고 있었는데 그것을 부정당한 것이 세 번째로 나를 충격에 빠트렸다. 이제 나에게 세 가지 보배가 무너졌다. 계율에 대한 의식이 무너지고, 괴로움의 진리가 무너지고, 항상 고요와 평온 속에 머무는 무심삼매가 무너졌다. 나는 큰 어려움에 봉착했다.

그렇게 십 년이 흘렀다. 이제 새로운 길을 모색해야 할 때가 온 것이다. 초기불교는 대승을 부정하고 대승은 초기불교를 헐뜯는 것을 보면서 그 진실을 파헤쳐 보고 싶었다. 난 비행기 표를 끊어 스리랑카로 날아갔다. 거기서 남방계를 받고 남방 가사를 걸치고 7년 동안 빠알리어 원본으로 된 초기불교 경전을 섭렵했다. 초기불교가 정립되자 과거에 들었던 화두가 갑자기 일어나 우주로 날아갔다가 되돌아오면서 내 머리를 강타했다. 내가 의지했던 견해나 믿음, 수행의 결과마저도 집착하지 않고 놓는 것이 바로 수행의 본질이라는 것을 깨달았다. 그래서 화두가 거짓이 아니라는 이해가 일어났고, 덩달아서 대승에 오류가 없다는 생각이 일었다.

이제 대승을 공부해 보려는 마음이 생겨났다. 그런데 사람들은 대승이 힌두교의 아류라고 비판했다. 그래서 대승과 힌두교 중 누가 먼저이고, 어느 쪽이 진실인지 파헤쳐 보기로 했다. 이번엔 인도 뿌나로 날아가서 인도 철학을 전공했다. 『우파니샤드』에서 6파 철학까지 산스크리트어로 된 100여 권의 힌두 논서를 읽었다. 그 결과 한 가지를 확실히 알게 되었다. 대승이 힌두의 영향을 받은 게 아니라 힌두가 대승의 영향을 받았다는 사실이었다. 상카라는 불이일원론의 베단타 철학을 창시한 사람이다. 그 상카라의 스승의 스승이 가우다빠다이다. 그가 지은 『상크야까리까』의 첫 장은 부처님에 대한 귀의로 시작해서 중관, 유식, 그리고 베다 철학이 등장한다. 이 순서에 따르면 그는 유식과 중관을 공부하고 그것을 힌두 사상에 결합해서 새로운 베단타 학파의 기초를 열었다는 추론이 성립된다. 그래서 힌두가 대승의 영향을 받은 것임이 입증된다.

이 진실을 알고 나니 대승에 대한 믿음이 일어났다. 나는 대승을 공부하기로 결심하고서 스승을 구했다. 나는 바라나시로 날아가 산스크리트어 대학자인 라마상카르 뜨리빠띠지를 스승으로 모시고 7년여에 걸쳐 대승의 경론을 산스크리트어 원본으로 읽었다. 그리고 대승의 위대함을 뼈에 깊이 새겼다. 세친이 『구사론』을 공부하다가 대승으로 전향한 이유가 이해되었다. 수많은 시행착오와 방황 끝에 대승이 나에게 문을 열고 환하게 웃으며 반겨 주었다. 나의 여행이 드디어 목적지에 도달한 것이다.

　나는 길을 몰라 오랫동안 헤맸다. 초기불교, 구사, 중관, 유식 그리고 화엄, 그 모두를 훑어보는 데 일생이 지나갔다. 그 모두를 꿰뚫어 보는 눈을 갖추기까지 황금 같은 세월이 흘렀다. 다른 사람들은 나처럼 헤매지 말기를 바라는 강렬한 열망이 샘솟았다. 내가 일생을 바쳐 공부한 것을 다른 사람들에게 나눠 주고 싶은 열정이 일어났다.

　때마침 〈불교신문〉에서 연재 요청이 들어와 3년 2개월 동안 그곳에 글을 연재했다. 이 책은 그때의 글을 모아서 기획한 것이다.

　오랫동안 내가 품어 왔던 열망과 열정의 결실이 드디어 세상에 모습을 드러낸다. 이 책이 많은 사람에게 이해와 영감과 깨달음의 문을 여는 열쇠가 되기를 진심으로 바란다.

불교를 ——— 꿰뚫다

초기불교에서 선까지, 불교의 진수

ⓒ 등현

2022년 10월 20일 초판 1쇄 발행
2022년 12월 14일 초판 2쇄 발행

지은이 등현
발행인 박상근(至弘) • 편집인 류지호 • 상무이사 김상기 • 편집이사 양동민
책임편집 권순범 • 편집 김재호, 양민호, 김소영, 최호승, 하다해 • 디자인 쿠담디자인
제작 김명환 • 마케팅 김대현, 이선호 • 관리 윤정안
콘텐츠국 유권준, 정승채
펴낸 곳 불광출판사 (03150) 서울시 종로구 우정국로 45-13, 3층
        대표전화 02) 420-3200 편집부 02) 420-3300 팩시밀리 02) 420-3400
        출판등록 제300-2009-130호(1979. 10. 10.)

ISBN 979-11-92476-59-9 (03220)

값 25,000원